Sportentwicklungen in Deutschland
Band 13

Doping
– von der Analyse zur Prävention
(Teil 2)

W0192748

Die Reihe „Sportentwicklungen in Deutschland" wird gefördert
durch die Alfried Krupp von Bohlen und Halbach-Stiftung.

Sportentwicklungen in Deutschland
Band 13

Singler/Treutlein

Doping
– von der Analyse zur Prävention

**Vorbeugung gegen abweichendes Verhalten
in soziologischem und pädagogischem Zugang**

(Teil 2)

Meyer & Meyer Verlag

Herausgeber der Reihe Sportentwicklungen in Deutschland:
Prof. Dr. Jürgen Baur
Prof. Dr. Wolf-Dietrich Brettschneider

Doping – von der Analyse zur Prävention

Bibliografische Information der Deutschen Nationalbibliothek
Die Deutsche Nationalbibliothek verzeichnet diese Publikation in der Deutschen
Nationalbibliografie; detaillierte bibliografische Details sind im Internet über
<http://dnb.d-nb.de> abrufbar.

© 2001 by Meyer & Meyer Verlag, Aachen
2. Auflage 2010
Adelaide, Auckland, Budapest, Cape Town, Graz, Indianapolis,
Maidenhead, Olten (CH), Singapore, Toronto
Member of the World
Sport Publishers' Association (WSPA)
Druck und Bindung: CPI Wöhrmann Print Service, Zutphen
ISBN 978-3-89124-665-8
www.wissenschaftundsport.de
E-Mail: verlag@m-m-sports.com

Inhaltsverzeichnis

Abbildungen

Tabellen

Einleitung

Als wir den ersten Band dieser Untersuchung zum „Doping im Spitzensport" fertiggestellt haben, waren wir natürlich auf die Reaktionen zu dieser Arbeit gespannt. Das im Juli 2000 erschienene gleichnamige Buch fand ein nicht geringes Echo, und dafür bürgt vielleicht schon der Titel, der Aufregendes verspricht, weil er sich mit einer spezifischen und besonders verwerflichen Form abweichenden Verhaltens im Sport beschäftigt. Dabei waren wir angenehm überrascht, dass die positiven Reaktionen die negativen bei weitem überwogen haben. Wir hätten, um ehrlich zu sein, mehr negative Stimmen - zumal von im Buch genannten und belasteten Personen - dazu erwartet, und in Anbetracht der vielen von uns genannten Namen hätten wir für solche Reaktionen durchaus auch ein gewisses Verständnis gehabt.

Dass solche Formen der Gegenwehr und Gegenrede weitgehend ausgeblieben sind, könnte einerseits die Fortsetzung einer lange erprobten Strategie darstellen, wonach Angriffen von Dopinggegnern am effektivsten durch Aussitzen die Spitze zu nehmen ist. Andererseits wäre auch denkbar, dass in den Augen selbst solcher Personen, die in wie auch immer gearteter Weise in das Dopingproblem verstrickt waren, die Zeit reif war für eine weitreichende Aufarbeitung des Dopings im Westen. Diesen Eindruck haben wir nicht zuletzt in Gesprächen mit 45 Zeitzeugen gewonnen.

Die 1995/96 begonnene Untersuchung wird nun mit der Herausgabe des zweiten Bandes über „Doping - Von der Analyse zur Prävention" abgeschlossen. Die Zielsetzung lautete und lautet, mit der Gesamtuntersuchung eine umfassende interdisziplinäre und durch Vielfalt der Forschungsmethoden überzeugende Untersuchung zum Thema Doping im Hochleistungssport vorzulegen, die sich verstärkt dem Westen zuwendet. Ausdrücklich wiederholen wir daher an dieser Stelle, dass es hierbei nicht um die Entlarvung und Denunziation von Einzelpersonen ging, sondern darum aufzuzeigen, mit welcher Systematik das Doping in der Bundesrepublik Deutschland stattgefunden hat, da auf der Basis solcher historischer und soziologischer Analysen Maßnahmen zur Prävention entwickelt werden können. Deshalb folgte der Diskussion von Leistungsentwicklungen im Zusammenhang mit Doping (und Dopingverzicht) in Band 1 eine in dieser Form bis zum Zeitpunkt der Veröffentlichung dieses Buches ausstehende Dokumentation westdeutschen Anabolikadopings. Mit ihr konnte eine von der Sportwissenschaft vor allem aus sporthistorischer Sicht lange vernachlässigte Lücke zum Anabolikadoping im Westen geschlossen und eine Faktenbasis für weitergehende Analysen erstellt werden.

An dieser Stelle nehmen wir den im ersten Band aufgerollten Faden wieder auf. Die Darstellung des westdeutschen Anabolikamissbrauchs zwischen ca. 1960 und 1990 war eine historische, sie erfolgte jedoch bereits theoriegeleitet, das heißt auch mit soziologischem Blick. Nach der Beschäftigung mit Leistungsentwicklungen und historisch dargestelltem und abgesichertem Doping im Westen wenden wir uns in diesem Band zunächst der Analyse zu. Diese berücksichtigt zum Teil allgemeine Gesichtspunkte soziologischer Dopinganalytik, bezieht sich zum anderen aber auch konkret auf die historischen Gegebenheiten des von uns im ersten Band dargestellten Dopings in der Bundesrepublik. An Bedeutung gewinnt diese westorientierte Darstellung im Vergleich zur durch Autoren wie Brigitte Berendonk, Werner Franke oder Giselher Spitzer auf bemerkenswerte Weise geleisteten Aufarbeitung des Dopings in der DDR durch den Gesichtspunkt der verstärkten Zukunftsrelevanz. Das Wissen um das Doping in der DDR ist bedeutsam als historisches Wissen, was nicht als obsolet gewordenes Wissen missdeutet werden darf, da auch beim Doping in unterschiedlichen Gesellschaftssystemen häufig dieselben Strategien der Rechtfertigung verwendet werden und manche Mechanismen sich auch über Grenzen hinweg sehr ähnlich sind.

Das Wissen um das Doping in der Bundesrepublik Deutschland vor der Vereinigung im Jahre 1990 ist in diesem Zusammenhang jedoch viel bedeutsamer für das Wissen um das Doping in der jüngeren Vergangenheit, in der Gegenwart und in der Zukunft, da hier die gesellschaftlichen Verhältnisse annähernd gleich geblieben sind. Und dies gilt nicht nur für die Bundesrepublik, sondern - bestimmte Abstriche zugestanden - für alle der Bundesrepublik vergleichbaren Gesellschaftssysteme. Die Beschäftigung mit dem westdeutschen Doping dient damit längst nicht alleine dem historischen Erkenntnisgewinn eines einzelnen Staates. Es dient dem Wissen um die spezifische Soziologie des Dopings in demokratischen Gesellschaften überhaupt, liefert also bedeutsame Beiträge für eine nahezu universelle Phänomenologie des Dopings.

Die Bücher „Doping im Spitzensport" und „Doping - Von der Analyse zur Prävention" sind ferner trotz der schwerpunktmäßigen Beschäftigung mit Vergangenem von hoher Aktualität und Zukunftsorientierung, weil darin über historische Tatbestände hinaus beim Doping beinahe stereotyp wirkende Mechanismen und Strukturen entlarvt werden, die auch gegenwärtig und in der Zukunft bedeutsam sind. Die Beschäftigung mit der Vergangenheit ist in dieser Form also immer auch eine Beschäftigung mit der Zukunft. Wer, was allerdings meistens nicht sehr populär ist, den Blick in die Vergangenheit wagt, vermag die Gegenwart genauer zu begreifen und die Zukunft scharfsinniger zu prognostizieren. Er vermag Zeitpunkte gebotener Intervention exakter zu definieren, und er tut sich leichter in der Identifikation geeigneter Interventionsmittel.

Analyse historischer Tatbestände lautet zunächst also die Aufgabe im ersten Teil dieses Buches. Dabei werden wir das Dopingproblem zwar vornehmlich aus soziologischer Sicht analysieren. Wir erheben dabei allerdings nicht den Anspruch, durchgängig ein hohes Maß an Abstraktion und hoher theoretischer Reichweite zu bieten. Dieser Anspruch wurde unseres Erachtens bereits durch die Arbeit von BETTE und SCHIMANK 1995 perfekt eingelöst, auf diese Arbeit kann nicht genug verwiesen werden. In der vorliegenden Untersuchung soll vielmehr Perspektivenvielfalt zum Tragen kommen. Dabei bieten systemtheoretische Aspekte den Hintergrund, gewissermaßen die Kulisse, vor der das Dopingstück aufgeführt wird. Bei aller Wertschätzung hochkomplexer Theorieansätze wenden wir uns dann jedoch mit dem Blick auf unser späteres Vorhaben, Akzente für eine pädagogisch orientierte Dopingprävention zu setzen, bewusst soziologischen Aspekten zu, die theoretisch von geringerer Reichweite sind. Wir beschäftigen uns also nicht mehr so sehr mit einer jedoch weiter im Hintergrund mitschwingenden systemtheoretischen Dopinganalyse als mit einer an spezifischen Fragestellungen geringerer Reichweite orientierten Betrachtung des Dopingproblems. Wo die Systemtheorie nach den strukturellen Gründen für abweichendes Verhalten fragt und zu der Erkenntnis führt, dass Doping das zwangsläufige Produkt einer falsch praktizierten Systemlogik des Spitzensports sei, wenden wir uns verstärkt dem Individuum zu und untersuchen etwa die lerntheoretisch und kriminalsoziologisch relevante Frage, warum sich verschiedene Personen unter denselben Systembedingungen unterschiedlich verhalten, warum also der eine dopt, der andere aber nicht. Diese Perspektive soll gewissermaßen die Brücke bauen zwischen einer sportsoziologischen und einer sportpädagogischen Betrachtungsweise des Dopings. Sie soll auch vermitteln in einer sportwissenschaftlichen Debatte über Theorierezeption, sie soll durch eine eher basisorientiertere Betrachtungsweise vermitteln helfen zwischen Theorie und Praxis. Häufig nämlich ist die vielbeklagte Theorie-Praxis-Diskrepanz hauptsächlich ein Problem der Vermittlung, um die wir uns hier verstärkt bemühen wollen.

Praktisch nutzbare und konkret verstehbare Theorie zu produzieren, lautet der hiermit gestellte Anspruch an uns selbst. So wollen wir hier die *Theorie des do-*

pingbedingten Dropouts im Spitzensport auf allen Ebenen vorstellen. Ferner soll die *Theorie des Dopings wider Willen* in die Diskussion eingeführt werden. Wir werden der Frage nachgehen, wie Kommunikation über Doping stattfindet, wie mit kommunikativen Tabubrüchen, mit Dopingvorwürfen und den Urhebern solcher Vorwürfe umgegangen wird und welche Strategien sich verschiedene Rollenträger des Sports zurechtgelegt haben, um ihr Tun vor sich selbst und vor anderen zu rechtfertigen. Darüber hinaus werden wir untersuchen, welche Spezifiken beim Frauendoping festzustellen sind und wie abweichendes Verhalten aus lerntheoretischer Sicht stattfindet. Anschließend haben wir einem dokumentarischen Teil sehr breiten Raum gegeben. Das Kapitel zum Dopingskandal der Tour de France 1998 mag zum einen als umfangreiche Quellensammlung des am wohl insgesamt besten dokumentierten Dopingskandals in der Geschichte des Sports dienen. Es kann ferner als Reservoir an Fakten und Belegen für beinahe alle theoretischen Annahmen zum Doping im Spitzensport angesehen werden, mithin also als weitreichende Datensammlung, die die theoretischen Überlegungen zum Thema abrundet und in erheblichem Maße abstützt.

Von der Analyse geht es schließlich zur Prävention. Hierbei wenden wir uns abermals einem in der (deutschen) sportwissenschaftlichen Behandlung der Dopingproblematik sträflich vernachlässigten Problembereich zu. Wann immer der Sport in der Geschichte des Dopings angesichts der Problemwucht unter Druck geriet und nicht weiterwusste, wurde gesagt, die Problemlösung müsse bei der Erziehung von Kindern und Jugendlichen ansetzen, weil es für die augenblickliche Generation von Leistungssportlern schon zu spät sei. Womit genau und bei wem genau dabei anzusetzen wäre, ließen die Protagonisten solcher Lösungen allerdings stets offen. Tatsache jedenfalls ist, dass trotz immer wiederkehrender Forderungen und Beteuerungen, in dieser Hinsicht etwas verändern zu wollen, praktisch nichts unternommen worden ist, um das pädagogische Manko der Dopingprävention aufzuheben. In der Tat allerdings tut ein solches Konzept der Dopingprävention not, allerdings sollte es nicht so aussehen, wie manche Protagonisten der Forderung nach Erziehung nachfolgender Generationen an Athleten dies gerne sehen würden: nämlich dass „die Gesellschaft" ein Problem zu lösen habe, das der Sport produziert hat. Letztlich laufen solche Forderungen nur darauf hinaus, im Sport ungestört weitermachen zu können wie bisher und dies fatalerweise ausgerechnet nach solchen Mustern, die sich bereits in der Vergangenheit eben nicht bewährt haben.

Das Dopingproblem nämlich ist nur zu einem gewissen Teil das Problem der Athleten, und der Schlüssel für einen pädagogisch orientierten Lösungsansatz ist daher auch nur zum Teil auf der Ebene der aktiven Sportler zu suchen. Doping ist auf beträchtliche Weise das Problem der Systemlogik des Spitzensports, über deren genaue Gestaltung in der Bundesrepublik wie auf internationaler Ebene intensiv zu diskutieren wäre. Es ist ferner das Problem vieler Rollenträger und nicht nur der Athleten. Es ist ein Problem der Sportmediziner, der Trainer, der Funktionäre, der Politiker, der Journalisten, der Sponsoren und vieler anderer mehr. Sie alle sind, bewusst oder unbewusst, direkt oder indirekt an der Verstärkung von Doping und anderen gravierenden Problemen im Spitzensport verantwortlich beteiligt. Es hieße abermals, den Athleten alleine zu lassen, wollte man nur ihn in Konzepte der Prävention von Doping einbeziehen. Dabei aber hat die Praxis ausführlich und in periodisch wiederkehrenden Wellen gezeigt, dass ein Sport, der sich unkritisch und ungeprüft auf seine Helfer verlässt und auf Selbstreinigung setzt, seine Sportler auf dem Weg der Vermittlung konformen Verhaltens in eine Sackgasse schickt.

Die Olympischen Spiele in Sydney haben wieder einmal bewiesen, wie schwer es den Deutschen offenbar fällt, im internationalen Vergleich mit Misserfolgen umzugehen. Schnell werden dann die einst in Zeiten sportpolitischer Opportunität lautstark getätigten Antidopingschwüre in Bekenntnisse für einen (gleichwohl natürlich sauberen) Spitzensport mit ungebremstem Goldmedaillenanspruch umgedeutet. Sprüche wie „Leistung muss sich wieder lohnen" und „Lasst uns wieder ehrlich über Leistung reden" werden aus dem Spruchkästlein des Kalten Krieges hervorgeholt. Wenn man aber eines aus der Geschichte des Dopings lernen kann, dann ist es die Tatsache, dass sich die Dinge im Verlauf der Jahrzehnte in stets ähnlicher Weise und mit den stets gleichen Rhetoriken wiederholen. Am Endpunkt einer solchen Entwicklung steht dann häufig Resignation, Ernüchterung nach großen Dopingskandalen und die Forderung nach Erziehung nachfolgender Generationen als jeweiligem Endpunkt eines solchen Entwicklungszyklus.

Wie diese Ausführungen nahe legen, geht es bei der Frage nach Prävention des Dopings nicht nur um die Erziehung von Sportlern, die dann doch nur immer wieder in dieselben Hände fallen. Trainer-, Ärzte- oder Funktionärskarrieren dauern immerhin ein Vielfaches der Zeit, die dem einzelnen Athleten zum Erreichen sportlicher Höchstleistung zur Verfügung steht. Es geht folglich mindestens genau so sehr um die Frage der Erziehung der Erzieher bis hin zur Frage der Erziehung der Erzieher der Erzieher. Die gerne getätigte Forderung nach pädagogischen Konzepten gleicht häufig dem Ruf nach der Feuerwehr, wobei nicht selten die Brandstifter selbst es sind, die diesen Notruf als Ablenkungs-

manöver auslösen. Selten wird diese Forderung der Komplexität des Dopingproblems gerecht, das längst nicht nur auf der Ebene der Athleten zu diskutieren
ist und folglich auch in präventiver Hinsicht nicht nur ein Erziehungsproblem auf
Athletenebene darstellt. Auf der Athletenebene jedoch gilt es, die Fähigkeit zu
kritischem Denken zu fördern. Selbstreflexion und Entwicklung eines eigenen
Problembewusstseins, so scheint es, sind immer noch die beste Versicherung
gegen Doping. Der Athlet muss vorbereitet werden auf das, was ihm im Verlauf
seiner Karriere mit einer gewissen Zwangsläufigkeit begegnet wird.

Für umfangreiche Hilfen im Zuge unserer Arbeit sind wir vielen Menschen zu
Dank verpflichtet; sie wurden bereits im ersten Band ausführlich gewürdigt. Für
verschiedene Hilfen beim Erarbeiten und Fertigstellen des zweiten Bandes danken wir besonders Herrn Walter Beienburg, der zudem mit wertvollen Dokumenten und Informationen wertvolle Beiträge lieferte. Stellvertretend für alle
Personen und Institutionen, die uns geholfen haben, möchten wir an dieser Stelle
der Pädagogischen Hochschule Heidelberg danken. Durch ihre materielle und
ideelle Unterstützung konnte der Nachweis geführt werden, dass sozialwissen-
schaftliche, praxisnahe Dopingforschung eben doch nicht - wie gerne behauptet
wird - unmöglich ist und dass eine umfassende Aufklärung und Analyse des Dopings speziell im Westen bislang eigentlich nur an fehlendem Engagement von
Hochschulen und Forschern gescheitert sein kann.

Mit Trauer haben wir die Nachricht vom Tod Prof. Dr. Eberhard Munzerts, des
früheren Präsidenten des Deutschen Leichtathletik-Verbandes, aufgenommen. Im
Zuge unserer Forschung haben wir auch mit Eberhard Munzert gesprochen. Wir
haben uns entgegen unserer sonstigen Praxis, Zeitzeugenangaben anonym wie-
derzugeben, in seinem und einem weiteren Fall (Gabi Lesch-Sewing) dazu entschlossen, die Namen kenntlich zu machen. Dadurch soll auch die positive Rolle
dieser Personen im Kampf gegen Doping dokumentiert werden. Insbesondere die
Rolle Eberhard Munzerts, der so engagiert wie kein anderer Funktionär seiner
Zeit für einen dopingfreien Sport kämpfte, kann nicht genug gewürdigt werden.
Ihm ist dieser zweite Band gewidmet.

Teil I: Soziologische Analyse und Dokumentation

1   Soziologische Aspekte des Dopingproblems

1.1   Siegen um jeden Preis in der Bundesrepublik Deutschland? Eine Bilanz aus systemtheoretischer und anomietheoretischer Sicht

Selbstreferentielle Systeme wie der Hochleistungssport sind durch die Ausbildung eigenständiger binärer (zweipoliger) *Systemcodes* gekennzeichnet (vgl. dazu, bezugnehmend auf NIKLAS LUHMANN, BETTE 1989, 171 ff.). Im Hochleistungssport erfolgt diese binäre Codierung in Gestalt des Gegensatzpaares Sieg/Niederlage. Die Logik des Hochleistungssports kann somit in der Erzeugung der Differenz von Siegern und Verlierern begriffen werden.

Erzeugen von Differenz setzt allerdings einen ursprünglichen Zustand der Gleichheit voraus - daher laufen alle 100-Meter-Läufer an derselben Linie los. Die Verhaltenssteuerung im Hochleistungssport funktioniert einerseits nach dem Code Sieg/Niederlage, andererseits beschreibt ein *Systemprogramm* die Voraussetzungen, unter denen Siege anzustreben sind:

> „Steckt der Code unter Ausschluß dritter Positionen die Bedingungen ab, unter denen das System operiert und Informationen verarbeitet, ordnet die Programmebene 'richtiges Verhalten' zu - mit der Besonderheit, daß der im Code ausgeschlossene Dritte auf der Programmebene wieder eingeschlossen werden kann" (BETTE 1989, 182 f.).

Werte wie Chancengleichheit und Fairplay bzw. Regeln wie das Dopingverbot im Sport sind Programmpunkte oder sportspezifische „zivilisatorisch standardisierte ‚Grundwerte'" (LUHMANN 1996), die als wiedereingeschlossene Dritte den Code Sieg/Niederlage kontrollieren (sollen). Sie stecken das weite Feld der Handlungsmöglichkeiten ab, die den Akteuren im Umgang mit der Codierung zur Verfügung stehen. Im organisierten Hochleistungssport, der über Konvention geschriebene und ungeschriebene Regeln definiert hat, ist das wünschenswerte Ziel des Sieges grundsätzlich nicht mit allen denkbaren, sondern nur mit bestimmten legitimen Mitteln zu erreichen. Die Einschränkung des Möglichkeitshorizontes durch Regeln ist konstitutiver Bestandteil des Leistungssports. Rasch wird man beispielsweise Einigkeit darüber erzielen können, dass das Verbot des Handspiels beim Fußball ein entscheidender Programminhalt für Feldspieler in dieser Sportart ist. Nicht jedes Tor kann hingenommen werden. Nicht jeder Sieg ist erstrebenswert.

Fairplay, Chancengleichheit und ein ausgeklügeltes Regelwerk schützten im Idealfall den reibungslosen Ablauf des Ermittlungsprozesses von Siegern und Verlierern. Wer aber schützt die *beschützenden Programm-Elemente*? Tatsächlich hat sich beim Doping im Hochleistungssport dieser Schutz als ein Problem erwiesen, das systembedrohende Ausmaße annehmen kann. Helmut Digel stellt fest,

> „dass die Systemlogik des Hochleistungssports Doping-Verstöße nahezu zwangsläufig bedingt, dass in gewisser Weise das System des Hochleistungssports auf Selbstzerstörung ausgerichtet ist" (DIGEL 1997, 288).

Während der Hochleistungssport der binären Codierung Sieg/Niederlage problemlos zu folgen vermag, tut er sich auf der Programmebene mit der Reintegration im Code ausgeschlossener Dritter alles andere als leicht. Insbesondere beim heimlich ablaufenden Doping werden Unterscheidungsprozesse auf der Basis einer ursprünglichen Gleichheit unterminiert: Der dopende Athlet läuft zwar mit seinen Konkurrenten an einer Linie los, verschafft sich aber - zumindest ist dies seine ausdrückliche Absicht - einen heimlichen, für den Beobachter unsichtbaren Vorsprung. Siegen um jeden Preis ist sein Ziel.

Dass Doping ein Problem geworden ist, das den Sport und seine Sportler gleichermaßen bedroht, darf nicht nur unter dem Aspekt der vielen Einzelabweichungen betrachtet werden. Systemtheoretisch gesehen ist Doping die logische Folge von Strukturfehlern im System des Hochleistungssports. Vereinfacht ausgedrückt kann verbreitetes Doping als Folge einseitiger Bevorzugung der Sieg/Niederlage-Codierung unter Vernachlässigung der Programmebene angesehen werden. Wo das System den Sieg befürwortet, aber nicht eindeutig klärt, unter welchen Bedingungen er anzustreben ist, erzeugt es - selbst wenn es dies nicht absichtlich tut - zwingend abweichende Verhaltensweisen wie Doping. Für den Sport in der Bundesrepublik Deutschland ist indessen nicht lediglich Fahrlässigkeit der Sportführung im Umgang mit der Dopingproblematik zu konstatieren, sondern auch Aktivhandeln von stillschweigender Duldung bis hin zur aktiven Hilfe beim Doping und dessen Rechtfertigung.

Staatsplanthema Ost versus Normlosigkeit West

Ein solcher Zustand der Schieflage zwischen Codierung und Programmebene ist für den Sport in der Bundesrepublik Deutschland bis mindestens 1990/91 zu konstatieren. Auch wenn es im Westen kein Staatsplanthema und keine geschlossenen Verbandskonzeptionen zum Doping gegeben haben mag wie in der DDR, so ist doch verbreitetes, systematisch erzeugtes und in gewisser Weise – in Bezug auf die Testosteron- und Regenerationsversuche der 80er Jahre - auch staatlich gewolltes Doping festzustellen. Häufig wird das westdeutsche Doping auf ein subkulturelles Geschehen reduziert, in dem in kleinen, verschwiegenen Gruppen abweichendes Verhalten produziert werde. Dieser theoretischen

Hauptannahme zur Struktur des westdeutschen Dopings kann allerdings nur teilweise entsprochen werden, da auch in der Bundesrepublik Doping weit über-solche überschaubaren „Insellösungen" (SPITZER 1998) auf Vereinsgruppen-Ebene oder Verbandskader-Ebene hinausging.

Ein subkulturelles Geschehen mag auf organisatorischer Ebene hauptsächlich gegeben gewesen sein; solche Subkulturen als Horte abweichender Normen und Werte in der Dopingfrage (eine noch zu überprüfende These!) wären allerdings ohne entsprechende begünstigende strukturelle Voraussetzungen nicht lebensfä-hig gewesen. Nicht Einzelabweichung, nicht einmal lediglich eine auf individu-eller Basis stattfindende flächenbrandartige Vielfachdevianz ist für den bundes-deutschen Spitzensport festzustellen. Vielmehr war die verbreitete missbräuchli-che Anwendung z.b. der Anabolika die logische Folge eines Systemversagens.

Die Ernsthaftigkeit von Sportorganisationen in der Dopingbekämpfung lässt sich verhältnismäßig leicht ablesen an den Maßnahmen, die sie ergreifen, um die Dopingverbotsnorm zu schützen. Bloße Verbotserklärungen reichen längst nicht aus, denn: „Die Gedanken des Normsenders müssen daher auch immer Überle-gungen zu Realisierungschancen einbeziehen" (LAMNEK 1990, 35). Geschützt werden Normen durch soziale Kontrolle und soziale Sanktionen, die positiv oder negativ sein können. Soziale Kontrolle in Form von Dopingkontrollen fand vor 1989 außerhalb des Wettkampfes nicht statt und sie wurde in der Bundesrepu-blik bis mindestens 1990 von einflussreichen Personen des Sports auch aus-drücklich nicht gewünscht. Solche einseitigen „Abrüstungs"-Schritte in der Do-pingfrage waren vielfach selbst nach dem Tod der Siebenkämpferin Birgit Dres-sel 1987 unerwünscht. Solche Unterlassungshandlungen können „als Symptom des Erlöschens einer Norm" (GEIGER 1964, 286) interpretiert werden. Die Do-pingverbotsnorm in der Bundesrepublik war zwar eine Norm mit hohem *Gültig-keitsgrad*, was anhand harter Bestrafungen bei positiven Dopingproben erkenn-bar wurde. Allerdings war die Gefahr, bei Einnahme von Anabolika bei einer Wettkampfkontrolle auffällig zu werden, so gering, dass die Verbotsnorm trotz hohem Gültigkeitsgrad durch einen sehr niedrigen *Wirkungsgrad* gekennzeich-net war (vgl. dazu LAMNEK 1990, 37).

Die Tendenz zur *Normlosigkeit* war in der Anabolikafrage für den Spitzensport in der Bundesrepublik Deutschland paradoxerweise bereits mit Einführung des Anabolikaverbots gegeben. Weder gab es effektive Kontrollen, noch wurden durch die führenden Köpfe des westdeutschen Sports strukturelle Aspekte in ei-ner Weise, die zu konkreten Ergebnissen und Verbesserungen dieses Zustandes der Normlosigkeit hätten führen können, kritisch und ehrlich reflektiert. Primär wurde sportlicher Erfolg angestrebt, allenfalls sekundär war die Frage, wie er zustande gekommen war. Einen solchen Zustand der *„Anomie"* sieht Robert K. MERTON (1968, 292) als Ergebnis der Diskrepanz zwischen kulturell erwünsch-ten Zielen und den sozialstrukturell „unterschiedlich verteilten institutionalisierten Mitteln" zur Erreichung dieser Ziele, systemtheoretisch ausgedrückt, als Folge der Diskrepanz zwischen Systemcode und Systemprogramm. Der Anomiebegriff deutet dabei wiederum nicht auf die Abweichungen vieler einzelner Akteure, sondern auf das System selbst. Ein System im Zustand der Anomie erzeugt zwingenderweise abweichendes Verhalten; Misstrauen ist daher insbesondere stets dort angezeigt, wo die Einzelfalltheorie zur Erklärung einzelner bekannt gewordener Dopingfälle herangezogen wird. Diese alltagsweltlich orientierte und und meistens wenig fundiert vorgetragene These trifft tatsächlich nur im Einzelfall zu.

Dass der deutsche Spitzensport in ein solches Fahrwasser geriet, in dem das Dopingverbot zwar theoretisch galt, praktisch aber nahezu außer Kraft gesetzt und eine Tendenz zum faktischen Erlöschen dieser Norm zu erkennen war, ist nicht nur mit fehlerhaftem Verhalten und mangelnder Konsequenz in der Problemidentifizierung zu begründen. Viel mehr trug dazu aktives, das Doping förderndes Verhalten der Sportorganisationen und Verbände bzw. ihrer maßgeblichen Vertreter aus Funktionärswesen, Leistungssportvertretung oder Sportmedizin bei. Gleichgültig, ob westdeutsche Funktionäre und ihre wissenschaftlichen Berater in den 70er Jahren in den internationalen Gremien mehr als jedes andere Land und – was allerdings einleuchtet - mehr auch als DDR-Vertreter in internationalen Gremien Stimmung für die Streichung der Anabolika aus der Dopingliste machten oder praktisch die gleichen handelnden Personen mehr als zehn Jahre später abermals in konzertierter Aktion für eine zwischenzeitliche Legitimierung von Testosteron (wegen angeblicher analytischer Probleme) sorgten: Doping mit anabolen Steroiden wurde in der Bundesrepublik nicht nur nicht ausreichend bekämpft, es gab eindeutige Initiativen führender Sportvertreter, die dazu geeignet waren, den Einsatz überhaupt erst möglich zu machen und die Konsumenten vor Enthüllung zu schützen, wobei auch Unterlassungshandlungen (Verzicht auf Trainingskontrollen) oder - wie noch aufzuzeigen sein wird - Schweigegebote zum Spektrum der Handlungsmöglichkeiten gehörten.

Wenn auch dem Leistungssport in der Bundesrepublik ein Streben nach Siegen (oder Mithalten) um jeden Preis nicht insgesamt nachgesagt werden kann, so trifft dieser Vorwurf zumindest teilweise und für eine Reihe maßgeblicher Personen und zumindest in Bezug auf die bundesdeutschen Testosteronversuche auch auf die Bundesregierung zu.

1.2 Dropout durch Doping

Dropout bedeutet das Ausscheiden aus dem organisierten Sport. Der deutsche Sport und die deutsche Sportwissenschaft haben in der Vergangenheit zweifellos einige Anstrengungen unternommen, um dem Phänomen des Dropouts im Leistungssport auf die Spur zu kommen. Mit Sorge werden stets solche Entwicklungen beobachtet, die das System des Leistungssports wertvolle Ressourcen kosten. Die Aussteigerproblematik wurde dabei jedoch anscheinend vornehmlich vor dem Hintergrund des negativen Einflusses dieses Phänomens für die permanente Produktion von Leistung diskutiert. Nahezu völlig unbemerkt war jedoch geblieben, dass gerade die Art und Weise, wie auch in der Bundesrepublik Deutschland Leistung produziert wurde, ein gewichtiger ursächlicher Grund für die Dropoutproblematik gewesen sein dürfte. Das Konzept der Erzeugung von Leistung um jeden Preis wurde insbesondere im Leistungssport der DDR verfolgt. Dort wurde aber auch die Problematik der Aussteiger Ende der 80er Jahre besonders sichtbar; die Permanenz der DDR-Erfolge wurde langfristig zunehmend in Frage gestellt (vgl. SPITZER 1998). Das Konzept der Erzeugung von Leistung um jeden Preis ist somit ungewollt auf *Selbstzerstörung* ausgerichtet (vgl. dazu auch DIGEL 1997, 288).

Dass die Problematik des Dropout im bundesdeutschen Spitzensport gerade auch durch Doping bedingt sein konnte, hätte dem westdeutschen Sport über eine offensichtliche, aber nicht wahrgenommene Evidenz hinaus auch durch empirische Befunde bewusst werden können. HOLZ et al. veröffentlichten 1988 eine Studie zur Situation des Spitzensports in der Bundesrepublik Deutschland. Dabei ergab sich der interessante Befund, dass für bundesdeutsche Spitzensportler die Notwendigkeit, auf manipulative Maßnahmen wie den Gebrauch von Anabolika zurückgreifen zu müssen, der wichtigste denkbare Grund wäre, aus dem Spitzensport auszusteigen. Andererseits konstatierten die Autoren, dass es in Sportarten wie der Leichtathletik oder dem Gewichtheben ein Dopingproblem gab (HOLZ et al. 1988, 75). Einen Rückfluss in die Praxis der Sportpolitik, etwa in Form einer verschärften Dopingbekämpfung, hatte dieser Besorgnis erregende Befund nicht, was einmal mehr die Problematik der Umsetzung wissenschaftlicher Ergebnisse in die Sportpraxis kennzeichnet. Die öffentliche Skandalierung brachte entscheidende Fortschritte in der Dopingbekämpfung.

Gespräche mit Zeitzeugen sowie ein umfassendes Quellenstudium untermauern die von uns hiermit in die Diskussion eingeführte Theorie eines bislang weithin unterschätzten *dopingbedingten Dropouts* im westdeutschen Spitzensport. Er betraf bei weitem nicht nur die Ebene der Athleten, sondern bezog sich viel mehr auf alle Rollenträger im Sport. Der dopingbedingte Dropout war in Bezug auf die Anabolikaproblematik auch keine Späterscheinung des Sports in der Bundesrepublik, er setzte im Gegenteil schon sehr früh ein[1]. Diese Form des do-

---

[1] Ein Beispiel hierfür ist der ehemalige Sprinter und Mitinhaber eines Europarekords (60 Meter Yards), Eckart Brieger, der von einem 1971 erfolgten Gespräch über Anabolika mit dem späteren Diskuswurf-Bundestrainer Karlheinz Steinmetz berichtet, in dem dieser seinen Anabolikakonsum zugegeben habe: „Ich kann mich an dieses Gespräch deshalb so gut erinnern, weil es mich sehr betroffen gemacht hat und mit ein wichtiger Grund dafür war, daß ich etwa ein dreiviertel Jahr später den Leistungssport aufgegeben habe" (Zeugenvernehmung Briegers vor der 3. Zivilkammer des Landgerichts Heidelberg am 13.11.1991 in der Streitsache Steinmetz/Berendonk, Aktzenzeichen 3 0 244/91).

pingbedingten Dropouts trug zu einer sich selbst permanent verschlimmernden Dopingsituation bei, da die Zahl der Dopinggegner dadurch abnahm, die der Dopingbefürworter und -anwender, sowohl prozentual als auch absolut, anstieg. Er beförderte zudem eine Haltung bei nicht wenigen Sportbeobachtern, die zunehmend zynisch und fatalistisch anmutete und die nicht unwesentlich zu jener Freigabediskussion beitrug, die bis heute andauert und die auch von Sportwissenschaftlern wie dem Trainingskontrollen ablehnenden Arnd Krüger teilweise befürwortend geführt wird (Neue Zürcher Zeitung, 8./9.8.1998).

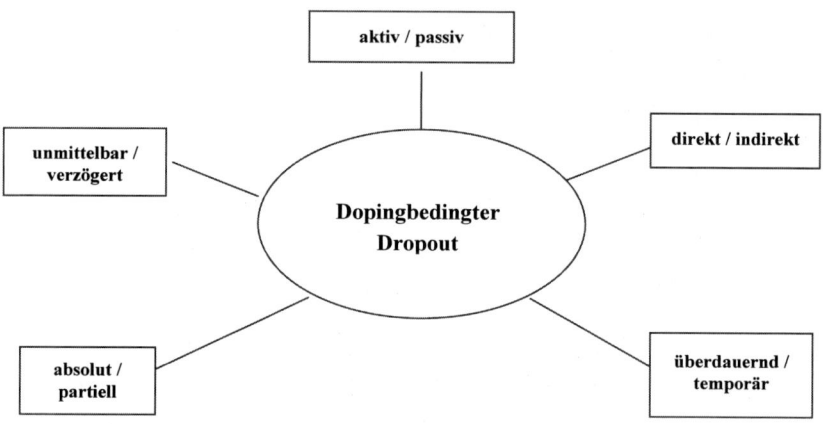

Abb. 1: Formen dopingbedingten Dropouts im Spitzensport

Dopingbedingter Dropout kostete den westdeutschen Sport wertvolle Sympathisanten und Mitstreiter, weshalb das vordergründig und relativ kurzfristig die Leistung begünstigende Doping das System der westdeutschen Leistungs-„Produktion" langfristig erheblich geschädigt haben dürfte. So betrachtet dürfte die sportlich als unbefriedigend empfunde Bilanz westdeutscher Leichtathleten Ende der 80er Jahre nicht nur eine Folge „mangelnder" Dopingbereitschaft bei einer ausreichend großen Zahl von Athleten gewesen sein, sondern teilweise sicherlich auch die negative Folge dieser spezifischen Form des Dropouts: Eine nicht zu unterschätzende Zahl an Athleten kehrte dem Leistungssport den Rücken oder fand aufgrund der Weigerung, Anabolika einzunehmen, selbst auf nationaler Ebene keine Chancengleichheit mehr vor oder wurde bei Kadereinteilungen und Meisterschaftsnominierungen sogar benachteiligt.

Der Beginn des Prozesses des Ausscheidens vieler Personen aus dem Leistungs-
sport der Bundesrepublik Deutschland fiel paradoxerweise annähernd zeitgleich
mit dem Verbot der anabolen Steroide zusammen. Dies legt einmal mehr den
Schluss nahe, dass das Verbot der Verwendung von Anabolika im Sport von
Anfang an weitgehend wirkungslos war. Andererseits erzielte das *Kriterium der
Endkampfchance* für die Olympiateilnahme eine unheilvolle, in dieser Form
vermutlich ursprünglich nicht beabsichtigte, später aber im Sinne internationaler
Konkurrenzfähigkeit billigend in Kauf genommene Wirkung. Seit 1972 führte
die Koppelung der Olympiaqualifikation an das Kriterium der Endkampfchance
dazu, dass selbst die Teilnahme an Olympischen Spielen ohne Doping zum Teil
nicht mehr möglich war. Dies war in der Frauenleichtathletik besonders deutlich
erkennbar. Die Nichtberücksichtigung für den Kreis der Olympiateilnehmer
aufgrund der Messlatte der internationalen Dopingleistungen war eine Form von
indirektem, partiellem und passivem Dropout und ist z.B. für das Kugelstoßen
der Frauen im DLV schon 1972 zu konstatieren. Verursacht wurde diese Form
des Dropout durch die in Osteuropa und insbesondere in der DDR spätestens seit
1971 üblich gewordene missbräuchliche Anwendung von Anabolika bei Frauen
und den daraus resultierenden enormen Leistungsverbesserungen. Dieses Nomi-
nierungskriterium hatte die fatale Folge, dass sich nicht wenige Athletinnen vom
Leistungssport abwandten und Personen wie Kugelstoß-Bundestrainer Hansjörg
Kofink aus dem Amt schieden, weil sie die Orientierung an solchen internationalen „Dopingnormen" für nicht verantwortbar hielten.

Dem passiven Dropout durch Nichtnominierung folgte in solchen Fällen häufig
die aktive Form, der Rückzug aus dem Leistungssport. Diese westspezifische
Form der „Ausdelegierung" mit ihren vielfältigen Spielarten erzeugte in der
Bundesrepublik einen Typus des Opfers, dessen Befindlichkeit und Frustration
insbesondere vom Sportsystem selbst bis heute kaum registriert und gewürdigt
worden sind. Eine andere, besonders brutale Form des Dropout stellt das Ausscheiden der Hammerwerferin Cathérine Moyon de Baecque dar; sie wurde das
Opfer einer Vergewaltigung während eines Trainingslagers und wurde miss-lie-
big, weil sie den Fall vor Gericht brachte. Sie erreichte eine Verurteilung der Täter in insgesamt drei Prozessen. Dennoch wurde sie mehr oder weniger aus dem
Leistungssport herausgedrängt, während die Täter – Weltklassehammerwerfer
und ihre Trainer, die zum Teil den Vorgang beobachtet hatten – danach trotzdem bei allen internationalen Meisterschaften dabei waren (vgl. MOYON DE
BAECQUE 1997).

Doping- bzw. manipulationsbedingter Dropout ist teilweise auch bei solchen
Personen festzustellen, die selbst Dopingmittel einnahmen. Die bereits Anfang
der 70er Jahre im Zusammenhang mit der Einnahme von Anabolika beobachtete
erhöhte Verletzungsanfälligkeit von Athleten vermochte Karrieren zu beenden,
wie das Rundschreiben des Zehnkampf-Bundestrainers Heinz Oberbeck 1972 an

seine Kaderathleten verdeutlichte (SINGLER/TREUTLEIN 2000, 192). Auch die schädlichen Nebenwirkungen von Medikamenten konnten sich kontraproduktiv auswirken - bis hin zum extremsten denkbaren Dropout durch den Tod wie im Fall Birgit Dressel 1987.

Schließlich wäre das Dropout durch Doping auch aus trainingsmethodischer Sicht zu diskutieren. Da anabole Steroide insbesondere die Herausbildung der Kraft begünstigen, führte die verbreitete Verwendung dieser Dopingmittel zu einer teilweise einseitigen Präferenz des Krafttrainings. Dadurch dürfte es, z.B. im Sprint, zu einer Überbetonung der Kraft (noch dazu in den falschen Muskelgruppen) und zur Suche nach einem dementsprechenden Sportlertypus gekommen sein. Häufige Muskelverletzungen als Folge trainingsmethodischer Fehlentwicklungen oder auch die angestrebte Athletenmodellierung in eine spezifische Richtung mit teilweise fatalen Folgen können als temporärer und indirekter dopingbedingter Dropout bezeichnet werden. Dieser muss nicht einmal direkt durch die Einnahme von Anabolika erfolgen. Erhöhte Verletzungsanfälligkeit bis hin zu einem dadurch provozierten vorzeitigen Karriereende kann auch durch ein Training erzeugt werden, das sich unbewusst und ungewollt an „Doping"-Parametern orientiert[2]. Wenn in solchen Fällen Athleten als Folge falschen Trainings ihre Karriere wegen körperlicher Schäden oder nachlassender Motivation aufgrund ausbleibenden Erfolgs beenden, kann ebenfalls von einem (indirekten) dopingbedingten Dropout gesprochen werden.

1.3   Doping wider Willen: Äußere Abweichung bei innerer Konformität

Jede Norm birgt grundsätzlich die Möglichkeit der Abweichung in sich. Durch die Errichtung einer Norm wird die Abweichung sogar geradezu mitprogrammiert, da nur dort ein Verhalten als abweichend etikettiert werden kann, wo entsprechende verbindliche Verhaltenserwartungen formuliert worden sind. Insofern ist die Hoffnung, das Dopingproblem sei absolut und „ein für alle mal" lösbar, illusorisch, ja geradezu anmaßend. Nicht die Abweichung an sich ist das Problem, sondern die häufig mangelhaften Anstrengungen, die ein System zum Schutz der Norm des Dopingverbots unternimmt, stellen das Problem dar: „Die Norm als Imperativ verlangt grundsätzlich nach Realisierung" (LAMNEK 1990, 35). Allerdings sind verschiedene Normen nicht in gleicher Weise einhaltbar und gleiche Normen nicht zu allen Zeiten in gleicher Weise verbindlich:

> Die Gedanken des Normsenders müssen daher auch immer Überlegungen zu den Realisierbarkeitschancen einbeziehen ..." (LAMNEK ebd., 36).

---

[2]   Problematisch in diesem Zusammenhang erscheint die Erstellung von sogenannten Rahmentrainingsplänen, die nicht selten auf alten DDR- und Dopingmethodiken basieren.

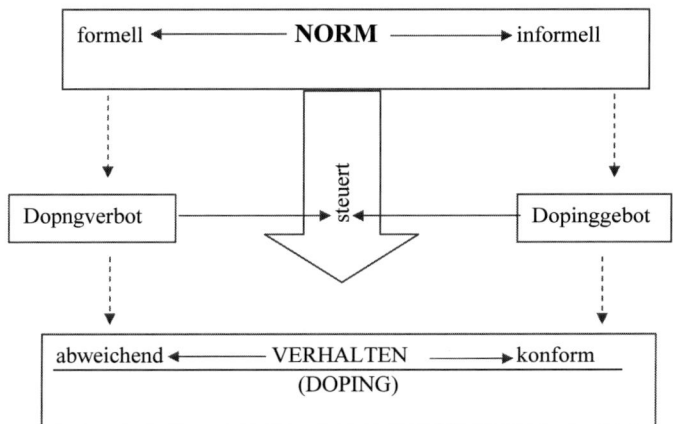

***Abb. 2: Normenkonkurrenz-Situation in der Dopingproblematik
(SINGLER 1993, 35)***

Die Beobachtung, dass in der Frage der Realisierbarkeit der Dopingverbotsnorm der Sport in der Bundesrepublik Deutschland lange Zeit größtenteils versagt hat, dürfte in nicht wenigen Sportverbänden bis heute Gültigkeit besitzen. Nicht ausreichender Schutz der Norm des Dopingverbots vermochte die Ausbildung einer entgegengesetzten Norm in der Dopingfrage zu ermöglichen. Hierbei trat eine informelle Norm der Dopingerwartung in Konkurrenz zur formellen Norm des Dopingverbots. Dadurch geriet der geregelte Leistungssport in eine Situation der inneren Zerrissenheit, die durch das Konkurrenzverhältnis entgegengesetzter Dopingnormen geprägt wurde und in der durch Abweichung Konformität und durch Konformität Abweichung erzeugt werden konnte (siehe Abb.2).

Keine der einander entgegengesetzt wirkenden Normen zum Doping verlor in er Bundesrepublik ihre Gültigkeit. In einer solchen Situation der Zerrissenheit hatten sich Athleten und ihre Betreuer lange Zeit zu bewegen. Die Etikettierung Dopings als „Kavaliersdelikt" durch hohe Funktionäre drückt dabei bei weitem nicht die Reichweite der informellen Dopingerwartung aus, da Doping von vielen handelnden Personen im System des Leistungssports nicht einmal als Delikt, sondern anscheinend geradezu als Voraussetzung für leistungssportlichen Erfolg angesehen und dementsprechend protegiert wurde.

Von der Annahme äußerer Abweichung bei innerer Konformität gehen auch die amerikanischen Soziologen SYKES und MATZA (1968) in ihrer „Theorie der Neutralisierungstechniken" aus. Während die Subkulturtheorie Delinquenz als

Folge bestimmter abweichender Wert- und Normvorstellungen betrachtet, folgen Sykes und Matza einem weiterführenden Gedanken:

> „Wenn erstens tatsächlich eine delinquente Subkultur bestünde, in der der Delinquent sein illegales Verhalten als moralisch richtig ansieht, könnten wir vernünftigerweise annehmen, daß er bei Entdeckung oder Einsperrung keine Schuld- oder Schamgefühle äußern würde. Stattdessen würde die am meisten verbreitete Reaktion eher Entrüstung oder ein Gefühl von Märtyrertum sein" (SYKES/MATZA 1968, 361).

Nicht selten jedoch würden Reaktionen sich kriminell verhaltender Jugendlicher dafür sprechen,

> „daß viele Delinquenten ein Gefühl von Schuld oder Scham erleben, und ihre Äußerungen dürfen nicht nur als eine schlaue Geste zur Beschwichtigung der Autoritätspersonen abgetan werden" (SYKES/MATZA 1968, 361).

Bei solchen Delinquenten könne vielmehr beobachtet werden, dass sie gesetzestreuen Personen mit Bewunderung und Respekt begegnen. Beim Versuch, bei sich konform verhaltenden Respektspersonen Heuchelei oder abweichendes Verhalten nachzuweisen, würde der jugendliche Delinquent mit großer Empörung gegen den Beschuldiger reagieren:

> „Während er anscheinend stark dem abweichenden System der delinquenten Subkultur zugetan ist, scheint er die moralische Gültigkeit des herrschenden normativen Systems anzuerkennen" (SYKES/MATZA 1968, 362).

Gleichzeitig versucht der Delinquent, moralische Schuld seiner Handlungen zu leugnen:

> „Das Individuum kann moralische Schuld für seine kriminelle Handlung - und demnach die negativen Sanktionen einer Gesellschaft - vermeiden, wenn es beweisen kann, daß kriminelle Absicht fehlte" (SYKES/MATZA 1968, 365).

Versuche, eigene Schuld an kriminellen Handlungen zu verringern, werden als Rationalisierungen bezeichnet:

> „Man sagt, sie folgen abweichendem Verhalten und schützen das Individuum vor Selbstvorwürfen und Vorwürfen anderer nach der Tat. Es gibt aber auch Grund zu der Annahme, daß sie abweichendem Verhalten vorausgehen und abweichendes Verhalten ermöglichen."

Delinquenz wird mittels diverser „Techniken der Neutralisierung" vorab so rationalisiert, dass sie annehmbar erscheint und ohne dass der Delinquent in Opposition zu den geltenden Normen treten muss. Fünf Typen der Neutralisierung sind dabei zu unterscheiden (SYKES/MATZA 1968, 366 ff.):

1. *„Die Ablehnung der Verantwortung"*: Der Delinquent entwickle eine Billiardball-Konzeption von sich. „Indem der Delinquent lernt, sich mehr getrieben als handelnd zu sehen, bereitet er den Weg für die Abweichung vom herrschenden normativen System ohne die Notwendigkeit eines frontalen Angriffs auf die Normen selbst vor" (ebd., 367).

2. *„Die Verneinung des Unrechts"*: Nicht die kriminelle Handlung wird geleugnet, sondern die moralische Verwerflichkeit, das der Handlung zugeschriebene Unrecht oder der dabei entstandene Schaden.

3. *„Die Ablehnung des Opfers"*: Eine kriminelle Handlung wird als gerechte Strafe für den Geschädigten angesehen.

4. *„Die Verdammung der Verdammenden"*: „Der Delinquent verschiebt seine Aufmerksamkeit von seinen eigenen abweichenden Akten auf die Motive und das Verhalten derjenigen, die seine Verfehlungen missbilligen" (ebd., 369).

5. *„Die Berufung auf höhere Instanzen"*: Der Delinquent könne sich in einem Dilemma verstrickt sehen, aus dem die Gesetzesübertretung resultiere. Dabei wird Delinquenz mit Gewissenskonflikten begründet (zur Systematisierung von Neutralisierungsrethoriken beim Doping siehe BETTE/SCHIMANK 1995, 214-235).

Doping als spezifische Form abweichenden Verhaltens im Sport wird mit Hilfe solcher Techniken der Neutralisierung nicht nur nachträglich gerechtfertigt, sondern auch immer weiter vorbereitet (vgl. dazu auch EMRICH et al. 1992, 58). Dabei ist von Bedeutung, dass Dopingakteure die üblichen Neutralisierungen nicht nur vordergründig vornehmen, um die Öffentlichkeit gewissermaßen an der Nase herumzuführen:

> „Wenn man sich darüber wundert, warum Sportler, Trainer und andere Dopingbefürworter in der Lage sind, sich nach außen mit Hilfe eines elaborierten Rechtfertigungsrepertoires zu verteidigen, liegt das mitunter auch daran, daß sie sich die eigene Abweichung vorher selbst plausibel gemacht haben. Sie glauben in der Regel, was sie sagen" (BETTE/SCHIMANK 1995, 214 f.).

Dopingbekämpfung über das unabdingbare Instrument der Dopingkontrolle hinaus hätte sich also auch an der Widerlegung solcher Rechtfertigungsmuster zu orientieren. Als beste Form der Widerlegung solcher Muster kann jedoch eine erfolgreiche Dopingbekämpfung angesehen werden, d.h. Kontrolle und Sperre überführter Athleten und darüber hinaus Bestrafung der Täter im Umfeld. Denn vieles spricht dafür, dass dies durchaus im Sinne vieler dopender Athleten oder deren Betreuer selbst liegt. Tatsächlich scheint es sich beim Doping aus Sicht sich abweichend verhaltender Akteure häufig nicht um einen Angriff auf die Norm des Dopingverbots zu handeln, sondern angesichts des tatsächlichen oder lediglich vermuteten weit verbreiteten Dopings der nationalen und internationalen Konkurrenz in erster Linie um eine *Nachteilsvermeidungsstrategie*.

Für die von uns hiermit vorgestellte *Theorie des Dopings wider Willen* sprechen auch empirische Befunde. So forderte die deutliche Mehrheit der Befragten einer italienischen Studie von SCARPINO et al. (1990) schärfere Dopingkontrollen, auch Trainingskontrollen, die es zum Erhebungszeitraum (1989) noch nicht gab:

„Over two-thirds of athletes and technicians requested more frequent and efficious control of the sports environment; 82 % of athletes would be in favour of sports societies doing systematic checks for doping during training" (SCARPINO et al. 1990, 1049).

Die hohe Zahl an Athleten (Stichprobe 1015) und Betreuern (216), die im Rahmen dieser Befragung zugaben, Dopingmittel schon einmal verwendet oder verabreicht zu haben, ist geradezu schockierend, hatte jedoch im italienischen Sport keine unmittelbaren Auswirkungen in Richtung eigentlich gebotener radikaler Anti-Doping-Maßnahmen - obwohl die Studie vom Nationalen Olympischen Komitee (CONI) selbst in Auftrag gegeben worden war[3].

Elf Prozent der von SCARPINO et al. befragten Sportler erklärten, regelmäßig Amphetamine einzunehmen (27 Prozent gelegentlich). 16 Prozent gaben den regelmäßigen Konsum von Anabolika zu (26 Prozent gelegentlich). Eigenbluttransfusionen wurden von sieben Prozent als regelmäßige Maßnahme berichtet, bei 25 Prozent war Blutdoping gelegentlich der Fall. Geht man davon aus, dass nicht in allen Sportarten Blutdoping oder der Einsatz von anabolen Steroiden sportmethodisch plausibel, in Augen der Delinquenten „notwendig" und entsprechend verbreitet ist, kommt man zu der Vermutung, dass in bestimmten, dafür besonders anfälligen Sportarten oder Disziplinen das Problem des Dopings mit Anabolika oder verbotenen Methoden wie Eigenbluttransfusionen (heute ersetzt durch EPO-Doping) beinahe jeden Spitzensportler berührt haben dürfte. Dies wird umso wahrscheinlicher, wenn sich im Milieu des Spitzensports die Meinung breit macht, dass Höchstleistungen ohne die Verwendung von leistungssteigernden Mitteln überhaupt nicht zu erbringen seien.

Die Ursachen des Wunsches nach Einhaltung der Regeln trotz Abweichung dürften vielfältig sein. Die Angst vor schädlichen Nebenwirkungen dürfte dabei zweifellos eine nicht unerhebliche Rolle spielen. Interessanterweise ist diese Angst beim betreuenden Personal noch einmal erheblich ausgeprägter als dies ohnehin schon bei den Athleten der Fall ist. So hielten in der Untersuchung von SCARPINO et al. 79 bzw. 80 Prozent der befragten Sportler die Anwendung von Amphetaminen bzw. anabolen Steroiden für gefährlich, gar 95 bzw. 91 Prozent auf der Betreuerseite. Fatalerweise wurde dieses „technische Personal" jedoch gerade von Athleten als Hauptquelle der Verstärkung bei ihrem eigenen Doping bezeichnet:

„62 % of athletes who acknowledged doping reported pressure to do so from coaches and managers" (SCARPINO et al. 1990, 1048).

---

[3]   Vor diesem Hintergrund ist nicht überraschend, wie hoch zum einen der Prozentsatz von des Wachstumshormonmissbrauchs verdächtigen Athleten in der Studie der italienischen Antidoping-Kommission von 2000 ausfiel (bei 61 von 533 untersuchten Athleten wurde dies als sicher angenommen, bei weiteren 50 als höchst wahrscheinlich).

Nicht nur gesundheitliche Aspekte sprechen beim Doping für eine Abweichung trotz innerer Konformität. Es soll zwar nicht bestritten werden, dass es den besonders innovationsfreudigen Typus des Dopers geben mag, der kein schlechtes Gewissen verspürt. Die Zahl solcher Athleten, bei denen dies durchaus der Fall ist, sollte jedoch keineswegs unterschätzt werden. Dass es so etwas wie ein Doping wider Willen gibt, legen auch die Ereignisse während der Tour de France 1998 nahe, als polizeiliche Verhöre während der Tour einige Geständnisse erbrachten - sowie buchstäblich eine Erleichterung des Gewissens bei solchen verhörten Fahrern, z.B. bei dem Festina-Fahrer Armin Maier:

> „Ich bin erleichtert, daß ich ausgepackt habe, ... daß ich EPO genomen habe... Innerlich fühle ich mich jetzt besser,... weil ich die Wahrheit gesagt habe" (L'Equipe, 25.7.98, 2)[4].

Dieses Geständnis zeigt, wie schwer es vermutlich vielen dopenden Athleten fällt, mit der Dopinglüge zu leben. Auch der Schweizer Radprofi Alex Zülle fühlte sich nach seinem Geständnis erleichtert. „Es tut mir leid für meine Fans, die ich enttäuscht habe, vor allem wegen der Lügen" (Frankfurter Allgemeine Zeitung, 27.7.1999).

Teilweise können moralische Gründe für die Gewissensbisse beim Doping ausgemacht werden, teilweise kann der Wunsch nach Konformität jedoch auch einfach der insgesamt unkomfortablen Dopingsituation entstammen. Denn die Geheimhaltung abweichenden Verhaltens verlangt

> „vom Geheimhaltenden große Umsicht, Weitblick, Selbstdisziplin und soziale Empathie. Auch die Anforderungen an das Gedächtnis sind hoch, weil er sich an früher benutzte Strategien erinnern muss, um glaubwürdig zu bleiben bzw. keinen Verdacht zu wecken" (SPITZNAGEL 1999, 42).

Die Herstellung von Heimlichkeit und Konspiration, die permanent erforderliche hohe Konzentation zur Aufrechterhaltung des Lügengebäudes und die ständige Angst vor Enttarnung können beim Doping-„Sünder" genauso zum inneren Wunsch einer Veränderung der abweichenden Situation beitragen wie bei einem Verbrecher in der Gesellschaft: So berichtete in Mainz ein Geldfälscher im Prozess von seinen Gefühlen nach der Verhaftung:

> „Die Festnahme war für mich wie eine Befreiung. Ich kann wieder schlafen. Dafür möchte ich mich bedanken" (Mainzer Rhein-Zeitung, 15.10.1999).

1.4   Rollen, Rollenverständnis und Techniken der Neutralisierung

Nicht wenige Teilnehmer des Sportsystems haben sich im Verlauf der letzten 30 Jahre aus Enttäuschung über die weit verbreiteten Manipulationspraktiken aus dem Leistungssport zurückgezogen. Andere allerdings beteiligten sich am Betrug, wie gezeigt werden konnte, aktiv wie passiv und unter erheblichen kog-

---

[4]   Alle Übersetzungen aus dem Französischen wurden durch den Autor Gerhard Treutlein vorgenommen.

nitiven Dissonanzen. Die Vorstellung eines weit verbreiteten Dopings wider
Willen lässt die Entwicklung entsprechender Techniken der Neutralisierungen in
Form von häufig zu vernehmenden Beschwichtigungsformeln plausibel erschei-
nen. Nur in seltenen Fällen – und gerade dies spricht für unsere Theorie eines
Dopings wider Willen – übernehmen die überführten dopenden Athleten oder
ihre Helfer unumwunden die Verantwortung für ihre Handlungen. Aber es gibt
durchaus auch diese Beispiele von Athleten, die das Startrecht als persönlichen
Einsatz in einer lotterieähnlichen Veranstaltung, nämlich bei den Dopingkontrollen, zu begreifen scheinen und Doping als kühl kalkuliertes Mittel einsetzen.
Dies fällt Athleten umso leichter, je mehr sie in einem Doping befürwortenden
Umfeld leben. Dass Doping generell jedoch nicht offensiv nach außen vertreten
wird, hängt sicherlich mit dem Bewusstsein zusammen, dass die Umwelt diese
abweichende Verhaltensweise ablehnt – aber auch damit, dass der Sportler
selbst in den meisten Fällen von der grundsätzlichen Richtigkeit des Dopingverbots überzeugt sein dürfte.

Es wäre nun leicht, den Mitgliedern im System des Spitzensports Heuchelei und
Lügen vorzuwerfen, weil sie einerseits deviantes Verhalten an den Tag legen,
andererseits jedoch dieses Verhalten im Allgemeinen mit harten Worten verteu-
feln. Aber so simpel ist die soziale Realität auch im Spitzensport nicht, und es ist
umso bedeutsamer, die Paradoxie der miteinander konkurrierenden Dopingein-
stellungen ernst zu nehmen, als dass genau darin - dass häufig gegen eigene
Überzeugung gedopt wird - eine beträchtliche Chance in der Dopingbekämpfung liegt: Sie liegt nicht zuletzt im Interesse vieler Gedopten selbst. Und insofern ist selbst eine schizophren klingende Aussage wie die gegenüber dem Ma-
gazin „Stern" (Nr. 41, 6.10.1988, 24) von Ben Johnson noch vor seiner Demas-
kierung als Anabolikaathlet getätigte[5] nicht unglaubwürdig, sondern ernst zu
nehmen. Johnson, seit 1988 das Symbol für unethisch betriebenen Sport, hatte
wehmütig erklärt, früher habe der Sport noch Ethik gehabt. Auch die nachfolgenden Ausführungen Johnsons sind sicherlich nicht nur als raffinierte Geste zur
Beschwichtigung der Öffentlichkeit zu werten:

> „Sie sind also froh, daß Sie keine Anabolika mehr benutzen?"
>
> Ben Johnson: „Ich bin verdammt froh. Und ich bin auch froh, daß ich im richtigen Mo-
> ment erwischt wurde. Ich habe mich oft beschissen gefühlt, wenn ich mit Steroiden be-
> handelt wurde. Ich sagte zu mir selber: Ich will nicht ..." (Sports 1990, o. D., 107)

Meistens suchen Mitglieder im System des Spitzensports ihr Verhalten mit dem
Hinweis auf das Wirken höherer Mächte, auf Systeme und allgemeine Verhältnisse zu rechtfertigen, die für die Devianz verantwortlich seien. Und sie scheinen dies eben nicht nur als clevere Maßnahme zur Irreführung und Beruhigung
der Öffentlichkeit anzusehen, sondern eben gerade als ihre „Wahrheit" über Be-

---

[5]   Ben Johnson zur Situation des Sports zu Jesse Owens Zeiten: „Damals ging's viel sauberer
      zu, da hatte alles noch Ehre und Würde" (Der Stern 41/1988, 24).

dingungen im Leistungssport, die seine Anhänger zur Anwendung von Dopingmaßnahmen geradezu zwinge. Bei der Anwendung verschiedener Techniken der
Neutralisierung unterscheiden sich verschiedene Rollenträger in vielem überhaupt nicht. Im Folgenden soll nun aufgezeigt werden, wie sie ihre Beiträge zum
Betrug im Sport auf jeweils spezifische Weise rationalisieren und welcher der
jeweiligen Rollenstruktur angepassten Formen der Neutralisierung sie sich dabei
bedienen – und wie damit insgesamt die Gefahr wächst, dass Betrug im Sport
eben durch diese differenzierten Beschwichtigungen langfristig etabliert werden
kann. Dabei gilt es nicht nur, solche spezifischen Techniken zu identifizieren
und zu analysieren. Eine pädagogisch orientierte Dopingbekämpfung richtet sich
auch an der Widerlegung solcher Rechtfertigungsmuster aus, die manchmal sehr
einfach gestrickt und manchmal auch sehr kompliziert sein können.

1.4.1 Der „Fall" Kristin Otto: Neutralisierungsformeln bei Athleten

Die Öffentlichkeit hat sich im Verlauf der letzten zehn Jahre, in denen eine beträchtliche Anzahl dopender Athleten durch nationale und internationale Sportverbände oder – wie in Frankreich - staatliche Initiativen entlarvt worden ist, einen fast schon analytischen Blick auf Aussagen solcher überführter Athleten angewöhnt. Aufmerksam wurde registriert, dass Sportler in immer wiederkehrender Weise die selben Formeln bemühen und dass sie zum „Beweis" ihrer Unschuld ein häufig identisches Set an Erklärungsmustern bemühen, die sich nicht
selten gegenseitig auf mitunter bizarre Weise widersprechen. Ist ein Athlet dann
aber erst einmal überführt, wird er äußere Umstände geltend machen für sein
Fehlverhalten. Umso erstaunlicher ist es, wenn solche Muster reflexartig auch
dann abgerufen werden, wenn man sich der Lächerlichkeit, der man sich damit
inzwischen preisgibt, sicher sein kann. Ein hohes Maß an Chuzpe oder auch ein
hohes Maß an Verunsicherung ist zu vermuten, wenn das erwiesene, mehr oder
weniger jedoch weiterhin bestrittene Doping einer ehemaligen Spitzenathletin
und heutigen Journalistin wie Kristin Otto durch die Betroffene zu kommentie-
ren ist, was hier als Fallbeispiel vorgestellt wird.

Kristin Otto bot kurz vor den Olympischen Spielen in Sydney einmal mehr eine
Demonstration für die idealtypische Verwendung von Ausflüchten und Beschwichtigungsformeln beim Doping, wie sie die amerikanischen Soziologen
SYKES und MATZA in ihrer „Theorie der Neutralisierungstechniken" schon in
den 1950er Jahren vorgestellt haben. Ottos Einlassungen sind von geradezu
lehrbuchartiger Evidenz. Mit „zielgerichteten, wiederholenden, wohl terminier-
ten, auf Spekulationen basierenden Verdächtigungen" solle der ZDF-
Mitarbeiterin die erfolgreiche berufliche Karriere nach der erfolgreichen Sportkarriere mit sechs olympischen Goldmedaillen bis 1988 geneidet werden. Ihr
werde „Unredlichkeit" mit dem Ziel unterstellt,

„meine heutige berufliche Laufbahn wegen meiner DDR-Vergangenheit und meinen au-
ßergewöhnlichen sportlichen Leistungen – nach dem Motto: es kann nicht sein, was nicht
sein darf! – zu zerstören" (Süddeutsche Zeitung, 7.September 2000).

Wie viele gedopte Sportler bemüht auch Kristin Otto ein Konglomerat an verschiedenen Techniken der Neutralisierung, wie sie Sykes/Matza dargelegt haben. Einerseits betreibt sie eine „Verdammung der Verdammenden", indem sie
den Urhebern von Dopingvorwürfen eigensüchtige Motive unterstellt: Neid und
Missgunst glaubt Otto bei ihren Kritikern feststellen zu müssen. Nicht die Richtigkeit der Vorwürfe steht damit zur Debatte, sondern die Motive ihrer Feststellung auf Urheberseite. Kristin Otto bestreitet in einer an die Redaktionen gefax-
ten Erklärung nicht so sehr den Vorwurf des Dopings. Sie macht ihrerseits die
Motive der Kritiker zum entrüstungswürdigen Thema. Nicht Wahrheit und Un-
wahrheit stehen mehr zur Debatte, sondern die Art der Hervorbringung der
Vorwürfe: Zielgerichtet, wiederholt und wohl terminiert seien sie und außerdem
auf Spekulationen beruhend, denn es habe – so verneint sie ein Unrecht - „während meiner langjährigen Karriere bei dutzenden Doping-Kontrollen keinen einzigen – auch nur annähernden – ‚positiven' Befund gegeben".

Dass Kristin Otto hier nebenbei auf Dopingbefunde verweist, die nicht „auch
nur annähernd" erzielt worden seien, könnte die Frage des Testosterondopings
berühren, wo Doping und Nichtdoping formal durch den Quotienten des Verhältnisses Testosteron/Epitestosteron definiert werden. Das Otto'sche Grenz-
wertdenken zeugt von einem fatalen Missverständnis: Hier hat sich – genauso
wie beim Hämatokritgrenzwert von 50 beim EPO-Missbrauch - nämlich anscheinend bis zum heutigen Tag die Meinung etabliert, dass z.B. Testosteron-
einnahme kein Doping sei, wenn damit der Grenzwert unterschritten sei – so jedenfalls können Äußerungen wie die oben zitierten logisch interpretiert werden.
Dass Otto mit dieser Bemerkung Testosterondoping ansprach, ist deshalb so
wahrscheinlich, weil bei ihr selbst in der DDR im Rahmen einer Ausreisekon-
trolle 1989 vor der Schwimm-Europameisterschaft in Bonn (wo sie eine Anti-
Dopingerklärung von Michael Groß unterzeichnete) ein zu hoher Testoste-
ron/Epitestosteron-Quotient ermittelt wurde, und zwar ein fast dreimal so hoher
wie „erlaubt" (Der Stern, o.D., 1990, 203).

Der Hinweis Ottos auf von ihr nicht erreichte Grenzwerte verweist zudem auf
eine im Kreise dopender Athleten nicht selten anzutreffende Meinung, dass ein
bisschen Doping kein Doping sei[6]. Dies äußerte z.B. auch der ehemalige Profi-
radfahrer Rudi Altig, der in der ARD als deren offizieller Experte auch schon

---

[6]   Grenzwerte geben dem Sportler nicht selten Anlass zu der völlig unlogischen Annahme,
      dass die Verwendung von Dopingmitteln kein Doping sei, wenn dabei der Grenzwert un-
      terschritten bleibe. So fassen viele Radsportler den Hämatokritwert von 50 als Aufforde-
      rung zum EPO-Doping auf und gehen davon aus, dass man als Sportler mit niedrigerem
      natürlichen Wert das Recht habe, sich bis an den Grenzwert heranzudopen.

die Dopingfreigabe fordern durfte, gegenüber der Bild-Zeitung. Die Einnahme von Dopingmitteln in sogenannten „vernünftigen" Dosierungen sei unproblematisch, befand Altig:

> „Thema Doping: Haben auch Sie früher mal, Herr Altig?
>
> Altig: ‚Bin ich besoffen, weil ich eine Flasche Bier trinke? Gedopt ist für mich jemand, der vom Rad steigt und keinen klaren Satz sprechen kann, weil er vollgepumpt mit Tabletten ist. Das war ich nie. Ich habe Pillen geschluckt, klar. Wie alle anderen auch. Aber in Absprache mit meinem Arzt, nie unkontrolliert. ... Doping ist keine Frage der Qualität. Entscheidend ist doch, wieviel ich mir reinhaue!'
>
> Rudi Altig – immer klar und deutlich. Oft unbequem ..." (Bild-Zeitung, 15.3.1997).

Der von Kristin Otto gegebene Hinweis auf zahlreiche negative Befunde gehört, wie eine aufmerksame Öffentlichkeit seit langem weiß, zu den am häufigsten angeführten Rechtfertigungen im Zusammenhang der Beantworung von Dopingvorwüfen. Eben darum ist es so erstaunlich, dass Kristin Otto in ein so altes und von der Öffentlichkeit seit längerem ohnehin nur noch mit Spott zur Kenntnis genommene Erklärungsmuster verfällt. Sie wird nicht dadurch „schuldig", dass sie dieses untaugliche Argument gebraucht, aber kontraproduktiver könnte ein Beweisführungsversuch zu ihren Gunsten überhaupt nicht verlaufen.

Hat Kristin Otto in einem ersten Verteidigungsschritt die Neutralisierungsform der „*Verdammung der Verdammenden*" angewendet, besinnt sie sich in einem zweiten Schritt auf das, was Sykes/Matza (1968, 369 f.) als die „*Berufung auf höhere Instanzen*" bezeichnet haben, gepaart übrigens mit der Neutralisierungstechnik der „*Ablehnung der Verantwortung*", da sie auf ihr damals jugendliches Alter verweist, was jedoch auch nur für eine bestimmte Periode ihrer Karriere zutreffend ist. Gleichzeitig bestreitet sie in einer erneuten „Verdammung der Verdammenden" den Wahrheitsanspruch der Kritiker; die Zufügung persönlichen beruflichen Schadens sei Motiv für die Anwürfe:

> „Diese für mich weiterhin unverständliche Kampagne stimmt mich erneut sehr traurig; leider muss ich immer wieder feststellen, dass von uns, den damals sehr jungen, engagierten und talentierten Sportlern[7] eines temporären deutschen Staates, immer noch Rechtfertigungen für Systemfragen abverlangt werden, für die wir, schon unserer Jugend wegen, keine Verantwortung tragen können, und dass wir immer noch bewusst behindert werden können, unser Talent im Wettbewerb gegenwärtig unbehindert einzubringen" (Süddeutsche Zeitung, 7.9.2000).

Es mag von dem immensen Druck zeugen, unter dem Kristin Otto in der Dopingfrage steht, dass ihre Erklärung von einer nahezu unvergleichlichen Fülle

---

[7] Fleiß und Veranlagung, und nicht etwa Dopingmittel, seien für die Erfolge verantwortlich, soll dies wohl heißen. Sportler, die ihre zweifelhaften Leistungen begründen, verweisen häufig darauf, dass große Erfolge durch das sehr harte Training ermöglicht wurden. Dass Anabolikadoping eine solche „Brutalisierung" des Trainings überhaupt erst ermöglicht hat, sagen sie nicht.

und Dichte an Beschwichtigungs- und Neutralisierungsformeln ist und verschiedene Techniken der Neutralisierung dabei peinlicherweise sogar in Widerspruch
zueinander stehen. Denn einerseits würden die zahlreichen negativen Befunde
der Dopingthese widersprechen, andererseits aber sei das System verantwortlich
– aber für was? Doch wohl für das Doping, wie es auch an einer minderjährigen
Kristin Otto verübt worden war, die, so gesehen, selbstverständlich auch als ein
Opfer des DDR-Dopings anzusehen ist. Hätte die sechsfache Olympiasiegerin in
dieser Frage früher einmal Klarheit geschaffen, würde es wohl viel leichter fallen, sie heute für eine gute Fernsehjournalistin zu halten. Denn was ihr eigentlich vorgeworfen wird, ist nicht ihre Vergangenheit, sondern ihr gegenwärtiger
Umgang damit[8].

Wie problematisch journalistische Arbeit im Leistungssport ist, wenn man versucht, in einem der Wahrheit verpflichteten Beruf seine einstige Aktivenkarriere
mit einer Lebenslüge in Einklang zu bringen, zeigt sich immer wieder in Kristin
Ottos Berichterstattung über einen sicherlich auch heute noch immens dopingbelasteten Schwimmsport. „Nur wer sich gegenüber den nationalen Meisterschaften steigert, ist olympiawürdig", erklärte Otto zum unbefriedigenden Abschneiden der deutschen Schwimmer an der Seite ihres ZDF-Kollegen Thomas Wark
(„Das kommt davon, wenn man die Hosen voll hat.") am 19. September 2000 in
Sydney. Dabei ist Otto längst nicht die einzige Journalistin, die bei der Interpretation von nationalen und internationalen Leistungsentwicklungen Schwierigkeiten hat. Aber wenn eine einstige Athletin, die – von wem auch immer verschul-
det – ihre Goldmedaillen Anabolikadoping (und damit Körperverletzungshand-
lungen durch Trainer und Ärzte an ihrer Person) zu verdanken hat, über Olym-
piawürdigkeit von aktiven Athleten befinden zu müssen glaubt, gerät die journalistische Arbeit in eine schwere Glaubwürdigkeitskrise.

Ihre Glaubwürdigkeit leidet auch deshalb, weil sie noch heute Erklärungsmuster
benutzt, mit denen früher Doping in der DDR legitimiert wurde. Nicht außerhalb
der eigenen Landesgrenzen enttarnt zu werden, bedeutete im DDR-Denken,
nicht gedopt zu haben (vgl. hierzu SPITZER 1998). Wenn Otto leicht zu durch-
schauende Entschuldigungsmuster wie dieses auch heute noch so selbstverständlich verwendet, wirft dies Fragen auf: Hält sie auch heute noch dopende Athleten für „sauber", nur weil diese verbotene Mittel rechtzeitig absetzen oder solche
Dopingmittel verwenden, die noch nicht nachgewiesen werden können? Die
Nichtnachweisbarkeit von Dopingmitteln war in der DDR ein legitimierender
Grund für ihre Anwendung. Dass Kristin Otto mit ihren Erklärungen solche
Fragen provoziert, schadet ihrem Ruf als Journalistin. Dass sie früher gedopt
wurde und dies gewusst haben dürfte, wäre wohl längst vergessen, hätte sie sich

---

[8] Schuld trifft hier westdeutsche Funktionäre und Trainer, aber auch Verbandsjuristen und
     Mediziner, die den DDR-Sportlern die falschen Ratschläge für die öffentliche Präsentation
     ihrer Vergangenheit gegeben haben dürften.

nur einmal zu einer befreienden Erklärung – und nicht immer wieder nur zu untauglichen Befreiungsschlägen – durchgeschwommen.

1.4.2 Der selbständige Athlet: Wie Trainer Doping rationalisieren

Trainer werden in der Öffentlichkeit häufig als väterliche Begleiter ihrer jungen Athleten präsentiert. Gerade im Erfolgsfalle wird das Bild des wohlmeinenden, fürsorglichen und verantwortungsbewusst steuernden Pädagogen gerne von sich selbst entworfen. In Interviews nach großen Erfolgen gehört der Dank des Athleten häufig zunächst demTrainer, ohne den dies alles nicht möglich gewesen wäre. Der Trainer, auch wenn er sich angesichts der angestimmten Lobeshymnen bescheiden im Hintergrund hält, wird dies gerne vernehmen, denn es entspricht in vielen Fällen genau seinem Selbstbild. Dieser habe mit Klugheit und Know-how über Training, Technik, Taktik und Periodisierung entscheidend zum Erfolg beigetragen, heißt es dann, wobei das bescheidene Zurückziehen des Trainers in den Hintergrund in solchen triumphalen Momenten zur erfolgreichen Selbstinszenierung gehört. Der Trainer kennt in Wirklichkeit natürlich seinen Wert und seinen Anteil am Erfolg.

Solange ein Trainer nicht mit dem Dopingproblem in Berührung kommt, gibt es auch kein Problem mit seinem Selbstbild. Dieses ist erst dann in Gefahr, wenn er selbst Athleten zum Doping veranlasst oder Athleten selbstständig zu Dopingmitteln greifen und der Trainer dies weiß oder wenigstens ahnt. Der Trainer hat dann die Kluft auszubalancieren zwischen der sein Selbstbewusstsein begründenden Zuschreibung von Leistung als Folge intelligenten Trainings und der Tatsache, dass durch Doping zustande gekommene Leistungen den Anteil des Trainers am Erfolg beträchtlich vermindern. Während beide Pole für den unbelasteten Beobachter unvereinbar scheinen, sind solche dopenden Trainer zu einer Integration der Gegensätze aber sehr wohl in der Lage.

Trainer, die in die Dopingproblematik verwickelt sind, werden in aller Regel darauf verweisen, dass sie im Vergleich zu anderen Kollegen weniger mit Doping zu tun hätten. Des Weiteren werden sie darauf verweisen, dass sie mit erwachsenen Athleten zusammengearbeitet hätten, die genau wussten, was sie taten. Der Wunsch des Athleten, Dopingmittel zu verwenden, sei im Sinne des Selbstbestimmungsrechts – zu dem auch das Recht auf Selbstschädigung zähle - zu respektieren. Auch beim Trainer werden zur Reduktion kognitiver Dissonanzen zumeist gleichzeitig mehrere Beschwichtigungsformeln gleichzeitig bemüht. Ein Beispiel hierfür bot 1991 der Diskuswurf-Bundestrainer Karlheinz Steinmetz, der einen Widerrufsprozess gegen Brigitte Berendonk nach deren erster Buchveröffentlichung der „Doping-Dokumente" verlor und als Bundestrainer zurücktrat.

Steinmetz wurde u.a. von seinem ehemaligen Schützling Alwin Wagner belastet, der sich mit seinem ehemaligen Trainer überwarf, nachdem dieser ihn nicht für die Nominierung für die Olympischen Spiele 1988 vorgeschlagen hatte. Der Vorwurf, Wagner habe Steinmetz „aus niederen Beweggründen vorgeführt", dürfte also niemanden überraschen. Diese Erklärung gab Steinmetz die Gelegenheit, sich als Opfer zu fühlen – unabhängig von der Richtigkeit der Vorwürfe des Athleten. Die bittere Feststellung, „er sei weltweit der einzige Trainer, der von einem seiner früheren Athleten ans Messer geliefert wurde" (Mainzer Rhein-Zeitung, 3.12.1991), ist aus seiner Sicht das wirklich Empörenswerte, zumal damit eine Trainerkompetenz in Frage gestellt wird, die sich keineswegs auf das Wissen um Wirkung und Anwendung von Dopingmitteln gründe: „Meine erfolgreiche Arbeit wurde verächtlich gemacht."

Nach seiner „Verdammung der Verdammenden"[9] suchte Karlheinz Steinmetz gegenüber der o. a. Zeitung mittels der Neutralisierungstechnik „Verneinung des Unrechts" den Plausibilisierungsversuch seiner erzwungenermaßen eingestandenen Abweichung überzeugender zu gestalten:

> „Heute verweist er als einer der erfolgreichsten westdeutschen Trainer der 80er Jahre darauf, daß er immer versucht habe, ‚einen vernünftigen Weg zu gehen'. – ‚Ich war nie so hinter dem Doping her, wie es jetzt dargestellt wird.' Als erste Reaktion auf die Prozeßniederlage hatte er erklärt, daß er mit erwachsenen Athleten gearbeitet habe, die wußten, was sie taten[10]" (Mainzer Rhein-Zeitung, 3.12.1991).

Schon der einschlägig dopingbelastete Wurftrainer Christian Gehrmann verwies in den 70er Jahren auf das Argument der Willensfreiheit des Athleten. Zudem erklärte Gehrmann, der im Fall der Kugelstoßerin Petra Leidinger für ein Doping ohne Wissen der Betroffenen verantwortlich zeichnet (SINGLER/TREUTLEIN 2000, 268 f.; BERENDONK 1992, 270-277), dass ärztliche Überwachung die gesundheitsgefährdende Komponente des Dopings ausschalten könne[11].

---

[9] Siehe hierzu die Presseerklärung von Karlheinz Steinmetz vom 27.11.1991: „Ich trete von dem Posten des DLV-Lehrwartes der Disziplin DISKUS (Männer) zurück, ... weil ich menschlich tief betroffen vor der Mauer des Hasses, Fanatismus und der Selbstgerechtigkeit einfach resigniere. Ich habe in der Vergangenheit den Posten des DLV-Trainers (nicht Bundestrainers) mit großer Leidenschaft und Hingabe, aber auch mit Verantwortung für die Gesundheit der von mir betreuten Athleten begleitet, die sich in der Regel alle bereits in einem gestandenem Mannesalter befanden und deren eigenverantwortliches Handeln ein Hauptziel meiner Tätigkeit war. Ihnen konnte eine differenzierte Betrachtungsweise des Doping-Problems zugetraut werden."

[10] Siehe dazu die Aussage von Charlie Francis, dem ehemaligen Trainer von Ben Johnson, vor dem Untersuchungsausschuss der kanadischen Regierung in Toronto: Ben Johnson „wußte, daß er Drogen nahm und warum" (Kölner Stadt-Anzeiger, 3.3.1989). Johnson habe selbst entschieden, anabole Steroide zu nehmen, um einen Nachteil gegenüber der Konkurrenz auszugleichen.

[11] Die Frage der Glaubwürdigkeit solcher Aussagen erledigt sich – auch in Gehrmanns Mustern gedacht – von selbst, wenn man bedenkt, dass bei einer ohne ihr Wissen von Gehrmann gedopten Sportlerin von ärztlicher Überwachung und freiwilliger Entscheidung wohl kaum die Rede sein kann.

„Gewiß, es gab und gibt, auch in Deutschland, Sportler, die sich Dianabol oder andere Anabolika verabreichen lassen. Das geschieht jedoch stets auf eigenen Wunsch dieser Athleten und immer unter genauer Anleitung eines Arztes.

Ich bin der festen Überzeugung, daß jenes wilde und unkontrollierte Konsumieren von Dianabol, wie es Brigitte Berendonk geradezu menetekelhaft beschreibt, in Deutschland unter Kontrolle gebracht worden ist" (Gehrmann. In: Sport-Illustrierte 4/1977, 42).

Trainer scheinen sich beim Doping entschieden wohler zu fühlen, wenn sie auf eine so genannte ärztliche Kontrolle dieser abweichenden Verhaltensweise verweisen können. Im Zusammenhang mit dem Dopingprozess in Hamm gegen Jochen Spilker und Hans-Jörg Kinzel behauptete der Mitangeklagte Kinzel, die Athletinnen seien über eventuelle Risiken ihres Anabolikadopings aufgeklärt worden:

„Mit den drei Athletinnen war vor der Vergabe des Anavar über die möglichen Risiken gesprochen worden, und die Sportlerinnen waren sich dieser Risiken auch bewußt" (zitiert nach Singler/Treutlein 2000, 259).

Darauf, wie Doping im Sport durch seine Bagatellisierung im gesamtgesellschaftlichen Kontext annehmbar erscheint und weniger verwerflich, verweist das Beispiel von Thomas Kohlbacher, des Trainers der 1987 verstorbenen Siebenkämpferin Birgit Dressel. Die Aussage Kohlbachers bei einer Zeugenvernehmung durch die Staatsanwaltschaft Mainz zeigt, wie sich z.B. Trainer einerseits als anständige Staatsbürger empfinden können, während sie andererseits Betrug und Selbstschädigung bei Sportlern bedenkenlos zusehen und diese Verhaltensweisen initiierend, unterstützend oder tolerierend begleiten:

„Ich möchte hier nur nochmals betonen, daß es sich bei diesen Substanzen (Anabolika, d. Verf.) nicht um verbotene Stoffe handelt, sondern die Einnahme unter sportethischen Gesichtspunkten diskutiert und kritisiert wird" (Zeugenvernehmung Kohlbachers durch die Mainzer Staatsanwaltschaft vom 14.5.1987; AZ 1 UJs 1556/87).

Es handelt sich bei dieser Aussage um ein Musterbeispiel für die Annahme von Sykes und Matza, dass abweichendes Verhalten in den meisten Fällen keinen Angriff auf gesellschaftliche Normen darstellt. Zumindest glaubte dies Kohlbacher offenbar, auch wenn seine Argumente nicht stichhaltig waren. Anabolika seien insofern keine verbotenen Stoffe gewesen, als sie zur Behandlung schwerkranker Patienten zugelassen waren. Für einen Sportler aber sind sie verbotene Stoffe, der Fall wäre also durchaus etwas für den Staatsanwalt gewesen, da hinter der Beschaffung solcher Medikamente zu Dopingzwecken stets kriminelles Verhalten zu finden ist. Mag sein, dass hinter dieser Aussage eine schlaue Beschwichtigung zur Abwehr staatlicher Strafverfolgung steckte. Wahrscheinlicher aber ist, dass auch feste Überzeugungen diese Haltung prägten, z.B. nämlich, dass Doping ein Kavaliersdelikt sei und dass man trotz dieses sportspezifisch devianten Verhaltens ein ordentliches Mitglied der Gesellschaft sein könne. Interessant aber ist ferner, dass Kohlbacher genau wusste, dass Doping verboten war und dass sich dopende Sportler und ihre Trainer der kritischen Haltung der Öffentlichkeit zum Thema Doping bewusst waren. Auch dies ist ein Hinweis dafür, wie irrig die Annahme der Mainzer Staatsanwältin Gütebier war, beim Doping habe es sich zumindest bis zum Zeitpunkt des Todes der Sportlerin um keine sittenwidrige Verhaltensweise gehandelt (vgl. SINGLER/TREUTLEIN 2000, 281). Der Trainer von Birgit Dressel scheint jedenfalls um die Sittenwidrigkeit des Dopings im Sport durchaus gewusst zu haben, er teilte dies der Staatsanwaltschaft sogar mit.

Wie viele Trainer war vermutlich auch Thomas Kohlbacher der Auffassung, dass das Anabolikadoping von Birgit Dressel sowie ihre polypragmatische Behandlung durch Prof. Armin Klümper in Freiburg ungefährlich seien, da ja ärztlich „kontrolliert". Immer wieder fällt bei Trainern, die mit Dopingpraktiken in Zusammenhang gebracht werden, die Haltung auf, dass das Doping ihre eigene Verantwortung um die Sportler nicht tangiere, wenn nur ein Mediziner im weitesten Sinne in die Praktiken mit eingebunden ist. Diese Ablehnung der Verantwortung für Doping inklusive seiner Folgen für den Athleten wird bei Trainern zusätzlich immer wieder mit dem Hinweis auf das Selbstbestimmungsrecht erwachsener Personen bekräftigt.

Diese plötzliche Ablehnung der Verantwortung des Trainers in Dopingfragen kann bisweilen bizarre Züge annehmen. Der Trainer eines ehemaligen Sportlers, dessen Anabolikaeinnahme allgemein vermutet wurde, neutralisierte sein Engagement für diesen Sportler mit dem Argument, er sei nur für das Techniktraining verantwortlich gewesen, mit allem anderen habe er nichts zu tun gehabt. Ein anderer Trainer, der denselben Athleten zu einem früheren Zeitpunkt betreut hatte, trennte sich von ihm, weil ihm dieser die Anabolikaeinnahme verschwiegen hatte. Wobei groteskerweise nicht das Doping den Trennungsgrund lieferte, sondern das Verschweigen des Dopings und die praktizierte „Überdosierung". Die Angaben des nachfolgend zitierten Zeitzeugen belegen auch, worin sich für viele Trainer "verantwortungsvolles" von verantwortungslosem Training unterschieden haben dürfte – in der medizinischen Betreuung des Dopings nämlich:

> „Dann plötzlich fing der an auseinanderzugehen, da hast du zugucken können. Dann habe ich ihn gestellt und gefragt, warum er nicht zu einem Wettkampf nach ... (Name der Stadt) geht. Da hat er gesagt, er geht nicht hin, weil die anderen auch nicht hingehen. Er hat verzichtet, weil er Anabolika genommen hat. Da habe ich gesagt, das geht nicht. Ich will da drüber Bescheid wissen. Ein Jahr später hat er das wieder gemacht, da habe ich ihm gesagt: Unsere Zusammenarbeit ist beendet. Der ... (Name des anderen Trainers) hat das trennen können. Ich habe ihm einmal gesagt, er setze sich dem Verdacht aus, Anabolika zu akzeptieren, indem du so einen Mann weitertrainierst. Damit, dass du sagst, du trainierst den Mann nur technisch, kannst du keine Glaubwürdigkeit in Anspruch nehmen. Ich hätte es akzeptiert, wenn ich es gewusst hätte, damit hätte ich mich darauf einstellen können. Weil ich einfach der Ansicht war, Anabolika unter medizinischer Betreuung einzunehmen, ist ein akzeptabler Vorgang."

Wichtig für die innere Glaubwürdigkeit der Ablehnung von Verantwortung für das Doping und die möglichen Folgen durch Verweis auf ärztliche Kontrolle und das Selbstbestimmungsrecht der erwachsenen Athleten ist nicht die objektive Richtigkeit solcher Annahmen, sondern der Glaube des Trainers daran. Verantwortungsvolles und pädagogisch geleitetes Handeln werden im Sinne einer „Wiederkehr des ausgeschlossenen Dritten" (BETTE 1989, 231 ff.) in das durch Doping zerrüttete Trainerselbstbild wiedereingeschlossen. Tatsächlich aber ist der Trainer keineswegs nur „stiller Teilhaber" beim Doping, vielmehr stellt er zusammen mit dem betreuenden Umfeld des Athleten das Hauptverstärkungsmilieu für die Dopingentscheidung beim Athleten[12]. Mit anderen Worten: Ohne die befürwortende Haltung der Trainer würde es die meisten Dopingfälle überhaupt nicht geben. Wie im ersten Band dieser Untersuchung aufgezeigt werden konnte, waren z.b. westdeutsche Trainer wie Jochen Spilker in Hamm die Initiatoren des Dopings, und sie waren immer dann besonders erfolgreich bei ihren manchmal hartnäckigen und langwierigen Überredungsanstrengungen, wenn die Athletin sich an einem kritischen Karrierepunkt (Verletzung) befand (SINGLER/ TREUTLEIN 2000, 257 ff.). Es ist zwar anzunehmen, dass eine gewisse Zahl an Athleten auch gegen den Willen ihres Trainers zu Dopingmitteln greifen würde. In den meisten Fällen dürfte sich indessen die These, dass der Athlet sich mit hoher Wahrscheinlichkeit in Anlehnung an die Trainermeinung pro oder kontra Doping entscheidet, bewahrheiten. So gesehen ist das Dopingproblem des Spitzensports in sehr hohem Maße ein Trainerproblem.

1.4.3 Die Therapielüge: Beschwichtigungen beim ärztlichen Doping

Ärzte scheinen ihren ureigenen Auftrag, Kranke zu heilen, in gewisser Weise auch beim Doping für sich selbst zu reklamieren. Darin waren sich Sportmediziner in Ost- und Westdeutschland überraschend ähnlich. Dass die Verabreichung von Dopingmitteln an sich eine unärztliche Handlung ist, wird zwar weitestgehend gar nicht so sehr bestritten. Unter bestimmten Umständen jedoch sei die Gabe von Dopingmitteln legitim, ja sogar ärztlich geradezu geboten, wie das Athlet-Arzt-Verhältnis zwischen Uwe Beyer und Joseph Keul zeigt:

> „Nachdem gesundheitliche Probleme entstanden waren, hat er sich am 29.5.1976 an Prof. Keul gewandt. Dieser hat vor der Einnahme von Anabolika nachdrücklich gewarnt und auch auf die Nebenwirkungen hingewiesen, die sich vor allem bei oralen Anabolika einstellen können. Nur für den Fall, daß Uwe Beyer trotz dieser Gefahren nicht bereit sei, auf eine Selbstmedikation mit Anabolika zu verzichten, hat Prof. Keul ihm ein Rezept für Deca-Durabolin ausgestellt. ... Es hat sich somit um eine ärztliche Fürsorge gehandelt, um Schäden bei dem Patienten Uwe Beyer zu vermeiden ..." (zitiert nach dem Anwaltsschreiben im Auftrag Keuls an Brigitte Berendonk vom 11.12.1991).

---

[12] Vgl. Scarpino et al. 1990.

Für westdeutsche Ärzte stellte sich diese Frage der Begleitung von Dopingmaß-
nahmen in immer wiederkehrenden Perioden. Der Begriff von der „*praktischen
Toleranz*" machte in der breiten öffentlichen Dopingdiskussion 1976/1977 in
Bezug auf die verbreitete Anabolikaeinnahme unter westdeutschen Athleten die
Runde unter den Ärzten (SINGLER/TREUTLEIN 2000, 202 ff.). Und nach Birgit
Dressels Tod 1987, der zumindest nach den Verlautbarungen des Leichtathletik-
verbands in keinem direkten Zusammenhang mit deren Anabolikaeinnahme ge-
standen habe, machte sich die Forderung nach einer Legitimierung ärztlicher
Begleitung des bundesdeutschen Dopings zum Schutz der Athleten erneut un-
überhörbar bemerkbar[13]. Zum einen nämlich legitimierten die Sportmediziner
Anabolikaeinsatz nach Verletzungen in einer dubiosen und kaum öffentlich bemerkten Resolution, obwohl die klinische Praxis auf Anabolika aufgrund fehlender Indikationen und schädlicher Nebenwirkungen zunehmend verzichtete
(SINGLER/TREUTLEIN 2000, 290). Zum anderen gab es darüber hinausreichende
Bemühungen durch Sportmediziner für eine Freigabe von Anabolika – zumindest für den Fall, dass eine Kontrolle der Dopingmittel nicht realisiert werden
könne:

> „Entweder werden Kontroll- und Überwachungsmaßnahmen wirksam ausgebaut, oder
> man bekennt sich zur medizinisch kontrollierten Einnahme von Anabolika, um breiteren
> Schaden zu verhüten" (der ehemalige Leitende Verbandsarzt des Deutschen Leichtathle-
> tik-Verbandes Hartmut Krahl 1988, zitiert nach SINGLER/TREUTLEIN 2000, 291).

Eine ähnliche Stellungnahme hatte der Arzt Karlheinz Graff abgegeben. Sollten
Dopingkontrollen nicht ernsthaft etabliert werden, müsse über eine Freigabe unter ärztlicher Kontrolle nachgedacht werden, hatte Graff in einem Beitrag für das
Fachblatt „Leichtathletik" 1989 erklärt. Dabei klingt die Begründung Graffs -
geäußert in einem Schreiben an den ob Graffs Artikel aufgebrachten Walter
Beienburg vom Verein „Freunde der Leichtathletik" - angesichts der auch in
Westdeutschland überaus bedrückenden Dopingsituation glaubwürdig, sie zeugt
von ernsthafter Sorge um das Wohl von Patienten, auch wenn die Autoren die
damalige Haltung Graffs nicht teilen:

> „Ich kann Ihnen versichern, daß der Befürwortung der ärztlich kontrollierten Einnahme
> oder Verabreichung von hochwirksamen Medikamenten an Spitzensportler ganz allein
> eine tiefe und ernste ärztliche und menschliche Sorge, unsere Athleten und meine Patien-
> ten betreffend, zugrunde liegt" (Schreiben Graffs an Walter Beienburg vom 22.3.1989).

Dass die Ärzte sich im Zusammenhang mit der Dopingproblematik in einem
ernsten ethischen Konflikt befinden können, soll an dieser Stelle erneut nicht
verkannt werden. Die immer fatalistischer werdende Diskussion wurde bereits

---

[13] Zur Diskussion der 70er Jahre und zur Rolle des Arztes im Dopingspiel aus ärztlicher Sicht
siehe auch Prof. Josef NÖCKER: „Kein Athlet geht heute ohne Vitamingabe an den Start;
wir sind verpflichtet, unseren Sportlern anzubieten, was andere auch bekommen" (Selecta
39, 27.9.1976).

1976/77 umfassend geführt, als z.B. die gesamte Sportmedizinerelite in der Bundesrepublik auf dem Sportärztekongress in Freiburg 1976 die Dopingfreigabe unter ihrer Kontrolle forderte:

> „Der Freiburger Arzt Dr. Armin Klümper sagte: ‚Wir müssen kanalisieren, kontrollieren und in richtige Bahnen lenken.' Klümper sieht Tagesdosen von 25 Milligramm als ungefährlich an ..." (Süddeutsche Zeitung, 25.10.1976).

Immer wieder irritierend und auf Dauer für viele Sportler wohl eher schädlich als gesunderhaltend war indessen die Ansicht mancher Ärzte, über die sogenannte „Kontrolle" Schäden minimieren zu *müssen und zu können*. Dies führte mitunter paradoxerweise sicherlich auch dazu, dass Sportler prophylaktisch gedopt wurden, um sie vor Doping zu schützen. Es führte ferner dazu, dass Sportler sich in nicht wenigen Fällen unter sogenannter „ärztlicher Kontrolle" deutlich höhere Dosierungen zugeführt haben dürften, als sie dies in eigenmächtiger Weise getan hätten[14]. Jedenfalls berichteten Athleten, die in Zeitzeugeninterviews mit den Autoren die Einnahme von Anabolika beschrieben, in keinem Fall derart hohe Dosierungen wie die von Klümper vorgeschlagenen und für unschädlich gehaltenen[15]. Sicherlich gab es in der Bundesrepublik das Problem, dass Athleten bei eigenmächtiger Dosierung sehr hoch dosierten, und es sollte vor allem in Sportarten und Disziplinen, in denen der rohen Muskelkraft hohe Bedeutung zukommt, nicht unterschätzt werden. Es gab jedoch auch das Problem, dass Ärzte Athleten zu Dopingdosierungen bewegten, die diese bei selbstständigem Doping nicht im Entferntesten angeschlagen hätten.

Durch die Erklärung der Schadenvermeidungs-Absicht durch „vernünftige" Dosierung verneinten dopende Mediziner das ihnen vorgeworfene Fehlverhalten ungeachtet der Tatsache, dass Athleten, die ein höher dosiertes Doping wirklich betreiben wollten, sich davon nicht durch Ärzte abhalten ließen (vgl. SINGLER/ TREUTLEIN 2000, 289):

> „Von der Spitze des Profitums über die Spitzenamateure schlugen die medikamentösen Maßnahmen langsam aber sicher bis zu den Jugendlichen durch. Spätestens als ich das

---

[14] Sicherlich gibt es auch Beispiele, dass eine ärztliche Kontrolle der Dopingeinnahme „erfolgreich" verlief, d. h. die angestrebten niedrigeren Dosierungen auch tatsächlich eingehalten wurden; vgl. hierzu das Fallbeispiel in SINGLER/TREUTLEIN 2000, 270 ff.

[15] Der Ausdruck „ärztliche Kontrolle" ist sicherlich in vielen Fällen falsch gewählt, wenn man bedenkt, dass die Ärzte niedrig dosiertes Anabolikadoping lange Zeit für völlig unschädlich gehalten haben. Dies wird auch in folgender Zeitzeugenaussage eines ehemaligen Sportlers deutlich, der über die von ihm erlebte ärztliche „Beratung" spricht: „Also das einzige, was mir so schwach in Erinnerung ist, ... war der Hinweis, dass man nicht zuviel schlucken darf, ich glaube, das ist so eine Dosis gewesen von ein, zwei Tabletten am Tag (5 bis 10 Milligramm pro Tag Dianabol, d. Verf.), und das natürlich auch in Verbindung mit einem entsprechenden Training. Aber ob und wie weit daraus jetzt Folgeschäden entstehen könnten, also alles das, was man im Grunde genommen heute weiß, ist im Grunde nie drüber diskutiert worden."

feststellte, war ich bereit, mit allen Mitteln gegen solche Dinge vorzugehen; primär keineswegs aus der Überlegung der Chancenungleichheit oder sogenannten Betruges, sondern ausschließlich aus der Sorge um die Gesundheit der Athleten selbst" (Schreiben Armin Klümpers an Brigitte Berendonk vom 18.3.1977).

Dass ärztliches Doping kein Fehlverhalten sei, sondern dem Schutz der Gesundheit der Sportler dienen würde, wurde seit den 1970er Jahren durch eine zweite Argumentationsschiene zusätzlich zu plausibilisieren versucht. Die Verwendung von Anabolika wurde dabei zwar nicht geleugnet, die Absicht des Dopings dagegen sehr wohl[16]. Damit die Athleten die immer mehr anwachsenden Trainingsbelastungen ohne Schaden für ihr weiteres Leben überhaupt verkraften können, müsse man ihnen gewissermaßen prophylaktisch und zur Förderung der Konstitution und Regeneration Anabolika verabreichen. Dies war eines der führenden „Argumente" der 70er Jahre pro Anabolika. Man musste, überspitzt formuliert, den Athleten auf künstliche Weise Kraft verleihen, damit sie der Last der immer schwerer gewordenen Hanteln überhaupt standhalten und sich über eine auch regenerationsfördernde Wirkung der Anabolika der unweigerlich anstehenden nächsten Trainingseinheit gewachsen zeigen konnten. Dass die hohen Trainingsumfänge überhaupt erst durch die seit den frühen 60er Jahren im bundesdeutschen Sport üblichen Anabolika ermöglicht wurden und zu zahlreichen schweren Verletzungen an Muskeln und Sehnen geführt hatten (vgl. SINGLER/ TREUTLEIN 2000, 195 f.), wurde von solchen Anabolika befürwortenden Ärzten geflissentlich verschwiegen bzw. übersehen[17].

Die „unmenschlichen" Trainingsbelastungen ganz einfach menschlich zu gestalten, kam den Protagonisten dieser These ebenfalls nicht in den Sinn. Es gehört zu den erstaunlichen Zeugnissen des ärztlichen Selbstbildes, dass Mediziner ei-

---

[16] Siehe dazu Prof. Armin Klümper: „Nur wenn flankierende Maßnahmen erfolgen, wie systematisches Training, optimale Betreuung und exakte Ernährung, werden die Sportler bereit sein, auf Anabolika zu verzichten. Denn diese dienten ihnen bislang oft nur als Ersatz und Ausgleich" (Süddeutsche Zeitung, 21./22.10.1978). Eine weitere Aussage Klümpers zum Thema Anabolika bekräftigt übrigens die These der Autoren, dass Anabolika in Westdeutschland unter Medizinern Anklang fanden, weil sie die aktuell lebensbedrohlichen Amphetamine als scheinbar ungefährliche Langzeitalternative ablösten: „Im Prinzip unterscheidet sich die derzeitige Situation durch nichts von vergangenen Jahrzehnten, in denen in bestimmten Disziplinen, besonders Ausdauersportarten z.Bsp. Amphetamine oder andere Stimulantien verwendet wurden, deren Gebrauch im übrigen weitaus gefährlicher war als die Verwendung der Anabolika" (KLÜMPER 1977, 4).

[17] Warnungen von Kollegen wie Prof. Ludwig Prokop, dem österreichischen Präsidenten des Weltsportärzteverbandes, wurden ebenso ignoriert: „Wir haben schon seit 1960 Versuche mit Anabolika gemacht und seitdem böse Erfahrungen gesammelt. Die Anabolika verursachen Störungen, die man nur nicht wahrhaben will, auch im sexuellen Bereich. Aber welcher Spitzensportler würde das zugeben? Wir müßten nur Todesfälle durch Anabolika haben, dann würden die gesundheitlichen Gefahren auch nicht mehr bagatellisiert" (Stuttgarter Nachrichten, 19.3.1977).

nerseits immer wieder auf ihren mäßigenden Einfluss pochten, andererseits bei der Bekämpfung des Dopings machtlos gegenüber herrschenden Verhältnissen zu sein behaupteten. Für die Erfolge der Sportler mitverantwortlich gemacht zu werden, bereitete vielen Medizinern naturgemäß keine Schwierigkeiten. Für abweichende Verhaltensweisen aber wollten sie keine Verantwortung übernehmen, nicht einmal dann, wenn sie unmittelbar daran beteiligt waren. In diesen Fällen wurde die Gesellschaft verantwortlich gemacht. Der Sport könne nicht besser sein als die Gesellschaft in der er ausgeübt werde, hieß es dann. Die Medikamentalisierung in der Gesellschaft sei Schuld am Dopingproblem, lautete eine andere Erklärung. Dabei müsste der wissenschaftliche Nachweis, dass Leistungssportlern durch die angeblich verbreitete Medikamentalisierung der Schritt zum Doping erleichtert würde, erst noch geführt werden. Das genaue Gegenteil ist nämlich ebenso vorstellbar: dass Leistungssportler, die sonst nicht zu Medikamenten greifen würden, durch die Verhältnisse im Leistungssport und – in Teilen - seiner sportmedizinischen Beratung überhaupt erst von dieser angeblich allgemeinen Medikamentisierung betroffen werden.

Weniger phantasievoll nimmt sich die Problemlösung aus, mit der die Leistungssport-Ärzte selbst aber wiederum nichts zu tun haben wollen. Es müsse bei der Erziehung junger Sportler angesetzt werden, heißt eine beliebte Lösungsstrategie, die gerade von Medizinern gerne ins Feld geführt wird und die gesamte Haltung des Sozialsystems des Spitzensports kennzeichnet. Profite werden für den Sport vereinnahmt, anfallende Kosten aber werden sozialisiert, also auf die Gesellschaft abgewälzt. Für den Empfang von Ruhm und öffentlicher Reputation sind die Sportler und ihre Helfer zuständig, für die Lösung daraus entstehender Probleme der Staat und die Gesellschaft.

Wissenschaftliche Beweise für ihre haarsträubenden Thesen blieben diese stets auf Wissenschaftlichkeit und Sachlichkeit pochenden Sportmediziner allerdings immer schuldig. Zumindest kamen sie über alltagstheoretische Aussagen nicht hinaus. Was etwa soll die Aussage bedeuten, der Sport könne nicht besser sein als die Gesellschaft[18]? Wie schlecht ist denn die Gesellschaft? Es verwundert sehr, dass sich die „Gesellschaft" ihrerseits gegen die ungeheuerlichen und oberflächlichen Anwürfe dubioser Sportberater nie zur Wehr gesetzt hat, wo doch diese quasisoziologischen Erklärungsmuster ausgerechnet durch fachfremde Mediziner ohne jede wissenschaftliche Substanz waren. Differenzierungstheoretisch gesehen ist nämlich die Ansicht, der Sport spiegele die Verhältnisse in „der

---

[18] Siehe dazu Wildor HOLLMANN: „Der Leistungssport entspricht der Welt, in der er ausgeübt wird ..." (Der Spiegel, 20.8.1976). Die Frage aber ist u. E. nicht, ob der Sport besser sein kann als „die Gesellschaft". Die Frage ist, ob der Sport besser sein kann als diejenigen, die ihn betreiben, organisieren, betreuen und teilnehmend beobachten.

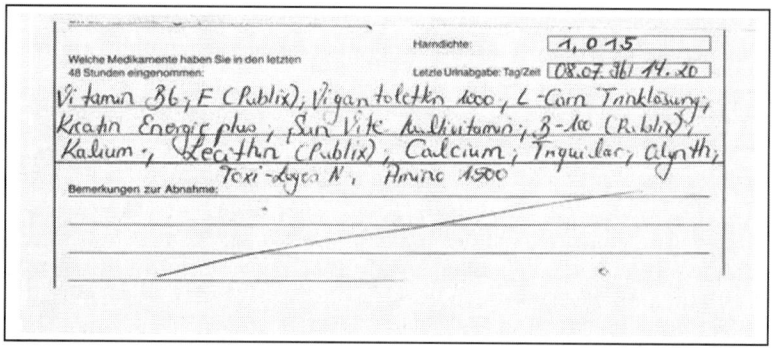

Abb. 3: Von Sportlern bei Dopingkontrollen angegebene Medikamente und Substanzen, die in den letzten 48 Stunden vor der Kontrolle eingenommen wurden.

Gesellschaft" lediglich wider, nicht zu halten[19]. Aus dieser systemtheoretischen Perspektive setzt sich Gesellschaft aus verschiedenen Sozialsystemen mit jeweils eigenen Normen und Wertvorstellungen zusammen, und insofern ist - trotz der Austauschbeziehungen zwischen den verschiedenen Sozialsystemen - der gerne angeführte Vergleich zwischen dopenden Sportlern und Drogen konsumierenden Künstlern oder Managern Humbug.

Aber es leuchtet natürlich ein, warum solche unhaltbaren Aussagen dennoch von beachtlicher Überlebensdauer sind: Sie ermöglichen es ihren Urhebern, eigene Verantwortung für eine spezifische Problematik abzustreiten und höhere Instan-

---

[19] Siehe hierzu BETTE/SCHIMANK 1995, 15 f.; zur Theorie sozialer Systeme siehe LUHMANN 1996.

zen, hier gleich die angeblich verkommene Gesellschaft, ins Spiel zu bringen[20]. Dazu aber wäre zu sagen, dass es wohl im gesamten Problemfeld abweichenden Verhaltens kaum einen zweiten, dem Doping im Sport vergleichbaren Bereich mit einer derart niedrigen Aufklärungsquote gibt.

Die Befürwortung des Anabolikaeinsatzes zum Schutz des Athleten hat eine lange Geschichte, und sie war nicht nur in Westdeutschland verbreitet. Gerade auch in der DDR suchten Ärzte ihr systematisches Doping vor sich selbst mit dem Hinweis zu neutralisieren, dies habe der Gesunderhaltung der Sportler gedient, so etwa der stellvertretende Leiter des Sportmedizinischen Dienstes, Manfred Höppner:

> „Als Arzt im Hochleistungssport vertrete ich einen anderen Standpunkt als ein Doktor, der bei der Betreuung der nicht Sport treibenden Bevölkerung seinen Dienst tut. ... Es gibt eine ärztliche Therapiefreiheit, und es gab in der ehemaligen DDR kein Gesetz, das die Anwendung von Arzneimitteln – unter anderem das registrierte Anabolikum Oral-Turinabol – verboten hätte[21]. Wenn ein betreuender Sportarzt der Meinung ist, bei einer länger andauernden, trainingsbedingt verzögerten Erholungsfähigkeit im Organismus des Sportlers eine raschere Wiederherstellung und damit Förderung der Belastbarkeit für die folgenden Trainingseinheiten erreichen zu können und dazu Anabolika in einer pharmakologisch erlaubten Dosierung verabreicht, bedeutet das für mich keinen ärztlichen Kunstfehler, sondern eine persönliche Entscheidung. Unsere Anabolika-Anwendung erfolgte streng nach klinischen Überlegungen. Der Gesundheitszustand des in Frage kommenden Athleten wurde zuvor gründlichst analysiert und fortlaufend kontrolliert[22]“ (Manfred Höppner in einem Interview mit dem „Stern" 1990, o.D., 203).

Doping als Therapie war im Westen die Antwort der Ärzte auf die Nichtdurchsetzbarkeit der offenen Analbolikafreigabe. Und es verdichten sich die Anzeichen, dass diese Haltung in der Bundesrepublik partiell politisch gedeckt wurde.

---

[20] Eine andere Neutralisierungformel, eine Verneinung des Unrechts, besteht in der Leugnung des Problems insgesamt: „Durch die Vielzahl entwickelter Medikamente, von denen bei einzelnen Präparaten fälschlicherweise erhofft wurde, daß sie auch die Leistungsfähigkeit verbessern können, hat das Doping an Bedeutung gewonnen. ... Durch die inzwischen eingeleiteten umfassenden Kontrollen im Training und Wettkampf kann eine Verbesserung der sportlichen Leistungsfähigkeit durch Dopingmittel fast gänzlich ausgeschlossen werden ..." (Joseph KEUL in „fds snow Fachzeitschrift für den Skisport 9/1996, 11).

[21] Diese Aussage weist eine verblüffende Parallelität zur Aussage Thomas Kohlbachers vor der Mainzer Staatsanwaltschaft aus. Sie zeigt auch, wie Doping notfalls durch objektiv wahrheitswidrige Annahmen ärztlich neutralisiert werden konnte, denn der Missbrauch von rezeptpflichtigen Medikamenten zu Zwecken der Leistungssteigerung war selbstverständlich auch in der DDR verboten.

[22] Hierbei handelt es sich um eine Schutzbehauptung Höppners, denn in der DDR wurde ja gerade in Erwartung von Schäden gedopt. Darüber hinaus sagt eine „fortlaufende Kontrolle" nichts darüber aus, inwieweit aus besorgniserregenden Befunden Konsequenzen gezogen wurden. In Wirklichkeit wurden in der DDR nämlich Athletinnen und Athleten über die wahren Ausmaße ihrer dopingbedingten Schädigungen im Unklaren gelassen, auch um erhöhte Rentenansprüche abzuwehren (zu diesen Fragen siehe SPITZER 1998).

In Bezug auf die Testosteronforschung ist eine durch die Bundesregierung geförderte Dopingmaßnahme in vollem Bewusstsein der sportrechtswidrigen Tes-
tosterongaben - wenn auch als Beitrag zur "Humanität im Spitzensport" - klar
nachzuweisen:[23]

> „Ein intensiv wissenschaftlich diskutiertes Problem der 80er Jahre war die Frage, inwie-
> weit der Ausgleich belastungsbedingt entstandener Defizite vom Körper benötigter Subs-
> tanzen zur Verbesserung der Regeneration beiträgt. Bei der gesteigerten Trainings- und
> Wettkampfaktivität werden im Hochleistungssport in gehäuftem Maß Verletzungen und
> Schäden am Bewegungsapparat beobachtet, die die Notwendigkeit einer ausreichenden
> Regeneration zu einem zentralen Problem des Hochleistungssports machen. Maßnahmen
> zur Effektuierung der Regeneration werden damit zu einem wesentlichen, Verletzungen
> vorbeugenden und somit die Gesundheit stabilisierenden Faktor. Damit ist die Qualität
> der Regeneration ein unverzichtbarer Bestandteil eines humanen Leistungssports. ... Be-
> sonders intensiv und kontrovers wurde ärztlicherseits der Ausgleich von Hormondefizi-
> ten - vor allem im Bereich des aufbauend wirkenden männlichen Keimdrüsenhormons
> Testosteron - diskutiert. ... **Durch den hier in Rede stehenden Forschungsauftrag soll-**
> **te festgestellt werden, ob die defizitausgleichende Gabe kleiner Dosen von Testoste-**
> **ron die Qualität der Regeneration verbessert und damit einen wesentlichen Beitrag**
> **zur gesundheitlichen Stabilisierung der Spitzensportler leistet**" (Deutscher Bundestag
> 1991, 2 f.; Fettdruck d.d.Verf.)

Mit dem Hinweis auf eine therapeutische Absicht beim Doping[24] und das Ziel
der Schadensbegrenzung lieferte auch Manfred Höppner beim Berliner Prozess
gegen die Hauptverantwortlichen des DDR-Dopings im Mai 2000 an der Seite
Manfred Ewalds eine halbherzige Entschuldigung an die Adresse der Dopingopfer (vgl. dazu auch SINGLER in Leichtathletik 20/2000, 11)[25]. Wenn westdeutsche Ärzte (oder Politiker) sich jemals bei ihren Patienten und Opfern entschul-
digen müssten – sie würden es machen wie Höppner.

---

[23] Mit dieser von Medizinern vorbereiteten faktischen Synonymisierung des Therapie- und
Dopingbegriffs konnten Politiker dem bundesdeutschen Testosterondoping zustimmen,
dabei ein Unrecht verneinend, da nicht Doping, sondern Gesunderhaltung der Sportler
Zielsetzung gewesen sei. Doping aber bleibt Doping, auch wenn es "gut" gemeint ist. Den
Quellenhinweis verdanken wir dem Bundesinstitut für Sportwissenschaften. Zur westdeutschen Testosteronforschung und dem kontrafaktischen wissenschaftlichen Umgang damit
siehe auch SINGLER/TREUTLEIN 2000, 295 ff.

[24] Vgl. dazu den von Armin Klümper begründeten Terminus einer therapeutischen Indikation
von Anabolika „im weiteren Sinne" (SINGLER/TREUTLEIN 2000, 287 f.).

[25] Siehe Sportinformationsdienst vom 5.5.2000, 15.16 Uhr: „Höppner hatte behauptet, dass
‚die kontrollierte Einnahme leistungsunterstützender Mittel gesundheitliche Schäden eher
abwendet als hervorruft'."

1.4.4 Saubere Leistung ist möglich:
Neutralisierungstechniken der Funktionäre

Funktionäre sind in der Dopingfrage in einer prekären Situation. Einerseits erstellen sie - nicht ohne entsprechende Vorgaben des größten Sportsponsors, des Bundes-Innenministeriums und seine nachgeordneten Sport-Institutionen - Qualifikationsnormen für die Teilnahme ihrer Sportler an internationalen Wettbewerben, die zumindest in der Vergangenheit häufig offenbar nicht ohne die Verwendung von Dopingmitteln erreichbar waren (vgl. hierzu den Rückgang des Leistungsniveaus in nicht wenigen Disziplinen nach 1989/90, SINGLER/ TREUTLEIN 2000). Andererseits haben sie über die Einhaltung des Dopinggebotes zu wachen und gegenüber den Athleten einen fairen Sport zu propagieren. Wie Funktionäre diese Zwickmühle für sich auflösten, zeigt ein Auszug aus einem Zeitzeugeninterview mit einem ehemaligen Leichtathletik-Funktionär:

> „Sehr früh kam die Vorstellung, es wird gedopt, also können wir die Normen gar nicht mehr so hoch setzen. Wir müssen sie niedrig setzen, denn die hohen Resultate kann man gar nicht ohne Doping erreichen. Da habe ich mich von der ersten Minute an gegen gewendet und wende mich bis zum heutigen Tag dagegen, weil da ein großer Denkfehler drin liegt.
>
> Es ist völlig richtig, dass es oben vielleicht Leistungen gibt, die ohne Doping nicht zu erbringen sind. Aber wenn ich die runtersetze, bringe ich vielleicht die Leute, die mit normalen Mitteln 18 Meter stoßen, in die Situation, und das sind zahlenmäßig sogar viel mehr, die 19 Meter erreichen durch Doping. Das ist das eine, so kann man also nie eine Disziplin wecken, weil dadurch die Begehrlichkeit für einen viel größeren Kreis geweckt wird, das auch noch zu schaffen."

Eine Erhöhung von Normen in Bereiche hinein, die ohne Doping kaum mehr vorstellbar sind, kann also von den einen als Aufforderung zum Doping verstanden werden. Die anderen werden es gerade als Bekämpfung des Dopings ansehen, weil der Kreis der potentiellen Olympiakandidaten durch hohe Normen minimiert werde.

Es gibt kaum einen Funktionär, der heute über das Doping der Vergangenheit nichts gewusst haben will. In allgemeiner Form war Doping ein allseits bekanntes Phänomen. Je individueller die Fragestellungen in dieser Beziehungen aber wurden, desto mehr zeichnen Funktionäre ein Bild des Ahnungslosen von sich, wie etwa der folgende Zeitzeuge:

> „Ich war dicht drin, nur haben sie mir nie was gesagt. Ich war keine Vertrauensperson für dieses Thema. Mir hat keiner was gesagt, auch der beste Freund nicht. Ich war mit Trainern, aus der eigenen Karriere, ... (Name eines Trainers), mit denen befreundet. So ein Mann, mit dem ich durch jahrelange Anamnese befreundet war, die haben mir nie einen Einblick gegeben, dass sie darin involviert sind."

Mit der strengen Einhaltung der Antidopingnormen haben es Funktionäre häufig auch deshalb nicht so genau genommen, weil sie vermuteten, dass erstens inter-

national in derselben Sportart ungleiche Kontrollbedingungen herrschen und
zweitens auch national in der Konkurrenzsituation mit anderen Sportarten keine
Kontrollgleichheit bestehe, wie ein Funktionär in einer Mischung aus Ablehnung und Befürwortung der vorgestellten Position rhetorisch andeutet:

> „Muss es unbedingt sein, dass man das eigene Nest beschmutzt, wenn man weiß, dass
> links und rechts Geschicktere am Werk sind, in diesen Sportarten nichts gemacht wird
> und in der Öffentlichkeit nichts rauskommt?"

Ein Funktionär, der entschlossen gegen Doping zu kämpfen bereit ist, wird dabei auf viele Schwierigkeiten stoßen und vor allem von Informationswegen über
konkrete Dopingpraktiken seines Sports abgeschnitten werden. Zu den heiklen
Aufgaben gehört der Umgang des Funktionärs mit Leistungen der Athleten.
Welche Garantie gibt es, dass die Sportler seines Verbandes nicht zu Dopingmitteln greifen, zumal manche Dopingmittel nicht nachweisbar sind? Natürlich gibt
es hierfür überhaupt keine Garantie, weshalb nie ausgeschlossen werden kann,
dass selbst ein absolut überzeugter Dopinggegner auf Funktionärsseite permanent gedopten Sportlern die Hand zu schütteln hat. Wie dieser Zwiespalt neutralisiert werden kann, erläutert ein langjähriger deutscher Sportfunktionär im Zeitzeugeninterview:

> „Tja, das ist ein ganz schwieriges Terrain. Ich bin von Haus aus ein Mensch, der an das
> Gute glaubt, und möglicherweise gehöre ich zu denen, die immer wieder überrascht wer-
> den, wenn man sich das ein oder andere Mal, wo man geneigt ist, eine Hand ins Feuer zu
> halten, verbrennt. Mir tut's weh, weil ich auch die Konstellation kenne innerhalb unseres
> Verbandes. Ich spreche jetzt nur von der Nationalmannschaft, auf andere Dinge haben
> wir keinen Einfluss. Die Konstellation innerhalb des Verbandes, so weit ich das einschät-
> zen kann, ist absolut clean. ...
>
> Mit tut es im Herzen weh, wenn mir ein Funktionär von einer anderen Föderation ... sagt:
> Ich traue Euch nicht. Also, wenn ich dem erzähle, der ... (Name eines Athleten) und der
> ... (Name eines anderen Athleten) wurden 15 Mal getestet und es sind keine positiven
> Fälle gewesen in den letzten fünf Jahren und ich der Meinung bin, dass wir es dann im
> Griff haben, und er dann sagt, ja, aber das glaube ich nicht, die machen jetzt solche Leis-
> tungen, ... das kann doch nicht sein, die müssen etwas Neues haben, sagte er und ging
> dann auch in Richtung Wachstumshormone: Das tut mir weh. Ich kann es mir nicht den-
> ken, denn über den Mannschaftsarzt läuft nichts. Also müsste es so ein Athlet auf eigene
> Kappe machen, und das wäre gegenüber dem Mannschaftsarzt, wo ja eine sehr enge
> Symbiose gewachsen ist über die Jahre, wär das tödlich. Da wäre total alles zerstört, ich
> weiß auch nicht, ob sowas ging. Von der Seite her würde ich das ausschließen."

Funktionäre sind häufig vor die Frage gestellt, ob die überragenden Leistungen
ihrer Athleten ohne Doping zustande gekommen sind. Sie befinden sich in dem
Zwiespalt, selbst einerseits Dopingverdächtigungen zu hegen, andererseits ihre
Zweifel zurückstellen zu müssen, weil darunter das Verhältnis zu Personen lei-
den würde, denen in den meisten Fällen nichts nachgewiesen wurde und die alleine aus juristischer Sicht als unschuldig zu gelten haben. Sportfunktionäre
können diese Zwickmühle aufheben, indem sie eine für ihre Zunft typische spe-

zifische Neutralisierungsformel verwenden – die von einem weiteren Zeitzeugen vorgestellte *Neutralisierungstechnik der grundsätzlichen Erbringbarkeit jeder Leistung ohne Doping*:

> „Ich vertrete grundsätzlich die Auffassung, dass jede Leistung, die Menschen erbringen, auch ohne Anabolika möglich ist, aber sie ist erstens nicht in dieser Breite möglich und kann schon gar nicht von so vielen Athleten erbracht werden und kann nur sehr selten erbracht werden. Das sind eben so sensationelle Jahrhundertleistungen, das zeigt sich in der Menschheitsentwicklung, diese außergewöhnlichen individuellen Sonderleistungen. Unter diesem Gesichtspunkt meine ich, man sollte Spitzenleistungen nicht unter Verdacht stellen, man sollte sie prinzipiell als Spitzenleistung anerkennen, aber man sollte in dem Moment, in dem der Nachweis erbracht ist, in aller Deutlichkeit für die Sanktionen sorgen und die Zeichen setzen."

Es ist diese Formel von der grundsätzlichen Erbringbarkeit jeder Leistung, die Sportfunktionäre guten Glaubens im Sport verweilen lassen - zumal in den meisten Fällen ja nicht ganz so spektakuläre Leistungen zu diskutieren sind, bei denen die Notwendigkeit des kritischen Hinterfragens noch weitaus geringer ist. Dass auch viele unspektakuläre Leistungen mit Doping erbracht werden, steht dabei für den Funktionär auf einem anderen Blatt. Gerade der Dopingbekämpfer benötigt im Spitzensport beruhigende und subjektiv plausible Erklärungen für das Zustandekommen von Spitzenleistungen auf legitimen Wegen, weil er ansonsten nicht guten Gewissens seiner Funktionärstätigkeit nachgehen könnte. Dies zeigt, wie auch der Dopinggegner Teil des Dopingspiels werden kann, und legt den Schluss nahe, dass eine wirkungsvolle Dopingbekämpfung aus dem Innern des Sports heraus alleine keinen Erfolg verspricht[26].

1.4.5 Weil das Publikum es fordert: Die Zwickmühle der Veranstalter

Ähnlich wie Verbandsfunktionäre befinden sich auch die Organisatoren von Sportveranstaltungen in einer Zwickmühle. Einerseits fühlen sie sich in den meisten Fällen sicherlich grundsätzlich einem dopingfreien Sport verpflichtet. Andererseits ist davon auszugehen, dass ein nicht zu unterschätzender Anteil der bei dieser Veranstaltung teilnehmenden Sportler ihre Leistungen durch Manipulationen erbringen. Glücklicherweise wissen sie in den meisten Fällen nicht, welcher Athlet sich dopt. Der Veranstalter wird sich im Zweifelsfall auf dieses Nichtwissen berufen und die Gültigkeit der Unschuldsvermutung propagieren. Solange gegen einen Athleten kein positiver Dopingbefund vorliege, habe er als unschuldiger und sauberer Sportler zu gelten. Auch die in der Szene kursieren-

---

[26] Hiermit soll keineswegs einer fatalistischen Sportkritik das Wort geredet werden, es handelt sich auch nicht um eine Pauschalkritik der Funktionäre. Diese Beschreibung sozialer Wirklichkeit im Spitzensport aus Funktionärssicht soll auch nicht entmutigen, sondern lediglich deutlich werden lassen, dass das Vertrauen auf Selbstreinigungskräfte des Sports schon immer ungerechtfertig war – selbst wenn man annehmen würde, dass die handelnden Personen tatsächlich gegen Doping eingestellt waren.

den einschlägigen und in nicht wenigen Fällen signifikanten Gerüchte können dieser Einstellung keinen Abbruch tun. Entscheidend sei das Anti-Doping-Reglement, nach dem nur ein überführter Sportler ein gedopter Sportler sei.

Lädt ein Organisator nun einen Sportler zu seinem Meeting ein, der bereits des Dopings überführt worden ist, wird die Lage diffiziler. Aber auch für diesen Fall, in dem es Vorwürfe gibt, er unterstütze dopende Athleten und schade somit den ungedopten, hat sich der Meetingdirektor Neutralisierungstechniken zugelegt. Er wird, im Übrigen zu Recht, darauf verweisen, dass auch im Sport der Resozialisierungsgedanke zu gelten hat und ein Sportler, der seine Strafe verbüßt hat, zu behandeln ist wie jeder andere auch. Zudem wird er ein Fehlverhalten mit dem Verweis auf höheren Instanzen bestreiten, die den Start von „Zugpferden", die prominente Dopingathleten ja auch immer sind, angeblich zwingend einfordern: Medien, Sponsoren und Publikum. Ein Beispiel hierfür bot 1991 der Veranstalter des Sindelfinger Leichtathletik-Hallenmeetings IHS, Herbert Bohr, der wegen des Engagements des gerade aus der Dopingsperre entlassenen kanadischen Sprinters Ben Johnson in die Kritik geraten war:

> „Selbstverständlich ist es für meine Veranstaltung wichtig, die ‚Sensation' Ben Johnson zu präsentierten. Medien und Zuschauer wollen es und sind auch bereit, es zu honorieren. Die Frage ist nicht Ben Johnson ja oder nein, sondern IHS ja oder nein. Ohne Ben Johnson und Katrin Krabbe kann man momentan nur ein zweitklassiges Meeting veranstalten und dafür ist mir mein persönlicher Aufwand zu hoch.

> Außerdem setzt sich Ben Johnson für eine dopingfreie Leichtathletik ein und ist somit für die Jugend ein gutes Vorbild, denn er weiß, wovon er spricht" (Schreiben Herbert BOHRS an Walter Beienburg vom 7.1.1991).

1.4.6 Unsere Medaillen sind sauber: Neutralisierung bei Journalisten[27]

Journalisten, die über Sport berichten, stellt sich das insgesamt gewachsene Problembewusstsein zum Doping im Spitzensport als verhältnismäßig neues Problem des Alltagsgeschäfts. Journalisten haben nämlich durch einschlägige Veröffentlichungen des Enthüllungsgenres oder durch Brigitte Berendonk seit 1990 an Wissen und Kompetenz deutlich gewonnen. Dieser Zuwachs an Wissen sollte die Arbeit von Journalisten erleichtern, möchte man vermuten, da die Gewissheit, dass viele Athleten ihre Leistungen durch Doping erreichen, gewachsen ist. Aber genau dieses gewachsene Wissen und dieser erweiterte Hintergrund erschweren die Arbeiten des Journalisten bisweilen beträchtlich, denn das Problem des Wissensdefizites ist durch das Problem des Umgangs mit der Aufhebung des Wissensdefizites abgelöst worden.

Für den Journalisten, der über ein Sportereignis berichtet, steht zunächst das Sportereignis „an sich" im Vordergrund. Angesichts des heute bekannten hohen

---

[27] Die folgenden Ausführungen sind auch das Ergebnis von Selbstbeobachtung eines der Autoren (A. S.).

Maßes an Betrug und Doping im Spitzensport ist eine Berichterstattung, die diese Aspekte ausklammert, kaum noch möglich. Unproblematisch ist die kritische Reflektion, wenn man über das Sportereignis in allgemeiner Form berichtet. Keine Olympia-Berichterstattung wird auf einen kritischen Dopingdiskurs zum internationalen Spitzensport verzichten. Ritualartig wird besonders im Vorfeld von Olympischen Spielen in allgemeiner Form über Doping berichtet. Nach diesem karthatischen Akt – sich selbst und den Kunden wurde eindrucksvoll bewiesen, wie energisch man sich für einen sauberen Sport zu engagieren bereit ist – gilt die Aufmerksamkeit wieder dem, was man unter „normaler" Sportberichterstattung versteht.

Einem solchen Beitrag über und gegen Doping kann nur kurze Zeit später also in ein und demselben Medium die anbiedernde Eloge folgen, bei den glorreichen Olympiasiegern handele es sich um Schwimmer „von einem anderen Stern" (Thomas WARK im ZDF am 19.9.2000). Bei den Olympischen Spielen von Sydney war das Adjektiv „unglaublich" das am häufigsten gehörte Wort aus dem Mund von Fernsehjournalisten bei der Kommentierung zahlreicher Spitzenleistungen. Dabei wäre „unglaubwürdig" in nicht wenigen Fällen wohl der treffendere Ausdruck gewesen, so aber trifft dieser auf die Berichterstattung vor allem der elektronischen Medien selbst zu.

Nicht nur juristische Gründe sind verantwortlich für die bemerkenswerte Zurückhaltung, die Journalisten bei der Beurteilung des Zusammenhangs von aktuellem Sportgeschehen und Doping häufig an den Tag legen. Es ist erstaunlich, wie leichtfertig viele Journalisten, die grundsätzlich ja auf überzeugende Weise gegen Doping eingestellt sind, die Dopingfrage in den Hintergrund drängen oder völlig ausblenden, wenn es an die Kommentierung und Beschreibung aktuell erbrachter Spitzenleistung geht. Der Journalist wird sich dann nämlich, was auch den vermuteten Erwartungen der Kundschaft entspricht, journalistisch mit der Leistung beschäftigen und natürlich mit dem Menschen, der sie erbracht hat. Der Journalist lässt sich ein auf die Person, die er portraitiert und interviewt, er „verliebt" sich gewissermaßen in die Geschichte, die er gerade bearbeitet, und würde sich durch einen auch nur insgeheim verspürten Dopingverdacht selbst um das gute Gefühl gelungener Arbeit bringen. Und es ist tatsächlich eine problematische Sache, sich einem Menschen, der soeben Olympiasieger geworden ist, einerseits mit „reinen Sportfragen" zu nähern und seine mitunter bewegende Lebensgeschichte in den schillerndsten Farben zu beschreiben - ihn aber andererseits des Dopings zu verdächtigen. Den Tour-de-France-Sieger Lance Armstrong etwa unter dem Aspekt zu betrachten, ob dieser seine phänomenalen Leistungen dopingfrei vollbringe oder nicht, verbietet sich anscheinend von selbst, wenn die Geschichte eines Mannes zu erzählen ist, der „den Krebs" besiegte. Interessanterweise steht der gesamte Radsport heute wohl bei den meisten Journalisten – und dies aus gutem Grund – zwar pauschal unter Dopingver-

dacht. Ausgerechnet aber wenn vom Besten die Rede ist, spielt das Thema paradoxerweise überhaupt keine Rolle - zumal ja auch mit Jan Ullrich ein nationaler
Held journalistisch zu begleiten ist.

Der Journalist könnte in Momenten kritischer Selbstreflektion auf den Gedanken
kommen, er mache sich durch die Kolportierung einer verlogenen Scheinwelt
mitschuldig an den Verhältnissen, die im Spitzensport herrschen. Er hat ja, dies
lehrt die Praxis spätestens seit dem Tod der Siebenkämpferin Birgit Dressel und
der Entlarvung des gedopten Sprinters Ben Johnson 1987 bzw. 1988, eigentlich
zwingend davon auszugehen, dass eine beträchtliche Anzahl erfolgreicher Sportler, die er häufig genug persönlich gut kennt und menschlich schätzt, Sportbe-
trüger sind. Das Handlungsdilemma der Journalisten kennt zwei extreme Aus-
wege sowie einen Mittelweg. Die erste Möglichkeit besteht darin, das Dopingproblem aus seiner Arbeit auszublenden, und viele Journalisten folgen diesem
Weg aus den verschiedensten Gründen[28]. Die zweite Lösungsmöglichkeit besteht darin, sich aus der aktuellen Sportberichterstattung auszuklinken und der
sogenannten Hintergrundberichterstattung zuzuwenden. Die wenigsten Journalisten tun dies, was sicherlich auch daran liegt, dass der Bedarf an Journalisten
für dieses Fach überschaubar ist, jedenfalls überschaubarer als der Markt für die
„normale" Sportberichterstattung. Der Mittelweg, der aus dem Dilemma führen
kann, besteht in einer verhaltenen Berichterstattung. Darin wird über erfolgreiche Sportler zwar berichtet, ein leiser Zweifel an der Legitimität der Leistungen
schwingt jedoch mit oder bewirkt zumindest größere Distanz beim Berichterstatter zum Geschehen. Diese Position ist nicht selten in Zeitungsartikeln über amerikanische Leichtathletik-Weltrekordhalter wie Michael Johnson oder Maurice
Greene anzutreffen. Diese distanzierte Berichterstattung entspricht im Übrigen
sehr genau journalistischer Selbstdefinition, die aber gerade in der Sportberichterstattung häufig nicht mehr anzutreffen ist. Simple Rückkehr zu den Grundre-
geln journalistischen Arbeitens wäre also ein praktikabler Ausweg aus dem Do-
pingdilemma der Sportjournalisten.

Häufig allerdings sind Sportjournalisten selbst Fans jener Personen oder Sportarten, über die sie zu berichten haben. Wenn Medien selbst Sportveranstaltungen
inszenieren oder als Sponsoren auftreten, sinkt die Wahrscheinlichkeit dopingkritischer Berichterstattung jedenfalls bedeutend. Dies war nicht zuletzt bei der

---

[28] Journalisten können eine Beschäftigung mit dem Dopingthema mit dem Hinweis verweigern, der Sport lebe nicht „auf einer Insel der Seligen" und sei lediglich ein Spiegelbild gesellschaftlicher Zustände. Darin wissen sie sich einig mit manchem Experten aus dem
sportmedizinischen Bereich. Nach SYKES/MATZA wäre hierbei von einer „Ablehnung der
Verantwortung" zu sprechen. Die Zahl der Berichterstatter, die unter Hinweis auf eine verbreitete Aufputschungs-Mentalität in der Gesellschaft gegen Doping überhaupt nichts ein-
zuwenden haben, sollte keineswegs unterschätzt werden.

ARD im Zusammenhang mit der Tour de France 1998 eindrucksvoll nachzuweisen.

Journalisten, die die Realität des Dopings aus ihrer Wahrnehmung des Sports permanent oder auch nur situativ ausblenden, legen sich wie andere Akteure im Handlungsfeld des Spitzensports bestimmte Neutralisierungstechniken zurecht, mit denen das Problem gehandhabt werden kann. Diese spezifischen Techniken jedoch tragen, wenn auch ungewollt, zur Problementwicklung bei. Deshalb ist es im Sinne einer komplexen Problemanalyse von hoher Bedeutung, auch die Neutralisierungstechniken solcher Personen aufzuzeigen und zu widerlegen, die ihrerseits den Sport beobachten. Bei der Beobachtung der Beobachter geraten nämlich Dinge ins Blickfeld, die für diese selbst nicht erkennbar sind, aber genau deshalb für den Beobachtungsgegenstand Sport zum Problem werden können[29].

Auch Journalisten sind bisweilen nicht vor den einfachsten und am leichtesten zu widerlegenden Techniken der Neutralisierung gefeit, wie sie durch Athleten, Trainer oder Funktionäre vielfach bekannt geworden sind. Eine „Verneinung des Unrechts" durch Hinweis auf negative Kontrollen ist, wenn auch selten, auch im Journalismus existent, wie das Beispiel des Kommentars von Torsten Teichert für den Sportinformationsdienst zeigt:

> „Leipzig (sid) Enthüllungen über Dopingpraktiken in der ehemaligen DDR lösen keine Entsetzensschreie mehr aus. Eher Kopfschütteln. Und zwar über die Unfähigkeit von Gesellschaft, Justiz und Politik, ein gelaufenes Kapitel der Geschichte zügig und objektiv einzuordnen. Kaum noch ein Name eines Idols, der nicht im Zusammenhang mit irgendwelchen Mittelchen erwähnt wurde. Zehn Jahre nach der Wende kann auch der Fachmann kaum auseinanderhalten, was als ‚bewiesen‘, ‚vermutet‘ oder ‚widerlegt‘ gilt. Auch der jüngste ‚Fall Weißflog‘ bietet reichlich Stoff für Spekulationen. Wieder mal ist eine Akte aufgetaucht, ein inzwischen verstorbener Arzt hatte für den DDR-Skiverband und die Stasi eifrig Notizen gemacht. Wahre, halbwahre oder unwahre Aufzeichnungen? Fakt ist, Weißflog war beim Olympiasieg 1984 nach den damals geltenden Regeln ‚sauber‘.
>
> Sportler, Journalisten, Trainer, Zuschauer oder Funktionäre haben längst ihr eigenes Weltbild zurechtgebastelt. Justiz oder Politik haben die allgemeingültige Wahrheit noch nicht gefunden. Warum soll auch ausgerechnet der Sport Vorreiter einer geglückten Aufarbeitung der Vergangenheit sein? In Wirtschaft und Politik wäre der Bedarf viel größer" (Kommentar des Sportinformationsdienstes vom 25.4.1999)[30].

---

[29] Vgl. dazu BETTE 1999, 243 ff.

[30] Da die meisten Zeitungen sich ihre Kommentare glücklicherweise selbst schreiben, zitieren wir den sid-Kommentar Torsten Teicherts in längerer Version. Hiermit wird auch dokumentiert, auf welch erschreckendem Niveau journalistische Reflexion sich bisweilen abspielen kann und wieviel konstruktive Hilfe der Sport aus dieser Richtung bei der Aufarbeitung von Problemen und, damit zusammenhängend, bei der Erarbeitung von Problemlösungsstrategien zu erwarten hat. Ähnlich wie bei Kristin Otto stellt sich hier die Frage, ob auch dieser Journalist heute noch jeden Sportler für "sauber" hält, der nicht überführt wird.

Bei diesem Kommentar haben wir es aus Sicht der Neutralisierungstechniken neben der „Verneinung des Unrechts" mit einer „Verdammung der Verdammenden" zu tun, die in erster Linie eigentlich von solchen Personen angewendet wird, die sich persönlich angegriffen fühlen – wie auch das Beispiel von Kristin Otto in Kapitel 1.4.1 gezeigt hat. Eine andere Technik, mit der Journalisten die Diskrepanz zwischen sauberem Journalismus und unsauberem Sport zu überwinden versuchen, besteht in der *Kontrolldifferenz-Hypothese*. Die Problematisierung des Dopings wird durch die Annahme, der deutsche Athlet werde im Gegensatz zu seinem internationalen Konkurrenten lückenlos kontrolliert, überflüssig[31]. Ausrufe wie Klaus Angermanns „Und es ist eine saubere Medaille!", mit der der Deutsche Silbermedaillengewinner Ronny Weller 1996 in Atlanta live im Fernsehen gewissermaßen von Reporters Gnaden "heilig" gesprochen worden ist, sind in diesem Zusammenhang unvergessen – für den Journalismus aber von verheerender Wirkung.

Wir wollen hier nicht Weller, der in Sydney erneut die olympische Silbermedaille gewann und anschließend von Waldemar Hartmann in der ARD abermals für „sauber" im Gegensatz zu vielen internationalen Konkurrenten erklärt wurde, des Dopings verdächtigen. Aber woher wissen Angermann, Hartmann oder zahlreiche andere Journalisten so genau, dass ausgerechnet die deutschen Medaillen „sauber" sind? Die Kontrolldifferenz-Hypothese jedenfalls ist schnell widerlegt, wenn allgemein bekannt ist, dass längst kostspielige nicht nachweisbare Mittel verwendet werden, die sich – theoretisch immerhin denkbar – die „reichen" Deutschen viel eher leisten können als die ärmeren Athleten aus dem Ostblock. Man kann nun einwenden, dass immerhin in Bezug auf die klassischen Anabolika die Qualität der deutschen Kontrollen in der Tat höher sei als in den meisten Ländern der Erde. Das mag so sein, aber es gab diese nationalistisch angehauchte Fremdtäter- und Kontrollhypothese auch schon, als ein solcher deutscher Kontrollvorsprung noch nicht nachzuweisen war.

Als saubere Athleten erscheinen solchen Journalisten grundsätzlich immer gerade die, die sich im Fernsehstudio aufhalten und für die Medienberichterstattung benötigt werden. Gedopt ist eine graue, fremde Masse, aber nie ein konkreter jeweiliger Gesprächspartner. Diesen Eindruck versuchen z.B. Moderatoren zu erwecken, die gerade einen prominenten Studiogast interviewen. „Das ist 'ne Aussage", lobte etwa Michael Steinbrecher in der Unterhaltungssendung ZDF-

---

[31] Umgekehrt erwächst aus dem angeblichen internationalen Doping- und Dopingkontroll-Ungleichgewicht bisweilen die Forderung nach einer nachlässigeren Handhabung der Sanktionsmaßnahmen: „Warum müssen es ausgerechnet wir sein, die als erste eigene Dopingsünder schnurstracks dem internationalen Gremium melden? Quasi mit stolzgeschwellter Brust: Sind wir nicht tüchtige Kerle?" (Süddeutsche Zeitung, 31.7.1978) Besonders stark war diese Haltung während des Kalten Krieges vertreten worden, in ähnlicher Form wird sie jedoch ungebrochen verbreitet.

Sportstudio, als der Sprint-Weltmeister Maurice Greene erklärt, dank Gott und der Eltern schaffe er es ohne Doping (Süddeutsche Zeitung, 25./26.9.2000). Die Vorstellung, kritischen Journalismus betreiben zu sollen, bereitet manchen Journalisten offenbar mehr Schwierigkeiten als die Gefahr, als Steigbügelhalter potentieller Lügner zu fungieren, die man durch alibihafte Fragestellungen auch noch förmlich zur Lüge gezwungen hat. Anscheinend genügt das Stellen einer Alibifrage zum Doping jedoch, um das journalistische Gewissen zu beruhigen. Als Begründung, warum selbst öffentlich-rechtliches Fernsehen sich zu einer kontinuierlichen kritischen und distanzierten Berichterstattung nicht durchringen kann, genügt anscheinend die theoretische Möglichkeit einer Überforderung des Publikums:

> „Wolf-Dieter Poschmann ist damit (mit Steinbrechers Greene-Interview, d. Verf.) zufrieden, und das ist vor allem deshalb interessant, weil er nicht nur Moderator ist, sondern der ZDF-Sportchef. ‚Es ist sehr schwierig, dem Zuschauer Doping zu erklären', sagt er, 22 Jahre nachdem Valérien damit angefangen hat. ‚Wir senden für ein Publikum, das kein sportspezifisches ist. Es wäre möglicherweise überfordert" (zitiert nach Süddeutsche Zeitung, 25./26.9.1999, Seite 3).

Eine andere Technik, mit der Journalisten in „unsauberer" Umgebung „sauber" zu bleiben glauben, ist die Ablehnung eigener Verantwortung an der Problementwicklung durch das Vertrauen auf Experten. Sich auf solche Experten zu verlassen, hat den entscheidenden Vorteil, dass man sich einerseits nicht auf mühsame Weise kompetent zu machen hat, und andererseits bei Kritik an Berichterstattung auf die Kompetenz der rezipierten Fachleute verweisen kann. Tatsächlich ist der Journalist in der Regel Generalist, d.h., er kümmert sich mit geringerer eigener Kompetenz um viele verschiedene Fragestellungen. Der Journalismus hat sich fatalerweise aber nicht darauf besonnen, zum Ausgleich seiner Kompetenzdefizite eigene Experten heranzuziehen. Er verließ sich auf solche Experten, die im Sport bereits vertreten waren: auf Olympiaärzte, Verbandsmediziner oder andere Wissenschaftler, die in nicht wenigen Fällen ihre wissenschaftliche Unabhängigkeit zugunsten der Spitzensportlogik aufgegeben hatten und somit selbst längst zum Teil des Problems geworden waren. Es darf nicht verwundern, dass solche wissenschaftlichen Berater des Sports aus Gründen des Imagemanagements zugunsten des Sports das Problem des Dopings im Spitzensport lange Zeit verharmlosten und so ein verlogenes Bild des Spitzensports zeichneten – das Journalisten dann häufig kritiklos an die Öffentlichkeit weiterreichten. Auch am Beispiel des unkritischen Vertrauens auf die „falschen" Experten lässt sich belegen, wie sehr der Journalismus längst selbst zum Teil des Dopingproblems geworden ist.

So genannte Experten, die mittels der *Einzeltäterhypothese* ein Sportbild mit verhältnismäßig geringem Dopingproblem entwarfen und dies durch Journalisten kolportieren ließen, manipulierten in quantitativer Hinsicht enorm am öffentlichen Bild vom Betrug im Sport. Eine andere Form, die Realität des Dopings aus der aktuellen Berichterstattung weitgehend auszublenden, besteht in der Verniedlichung und Verharmlosung der Problematik in qualitativer Hinsicht. Da wäre zunächst eine *Bagatellisierung des Dopingbegriffs* zu kritisieren. Wenn etwa „das ultimative Dopingmittel für Sydney" (ARD, 18.9.2000) vorgestellt wird, nämlich der neugeborene Sohn des Bahnradsprinters Jens Fiedler, oder im Zusammenhang mit gläubigen Sportlern von „Doping für die Seele" (Die Weltwoche, 14.9.2000) die Rede ist, wird mit einer definitionsfremden Verwendung des Dopingbegriffs das Problem um Betrug im Sport bagatellisiert. Auch der nette und unverbindliche Fernsehmoderator Johannes B. Kerner befleißigte sich dieser Technik, als er die Zusammenfassung des DFB-Pokalspiels der Amateure des VfB Stuttgart gegen Eintracht Frankfurt mit folgenden Worten anmoderierte: „Und als sei der Name nicht schon Doping genug ..." (KERNER im ZDF-Sportstudio am 26.8.2000).

Auch das Phänomen der Problemverschiebung durch Journalisten ist häufig zu konstatieren. Dabei werden bekannt gewordene Dopingfälle durch die Vermutung der individuellen Täterschaft zwar vordergründig und punktuell dramatisiert, womit sich trefflich Dopinggegnerschaft demonstrieren lässt. Tatsächlich aber ist eine Problemverniedlichung gegeben, denn das Problem besteht schließlich keineswegs in der Bekanntgabe eines Dopingfalls, wie dies durch Journalisten immer wieder suggeriert wird. Es ist daher völlig deplatziert, wenn Journalisten immer wieder den falschen Eindruck erwecken, die Meldung eines Dopingfalls sei eine „Negativmeldung" [32]. Wenn die Bekanntgabe von einzelnen Dopingfällen als eine solche Negativmeldung angeboten wird, trägt dies nämlich dazu bei, beim Zuschauer ein falsches Bild über die Spitzensportrealität zu etablieren, in der Betrug die unrühmliche Ausnahme darstelle. So stellte der Ausschluss von Marco Pantani 1999 beim Giro d'Italia eben keinen „weiteren Rückschlag im Kampf gegen Doping" (RTL-Nachrichten, 5.6.1999) dar. In der RTL-Logik wäre ansonsten nämlich die Verhaftung eines Bankräubers auch als Rückschlag für die Verbrechensbekämpfung zu interpretieren.

Besonders grotesk gerät die Arbeit von Journalisten da, wo Dopingdiskussionen nicht an der Tagesordnung sind und das Problem alleine schon durch unzureichende Kontrolle negiert – und gerade dadurch auch gefördert - wird. Interessanterweise zeigt sich die Fußball- oder Tennis-Berichterstattung - den Dopingdiskussionen praktisch kongruent zur fehlenden Kompetenz der Verbände in der Problembearbeitung - in weitaus geringerem Maße gewachsen als die Berichter-

---

[32] Siehe ARD vom 24.9.2000: „Und die Ruderer melden leider auch ihren ersten Dopingfall." Wäre es besser gewesen, die Ruderer hätten diesen Fall nicht gemeldet? – Die Meldung verströmt das Bedauern, dass die Illusion einer dopingfreien Sportart nicht aufrechterhalten werden kann. Das Fatale daran ist, dass Journalisten als Multiplikatoren von Meinung mit der unangebrachten Problematisierung des Dopingbefundes automatisch einer allgemeinen Verdrängung des Dopings Vorschub leisten.

stattung in anderen, häufiger diskutierten Sportarten. Wenn etwa beim Fußball im Zusammenhang mit Dopingkontrollen außerhalb des Wettkampfes, deren Existenz ja jedem Spieler bekannt sei, von einer „Überraschung" (Rhein-Zeitung, 2.6.2000) oder im Zusammenhang mit Wettkampfkontrollen für einen zum wiederholten Male ausgelosten Spieler (Matthias Sammer) gar von „Pech" (Süddeutsche Zeitung, 18.6.1996) gesprochen wird, zeugt dies auch von der problematischen Einstellung und Fachkompetenz einzelner Journalisten zum Dopingproblem insgesamt. Dies betrifft nicht nur Einstellungen zum Doping-problem, sondern die Einstellung zu Normen im Sport überhaupt, wie das Bei-spiel des Tennis-Kommentators Hans-Jürgen Pohmann bei den Australien-Open im Tennis (ARD, 26.1.1999, 1.45 Uhr) zeigt:

> „Also, das ist unfassbar. Da gibt der Linienrichter nach dreieinhalb Stunden Fußfehler. Das kann nur jemand machen, der noch nie auf dem Platz stand."

Für manche Journalisten scheint die Einhaltung von Regeln - unter diesem As-pekt ist auch das Dopingproblem vor allem zu betrachten - eine Frage der Spiel-dauer. Im Tennis erscheint regelkonformes Verhalten in Pohmanns Logik vor al-lem als eine Sache der ersten Sätze.

Wer Einsichten in die wirklichen Dimensionen des Dopingproblems im Spit-zensport auszublenden und zumindest partiell zu verdrängen in der Lage ist, tut sich entschieden leichter damit, frei von störenden Gedanken über deviantes Verhalten vieler populärer Sportler im Handlungsfeld des Spitzensports unbe-fangen beobachtend und beschreibend tätig zu werden. Zumindest zeitweise re-det der Journalist sich den Sport, über den er berichtet, schöner, als dieser in Wirklichkeit ist – und trägt damit zur problematischen Wirklichkeit bei. Darin ähnelt er häufig auf frappierende Weise dem Funktionär, dem er ja mit soviel Verve in periodisch wiederkehrenden Abständen Inkompetenz – entweder in Bezug auf effektive Dopingbekämpfung oder, bei Misserfolgen wie dem der deutschen Schwimmer in Sydney, bei der Herstellung von Wettbewerbsfähigkeit - vorzuwerfen pflegt.

1.5 Zwischen Offenheit und Heimlichkeit: Kommunikation über Doping

Doping in der Bundesrepublik Deutschland war zumeist keine absolute Geheim-sache. Dass es Doping im Westen gab, war im Prinzip jederzeit bekannt. Unklar waren jedoch die Ausmaße dieses westdeutschen Missbrauchs von Medikamen-ten. Strategien der Geheimhaltung bzw. der Versuche von Geheimhaltung be-wirkten, dass die Öffentlichkeit meistens ein ungenaues Bild über die Ausmaße pharmakologischer Leistungsmanipulation hatte. Daher auch rührt der als Vor-wurf gemeinte Hinweis von vielen Insidern, dass bestimmte gegen Doping ein-gestellte Personen „keine Ahnung" hätten und „wie die Blinden von der Farbe" sprächen.[33] Dabei waren es ja gerade die Insider, die die sogenannten Laien so gut wie möglich unwissend hielten und noch halten. Dies wäre auch dem Experten Wilfried Kindermann zu entgegnen, der nach der Einführung der Trainingskontrollen in der bundesdeutschen Leichtathletik in einem Interview äußerte:

> „Sport-Bild: Was wären die Folgen, wenn Doping freigegeben wird?
>
> Kindermann: Olympische Spiele würden Zirkusspiele.
>
> Sport-Bild: Glauben die Zuschauer das nach der Johnson-Affaire nicht sowieso?
>
> Kindermann: Ja! Ich war erstaunt und bestürzt, wie die Reaktionen damals ausfielen. Als Experte wußte man doch, was da alles passiert. Doch der Fan, also der Laie, hat dies verdrängt" (Sport-Bild, 3.5.1989).

Es fragt sich allerdings, wer hier etwas verdrängt. Es waren gerade die einstmals offen Anabolika befürwortenden Ärzte, die dem öffentlichen Verdrängungsprozess zum Thema Anabolika aktiv Vorschub geleistet haben. Der Fan, „also der Laie", wurde von den Experten, die angeblich genau wussten, „was da lief", systematisch unwissend gehalten. Es wäre gerade die Aufgabe der wissenschaftlichen Beratung des Sports gewesen, diesem „Verdrängen" entgegenzuwirken - nicht es zu initiieren und Doping als die Verfehlung Einzelner abzutun.

Für eine beträchtliche Zeitspanne nämlich wurde beim Doping im Westen die Fiktion von Einzelfallproblematiken erzeugt und aufrechterhalten. Dies war auch das Bild, das in der deutschen Öffentlichkeit bis zu den „Stern"- und "Spiegel"-Veröffentlichungen bzw. dem 1991 in einer ersten Auflage erschienenen Enthüllungsbuch über Doping in Ost und West von Brigitte Berendonk dominierte. Dass es Doping gab, wurde bis dahin zwar manchmal mehr, manchmal weniger klar. Aber selbst wenn umfangreicheres Wissen über das sich ausbreitende Dopingproblem in der Bundesrepublik bekannt wurde, wie im Zuge der umfangreichen öffentlichen Manipulationsdebatte in der Bundesrepublik nach

---

[33] Auffallend in diesem Zusammenhang ist die häufig niedrigere Veranschlagung der Problemgröße durch Dopinggegner im Vergleich mit Doping-"Befürwortern" oder -"Duldern" (vgl. SINGLER/TREUTLEIN 2000, 143 f.). Teilweise aber muss bei hohen Prozentangaben sorgfältig beachtet werden, ob damit wirklich alle Athleten gemeint sind oder nur die, die in klassischen Anabolikasportarten antreten. Ommers Schätzung von 1977, 90 Prozent, bezog sich auf solche besonders relevanten Sportarten bzw. Disziplinen (z.B. Würfe), aber nicht auf ganze Sportarten wie die Leichtathletik (zur Anabolika befürwortenden und verharmlosenden Haltung Kindermanns noch 1976, vgl. KEUL/KINDERMANN 1976). Um 1990 war bei Kindermann eine Haltungsveränderung festzustellen. 1990 vor den Leichtathletik-Europameisterschaften in Split erklärte er im ZDF-Sportstudio, mehr als die Hälfte der Nationalmannschaft sei ungedopt. Daraus wurde der - von Kindermann vermutlich einkalkulierte - Schluss gezogen, annähernd die Hälfte des bundesdeutschen Teams sei gedopt. Es könnte sich hierbei um einen Hilferuf gehandelt haben. Im selben Zeitraum wie Kindermann war auch bei dem Dopinganalytiker Manfred Donike eine beachtliche Wandlung hin zu mehr öffentlicher Transparenz seiner Arbeit festzustellen.

den Olympischen Spielen 1976, wurde es nach einiger Zeit von den meisten Beobachtern wieder weitgehend vergessen.

Über ihre langfristige Wirkung brachten die anabolen Steroide gegenüber den nur aktuell im Wettkampf wirksamen Aufputschmitteln nicht nur eine neue Dimension in den manipulierten Leistungssport hinein, sondern auch besondere Aspekte in die Kommunikation über Doping. Erstmals nämlich wurden mit Einführung der anabolen Steroide im Leistungssport der Bundesrepublik Dopingmittel in den 60er-Jahren in öffentlichen Äußerungen nicht schlechtweg verurteilt - und sei es nur in Form ritualistischer Anti-Doping-Bekenntnisse. Dies überrascht umso mehr, als auch nach dem offiziellen Verbot in der Leichtathletik 1970 Verteidigungsversuche der Anabolika nicht nachließen oder lediglich - wie dies in der vorhergehenden Geschichte des Dopings häufiger der Fall gewesen sein dürfte - heimlich stattfanden. Anabolika wurden vielmehr von nicht wenigen Sportärzten eher freudig begrüßt und selbst nach deren Verbot mitunter noch offensiv und vehement verteidigt. Dies übrigens bis in unsere Tage hinein.

Vieles spricht dafür, dass anabole Steroide von Medizinern im Leistungssport als willkommene Alternative zu den Aufputschmitteln (vgl. SINGLER/TREUTLEIN 2000, 187 und 312), die für eine Reihe von Todesfällen verantwortlich gemacht wurden, angesehen wurden. Die lange Zeit überaus anabolikafreundliche Haltung von Medizinern wie Joseph Keul jedenfalls könnte dadurch zu erklären sein. Keul kämpfte, wie er häufig selbst betonte, in der Tat engagiert gegen Doping - zumindest gegen Doping, so wie er es verstand: als aktuelle Aufputschung, die lebensbedrohlich sein konnte. Dagegen stellte die Verwendung von Anabolika bis mindestens 1977 für Keul entgegen einschlägiger Anti-Dopingbestimmungen - weil scheinbar ja ungefährlich - kein Doping dar. Anabolika im Spitzensport hatten also von Anfang an nicht nur Gegner, sondern auch namhafte und einflussreiche Befürworter; Letztere waren unter den einen überschaubaren Kreis umfassenden, wirklich einflussreichen Sportberatern auf dem medizinischen Sektor anscheinend in der Überzahl. Diese Konstellation prägte das Bild der Kommunikation über Anabolikaverwendung bzw. Anabolikadoping entscheidend mit. Der Kritik des Anabolikadopings folgten auf dem Fuße die Entgegnungen, die Kritik der Kritik und manche Beschwichtigung (vgl. Kapitel 1.4). Besonders die Sportmedizin hat sich hierin hervorgetan.

1.5.1 Vom Erstfall zum Einzelfall: Anabolikadiskussionen in der Öffentichkeit

Über Fachkreise hinaus gelangten Informationen über anabole Steroide erst Ende der 60er Jahre durch den Artikel von Brigitte BERENDONK in der "Zeit" vom 5.12.1969 an eine breitere, sicherlich jedoch an keine sehr breite Öffentlichkeit. Zuvor war im deutschen Olympiabuch von 1968 im Zuge einer kritischen Betrachtung immerhin eine Andeutung der Wirkung und offenbar allgemeinen

Verwendung von Anabololika vermerkt: „Wer schneller bessere Muskeln braucht, kennt das Verstärkungsmittel und nimmt es" (Deutsche Olympische Gesellschaft 1968, 274). Ebenfalls 1968 hatte Manfred Steinbach seine Forschungsergebnisse zu einem Anabolikaversuch mit Minderjährigen veröffentlicht und war - wie Ludwig Prokop 1962 - zu dem Schluss gekommen, dass Anabolika Dopingmittel darstellten (STEINBACH 1968). Öffentlichkeit über den engen Zirkel des Leistungssports hinaus war somit erstmals zu einem Zeitpunkt hergestellt, als das Problem schon einige Jahre in der Bundesrepublik virulent war und Anabolika in manchen Sportarten und Disziplinen von der Mehrzahl der Athleten verwendet wurden. Erste öffentliche Diskussionen über Anabolika im Spitzensport der Bundesrepublik erfolgten somit mit einer Zeitverzögerung von sechs bis zwölf Jahren nach den ersten Fällen einer Anwendung zur Leistungssteigerung im Sport.

Der kritische Artikel von Brigitte BERENDONK 1969 in der „Zeit" („Züchten wir Monstren?") fand damals in der Öffentlichkeit keinen direkten Widerhall. Dass sie in ihrer Einschätzung auch zum Umfang des Problems auf dem richtigen Weg gewesen war, zeigten Presseveröffentlichungen der Jahre 1970/71 sowie die Verbotsbekanntmachungen in der Fachzeitschrift „Leichtathletik" 1970 und 1971 (Leichtathletik 43/1970, 1568 und 22/1971, 312). Zu einer ersten großen Dopingdiskussionswelle im Hinblick auf die anabolen Steroide kam es jedoch erst 1976/77, wobei nicht der Missbrauch dieser Medikamente die Diskussion angeschoben hatte, sondern Manipulationspraktiken des bundesdeutschen Sports generell. Dabei mutet es aus heutiger Sicht geradezu grotesk an, mit welchem Eifer Praktiken, die im Sinne des Reglements nicht unter dem Dopingaspekt zu diskutieren sind wie etwa die Vitamingaben an den Ruderer Kolbe, moralisch verurteilt wurden. Im Gegensatz dazu jedoch wurde der immens persönlichkeits- und körperverändernde Einsatz von anabolen Steroiden teilweise völlig selbstverständlich hingenommen. Andererseits schärften die verschiedenen Maßnahmen der Leistungssteigerung, wie die als Kolbespritze in die sporthistorische Manipulationsdiskussion eingegangene Vitamingabe oder das Aufblasen vom Schwimmerdärmen, auch das Bewusstein der Öffentlichkeit gegenüber allen denkbaren Formen „künstlicher" Leistungssteigerung.

Im Zuge dieser allgemeinen Manipulationsdebatte bis hin zu einer Anhörung des Sportausschusses des Deutschen Bundestages zur Dopingproblematik gerieten dann die anabolen Steroide und ihre Befürworter in die öffentliche Kritik, kaum aber in die Kritik der Experten und sportwissenschaftlichen Berater. Trotzdem mündete die Diskussion in ein Anabolikaverbot für den gesamten Bereich des Deutschen Sportbundes ein, begleitet allerdings von einer Aufforderung durch NOK-Präsident Willi Daume oder Verbände wie den Deutschen Leichtathletik-Verband, über Doping nicht mehr öffentlich und in den Medien zu diskutieren.

Dieses Schweigegebot entfaltete eine hohe Wirksamkeit. Nach 1977 veränderte sich die Kommunikation über Doping radikal und wurde bis 1987, bis zum Tode Birgit Dressels, in Westdeutschland nicht mehr zu einem großen öffentlichen Thema. Auch nach dem Tod der Mainzer Siebenkämpferin verständigten sich maßgebliche Teile des deutschen Sports rasch auf die Losung, dieser Tod habe mit Doping nichts zu tun, es handele sich um einen Schmerzmitteltod bzw. um ein unglückliches Zusammenwirken unterschiedlicher Medikamente, die nicht unter dem Dopingaspekt zu diskutieren seien.

Für arglose Beobachter des Sports, die die Diskussion 1976/77 nicht mitbekommen hatten oder sich an deren Größenordnung nicht mehr erinnern konnten, vermochte so der Eindruck zu entstehen, dass Doping ein eher seltenes Phänomen sei, das lediglich in Einzelfällen auftrete und von der bundesrepublikanischen Sportführung nicht aktiv gefördert oder wohlwollend geduldet werde. Daran änderte auch der Tod Birgit Dressels zunächst eher wenig, auch die Entlarvung des kanadischen Sprinters Ben Johnson bei den Olympischen Spielen in Seoul 1988 vermochte dieses bis in die 90er Jahre hinein aufrechterhaltene Bild vom Spitzensport nicht wesentlich anzukratzen. Insbesondere auch Politiker pflegten selbst nach den Veröffentlichungen zum ost- und westdeutschen Doping von 1990 bis 1992 - vermutlich wirklich im naiven Glauben daran - dieses Bild vom insgesamt sauberen Spitzensport mit einigen wenigen „schwarzen Schafen" als unabhängige Einzelfälle[34]. Entsprechend äußerte sich z.B. der ehemalige rheinland-pfälzische Ministerpräsident Rudolf Scharping in den 90er Jahren. Nur mit einer solchen naiven Einstellung und beträchtlichen Leistungen in der Problemverdrängung konnte der begeisterte Radfahrer Scharping später vermutlich unbeschwert den Aufenthalt im Mannschaftswagen des Radteams „Deutsche Telekom" während der Tour de France genießen.

Politiker, Sportfunktionäre oder andere Diskussionsteilnehmer pflegen ihre entschlossene Haltung gegenüber solchen vermeintlichen Einzelfällen bis heute mit der Forderung nach strenger Bestrafung zu unterstreichen. Dieses rituelle „Schlachten eines Opferlammes", selbst wenn es gut gemeint und aus bester innerer Überzeugung gefordert wird, ist allerdings in der Konsequenz beinahe ebenso gefährlich wie die in ihrer Wirkung fatale Einzelfallannahme. Durch die Forderung nach extrem harter Bestrafung (die Forderungen reichen hier bis zu lebenslänglicher Sperre im Erstfall) vermag man zwar seine Anti-Doping-Haltung eindrucksvoll nachzuweisen, ebenso dokumentiert man hierdurch aber die eigene analytische Schwäche. Nicht Einzelfälle sind beim Doping im Sport das große Problem, sondern Doping als systematisch gefördertes und hervorge-

---

[34] Vgl. dazu auch Joseph KEUL im Interview mit „Sports" 2/1992, 120: „Ich kenne mich im Tennis sehr gut aus - da passiert nichts. Ich weiß in der Leichtathletik sehr gut Bescheid, und wenn dort etwas passiert sein sollte, so waren das in der Bundesrepublik doch immer nur Einzelfälle."

rufenes Phänomen. Der Verweis auf Einzelfälle dient der Handlungsentlastung der Diskussionsteilnehmer – das System braucht bei einer solchen Argumentation nicht verändert zu werden - und trägt somit, wenn auch zumeist sicherlich ungewollt, zur Problementwicklung bei.

Nicht immer scheint diese Passivität jedoch aus Unwissenheit zu erfolgen, analytische Schwäche kann auch als Strategie zur Beruhigung der Öffentlichkeit und damit als aktiver Beitrag zur Problementwicklung verstanden werden. Das Opferlamm wird ja gerade stellvertretend für alle anderen „Sünder" hingegeben. Bei dieser im Verlauf des Zivilisationsprozesses bis hin zur Religionsstiftung eingeübten gesellschaftlichen Verhaltensweise wird eine bestimmte Person geopfert, um über diese kathartische Maßnahme einen sozialen Konflikt zu beenden. Eine Gemeinschaft wird dadurch zwar nicht moralisch besser. Sie fühlt sich danach allerdings bedeutend wohler[35].

Die hohe tatsächliche oder auch nur gespielte Entrüstung über den Dopingfall Ben Johnson 1988 mag hier als Beispiel dienen, wobei aus folgendem Zitat nicht eindeutig hervorgeht, ob nun Doping oder die Unfähigkeit, sich nicht erwischen zu lassen, als das eigentliche Problem angesehen wird:

> „Wir wissen, daß in den Kraft- und Schnellkraftdisziplinen gedopt wird. Johnson hat dem Sport jedenfalls großen Schaden zugefügt, seine Glaubwürdigkeit in Frage gestellt. Eine Rückkehr in den olympischen Sport in Barcelona 1992 wäre für den Sport unglücklich" (Joseph Keul, Süddeutsche Zeitung, 15.6.1989).

Scharfsinnige Analysen waren vonseiten der wissenschaftlichen Beratung des Sports nicht zu erwarten. Auch Diskussionsbeiträge des „guten Gewissens des deutschen Sports", des führenden Sportpädagogen Ommo Grupe, vermochten an diesem Mangel an Reflexion und Offenheit kaum etwas zu ändern. Besonders bedauerlich ist dies bei einem zweifellos verdienten Sportwissenschaftler wie Grupe vor allem dann, wenn er sich zum „öffentliche(n) Umgang mit der Dopingfrage" äußerte, dabei aber kaum etwas zur theoretischen Fundierung der Dopingkommunikation beizutragen hatte. Seine Ausführungen sind, ähnlich wie jene vor dem Sportausschuss des Deutschen Bundestages 1977 (SINGLER/ TREUTLEIN 2000, 224 und 227 ff.), eher als Beitrag zur Eindämmung öffentlicher Erörterung denn als Plädoyer für eine öffentliche Diskussion zu verstehen:

> "Aber nicht nur die pauschale Verurteilung der Athletinnen und Athleten ist unverantwortlich, auch die pauschale Verurteilung des Leistungssports ist es. Auch wenn die Dopingfälle der letzten Jahre und die Enthüllungen, die mit ihnen verbunden waren, einen langen und dunklen Schatten auf den ganzen Leistungssport geworfen haben, dürfte

---

[35] Damit soll nicht der Vernachlässigung von Bestrafung überführten Dopingtäter das Wort geredet werden. Der Nachweis eines Zusammenhanges zwischen maximaler Höhe des Strafmaßes und minimaler Ausprägung abweichender Verhaltensweisen wäre jedoch erst noch zu erbringen. Strafe soll dazu beitragen, den Delinquenten zu läutern und nicht lediglich dazu, das Gewissen der Gemeinschaft zu beruhigen.

bestensfalls ein Teil der Sportarten unter Doping-Verdacht stehen, und in den 'doping-gefährdeten' Sportarten wäre es unangemessen, alle Aktiven gleichermaßen zu verdächtigen. Dies ist nicht deswegen der Fall, weil in den weniger 'doping-gefährdeten' Sportarten die 'bessere' Moral herrscht oder die moralisch 'besseren' Athletinnen und Athleten aktiv sind, sondern weil diese Sportarten ihrer Struktur und Aufgabenstellung nach im Grunde keine Leistungsverbesserung durch Pharmaka erwarten lassen; in manchen Fällen würden sie sich sogar - im Hinblick auf die Bewegungskoordination zum Beispiel - als nachteilig erweisen" (GRUPE 1995, 108).[36]

Es bleibt unklar, was genau Grupe damit sagen wollte. Das Zitat dürfte aber eine Maßnahme zum Imagemanagement des Sports darstellen, wie Grupe sie schon in den 70er Jahren - so etwa im Rahmen der Anhörung vor dem Bundestagsausschuss 1977 - zur Anwendung brachte. Aus Angst, der gesamte pädagogisch angeblich so wertvolle Sport könne zu Unrecht im Zuge von Dopingdiskussionen diskreditiert werden, werden dabei die wahren Ausmaße der Problematik heruntergespielt. Gleichzeitig bestreitet Grupe die Möglichkeit eines Dopingverzichts aus ethischen Gründen.[37]

Grupes Plädoyer für eine "differenzierte Betrachtung des Dopingproblems" (zu der die Öffentlichkeit angeblich nicht in der Lage ist) verweist auf die fatale, von berufsspezifischer Arroganz geprägten Strategie vieler Wissenschaftler: Nur Experten wie Grupe selbst sind in der Lage, differenziert und sachlich das Problem in der angemessenen Objektivität und Wissenschaftlichkeit zu erörtern (vgl. dazu Kapitel 1.6). Unqualifizierte Diskussionen in der Öffentlichkeit aber würden dem Sport Schaden zufügen, da das Dopingproblem überschätzt, die heilsame Wirkung des Sports für die Gesellschaft damit jedoch unterschätzt werde.

Transparenz und Öffentlichkeit im Zusammenhang mit Doping und Dopingdiskussionen wurden vom bundesdeutschen Sport und seinen herausragenden Vertretern und Beratern spätestens seit 1976/77 als Bedrohung empfunden. Dies bestätigt 1997 auch ein Zeitzeuge, der lange Zeit als Spitzenfunktionär eines großen deutschen Fachverbandes tätig war:

> "Und es war auch so, das gestehe ich ja ein, man will den ... (Name des Verbandes) nicht in der Presse stehen haben. Da versuchte man schon, das in den eigenen Reihen zu regeln. Den Mut, das öffentlich zu machen, gibt es erst seit drei, vier Jahren. Weil alle Verbändes es jetzt machen. Es wird keiner mehr geschont, der was Verbotenes macht."

Gründe, zum Doping zu schweigen, gab und gibt es viele. Während der Deutsche Sportbund den Sport nicht in einem angeblich ungerechtfertigt großen Do-

---

[36] Mit den letzten Sätzen übernimmt Grupe fast wörtlich die entsprechende Argumentation von Joseph Keul, die dieser häufig vor allem zum Fußball und Tennis geäußert hatte.

[37] Dies ist geradezu eine Bankrotterklärung aus pädagogischer Sicht und gleichzeitig eine ungeheure Beleidigung aller sich nicht dopenden Sportler und ihrer Betreuer - wird doch unterstellt, dass nur solche Athleten sich nicht dopen, bei denen dies keine Auswirkungen auf die Leistungsfähigkeit erwarten lässt.

pingverdacht sehen wolle, hatten die Fachverbände ein Interesse daran, nicht durch allzu große Offenheit in einen Nachteil gegenüber solchen Verbänden zu geraten, die es mit der Transparenz und Dopingbekämpfung weniger genau nahmen.

1.5.2 Verbotenes vor dem Verbot: Sportinterne Anabolikadiskussion

Zu den seltsamen Erscheinungen in der Geschichte der Anabolikaverwendung im Spitzensport zählt die Tatsache, dass Konsumenten dieser Medikamente sich in den seltensten Fällen zur Einnahme bekannten. Wird dies in Zeiten eindeutiger Verbote leicht verständlich, so erscheint die selbe Schweigsamkeit für Zeiträume, die vor Verbotsregelungen für diese zum Zwecke der Leistungssteigerung verwendeten Medikamente lagen, rätselhaft.

Dass viele ehemalige Spitzenathleten, die in den 60er-Jahren Anabolika einnahmen, dies heute nicht zugeben wollen, erscheint nur auf den ersten Blick unverständlich. Zwar hätten Athleten ihre Anabolikaeinnahme, soweit sie vor dem offiziellen Verbot (für die Leichtathleten 1970, durch das IOC 1974) erfolgte, bekennen können, ohne im Sport als Betrüger zu gelten und abgestraft zu werden. Die Öffentlichkeit, so befürchten solche ehemaligen Spitzensportler wie der im Folgenden zitierte Zeitzeuge wohl nicht zu Unrecht, würde jedoch nicht zwischen einer Anabolikaverwendung vor dem eindeutigen Verbot und einem Anabolikadoping nach der Einführung dieses Verbots differenzieren können. Dies gilt insbesondere dann, wenn ein solcher ehemaliger Athlet später in höheren Funktionen in Sportverbänden oder z.B. auch in der Politik zum Einsatz kommt:

> "Wenn ich sage, ich habe früher Anabolika geschluckt, dann heißt es gleich: Wie kann einer Präsident werden oder Vizepräsident oder Schatzmeister oder Pförtner - ja, iss so. Da nützt es nichts, dass es erlaubt war. Wenn ich jetzt sage, wer uns was verschrieben hat, der heute Professor ist und so weiter, da muss man sagen: Lässt man es unterm Tisch oder ist die Zeit nicht reif und im Jahr 2000 ... wenn man 80 ist, ist die Zeit reif? Das ist die Geschichte, da kannst du gar nicht dran drehen. Normal sagst du, wenn irgendwas ist, ich habe nie was geschluckt; die anderen weiß ich nicht, hab zwar was gehört, vermutet vielleicht - so geht das aus. Das ist die Standardgeschichte."

Erstaunlich ist nicht, dass frühere Athleten sich heute nicht offen zur einstigen Einnahme solcher Mittel bekennen. Erstaunlich ist, dass sie es bereits damals - von Anabolikagesprächen in zumeist engsten, wirklich nur engsten Kreisen abgesehen - nicht taten. In Gesprächen mit Zeitzeugen ist zumeist kein Unterschied festzustellen zwischen solchen Personen, die in den 60er Jahren aktiv waren, und solchen, die erst in Zeiten nach dem Verbot der anabolen Steroide Leistungssport betrieben haben. Nicht wenige Athleten, die zu dieser Zeit Anabolika eingenommen hatten, dürften ähnlich wie der nun zitierte Zeitzeuge, der Mitte der 60er Jahre mit der Anabolikaeinnahme begann, häufig schon damals gespürt haben, dass sie unabhängig vom konkreten Regelwerk gegen sportliches Ethos verstießen:

"Man hat ein Mittel benutzt, das in dem Geruch war, nicht legal zu sein bzw. sich am Rande der Legalität zu bewegen. Illegal in dem Sinn, dass man es verschwiegen hat, dass man es nicht mitgeteilt hat. Ich habe selbst nie mitgeteilt, dass ich das nehme, während der ganzen Karriere war das so, und es war immer unter dem Deckmantel der Verschwiegenheit, wenn es jemand genommen hat. Man hat einfach eine ethische Einstellung zum Leistungssport gehabt, dass für die Leistung das Training und das Talent die entscheidenden Dinge darstellen. ... Ich habe ja still gehalten. Das war alles unter dem Deckmantel der Geheimhaltung. Es gab schon ein Unrechtsbewusstsein. Man hat ja mit Mitteln gearbeitet, die außerhalb des anerkannten Spektrums lagen, obwohl nicht ausdrücklich verboten. Das war einfach dieses Ethos, das man damals gehabt hat, und das ist dadurch in Frage gestellt worden. ..."

Auf die Frage, ob er heute noch alles so wie damals machen würde, lässt der Zeitzeuge, ein ehemaliger Nationalmannschafts-Werfer, durchblicken, dass er sich - unabhängig von Verbotsdiskussionen - insgeheim mitverantwortlich für die heute von ihm als negativ angesehene Entwicklung der Anabolikaproblematik in der Bundesrepublik fühlt. Dies könnte erklären, warum in den 60er Jahren aktive Athleten sich öffentlich bisher in keinem einzigen Fall zu ihrer einstigen zweifelhaften Medikamentenverwendung bekannt haben:

"Wenn die Verhältnisse so wären wie damals, würde ich wahrscheinlich alles wieder so machen. Ich würde aber vielleicht nicht das Gefühl haben, dass ich mich als Wegbereiter einer solchen Sache hergeben würde. Aber das hängt immer auch davon ab, inwieweit man eine solche Vorreiterrolle antizipieren kann, und das kannst du ja nicht. Ich würde auf jeden Fall auf eine andere Disziplin oder auf einen anderen Sport ausweichen."

Zeitzeugen, die von früheren Gesprächen um Anabolika für den Zeitraum vor Mitte der 60er Jahre berichten, lassen jedoch weniger von solchen Skrupeln wissen und berichten für die Anfangszeit der Anabolika im westdeutschen Sport (ca. 1960 bis 1964) von offeneren Gesprächen in Sportlerkreisen. Denkbar ist, dass eine Sensibilität für die geschaffene Situation erst später einsetzte, als nach einem ersten Ausprobieren systematischere Komponenten und entsprechende beobachtbare oder spürbare Wirkungen der Anabolikaeinnahme zutage traten. Ein Zeitzeuge:

"Ab und zu hat man dann mal eine Tablette genommen, und dann ging es immer um die Geschichte mit Milligramm, fünf oder zehn, ich weiß nicht mehr so genau. So fing das damals an. Das war so 1964. In der Zeit von 1966 bis 1968, glaube ich, hörte man nichts mehr, da machte jeder, aber es war erst mal so aus dem Gespräch. ... 1965/66 musste jeder Athlet was mitbekommen, dass da was lief. Es lief immer in Epochen, mal wurde es totgeschwiegen, mal wurde es wieder ganz offen gehandelt."

Die Aussage dieses Zeitzeugen weist darauf hin, dass Kommunikation über Doping bzw. Medikamentenmissbrauch innerhalb des Sports von Anfang an in Wellenform stattfand, d.h. in Phasen, in denen über Anabolika gesprochen wurde, und in Phasen, in denen derartige Gespräche eher tabuisiert waren. Bereits vor den Olympischen Spielen 1968 scheint die Frage der Anabolika nach anfänglich offenerem, naiverem Umgang mit diesem Thema in Sportlerkreisen, aus bereits genannten Gründen zeitweise nicht mehr offen besprochen worden zu sein. Neben den genannten Gründen hierfür verweist nach dem oben zitierten ehemaligen Werfer ein weiterer Zeitzeuge - aus einer anderen leichtathletischen Disziplin - allerdings auf ein weiteres Motiv, das des Wettbewerbsvorteils durch Anabolika[38]:

> "Ich glaube, man wusste, dass es nicht erlaubt ist, man hat ein Gefühl gehabt. Ich glaube, es ist (auch) so, wenn ich einen Einkaufsvorteil habe und die anderen wissen das nicht; so kann es bei der Geschichte auch gewesen sein, dass die anderen nichts davon wissen sollen. Ich habe einen Vorteil, und die anderen wissen nicht, warum."

Bereits um 1970 herum wurde anscheinend über Anabolika wieder offener gesprochen. Die Aussagen des im Folgenden zitierten Zeitzeugen aus dem Wurfbereich weisen darauf hin, dass in diesem Zeitraum auch schon erste Legitimierungsstrategien und Beschwichtigungsformeln - bei noch nicht verhängtem Verbot! - entwickelt wurden. Auch dies mag für die Annahme sprechen, dass viele Athleten, auch angesichts der teilweise fulminanten Wirkungsweise, insgeheim die Aura des Verbotenen verspürten:

> "Im Winter 1969/70 ... wurde ich ... von Sprintern aus ... (Name der Stadt) darauf aufmerksam gemacht, dass man heutzutage im Leistungssport so was zu nehmen hat. Es nehmen alle, die Chancengleichheit wäre damit wieder hergestellt. ... Eine halbe Sekunde hat das damals gebracht (über 200 Meter, d. Verf.), und auch der andere aus ... (Name der Stadt), der damals Spitzenklasse war, meinte, über 100 Meter hätte es ihm zwei Zehntel gebracht."

Insgesamt lässt sich für den Zeitraum vor 1970, also vor dem Verbot der anabolen Steroide im Bereich der Leichtathletik, feststellen, dass Gespräche über das "neue" Wundermittel Anabolika unter Sportlern eher selten stattgefunden haben. Wenn, dann in engen Kreisen, in denen klar war, dass alle Gesprächsteilnehmer Anabolika einnahmen oder diese Einnahme befürworteten. Häufiger wurde anscheinend in Bezug auf Anabolika in ablehnender und indireketer Form kommuniziert[39], wie auch ein ehemaliger Bundestrainer mit einschlägigen Milieukenntnissen verdeutlicht. Die weiteren Ausführungen des Trainers über die Form der Anabolikakommunikation können wohl als beispielhaft für die damalige Zeit und teilweise weit darüber hinaus angesehen werden. Ähnlich lautende Berichte liegen von mehreren Sportlern aus unterschiedlichen Epochen vor:

> "Offen ist nie darüber geredet worden. Das waren eher Gespräche im Werferkreis, aber immer mit dabei und wissend und in ablehnender Form waren auch die Sprinter und Läufer. Ich kann mich da noch an den ... (Name eines ehemaligen Athleten und späteren Arz-

---

[38]   Zur Herausbildung eines speziellen Dopingjargons und einer Dopingmentalität in der Bundesrepublik vgl. SINGLER/TREUTLEIN 2000, 253 ff. und 270 ff.

[39]   Die Vermutung, Anabolikagespräche hätten im Zeitraum 1967/68 aus Gründen der Wahrung von Wettbewerbsvorteilen nicht stattgefunden, ist zumindest in einschlägigen Disziplinen wie den Würfen oder dem Zehnkampf in der Bundesrepublik nicht sehr wahrscheinlich, da das Wissen um Anabolika zu jenem Zeitpunkt bereits recht stark ausgeprägt war.

tes) erinnern, das wird 1962/63 (gewesen sein), erinnern. Er war manchmal auch bei solchen Gesprächen dabei, natürlich nie: Ich hab's genommen oder wir nehmen das auch. Es ist nur über das Doping der anderen gesprochen worden. Wenn einer plötzlich so gut geworden ist, was macht der wohl? Das war immer ein Synonym für Doping. Die Leistungsexplosionen der damaligen Zeit haben den Verdacht hervorgerufen, der sich in den späteren Jahren auch bestätigt hat. Wie z.B. ... (Name eines deutschen Werfers). Wenn du dich mit dem direkt unterhalten hast, hast du alles erfahren können. Wenn der aber auf dem Lehrgang war, in der Gruppe, und da hat mal ... (Name eines anderen Werfers) das Problem angeschnitten, da hat der ... (Name des ersten Werfers) überhaupt nichts dazu gesagt. In dem Moment, wo ein Dritter dabei war, war das Gespräch blockiert. Offen gesprochen worden ist in engster Gruppe ... Die haben alle genommen, das haben sie mir gegenüber zugegeben, aber gegenüber einem anderen - nie!"

Scham darüber, etwas als verboten Angesehenes zu tun, dürfte einer der Hauptgründe hierfür gewesen sein. Auch umgekehrt war dies offenbar der Fall, wenn Anabolika ablehnende Personen mit solchen Personen sprachen, von denen vermutet wurde, dass sie Anabolika einnahmen. Auch im Ansprechen solcher Personen scheint häufig eine Schamgrenze bestanden zu haben, wie eine Zeitzeugin berichtet:

"Es war noch nicht so offiziell mit dem Verbot. Dass heisst - warum eigentlich nicht (warum hätte man Anabolika einnehmende Personen nicht ansprechen sollen, d.Verf.)? Vielleicht lag es daran, dass es eine Sache war, die man eigentlich nicht tat, sportethisch, sonst hätte man es ja laut verkünden können. ... (Name eines Athleten) oder ... (Name eines anderen Athleten) haben ja auch nie darüber geredet. Warum nicht? Das war ein Tun, was nicht zu dem Wettkampfsport, so wie wir ihn damals betrieben haben, dazugehörte. Das war unanständig. Wenn ich unterstelle, was ich oder was wir alle als unanständig empfinden, dann spricht man jemanden vielleicht doch nicht so direkt drauf an. Was im Nachhinein eine völlig falsche Einstellung ist. Wenn du feststellst, dass sich etwas ausbreitet, was unanständig ist, musst du eigentlich direkt darauf los gehen, das habe ich erst sehr langsam ... gelernt."

Personen, die sich über solche Regeln von Diskretion im sozialen Umgang hinwegsetzen, gelangen rasch in den Ruf, "Sektierer", "Zeloten" oder "Don Quichotes" zu sein. Abweichende Verhaltensweisen anderer zu thematisieren, kann einen zum Außenseiter befördern. Bestimmte Dinge nicht wissen zu wollen, kann also eine Person vor unangenehmen sozialen Folgen schützen:

"Zuviel Neugier ... gefährdet Beziehungen. ... Gezielter Informationsverzicht und demonstrative Ignoranz von Geheimnissen anderer können also der Vermeidung von Konflikten dienen, die durch bestimmte Kenntnisse wahrscheinlich würden" (WESTERBARKEY 1999, 153).

Doping als das Doping der anderen

Nicht nur die Befürchtung, den Kommunikationspartner in eine unangenehme Lage zu bringen, und die Hemmung, für die Herstellung einer solch unangenehmen Situation verantwortlich zu sein, hinderten viele Personen an einer solchen Gesprächsbereitschaft. Kommunikation und Nichtkommunikation über

Doping hat sich in der Praxis der Sportszene als noch komplizierter erwiesen. Denn wer das Thema Anabolika einem Sportkameraden gegenüber ansprach, musste gerade angesichts der öffentlichen Stigmatisierung der Anabolikaverwendung und der internen Tabuisierung dieses Themas eine emotionale Belastung des Gesprächspartners einkalkulieren: Wer das Thema anschnitt, musste davon ausgehen, dass der Partner befürchtete, für einen Anaboliker gehalten zu werden. Solche Befürchtungen sind zwar nicht unbedingt logisch, dafür aber in umso höherem Maße natürlich und menschlich. Und noch einen Schritt weitergehend: Wer das Thema anschnitt, musste auch befürchten, dass der Kommunikationspartner ihm selbst Anabolikamissbrauch unterstellen würde.

Dennoch wurde im Verlauf der letzten 40 Jahre über das zumeist im Verborgenen stattfindende Anabolikadoping in der Bundesrepublik gesprochen. So gut wie nie jedoch fanden solche Gespräche auf einer Selbstbezichtigungsebene statt, wie die Aussage des oben zitierten Trainers verdeutlicht. Doping war in den allermeisten Gesprächen ausschließlich das Doping der anderen. Selbst enge Kontaktpersonen wie Masseure, Betreuer oder sogar Trainer wurden von dopenden Athleten häufig nicht ins Vertrauen gezogen. Ein Grund dafür mag sicherlich das subkulturelle Dopingprinzip der "minimalen Mitwisserkette" (BERENDONK 1992, 248) sein.

Zum einen sollten Bezugspersonen anscheinend nicht mit Wissen um abweichende Verhaltensweisen ihrer Schützlinge belastet werden. Des Weiteren wurde Doping selbst im engeren oder engsten Umfeld verschwiegen. Dies geschah aufgrund der bisweilen begründeten Vermutung, diese Bezugspersonen würden sich gegen die Verwendung von Dopingmitteln aussprechen und sich im Fall der Kenntnisnahme des Dopings möglicherweise von ihnen abwenden. Die Aura des Verbotenen umgab Anabolika vor dem Verbot im Sport und über engste Mitwisserkreise hinaus selbstverständlich auch danach. Entsprechend wurde über Anabolika und andere Formen des Dopings kommuniziert. Doping war fast immer nur *das Doping der anderen*:

> "Wenn ich Resümee ziehe, dann muss ich sagen, dass darüber nie gesprochen wurde. Selbst mit mir nicht, wo ich doch ein Vertrauensmann von diesen Leuten war, wurde nie davon gesprochen. Über andere - DDR, Amerika - vielleicht schon, aber von den eigenen nicht. Konkret weiß ich also kein Fall. Es war ein Tabuthema."

Dass Doping in der Darstellung der Sportszene schon immer das Doping der anderen war, zeigt ein Artikel des Journalisten Manfred STEFFNY in der Februar-Ausgabe 1968 der Vereinszeitung der Kölner Turnerschaft ("Doping und Leichtathletik"), der sich auf Recherchen des späteren Antidopingbeauftragten des Deutschen Leichtathletik-Verbandes und Verfassers der ersten westdeutschen Dopingliste, Horst Klehr, bezieht[40]:

---

[40] Den Hinweis verdanken wir Walter Beienburg.

"Der Mainzer Apotheker Horst Klehr hat rund 30 Weltklasse-Leichtathleten, führende Trainer, Funktionäre und Ärzte zum Thema Doping befragt. Wer sich diese Sammlung per Tonband anhört, erfährt folgendes: Die Russen nehmen Doping, sagen die Amerikaner, die Amerikaner, sagen die Russen, die Ostdeutschen, behaupten die Westdeutschen und umgekehrt. Überhaupt käme das nur bei Langstrecklern vor, vermerken die Sprinter. Und die Langstreckler sind der felsenfesten Überzeugung, daß nur explosive Leistungen durch Aufputschmittel gefördert werden können. Immer sind es die anderen, die Doping nehmen. Man selbst weiß vom Doping nur, daß es unfair ist."

1.5.3 Doping als Tabuthema

Dass Doping ein Tabuthema im Kanon der möglichen Kommunikationsinhalte[41] des Sports werden konnte, hängt eng mit der hohen Stigmatisierung bestimmter Formen des Dopings zusammen. In der öffentlichen Beurteilung von manipulativen Praktiken ist Doping nämlich nicht gleich Doping. Die Einnahme von aufputschenden Substanzen wie Ephedrin oder Koffein wurde seit dem Verbot der anabolen Steroide und pharmakologisch (wirk-)verwandter Substanzen einschließlich der Wachstumshormone bzw. verschiedener Blutdopingmethoden häufig nicht mehr als so dramatisches und schwerwiegendes abweichendes Verhalten angesehen wie noch zuvor. Nicht nur eine besondere Wirkung, sondern auch eine besondere Heimlichkeit - auch aufgrund der viel schwierigeren Nachweisbarkeit bei Wettkampfkontrollen als einziger Form der Dopingkontrollen bis Ende der 80er Jahre - wurde den Anabolika zugeschrieben. Diese zeitgleich mit dem offiziellen Anabolikaverbot eingetretene neue Dimension des Sportbetrugs und der Leistungsmanipulation brachte auch neue Formen und Intensitäten in der Verdrängung dieses Betrugs und dieser Manipulation mit sich.

Willi Daumes 1977 erteiltes Schweigegebot war gewissermaßen ein Tabudiktat von "ganz oben", das große Wirkung entfaltete und fatale Folgen zeitigte - bis hin zur Mitverantwortlichkeit Daumes und des deutschen Sports an gravierenden Fehleinschätzungen durch Staatsanwaltschaften in der Frage der Sittenwidrigkeit von Doping (vgl. dazu SINGLER/TREUTLEIN 2000, 220 und in Bezug auf den Todesfall Birgit Dressel, 275 ff.). Doping wurde, wie die Autoren im ersten Band zu dieser Untersuchung nachweisen konnten, auf diese Weise nicht nur totgeschwiegen. Das Schweigen über Doping erschwerte indirekt sogar die Aufklärung eines Todesfalles, der in engem Zusammenhang mit Doping und Dopingmentalität im Spitzensport der Bundesrepublik Deutschland stand.

Das Schlusswort Willi Daumes unter die bundesdeutsche Dopingdebatte 1976/77 war nicht das einzige von ihm erteilte Schweigegebot in Bezug auf westdeutsche Dopingpraktiken. Daume ließ Versuche, ihn über Dopingpraktiken zu informieren und zum

---

[41] Wenn in der Folge von einem Kommunikationstabu beim Doping die Rede ist, liegt hierbei ein Verständnis des Begriffs im engeren Sinne vor. Kommunikation im weiteren Sinne umfasst im Gegensatz dazu auch die Kommunikationsform des Schweigens.

Handeln zu veranlassen, immer wieder abprallen, so z.b. gegenüber dem Dreispringer Peter Bouschen:

"Willi Daume habe er bei einer Zusammenkunft erzählt, wie weit Doping verbreitet sei als Trainingsmittel. Daraufhin sei der NOK- und Sporthilfe-Präsident erbost gewesen, haben ihn als 'dummen Jungen' bezeichnet. Mit den gleichen Worten sei Diskus-Olympiasieger Rolf Danneberg abgekanzelt worden, als er Daume über die Dopingpraktiken in der früheren DDR berichtet habe. Der NOK-Chef wollte dies auf 'unseren Sportbrüdern von drüben nicht sitzen lassen'" (Stuttgarter Zeitung 1991, o.D.).

Dass Tabus als "Generator von Sprechverboten" (HAHN 1991, 88) zeitlich begrenzt sein können, beweist die umfangreiche Dopingdiskussion der 90er Jahre. Nachdem die gravierendsten Enthüllungen bezüglich des Dopings in West-, aber besonders in Ostdeutschland erst einmal erfolgt waren, ist die Kommunikationsschwelle zu diesem Thema erheblich reduziert worden. Heute ist es - wie auch die Veröffentlichung des ersten Bandes zu dieser Untersuchung zeigt - relativ unproblematisch und folgenlos, über die Dopingvergangenheit zu sprechen. Allerdings: Damit ist nicht gesagt, dass - in etwas abgeschwächterer Form - neue Dopingtabus nicht errichtet worden wären. Wann immer nämlich Athleten wie die Schwimmer Marc Warnecke oder Chris-Carol Bremer (vgl. z.B. Süddeutsche Zeitung, 23.10.1998) auf aktuelle Dopingpraktiken im eigenen Land und im eigenen Verband hinweisen, trifft sie unmittelbar der strafende Blick des organisierten Sports. Dieser pflegte mit stereotypen Hinweisen auf fehlende Rösser und Reiter seine Handlungsunfähigkeit und seine mangelhafte Bereitschaft, Problemanalyse kompetent und über konkrete Einzelfälle hinausreichend zu betreiben, geradezu zu zelebrieren.

Und selbst wenn ein in die Vergangenheit reichendes Tabu mittlerweile aufgehoben ist, gilt seine Aufhebung nicht auch als Signal der Akzeptanz solcher Personen wie Brigitte Berendonk und Werner W. Franke, die über Skandalisierung durch Veröffentlichung alter Praktiken und der dadurch bedingten Diskussion in der Öffentlichkeit die Aufhebung des Tabus überhaupt erst initiierten. Wer ein Tabu berührt, wird selbst tabu (vgl. HAHN 1991, 87). Zwar ist weitgehend unbestritten, dass ohne Berendonk/Franke eine Doping-Vergangenheitsbewältigung im vereinigten Deutschland wohl nie in dem heute zu konstatierenden - gleichwohl verbesserungswürdigen - Maße stattgefunden hätte. Dennoch - und gerade deshalb - wurde das streitbare Ehepaar vom Deutschen Leichtathletik-Verband trotz vorhergehender Verbandsinitiativen in dieser Richtung nicht für das Bundesverdienstkreuz vorgeschlagen[42]. Denn auch das Erinnern an alte

---

[42] Den Verfassern liegt hierzu ein Briefwechsel zwischen einem Vertreter des Deutschen Leichtathletik-Verbandes und einem in der Frage des Vorschlags des Ehepaars für das Bundesverdienstkreuzes eingeschalteten Mittelsmann vor. Aus diesem Briefwechsel geht hervor, dass der DLV auf die ursprüngliche Absicht, Berendonk und Franke für eine Verleihung vorzuschlagen, verzichtete. Dieser Verzicht stand in engem Zusammenhang mit einer Klage des ehemaligen DDR-Cheftrainers und heute "unverzichtbaren" DLV-

Praktiken gilt als unfein. Darf man heute unbekümmert feststellen, dass in der DDR systematisch gedopt wurde, so gilt es aus Sicht von Sportverbänden als unangebracht, an die Verstrickung einzelner aktueller Mitarbeiter im ehemaligen System zu erinnern. Das Tabu wurde somit in den 90er Jahren nicht vollständig aufgehoben, es hat nur seine Gestalt verändert. Oder, anders ausgedrückt: Ein aufgehobenes Tabu wurde in neuer, differenzierterer Form wiedererrichtet.

Entstehung und Stützung des Dopings als Tabuthema

Themen werden tabu, wenn der "zu unterstellende fehlende Konsens ... sie aus geselliger Kommunikation aus(schließt), da sie deren Grundlagen gefährdet" (HAHN 1991, 88). Dopingdiskussionen zerstörten nicht grundsätzlich die Grundlage von Kommunikation im sozialen System des Sports in der Bundesrepublik Deutschland. Einigkeit herrschte nämlich durchaus in der Frage der Notwendigkeit des Verbots von Aufputschmitteln. Unter dem Eindruck von schockierenden Todesfällen z.B. im Radsport in den 60er Jahren kam gerade auch die westdeutsche Sportmedizin zu einem wohl einhellig ablehnenden Urteil solcher Dopingmittel. Ganz anders dagegen stellte sich die Situation in Bezug auf anabole Steroide dar, die von vielen maßgeblichen Sportmedizinern für ungefährlich gehalten wurden. In Bezug auf Anabolika entwickelte sich das Reden über Doping in der Bundesrepublik zum Tabu - weil hier eben keine Einigkeit zu erzielen war und weil sich hier die Geister mehr denn je in der Geschichte des Dopings an einer einzelnen Dopingsubstanz entzweiten.

Wie bereits im ersten Band unserer Untersuchung aufgezeigt werden konnte, entwickelte sich das Tabu zur Anabolikafrage in der Bundesrepublik Deutschland so richtig erst nach Abschluss einer umfangreichen öffentlichen Debatte zu diesem Thema in den Jahren 1976/77. Nachdem alle Versuche des westdeutschen Sports gescheitert waren, Anabolika in nationalen und internationalen Gremien aus den Dopinglisten herauszulösen und damit entgegen einschlägiger Arzneimittelgesetze hoffähig zu machen, und auch das Anabolikadoping unter so genannter ärztlicher Kontrolle sich als politisch nicht durchsetzbar erwies (vgl. SINGLER/TREUTLEIN 2000, 202 ff.), wurde die kontroverse Diskussion aus der Öffentlichkeit verbannt. Anabolikadoping wurde fortan in verstärkter Heimlichkeit auf vielfältige Weise, u.a. häufig auch unter dem Vorwand fadenscheiniger ärztlicher Indikationen durch einschlägig bekannte Verbandsärzte wie Armin Klümper oder Heinz Liesen, ermöglicht. Geschützt wurde diese neue Heimlichkeit durch Kommunikations-Tabus oder Schweigegebote wie jenes durch Willi Daume 1977 erlassene und durch Verbände an Athleten weitergereichte

---

Mitarbeiters Bernd Schubert, die vor Gericht zu Ungunsten des dopingbelasteten Schuberts entschieden wurde. Wohlgemerkt: Schubert hatte Berendonk verklagt - was der Verband Frau Berendonk offenbar nicht verzeihen konnte.

(vgl. Schreiben des Deutschen Leichtathletik-Verbandes "An die Athleten der DLV-Nationalmannschaft" vom 31.3.1977, SINGLER/TREUTLEIN 2000, 220 f.).

Eine "Dienstanweisung" vom NOK-Präsidenten alleine ist jedoch keine ausreichende Erklärung dafür, dass sich Doping nach 1977 zu einem solch ausgesprochenen Tabuthema zu entwickeln vermochte. Hierfür bedurfte es einer Verschränkung verschiedener rollenspezifischer Verhaltensmaßregeln und Spezialtabus, die dem Dopinggesprächs-Tabu zusätzliche Konsistenz verliehen. Sportkameraden greifen sich nicht gegenseitig in der Öffentlichkeit an, so lautet z.b. eins jener Tabus auf Athleten-, Trainer- oder Funktionärsebene. Ferner haben Ärzte offenbar zudem einen berufsspezifischen Ehrenkodex entwickelt, der es verbietet, sich gegenseitig in der Öffentlichkeit zu attackieren. Auch berechtigte Kritik darf nicht öffentlich gemacht werden, wie das Beispiel der Buchautoren Sehling, Pollert und Hackfort verdeutlicht, die nach der bloßen Feststellung der früheren anabolikafreundlichen Haltung des Sportmediziners Alois Mader von dessen Förderer Wildor Hollmann wegen unkollegialen Verhaltens bei der Bundesärztekammer angezeigt wurden (Mainzer Rhein-Zeitung, 4./5.7.1992, vgl. auch SINGLER/TREUTLEIN 2000, 16).

Der selbst wie kaum ein anderer westdeutscher Arzt in das Doping verstrickte Armin Klümper wurde vom Bezirksberufsgericht Freiburg wegen "berufsunwürdigen Verhaltens" gerügt. Aber nicht wegen seiner nur mühsam als therapeutische Maßnahmen kaschierten Dopinganwendungen an westdeutschen Spitzensportlern (vgl. SINGLER/TREUTLEIN 2000, 287 ff.), sondern weil er seinem damaligen Kollegen Joseph Keul öffentlich die in die 70er Jahre zurückreichende Anwendung leistungssteigernder Maßnahmen vorhielt. Die Rüge erfolgte bezeichnenderweise, obwohl die Vorwürfe Klümpers von der Kammer als berechtigt angesehen wurden (Urteil des Bezirksberufsgerichts für Ärzte in Freiburg vom 16.9.1992 wegen 'berufsunwürdigen Verhaltens' gegen Armin Klümper, vgl. auch SINGLER/TREUTLEIN 2000, 308).

Auch der österreichische Sportmedizin-Pionier Ludwig Prokop (Telefoninterview am 18.1.1999), der als erster deutschsprachiger Autor auf die Problematik und Gefährlichkeit der Anabolikaverabreichung zum Zwecke der Leistungssteigerung hinwies (vgl. z.B. PROKOP 1962), berichtet von einem solchen Ehrenkodex unter Medizinern. Hinter vorgehaltener Hand und unter Ableistung ehrenwörtlicher Versprechung der Geheimhaltung habe man unter Ärztekollegen sehr vieles erfahren können, was ansonst strikter Geheimhaltung unterlag[43].

Bisweilen verwiesen Zeitzeugen im Interview mit den Autoren auf einen von Athletenseite empfundenen Problemdruck angesichts des auch national verbrei-

---

[43] Prokop schloss das Telefongespräch, kurz nachdem die Rede von führenden deutschen Sportmedizinern aus dem süddeutschen Raum war, mit der Bemerkung: "Eines müssen Sie sich merken: Verbrecher gibt es in jedem Beruf."

teten Anabolikadopings. Thematisierungs- und Problematisierungsversuchen durch Athleten war aber zumeist kein Erfolg beschieden, wie der ehemalige DLV-Präsident Eberhard Munzert verdeutlicht:

"Dann haben wir abends in der Runde gesessen, da kam Sven Mikisch (400-Meter-Hürdenläufer aus Berlin, d.Verf.), der sagte plötzlich: Man müsste eigentlich mal über Doping sprechen. ... (Name eines anderen DLV-Funktionärs) bog das sofort ab (im Sinne, dass dies kein Thema für eine Weihnachtsfeier sei, d.Verf.). Ich hatte das Gefühl, der musste darüber sprechen."

Auch in der Zeit der Wende und vor der Wiedervereinigung waren Problematisierungsversuche durch einzelne Athleten kaum zu realisieren. Dies musste die Frankfurter 800-Meter-Läuferin Gabi Lesch erfahren, die durch einen "Spiegel"-Artikel über das Wirken des ehemaligen Chefarztes der DDR-Leichtathleten, "Republikflüchtling" Hartmut Riedel, indirekt in einen möglichen Zusammenhang mit Dopingpraktiken Riedels bei westdeutschen Athleten gebracht wurde:

"Zum Zeitpunkt der EM in Split (1990, d. Verf.) ist ein Zeitungsartikel erschienen, dass der angeblich Mittelstrecken betreuende Arzt, Riedel, ins Gespräch kam. Und da war ich namentlich genannt.[44] Da bat ich bei der Mannschaftssitzung um Klarstellung, da wir nicht von ihm betreut wurden. Der war einmal, 1988, mit in St. Moritz, und das war der erste und einzige direkte Kontakt. Da habe ich mich voll distanziert, um nicht in irgendwelche Geschichten mithineingezogen zu werden. In der Sitzung sind dann aber bei diesem Thema die meisten Leute rausgegangen. ... Die meisten Athleten, da das Thema Doping an und für sich immer problematisch ist bei einem Wettkampf. Außerdem war die Stimmung sehr angespannt. Auch von der Trainerseite wurde dies ziemlich abgeschmettert. Dann bin ich mit einigen Athleten, Birgit Clarius, Steffen Brand, Christiane Scharf, ins Büro. Aber es wurde nie richtig gestellt."

Nach der Vereinigung war das Thema Doping, nun auf gesamtdeutscher Basis, kein Gesprächsinhalt bei Kadermaßnahmen. Der Vereinigungsfriede, so stellte Gabi Lesch fest, sollte durch Dopingdiskussionen über das Doping Ost nicht gestört werden:

"Das nächste war dann nach der Wiedervereinigung und der Übernahme des Kaders durch einen Trainer von drüben. Da musste erst einmal die Postition der West-Athleten klargestellt werden. Allerdings wurde uns beim ersten Kadertreffen im Herbst erst einmal der Mund verboten. ... Vom ... (Name des westdeutschen DLV-Trainers). Dies (Doping, d. Verf.) sollte kein Thema sein, da Training, Zukunft und Zusammenwachsen im Vordergrund stand. Dies war auch die Zeit, wo der Artikel im Stern (über Doping in der DDR, d. Verf.) erschien. Natürlich war es auch für Ost-Athleten nicht einfach, und ich kann mich nicht davon freisprechen, was aus mir geworden wäre, wenn ich auf der ande-

---

[44] Vgl. "Der Spiegel" 35/1990, 179: "Der importierte Dopingfachmann Riedel wirkt inzwischen im Nebenjob segensreich für die Läuferinnen aus dem Westen, er betreut die bundesdeutschen Mittelstrecklerinnen. Aus seiner langjährigen Arbeit als Leichtathletik-Arzt kennt er jeden Trick, mit dem die Athleten von drüben stark und schnell gemacht wurden." Gabi Leschs Empörung war berechtigt, auch wenn sie in dem Artikel nicht namentlich erwähnt worden war.

ren Seite der Mauer geboren worden wäre. Ich habe es jedoch vermisst, dass man nicht einmal unter sich darüber gesprochen hatte. Denn dann hätte man neu anfangen können."

Die Ausführungen von Gabi Lesch und Eberhard Munzert zeigen, dass es grundsätzlich ein starkes Bedürfnis nach Thematisierung gab, dass also - bei nicht dopenden Athleten, aber auch bei dopenden - ein Problemdruck bestand, der kommuniziert werden wollte. Das Bedürfnis nach Kommunikation über Doping geht auch aus einem den Verfassern vorliegenden, nicht veröffentlichten Manuskript Walter Beienburgs hervor, der darin im Herbst 1987 die Reaktionen auf einen von ihm verfassten Artikel über "Medikamente als zusätzliche Trainingseinheit?" in den Amtlichen Nachrichten des Deutschen Leichtathletik-Verbandes zusammenfasst:

> "Das Thema hat ungewöhnliche Resonanz gehabt. Der Bericht darüber liegt zwar erst kurze Zeit zurück, aber die seither zahlreichen Gespräche zeigen, daß man 'unter der Hand' schon länger darüber geredet haben muß.
>
> Die Reaktionen auf 'Medikamente als zusätzliche Trainingseinheit?' waren so, als seien manche Leute froh, endlich einmal darüber offen sprechen zu können. Es zeigte sich auch, wie sehr dieser Punkt Aktive und Funktionäre bewegt. ...
>
> Hier wurde mehrfach eingeworfen, daß das Bemühen, möglichst nicht darüber zu reden, auf den natürlichen Gedanken bringen könnte, es solle etwas verschwiegen werden."

Kommunikationstabu und Spirale des Schweigens[45]

Somit war, wie diese Beispiele verdeutlichen, in der Sportszene nicht unbedingt das Thema Doping bzw. Anabolika ein Tabuthema. Tabu war eher die öffentliche Behandlung des Themas, die dem westdeutschen Hochleistungssport und seinen Förderern so große Imageschäden bereitet hatte - aber auch die problematisierende Behandlung des Themas innerhalb des Sports. Und entsprechend wirkten führende Sportfunktionäre, Sportmediziner, aber auch wissenschaftliche Berater aus anderen sportwissenschaftlichen Disziplinen, von denen man dies eher nicht erwartet hätte, auf Sportler, Verbände oder Medien immer wieder mahnend ein.[46]

Die aufgezeigte Verschränkung verschiedener spezifischer Verhaltenserwartungen von Mitgliedern des Sportsystems bewirkte, dass auch solche Personen das Kommunikations-Tabu beim Doping unterstützten und sich gegen öffentlich auftretende Dopingbekämpfer stellten, die nicht unbedingt dem "Lager" der Do-

---

[45] Der Ausdruck bezieht sich auf den von Elisabeth Noelle-Neumann geprägten Begriff und gleichnamigen Aufsatz "Die Schweigespirale". Darin unternimmt sie bemerkenswerte Ausführungen "Über die Entstehung der öffentlichen Meinung" (NOELLE-NEUMANN 1977).

[46] Vgl. dazu die Intervention eines bekannten Sportwissenschaftlers und hohen DSB-Funktionärs beim Allgemeinen Hochschulsport-Verband mit der dringenden Empfehlung, "die Finger" vom Thema Doping zu lassen (SINGLER/TREUTLEIN 2000, 226 f.).

pingförderer und -befürworter zuzuordnen waren. Mit einer Überstrapazierung von an sich zutreffenden Argumenten wie "Solange Ross und Reiter nicht genannt werden ..." oder "Wenn du keine konkreten Beweise hast, kannst du auch nicht solche ungeheuren Behauptungen aufstellen" wurde die Dopingrealität systematisch ausgeblendet und verdrängt. Das Tabu des Dopings war gerade durch die Unterstützung des Tabus durch solche Personen, denen aktive, vorsätzliche Dopingförderung nicht vorgeworfen werden kann, so überlebensfähig und hochwirksam. Mögen solche Personen auch aus anderen Gründen (Sportkameradschaft, falsche Loyalität, Beweisproblematik u.v.m.) Dopingkommunikation gemieden und verhindert haben, ihren (ungewollten) Beitrag zur Verdeckung der ganzen Problematik vor der Öffentlichkeit und damit zur Problemverschärfung haben auch sie geleistet. Eine Minderheit aktiver Doping-"Freunde" hätte ein solch differenziert ausgestaltetes, weitverbreitetes Dopingssystem, wie die Bundesrepublik Deutschland es hervorgebracht hat, alleine wohl nicht errichten können.

Die Gründe für die Schweigsamkeit vieler Personen im Sport und in der Gesellschaft, die nicht den so genannten Doping-"Freunden" zuzuordnen sind[47], sind vielfältig. Zum Teil haben sie sicherlich damit zu tun, dass vielfach als sittenwidrig aufgefasste Dopinghandlungen aufgrund der Schwere der Anwürfe juristisch einwandfrei hätten belegt werden müssen. Einiges jedoch spricht dafür, dass diese Begründung nicht selten auch als Ausrede gebraucht wurde, um sich - als Sportfunktionär oder besonders auch als Sportwissenschaftler - nicht in die schwierige und sozial riskante Diskussion einmischen zu müssen. Eigene Unsicherheit darüber, was richtig und was falsch, was akzeptabel und was inakzeptabel, was zu erlauben und was zu verbieten sei, dürfte dabei eine große Rolle gespielt haben.

Dass nicht nur in totalitären Gesellschaftssystemen, sondern auch in vermeintlich aufgeklärten, demokratischen und toleranten Systemen der Mut häufig fehlt, die eigene Urteilskraft zu bemühen und eigene Positionen selbstbewusst zu vertreten, lässt sich am Beispiel der Kommunikation über Doping in der Bundesrepublik eindrucksvoll illustrieren. Das Vertrauen auf die Richtigkeit der eigenen Position war häufig nicht ausgeprägt genug:

> "Wichtiger als das eigene Urteil ist dem Individuum, sich nicht zu isolieren. Dies ist anscheinend eine Konstante der menschlichen Natur, Bedingung menschlichen Zusammen-

---

[47] Der Ausdruck "Dopingfreunde" ist angesichts der von uns vorgestellten Theorie eines Dopings wider Willen problematisch geworden. Wie gezeigt wurde, müssen dopende Athleten, helfende Trainer oder Ärzte sowie unterstützende Funktionäre nicht zwingend Freunde solcher Maßnahmen sein. Der Typus des "diabolischen Dianabolikers" dürfte eher die Ausnahme als die Regel beim Doping sein. Und genau das macht ja die Bekämpfung des Dopings so schwierig.

lebens, es könnte sonst wohl ein hinreichender Zusammenhalt nicht erreicht werden" (NOELLE-NEUMANN 1977, 172).

Als Angst vor Isolation versteht Elisabeth Noelle-Neumann dabei nicht nur die "Furcht vor Absonderung, sondern auch vor dem Zweifel an der eigenen Urteilsfähigkeit":

> "Hier ist der Punkt, wo das Individuum verletzlich ist, hier gewinnen gesellschaftliche Gruppen Möglichkeiten der Bestrafung, wenn Einlenken, Konformität verweigert wird. Die Begriffe öffentliche Meinung und Sanktion, Strafe sind eng miteinander verbunden" (NOELLE-NEUMANN 1977, 172).

Die Legitimität der Verwendung von anabolen Steroiden im westdeutschen Sport war nach außen hin mit offiziellen Verlautbarungen und einem eindeutigen Regelwerk klar und öffentlich abgelehnt worden. Sportintern aber war die Illegitimität des Anabolikadopings keineswegs so klar, wie es nach außen hin den Anschein hatte. Mittels ausgeklügelter Rechtfertigungsstrategien (z.B. die angeblich therapeutisch gebotene Anabolikaverabreichung zur Konstitutionsförderung und Substitution zum "Schutz" hart trainierender Athleten oder auch vor Eigenmedikationen, vgl. SINGLER/TREUTLEIN 2000) wurde das nach außen vertretene Anabolikaverbot nach innen von denselben Personen maßgeblich - von bestimmten Athleten, Funktionären, Ärzten und Trainern, aber auch von manchen Journalisten[48] - konterkariert und häufig unwirksam gemacht.

Zeitzeugenangaben machen immer wieder deutlich, wie sehr sich Anabolika ablehnende Athleten im westdeutschen Spitzensport der 70er und 80er Jahre in der Minderheit fühlten (vgl. SINGLER/TREUTLEIN 2000), dabei spielt es eher eine untergeordnete Rolle, ob dieser Eindruck den wirklichen Gegebenheiten entsprach oder ob er täuschte. So oder so zeigt diese Einschätzung von vielen Sportlern, dass das Kommunikationstabu zum Dopingthema eine solche von Elisabeth Noelle-Neumann (1977, 173) erläuterte Schweigespirale hervorbrachte, die Doping nicht nur immer weiter ermöglichte, sondern zunehmend wahrscheinlicher machte: "Die eine Meinung begegnet ihm immer häufiger und selbstbewußter, die andere ist immer weniger zu hören. Je mehr Individuen diese Tendenzen wahrnehmen und sich ihnen anpassen, desto stärker scheint das eine Lager zu dominieren und das andere auf dem absteigenden Ast. Somit kommt durch die

---

[48] Vgl. dazu die Angaben des ehemaligen DLV-Präsidenten Eberhard Munzert zu einer Sitzung des Geschäftsführenden Präsidiums kurz nach Birgit Dressels Tod 1987 im Zeitzeugengespräch mit den Autoren: "Darüber (über die Notwendigkeit der Einführung von Trainingskontrollen, d. Verf.) haben wir uns unterhalten, sehr intensiv. Es gab ... (Name eines Agentur-Journalisten), der hat uns belatschert, so einzeln, wir sollten Doping freigeben. Aber nicht während der Präsidiumssitzung, sondern am Rande der Veranstaltung." Zum nach 1977 entstehenden und bis zur Wende hochwirksamen Zeitgeist vgl. auch Süddeutsche Zeitung, 31.7.1978: "Warum müssen es ausgerechnet wir sein, die als erste eigene Dopingsünder schnurstracks dem internationalen Gremium melden? Quasi mit stolzgeschwellter Brust: Sind wir nicht tüchtige Kerle?"

Tendenz zum Reden der einen und zum Schweigen der anderen ein Spiralprozess in Gang, der eine Meinung immer fester und fester als herrschende Meinung etabliert."[49]

1.6 Das Problem der Sachlichkeit: Zum Umgang mit Dopingvorwürfen und Dopinggegnern

Personen, die entgegen der zumeist unausgesprochenen Norm der Nichtkommunikation Doping thematisierten, hatten hierfür häufig die Folgen zu tragen. Verstöße gegen das Tabu der Doping-Kommunikation wurden in der Bundesrepublik Deutschland (und vergleichbaren Gesellschaftssystemen) auf vielfältige Weise neutralisiert oder gar sanktioniert. Diese Strategien, Dopingvorwürfe oder die Inhalte von Dopingdiskussionen unwirksam zu machen und ihre Urheber auf mehr oder weniger subtile Weise zu "bestrafen", reichten vom bequemen "Aussitzen" auftauchender Probleme und Vorwürfe über den massiven Widerspruch gegen getroffene Aussagen und die Desavouierung der Dopinggegner bis hin zur sozialen Isolation und beruflichen wie persönlichen Bedrohung der Tabubrecher.

1.6.1 Aussitzen und Ignorieren

Die harmloseste Variante im Umgang mit unbequemen, das Doping verurteilenden und thematisierenden Zeitgenossen bestand in einer auch in der Politik bewährten Strategie: dem Aussitzen. Vorwürfe einfach zu ignorieren und darauf zu hoffen, dass das öffentliche Interesse umso rascher einschlafen werde, je weniger solche Äußerungen aufgegriffen, kommentiert oder dementiert würden, war eine bewährte Strategie. Dabei ist zu berücksichtigen, dass das Ignorieren von Angreifern auch eine raffinierte Strategie der Isolierung solcher Angreifer sein kann. Ein Angreifer, dem auf schlimmste Vorwürfe noch nicht einmal geantwortet wird, kann alleine schon durch das Ausbleiben von Verteidigungsanstrengungen und Gegenangriffen der Lächerlichkeit preisgegeben werden.

"Wenn heute etwas in der Zeitung steht, haben es die Leute morgen vergessen", erklärte zur Strategie des Aussitzens und Ignorierens in einer persönlichen Mitteilung ein Leichtathletik-Trainer aus Ostdeutschland einem der Autoren (A.S.). Ähnlich hielten es des Dopings beschuldigte Trainer (wie der langjährige

---

[49] Der Begriff "öffentliche Meinung" (auch "herrschende Meinung") muss hier umgedeutet werden, weil wir von einer das Anabolikadoping begünstigenden herrschenden Meinung im Rahmen von Insiderkommunikation ausgehen. Dopinggegner erhielten durch Insidergespräche immer stärker den Eindruck, dass "alle" sich dopten (vgl. SINGLER/TREUTLEIN 2000, 251) und wurden so vor die Wahl gestellt, entweder selbst zu dopen, weiter Leistungssport bei Dopingverzicht mit Wettbewerbsnachteilen zu betreiben oder den Leistungssport aufzugeben.

Leichtathletiktrainer Wolfgang Thiele), die noch die ärgsten Vorwürfe unbeantwortet im Raum stehen ließen:

> "'Wenn ich alle Dinge aufgreifen würde, dann hätte ich nichts weiter zu tun, als mich mit Journalisten und Juristen rumzuschlagen.' Außerdem sei in dieser Angelegenheit noch niemand an ihn herangetreten. Im übrigen halte er es mit dem Volksmund, nachdem sich der anklagt, der sich verteidigt" (Stuttgarter Nachrichten, 1977, o.D., Nr. 273, 35).

Für wie naiv die Öffentlichkeit gehalten wird und wie dreist Trainer typische Dopingbegleiterscheinungen als angebliche Beweise für die Sauberkeit von Athleten heranziehen, beweisen die weiteren Ausführungen des Frauensprinttrainers Thiele, mit denen er den bundesdeutschen Staffel-Olympiazweiten von 1976 die Steigerung des Trainingsaufwandes sowie gesteigerte Opferbereitschaft bescheinigte und den Erfolg begründete:

> "'Da muß man sich die Frage stellen, wie kam es zu der Explosion. Daß die Mädchen statt fünf nun acht, neun Trainingseinheiten pro Woche machten. Daß sie bis an die Grenzen der menschlichen Leistungsfähigkeit gingen. Daß sie auf der Bahn gelegen, geheult haben, sich nicht bewegen konnten vor Muskelschmerzen; aber sie wußten, wenn sie in Montreal gewinnen wollten, mußten sie da durch. Daß sie nur noch halbtags arbeiteten und Geldeinbußen hatten. Das ist doch wie ein kalter Schock, wenn man dann angegriffen wird."[50]

Auch der Wattenscheider Trainer Heinz Hüsselmann ließ stets selbst die härtesten Dopingvorwürfe kaltblütig an sich abprallen. Hüsselmann, der in den 80er Jahren eine Athletin ohne deren Wissen gedopt hatte und bei anderen Athletinnen wie Sprinterin Ute Thimm Anabolikaeinnahmen unter Tätigung falscher Angaben über die einzunehmenden Präparate initiieren wollte, unterließ wie Thiele jede denkbare Form juristischer Bekämpfung solcher Vorwürfe (vgl. Der Spiegel 50/1990, 258; vgl. auch SINGLER/TREUTLEIN 2000, 263 ff.). Für schwer belastete Trainer war die Strategie, den Kopf einzuziehen und das Ende des Sturmes abzuwarten, vermutlich die klügste Reaktion im Umgang mit solchen Vorwürfen[51] - zumal sie ernsthafte Konsequenzen durch den Verein, den Verband oder durch Staatsanwaltschaften nie zu fürchten hatten.

---

[50] Entgegen seiner sonstigen Gewohnheit hat sich Thiele hier, gegenüber dem Journalisten Robert Hartmann, zu den gegen ihn erhobenen Dopingvorwürfen geäußert, weil er im Jugendbereich arbeite und "den Eltern gegenüber doch die Verantwortung" habe. Hauptsächlich interessant ist die zitierte Aussage jedoch deshalb, weil Thiele hier von "Muskelschmerzen" seiner Athletinnen im Training berichtet. Solche Muskelschmerzen sind als "schmerzhafter Muskelhartspann" bekannt und in der DDR-Dopingliteratur als häufigste schädliche Nebenwirkung beim Anabolikadoping dargelegt (vgl. Riedel nach BERENDONK 1992, 207). Unter ähnlichen Beschwerden litt mehrfach auch die 1987 verstorbene Siebenkämpferin Birgit Dressel (BERENDONK 1992, 258).

[51] Vgl. hierzu SMOLTCZYK 1999, 26: "Wer zu schnell leugnet oder verdeckt und dabei ertappt wird, der macht ein Affairchen mit Sicherheit zum ausgewachsenen Skandal."

Um Vorwürfe von Dopingbekämpfern unwirksam zu machen und zumindest nach Ablauf einer gewissen Zeitspanne verpuffen zu lassen, war nicht nur das totale Ignorieren des Widerparts bzw. dessen Anschuldigungen möglich. Viel klüger erschien es häufig, mit dem Gegenüber in Kontakt zu treten und Kommunikation zu pflegen. Je isolierter eine Person nämlich ist, desto aggressiver scheinen sich seine Anwürfe auszunehmen, womit dann die öffentliche Beachtung solcher Vorwürfe anzusteigen droht.

Gegenstrategien, die nicht auf den Urheber der Vorwürfe selbst zielen, sind manchmal sinnvoll. Die technische Raffinesse dieser Strategie bestand darin, dass man einerseits, nicht selten in einem offiziellen Schriftverkehr, seine angebliche Anti-Doping-Haltung demonstrieren konnte, während man andererseits auf die konkreten Vorwürfe überhaupt nicht einging. Solche Formen des Antäuschens von Kommunikation waren darauf ausgerichtet, einen Scheinkonsens herzustellen[52]. Dabei wurde dem Urheber von Vorwürfen kurioserweise in Positionen Recht gegeben, die dieser überhaupt nicht vertreten hatte - und dies in der Hoffnung, dass die Angriffe damit enden würden. Nicht der Tabubrecher wurde damit ignoriert und unwirksam gemacht, sondern nur das Gesagte. Diese Strategie könnte im Gegensatz zum rein passiven Abwarten als "aktives Aussitzen" bezeichnet werden.

Diesem Verhaltenstypus sind auch die zahlreichen Versuche zuzuordnen, Verhinderung von Veröffentlichungen zu betreiben. Dabei vermochte man häufig die Herstellung von Öffentlichkeit zu verhindern, ohne den potentiellen Verursacher von öffentlicher Dopingdiskussion selbst anzugreifen. So wurden die deutschen Sportler durch NOK-Präsident Willi Daume sowie durch ihren Verband 1977 aufgefordert, von öffentlichen Diskussionen abzusehen, da die Bearbeitung der Problematik gegenwärtig erfolge und die Resultate abgewartet werden müssten (vgl. SINGLER/TREUTLEIN 2000, 220 f.). Zehn Jahre später, 1987, wurde der Stellvertretende Vorsitzende des Vereins "Freunde der Leichtathletik", Walter Beienburg, mit ganz ähnlichen Argumentationsmustern konfrontiert, wie aus seinem Schreiben an das DLV-Präsidium, den DLV-Verbandsrat und die DLV-Ärzte im Dezember 1987 hervorgeht. Beienburg hatte im DLV-Nachrichtenblatt einen Artikel über "Medikamente als zusätzliche Trainingsein-

---

[52] Vgl. dazu die Antwort Joseph Keuls 1975 auf Vorwürfe gegen den damaligen DLV-Präsidenten August Kirsch. Diesem wurde von dem Arzt Wolfgang-Karl Schuch 1977 vorgeworfen, er wisse um Minderjährigendoping im DLV. Schuch hatte Kirsch 1975 auf einen solchen Fall aufmerksam gemacht. Der Präsident ließ seinen Leitenden Verbandsarzt Keul antworten, der jedoch auf die Vorwürfe überhaupt nicht einging, sondern lediglich bemerkte, die "angeschnittene Frage" sei sehr schwierig und er sei mit Schuch "einer Meinung", dass man jugendliche Athleten auf die Möglichkeit der Gefährdung von Anabolika hinweisen müsse. Diese Meinung hatte der verantwortungsbewusste Arzt, der gegen die Einnahme war, jedoch überhaupt nicht geäußert (Die Welt, 31.3.1977; vgl. auch SINGLER/TREUTLEIN 2000, 206 f.).

heit" verfasst. Sein Versuch, in der Folge über die lebhaften (auch Doping ablehnenden) Reaktionen dazu zu berichten, wurde jedoch mit den bekannten Strategien abgewehrt:

> "Die Reaktionen darauf waren ungewöhnlich. In zahlreichen Gesprächen äußerten sich
> vor allem Vereinsmitarbeiter, aber auch 'normale' Sportler und auch Verbandsfunktionä-
> re.
>
> Ich hatte versucht, einiges aus diesen Reaktionen, und zwar wohldosiert und vorsichtig,
> also bei weitem nicht in der Eindeutigkeit, die in den Gesprächen vorherrschte, in der
> Dezemberausgabe des DLV-Nachrichtenblattes zu veröffentlichen. Dazu ist es jedoch
> nicht gekommen. Ein hochrangiger Verbandsmitarbeiter mit Entscheidung auch in Sa-
> chen Veröffentlichung hat mir in einem freundschaftlich gehaltenen Gespräch klarzuma-
> chen versucht, daß die Dinge, die in meinem Artikel behandelt werden, ohnehin im Fluß
> seien. Man solle von einer Diskussion im eigenen Amtlichen Organ im Sinne der Sache
> unbedingt absehen."

Die Verhinderung von Veröffentlichung erfolgte, wie im Fall Walter Beienburgs, nicht mit der offenen Begründung, dass solche Themen generell unerwünscht seien. Nur momentan sei es gerade ungünstig, es müsse, wie bei Beienburg, lediglich "in der jetzigen Situation" von einer Veröffentlichung abgesehen
werden. Dass damit ein regelrechtes Bedürfnis der Basis nach öffentlicher Erörterung der Thematik beschnitten wurde, geht aus den Schlussbemerkungen von
Beienburgs Schreiben hervor:

> "Bitte bewegen Sie etwas. Sie dienen sich selbst und unserer Sportart. Zu welchem
> Entschluß auch immer sie kommen werden, er wird uns größeres Verständnis und auch
> Ansehen bringen als unser bisheriges Verhalten, das in den Gesprächen fast ausnahmslos
> als nicht ehrlich bezeichnet wurde."

Ähnliches widerfuhr Walter Beienburg, als er 1992 im Mitteilungsblatt des
„Vereins der Freunde der Leichtathletik" mehrere kleine Artikel zur Doping-
problematik veröffentlichte. Daraufhin traten der Leistungssportdirektor des
Verbands und sechs Blocktrainer geschlossen aus diesem Verein aus, mit der
Begründung, mit solchen Veröffentlichungen würde der Leichtathletik gescha-
det.

1.6.2 Unwissenschaftliche Wissenschaftlichkeit: Widerspruch durch Experten

Mit welch abstrusen Argumenten Dopingvorwürfen bisweilen begegnet wird,
zeigte schon die anschauliche Beschreibung typischer Anabolikanebenwirkun-
gen bei den westdeutschen Sprinterinnen als "Beweis" ihrer Unschuld durch
Bundestrainer Wolfgang Thiele. Nach dem Aussitzen und dem Ignorieren von
Dopingvorwürfen ist der Widerspruch die nächst höhere Stufe im Umgang mit
Einlassungen von Dopingbekämpfern. In der Bundesrepublik hatte sich dabei
ein System herausgebildet, das auf die Überlassung der Beantwortung von Dopingvorwürfen durch eigens hierfür vorgesehene Experten ausgerichtet war, wie

auch das Beispiel der hinhaltenden und nichtssagenden Beantwortung schwerer Vorwürfe gegen August Kirsch durch Joseph Keul 1977 zeigt.

So unangenehm dem westdeutschen Sport öffentliche Diskussionen zum Thema Doping stets waren, so geschickt - bisweilen auch auf perfide Weise geschickt - regelte er solche durch öffentliche Dopingkommunikation enstandenen "Schäden" für Image und Ruf. Probleme wurden durch Beschwichtigungen, gegenteilige Darstellungen und bisweilen sogar haarsträubende Falschdarstellungen und Lügen durch solche Personen gemanagt, die in der öffentlichen Meinung als Experten anerkannt waren. Dabei kam es bisweilen zu regelrechten Wissenschaftsskandalen, die jedoch in der Sportwissenschaft entweder nicht bemerkt oder bis heute einfach nicht aufgearbeitet wurden. Ein solcher Skandal bestand z.B. in der bundesdeutschen Testosteronforschung der 80er Jahre - und auch in der fehlerhaften Kolportierung von Forschungsergebnissen in diesem Zusammenhang durch den Projektleiter Joseph Keul. Dieser behauptete öffentlich stets, mit den Versuchen sei intentionsgemäß herausgefunden worden, dass Testosteron im Ausdauerbereich keine positiven Effekte für Regeneration und Leistungssteigerung habe, ja sogar kontraproduktiv sei. Dies jedoch wird im offiziellen Forschungsbericht überhaupt nicht mitgeteilt (vgl. dazu ausführlich SINGLER/TREUTLEIN 2000, 295 ff.).

Häufig täuschten solche Experten Objektivität, Wissenschaftlichkeit und Sachlichkeit nur vor, um im Gewande des seriösen Wissenschaftlers Doping zu begünstigen oder unangenehme Dopingdiskussionen zu verhindern. Wie am Beispiel der Diskussion um Schädigungsmöglichkeiten durch Anabolika in den 70er bis 80er Jahren gezeigt werden kann (SINGLER/TREUTLEIN 2000), folgten solche verharmlosenden Sportwissenschaftler - hier vor allem wieder bestimmte Sportmediziner - einem in Expertenkreisen häufig zu beobachtenden Muster bei wissenschaftlichen Kontroversen, wobei keineswegs sichergestellt ist, dass es in Sachdiskussionen lediglich um "die Sache" ging:

> "Daß die Auseinandersetzungen in solchen Kontroversen wesentlich mit wissenschaftlich-technischen Argumenten ausgetragen werden, bedeutet jedoch nicht, daß die zugrundeliegenden Konflikte in erster Linie auf sachlichen Meinungsverschiedenheiten beruhen (PETERS 1994, 163)

Ein besonderes Kapitel des Widerspruchs gegen Doping-Vorwürfe, die in die Vergangenheit reichen, besteht in dem Verweis auf die so genannten "anderen Zeiten". Der Politiker Wolfgang Schäuble, der die Frage der Anabolikafreigabe unter ärztlicher Kontrolle im Sportausschuss des Deutschen Bundestages 1977 offen befürwortete (vgl. auch SINGLER/TREUTLEIN 2000, 227 ff.), verwies darauf nach Erscheinen von Brigitte Berendonks Buch 1991/92 in Fernsehinterviews. Auch August Kirsch folgte diesem Muster, als seine Rolle bei der Frage der bundesdeutschen Testosteronforschung (SINGLER/TREUTLEIN 2000, 295 ff.) kritisch beleuchtet wurde:

"Als Historiker halte ich dies für nicht erlaubt. Man kann die Diskussion über diese Forschung von Mitte der achtziger Jahre nicht neu beginnen in einer anderen Epoche, in der
das Problembewußtsein zum Thema Doping stark gewachsen ist" (Süddeutsche Zeitung,
23.11.1991).

Ähnlich argumentierte Kirschs Nachfolger als Direktor des Bundesinstituts für
Sportwissenschaft, Prof. Dr. de Marées, als Gerhard Treutlein von den Gutach-
tern Armin Klümper und Joseph Keul Entschuldigungen für ihre „Gutachten"
von 1975 verlangte und dafür die Unterstützung des Bundesinstituts erbat. Die
Aussage des wie wahrscheinlich kein zweiter bundesdeutscher Sportfunktionär
in die Dopingproblematik verstrickten August Kirsch im Gewande der Wissen-
schaftstheorie ist mehr als kurios und wissenschaftstheoretisch so kaum haltbar.
Gerade einmal drei bis vier Jahre nach Abschluss der Testosteronversuche in der
Bundesrepublik soll diese Maßnahme nicht mehr kritisch kommentiert werden
dürfen, weil inzwischen eine andere Epoche angebrochen sei. In hohem Maße
ungeschickt ist die Aussage Kirschs jedoch hauptsächlich aufgrund einer anderen Tatsache: Ungewollt nämlich hat der einstige Direktor des Bundesinstituts
für Sportwissenschaft, NOK-Vizepräsident und DLV-Ehrenpräsident damit
erstmals für den westdeutschen Sport zugegeben, dass die bundesdeutschen Testosteronversuche eine gezielte, von der Bundesregierung mit 300 000 Mark geförderte Dopingmaßnahme waren[53]. Wäre, wie Projektleiter Joseph Keul im Gegensatz dazu und im Anschluss an eine diesbezügliche Krisensitzung des deutschen Sports im Herbst 1991 (SINGLER/TREUTLEIN 2000, 299) öffentlich verkündete, die Testosteronforschung eine Anti-Dopingmaßnahme gewesen, hätte
Kirschs Verweis auf das mittlerweile angewachsene Problembewusstsein keinen
Sinn ergeben.

1.6.3 Angriff auf die Angreifer:
Wie Dopinggegner ins Abseits gestellt werden

Wir haben uns in Bezug auf die Technik der Widersprüche gegen Dopingvorwürfe und Inhalte von Dopingdiskussionen kurz gefasst, da diese Versuchswei-
se, Gesagtes unwirksam und ungesagt zu machen, in ihrer reinen und eher "sanf-
ten" Form eher selten ist. Viel häufiger nämlich wird Widerspruch mit direkten
Gegenangriffen auf die Kritiker verbunden. Zwar wurden gerade von der wissenschaftlichen Beratung des Sports sehr hohe Ansprüche an die zu verwenden-
den Stilregeln in Dopingdiskussionen gestellt; die wissenschaftliche Sportberatung selbst jedoch fiel gerade in der Diskussion um Doping immer wieder durch
radikale Brüche solcher Stilregeln auf: Sie beschränkte sich eben nicht auf sach-
liche, kritische Behandlung von auftauchenden kritischen Positionen zum Doping.

---

[53] Es handelt sich hierbei um der ganz wenigen öffentlich zugänglichen Quellen, aus der sich die Schluss-
folgerung, dass diese Versuche Dopingforschung waren, eindeutig durch Kirschs indirektes Geständnis hervorgeht.

Fast immer waren solche Entgegnungen unter dem Siegel der Wissenschaftlichkeit auf der inhaltlichen, Sachlichkeit auf der Stil- und Objektivität auf der Haltungsebene mit persönlichen und unsachlichen Angriffen und Verunglimpfungen von Gegnern leistungssteigernder Maßnahmen verbunden. Kurioserweise wurde reflexartig jedem die Fähigkeit zur Wissenschaftlichkeit abgesprochen, auch Wissenschaftlern. Als "Spekulationen, denen wissenschaftliche Sachlichkeit fehlt", bezeichnete Keul die Vorwürfe des Gießener Sportmediziners Paul Nowacki, der Keuls Vitaminspritzen in Montreal 1976 als ärztlichen Kunstfehler bezeichnet hatte. Mehr noch: Keul führte Nowackis Angriffe auf niedere Beweggründe zurück - dieser wolle sich lediglich dafür revanchieren, dass er als langjähriger Verbandsarzt der Ruderer nicht für Montreal nominiert worden sei (Die Welt, 27.8.1976).

Keul war nicht der einzige sportwissenschaftliche Berater in der Bundesrepublik, der Angriffe auf Doping und leistungssteigernde Maßnahmen mit derlei Techniken abzuwehren pflegte. Kein anderer Akteur lieferte jedoch so viele so deutlich identifizierbare Proben dieser aggressiven Strategie, Angriffe unwirksam zu machen. Je deutlicher die Dopingvorwürfe, desto deutlicher der Verweis auf die angebliche Unwissenschaftlichkeit der Adressaten:

> "Durch die Tatsache, daß Herr Prof. Dr. W.W. Franke uns Sportmediziner zu 'Betrugskomplizen' erklärt, disqualifiziert er sich selbst und kann aufgrund der oben wiedergegebenen Darlegungen unserer Meinung nach nicht als objektiv und emotionsfrei urteilender Wissenschaftler anerkannt werden." (Entgegnung Keuls und Wilfried Kindermanns in der Medical Tribune vom 12.8.1977 auf den Gastkommentar "Anabolika im Sport" von Werner W. Franke am 22.4.1977)

In dieser Desavouierung von Dopinggegnern bestand eine durchgängig zu beobachtende Strategie des bundesdeutschen Sports. Dabei muss abermals bedacht werden, dass nicht alle Personen, die Einwände von außen mit Argumenten wie angeblich fehlender Wissenschaftlichkeit zurückweisen, Dopingbefürworter sein müssen. Wissenschaftler scheinen häufiger dazu zu neigen, Gesprächs- und Diskussionskompetenz mit derlei Strategien für ihresgleichen zu reservieren[54], und verachten nichts so sehr wie die angeblich so triviale Diskussion in der Öffentlichkeit. Auch hier ist eine Verschränkung von völlig unterschiedlichen Motiven bei der Diskreditierung von Doping-Diskussionsteilnehmern zu beobachten, die die eigentliche Problemschärfe erst hervorbringt. Auch hier gilt die Feststellung:

---

[54] Vgl. dazu Helmut DIGEL 1997b, 285 f.: "Im öffentlichen Meinungsaustausch wird es (das Dopingproblem, d.Verf.) meist von inkompetenten Journalisten, von Moralaposteln, skrupellosen Geschäftsleuten ebenso wie von Pseudo-Wissenschaftlern und pädagogischen Idealisten thematisiert." Vgl. konträr dazu SINGLER/TREUTLEIN 2000, 321: "Öffentliche Anteilnahme, nicht Eingrenzung der Diskussionsteilnehmer auf einen Kreis exklusiver, nicht selten ihrerseits dubioser Spezialisten ist daher dringend gefragt." Nur über öffentliche Empörung waren Fortschritte in der Dopingbekämpfung möglich, erzeugt wurde diese stets vor allem von Mitgliedern aus dem von Digel beleidigten Personenkreis.

Die reinen Dopingbefürworter alleine hätten mit ihrer recht einfach zu durch-
schauenden Strategie niemals so erfolgreich sein können. Erst die gleichlauten-
den Argumentationsmuster durch Personen mit völlig anderen Motiven als dem
Wunsch nach Realisierung von Doping ermöglichte die erhöhte Wirkung des
Thematisierungs-Tabus zum Nachteil der Dopingbekämpfung.

Wurde das Thema Doping einmal zur Sprache gebracht, konnte es natürlich
nicht mit dem offenen Hinweis darauf zurückgewiesen werden, dass solche
Thematisierungsversuche grundsätzlich unerwünscht seien. Bei der Verhinderung öffentlicher Dopingdiskussionen muss daher auf eine Technik zurückgegriffen werden, die darauf abzuzielen scheint, dass nicht das angesprochene
Thema das Problem ist, sondern die Form seiner Thematisierung:

> "Gerade in Gesellschaften, die Affektkontrolle in hohem Maße fordern und über entspre-
> chende Lernprozesse und Sanktionsformen auch bis zu einem gewissen Maß institutio-
> nell ermöglichen, sind weniger Themen als solche tabuisiert als vielmehr die Art und
> Weise ihrer öffentlichen Behandlung: ... Die Themen als solche sind weniger brisant als
> ihre 'unzivilisierte' Verarbeitung. Man kann über alles reden, vorausgesetzt daß es ruhig
> und vernünftig geschieht. Die Kommunikationsverbote verstecken sich dann hinter stilis-
> tischen Geboten. ... Das Tabu wandert aus: ... die Widerborstigkeit gegen Diskursregeln
> (gilt) als der skandalisierende Verstoß. Aggressivität als Mangel an Selbstbeherrschung
> wird zur Tabuverletzung" (HAHN 1991, 90)

Im Sport lautete das Zauberwort, das Personen zur Teilnahme an Dopingdiskur-
sen berechtigte, Sachlichkeit. In aller Sachlichkeit ließ es sich trefflich im
Brecht'schen Sinne "disputieren"[55]. Sachlichkeit, Wissenschaftlichkeit und Objektivität war dabei stets die Sache solcher Personen des Sports, die Dopinggegnern entgegenzutreten hatten. Sachlichkeit und Wissenschaftlichkeit spielten fatalerweise insbesondere immer dann eine beträchtliche Rolle, wenn es darum
ging, Anabolikadoping unter fadenscheinigen Argumenten zu ermöglichen und
eine Freigabe von Dopingmitteln zu fordern. Einsamer Spitzenreiter in der Betonung der Notwendigkeit von Sachlichkeit im Zusammenhang der Freigabe
von Anabolika ist der einstige Kanu-Olympiasieger Uli Eicke: Im Rahmen der
Anhörung des Sportausschusses des Deutschen Bundestages 1987 zum Thema
"Humanität im Spitzensport" schaffte Eicke es, innerhalb weniger Sätze nicht
weniger als sechsmal auf die in diesem Zusammenhang dringend gebotene
"Sachlichkeit" zu verweisen und einmal immerhin auf die erforderliche "Objektivität" (DEUTSCHER BUNDESTAG 1988, 24 f.; siehe auch SINGLER/TREUTLEIN
2000, 304 f.). Im Zusammenhang mit der Frage der Anabolika wurde der Begriff Sachlichkeit teilweise ein vollkommenes Synonym für ihre Befürwortung.

---

[55] Vgl. dazu die Figur des "Philosophen" in Brechts "Leben des Galilei": "Herr Galilei, bevor
wir Ihr berühmtes Rohr applizieren, möchten wir um das Vergnügen eines Disputs bitten.
Thema: Können solche Planeten existieren?" Darauf der "Mathematiker": "Eines formalen
Disputs" (BRECHT 1985, 237).

Gegnern des bundesdeutschen Anabolikadopings wurde wegen ihrer "unsachlichen" Art die für solche anspruchsvollen Diskussionen notwendige Fachkompetenz abgesprochen. Heidi Schüller als Gegnerin solcher von Eicke abgegebenen Anabolikaplädoyers wurde von diesem postwendend der Unsachlichkeit geziehen. Da nützte es auch nichts, dass Schüller als Ärztin sicherlich über mehr Kompetenz in der Sache verfügte als der Sportlehrer Eicke, bei dem allerdings nicht auszuschließen ist, dass er über bedeutend größere praktische Erfahrung im Umgang mit solchen Mitteln verfügt haben könnte als die ehemalige Weitspringerin Heidi Schüller.

Normalerweise konnten Einlassungen von Dopinggegnern nicht offiziell alleine aufgrund der Dopinggegnerschaft und/oder des "unsachlichen" Stils der Einlassungen unwirksam gemacht werden. Plumpe Anabolikaforderungen wie jene von Ulrich Eicke 1987 waren die absolute Ausnahme. Offiziell bedurfte es anderer Gründe, um Gegner des Dopings auszuschalten. Der ehemalige DLV-Präsident Eberhard Munzert bekam, nachdem er eine rasche Einführung von Trainingskontrollen für bundesdeutsche Leichtathleten gefordert und in die Wege geleitet hatte, plötzlich von allen denkbaren Seiten Gegenwind. Ein unmittelbarer Zusammenhang zwischen dem Anti-Doping-Kampf Munzerts und seiner zunehmenden Isolierung im Verband, den Eberhard Munzert im Interview mit den Autoren vermutete, ist zwar nicht mit letzter Sicherheit nachzuweisen. Auffallend immerhin ist die zeitliche Koinzidenz beider Vorgänge:

> "Trainingskontrollen. Gut, das Geschäftsführende Präsidium hat das dann gebilligt nach hinhaltenden Abwehrkämpfen. Dann habe ich gesagt, das Ganze wird vorbereitet für den nächsten Verbandstag, der wäre dann aber erst 1989 gewesen. Da mußten ja auch Regeln für geschaffen werden. Einen Präsidiumsbeschluss fürs ganze Präsidium haben wir im Juli bei den Deutschen Meisterschaften in Gelsenkirchen herbeigeführt. Der Rechtswart Laurens wurde beauftragt, das vorzubereiten. Wir kriegten also einen solchen Beschluss zustande, und von Stund an war ich also außen vor. Das ging damit los, dass Sonntags immer mit den Großvereinen ein Vereinsgespräch stattfand. Und wir saßen dann im Parkstadion in einem Raum - Otto Klappert saß dabei und Ilse Bechthold, Blattgerste und wer da so dazu gehört. Und auf einmal wurde ich aus der einen Ecke, das war der Sturm von Salamander Kornwestheim (Dr. Hans-Peter Sturm, hauptberuflich ehemaliger Polizeipräsident von Stuttgart, d.Verf.), angeschossen, ich wusste gar nicht, wie mir geschah. Aber nicht auf Doping, sondern überhaupt. Alles, was die so bewegte, das lud sich so auf meinem Haupt ab. Und dann stand in der anderen Ecke Spilker auf, der unterstützte das genau. Später war auf jeden Fall der Eidam - der Wattenscheider Hüsselmann ist so clever, der hat sich zurückgehalten -, der damals Olympiapark München betrieb. Und das kam mir alles sehr komisch vor. Ich hatte den Eindruck, dass sich das sofort rumgesprochen hatte: Der will Trainingskontrollen, der muss klein gemacht werden. Aber nicht auf dem Thema Doping, sondern auf anderen Themen. ... Dann merkte ich, es kam von allen Seiten Gegenwind. Dann wurde in der Süddeutschen Zeitung zitiert, dieser Präsident hat überhaupt keinen Rückhalt, nicht mal die Vizepräsidenten wissen, was der macht, er macht nur Alleingänge."

Ein offenes Bekenntnis zum Doping erlebte ein nach eigenen Angaben in der Dopingfrage anfänglich naiver und blauäugiger Funktionär wie Munzert praktisch nie. Selbstverständlich auch nicht von Manfred Ewald, dem Hauptverantwortlichen des systematischen DDR-Dopings, den Munzert 1987 am Rande der Leichtathletik-Weltmeisterschaften in Rom zur Vorbereitung des Länderkampfs BRD gegen DDR traf und der eine Kostprobe aus dem reichhaltigen Schatzkästlein internationaler Dopingbegriffs-Codierung gab - die Munzert zu diesem Zeitpunkt allerdings noch nicht verstand:

> "Ich hatte mich bei den Weltmeisterschaften 1987 in Rom mit Manfred Ewald getroffen bei einem Frühstück, und dann wurde das (der Länderkampf, d. Verf.) im Grunde genommen klar gemacht. Manfred Ewald hatte so eine Sekretärin oder Referentin mit dabei, und er hat mindestens dreimal gesagt: Und es werden doch wohl Dopingkontrollen durchgeführt. Hab' ich gesagt: Natürlich werden die durchgeführt. Er sagte, wir wollen doch reine Athleten haben. Ja, sicher wollen wir die haben. Ich habe es nicht verstanden, hinterher erst wurde mir klar, dass er eigentlich keine Dopingkontrollen haben wollte."[56]

Nach Birgit Dressels Tod und seinen daraufhin aufgenommenen Bemühungen im Kampf gegen Doping erlebte Eberhard Munzert nicht nur nach Bekanntwerden seines Vorhabens der raschen Einführung von Trainingskontrollen Gegenwind. Eine zweite strittige Entscheidung von sportpolitischer Dimension brachte Eberhard Munzert Kritik von vielen Seiten ein. Munzert weigerte sich trotz vielfältigen Drucks, Birgit Dressels Arzt Armin Klümper – der über viele Jahre hinweg fast 90 % der Leichtathletiknationalmannschaft, aber auch viele Athleten anderer Sportarten medizinisch betreut hatte - als Mannschaftsarzt der Leichtathleten für die Olympischen Spiele zu nominieren:

> "Und dann kriegte ich Ärger mit Klümper (gemeint ist wegen Klümper, d. Verf.), weil der 1988 für die Olympischen Spiele als Mannschaftsarzt aufgestellt werden sollte. Aufgrund der Unterlagen habe ich gesagt: Aus der Verantwortung gegenüber den Athleten kann Klümper kein Mannschaftsarzt sein. Und da gab es natürlich auch den Ärger mit allen möglichen. Sie glauben gar nicht, wer mich da alles angesprochen hat: Der Oberbürgermeister von Fulda, Hamberger, schrieb mir einen Brief, ich sollte doch den Klümper nicht verdammen. Und Bodo Schmidt war bei Klümper in Behandlung, der Vizepräsident, dann stellte sich raus: Daume auch. Jetzt war Mannschaftsarzt Klümper (Klümper war als DLV-Verbandsarzt selbst zurückgetreten, d. Verf.) aufzustellen vom DLV. Dann

---

[56] Was Eberhard Munzert in diesem Moment vor allem nicht klar wurde, war die Tatsache, dass er mit der Anordnung von Dopingkontrollen bei dem Länderkampf 1988 die anabole Vorbereitung der teilnehmenden DDR-Leichtathleten auf die Olympischen Spiele vermutlich nicht unerheblich gestört hat. Die von Ewald angewendete Technik war übrigens eine internationale. Nach diesem Muster wurden noch in den 90er Jahren immer wieder auch von Athleten die Durchführung von Dopingkontrollen abgefragt, so z.B. von einer international erfolgreichen Österreicherin bei einem deutschen Meetingleiter (persönliche Mitteilung des sportlichen Leiters eines leichtathletischen Spezialmeetings). Wurden Dopingkontrollen avisiert, sagten Sportler wegen angeblicher Verletzungen ab. Besagte Österreicherin stieß übrigens auf einen Erfolg mit den Worten an: "Prost, auf Clenbuterol" (persönliche Mitteilung eines Journalisten).

habe ich gesagt, ich nicht. Wenn das NOK den haben will, soll es ihn selbst aufstellen, als Verband schlage ich den nicht vor. Auch innerhalb des Verbandes kamen alle mal auf mich zu, ..., ich solle doch nicht so sein. Ich habe gesagt, nach diesem Vorlauf übernehme ich die Verantwortung dafür nicht, da sind junge Leute. Da kam, ich meine im Januar 1988, Willi Daume angefahren nach Düsseldorf, um mich zu bedrängen, ich solle doch den Klümper vorschlagen. Da hat er bei mir 'ne Stunde im Büro gesessen. Das fand ich ganz ungewöhnlich, dass Willi Daume mich aufsuchte und redete immer auf mich ein, ich solle doch nicht so sein. Da habe ich gesagt: Herr Daume, ich verstehe das überhaupt gar nicht. Wenn Ihnen soviel an dem Klümper liegt, dann nominieren Sie ihn doch einfach, aber da brauchen Sie mich doch nicht zu.

Dann ging er unverrichteter Dinge weg, und im Laufe des Jahres wurde aus allen Rohren geschossen, alles, was da nur irgendwo war. Da hatten die sich wahrscheinlich die Masche ausgedacht, der ist Präsident des Landesrechnungshofes, darüber können wir ihn kriegen. Bei den Meisterschaften 1988 in Frankfurt Ende Juli, da war der Länderkampf gerade gewesen, da hatte mich der Hans Hansen angeschossen, ich hätte die deutsch-deutschen Verhältnisse gestört, Länderkampf zur falschen Zeit, alles Mögliche."[57]

Isolierung und Diskreditierung, unter welchen Vorwänden auch immer, drohte Bekämpfern des Dopings. Die Liste der gegenüber Brigitte Berendonk erhobenen Beleidigungen ist nahezu unendlich lang. Neben der Isolierung von unbequemen Persönlichkeiten (z.B. des 1977 aus der Sicht des Verbands- und Dopingzirkels untragbar gewordenen DLV-Dopingkontrolleurs Horst Klehr) mit dem Hinweis auf die "unmöglichen" Verhaltensweisen solcher Personen wurden auch große Anstrengungen unternommen, personenunabhängig nur die von solchen Personen geäußerte Meinung unwirksam zu machen. Dies war einmal durch Widerspruch möglich, zum anderen aber dadurch, dass problematische Publikationen verhindert wurden.

Wie die Verbreitung von Dopingwissen verhindert werden konnte, zeigt das Beispiel um die von August Kirsch angeordneten Gutachten von Joseph Keul und Armin Klümper beim Forschungsprojekt von PFETSCH ET AL. 1975. Mit dem - wissenschaftstheoretisch gesehen fälschlich ergangenen - Hinweis auf angeblich unwissenschaftliche Quellenrezeption der Autoren wurde für die damalige Zeit beträchtliches Dopingwissen unter der Oberfläche gehalten: Verhinderung von Wissensverbreitung erfolgte hier angeblich im Dienste der Wissenschaft (vgl. SINGLER/TREUTLEIN 2000, 357 ff.).[58]

---

[57] Dass Eberhard Munzert Sozialdemokrat war, könnte im traditionell konservativen Sport seinen Außenseiterstatus mitbegründet haben.

[58] Joseph Keul dokumentierte in seinem Gutachten vom 6.8.1974, dass er sich als Verbandsarzt des Deutschen Leichtathletik-Verbandes überhaupt nicht für die Anti-Doping-Regeln des DLV interessierte: "Über Doping werden keine Äußerungen getätigt. Es wird nur über die Einnahme von anabolen Steroiden berichtet." (zitiert nach SINGLER/TREUTLEIN 2000, 365) Anabolika standen aber, und Keul wusste dies genau (KNEBEL 1972, 100 f.), seit 1970 auf der Dopingliste des DLV.

Voraussetzung für das Gelingen des Versuchs der Steuerung von veröffentlichter Meinung und Information ist die Bildung von Eliten. Organisiert sind solche Eliten z.b. in Institutionen wie dem Bundesinstitut für Sportwissenschaft, das in der Vergangenheit zum Teil eher ein Bundesinstitut für sportmedizinische Leistungsoptimierung war als eines für den ganzen Kanon an sportwissenschaftlichen Disziplinen, zumindest was die Verteilung der Fördermittel anbelangt. Dass dieselben Personen, die eine Vielzahl von Forschungsgeldern erhielten, für die Vergabe solcher Aufträge verantwortlich waren, die Dokumentation ihrer Forschungsarbeit in Form von Zwischen- und Endberichten aber nicht den Vorschriften entsprechend eingefordert und geleistet wurde, verhinderte die notwendige Kontrolle durch den Geldgeber, das Bundesinnenministerium, und ermöglichte Missbrauch auch in Form von Geheimforschung zum Doping. Geheimforschung deshalb, da sie nicht ausreichend dokumentiert und veröffentlicht wurde; Dopingforschung deshalb, da sie in anwendungsorientierter Forschung bestand.

Aber nicht nur durch die Vergabe von Forschungsmitteln wurde Meinung in der Sportwissenschaft und im Sport gesteuert[59]. Auch einschlägige Publikationen von Sportorganisationen wie die DSB-Zeitschrift "Leistungssport" waren in der Dopingdiskussion größtenteils durch solche Experten besetzt, denen selbst Verstrickungen ins Dopingsystem nachgesagt oder sogar nachgewiesen wurden. Beiträge, die sich kritisch mit Auswüchsen des Hochleistungssports auseinandersetzten, hatten es damit sehr viel schwerer, den Weg an die Öffentlichkeit zu finden. Ablehnung und Neutralisation kritischer Debattenbeiträge erfolgte dabei immer im Gewand der vielbeschworenen Kardinaltugenden von Doping-Diskussionsteilnehmern: Wissenschaftlichkeit, Sachlichkeit, Objektivität.

So viel Mühe einer theoretischen Fundierung bei der Verhinderung der Verbreitung unerwünschten Wissens wie in der Bundesrepublik gab man sich jedoch nicht überall. Wie so häufig, wenn der ehemalige IAAF-Präsident Primo Nebiolo seine Hand im Spiel hatte, geschah dies plump, kaltblütig und mafios - etwa als es um die Verhinderung der Verbreitung eines bereits gedruckten und ausgelieferten Buchs des italienischen Dopingaufklärers Sandro Donati ("Campioni senza valore") ging:

> "In den ersten Wochen lief der Verkauf sehr erfolgreich. Dann beendete der Verlag plötz
> lich die Auslieferung an die Buchhändler und ich wurde überschwemmt von Telefonaten
> und Briefen aus ganz Italien: Niemand konnte mein Buch mehr finden. Der Verlag teilte
> mir mit, dass es Probleme mit der Auslieferung gebe, diese aber bald behoben sein wür
> den. Nichts passierte; mein Buch verschwand für immer. Einige Jahre später erfuhr ich,

---

[59] Im Reigen der Techniken der Neutralisierung von Kritik ist auch die unverhohlene Drohung zu berücksichtigen, dass solche Verhaltensweisen dem Kritiker beruflich Nachteile
einbringen könnten. Zu berücksichtigen ist ferner, dass es bei Drohungen nicht bleibt, sondern Kritikern tatsächlich berufliche Nachteile entstehen.

dass eine internationale Stiftung im Namen von Nebiolo und anderen hohen Sportfunktionären dem Verlag eine hohe Summe Geldes bezahlt hatte, um die Verbreitung des Buches zu stoppen." (DONATI 1999, zitiert nach SINGLER/TREUTLEIN 2000, 344; Überset-
zung aus dem Englischen d. Verf.)

Hierbei handelte es sich nicht um die einzige Aktion des italienischen Sports,
mit der im Zusammenhang mit Donatis Anstrengungen um Dopingbekämpfung
brisantes Wissen unter Verschluss gehalten wurde. Auch Donatis Dossier über
die Verwendung des Blutdopingmittels EPO im italienischen Radsport (1994),
in dem bereits Dopingärzte wie Conconi und Ferrari[60] schwer belastet wurden,
erreichte die Öffentlichkeit zunächst nicht. Jahrelang verschwand es in der
Schublade des italienischen NOK-Präsidenten Mario Pescante, der 1998 wegen
des Skandals um das IOC-Labor in Rom zurücktreten musste (siehe
SINGLER/TREUTLEIN 2000, 350).

Mit welcher Brutalität Sandro Donati nicht nur mundtot gemacht, sondern wie
ihm auch beruflich geschadet und er auch persönlich diskreditiert werden sollte,
dies geht aus dem Erfahrungsbericht Donatis von 1999 hervor (vgl. SINGLER/
TREUTLEIN 2000, 337–356). Mal wurde Donati als Nationaltrainer italienischer
Leichtathleten abgelöst, mal wurde er innerhalb des italienischen NOK an Stel-
len versetzt, wo er weniger "Schaden" anrichten konnte (vgl. SINGLER/ TREUT-
LEIN 2000, 344). Dass es nicht gelang, ihn gänzlich auszuschalten und er als Lei-
ter der Forschungsabteilung von CONI sowie Mitglied der Anti-Doping-
Kommission wieder in einflussreichere Positionen gelangte, in denen ihm Do-
pingbekämpfung ermöglicht wurde, zeigt, dass es auch in diesem sehr stark mit
Doping belasteten Land nicht nur eine "Doping-Fraktion", sondern auch eine
"Anti-Doping-Fraktion" gab. Auch die vom italienischen NOK in Auftrag gege-
bene Untersuchung von SCARPINO ET AL. 1990, eindeutig eine Anti-Doping-
Analyse, legt diesen Schluss nahe. Dies ist insofern von Bedeutung, als in
Deutschland immer wieder fälschlicherweise auf seine einsame Vorreiterrolle
verwiesen wird. Dopingbekämpfer ebenso wie Befürworter und Unterstützer
gibt es in vielen Ländern.

Eine Technik, Dopingvorwürfe unwirksam zu machen, besteht - wie gesehen -
traditionell in der Desavouierung des Urhebers solcher Vorwürfe, wobei es ü-
berhaupt keine Rolle zu spielen scheint, ob die entgegneten Sachverhalte stichhaltig sind oder nicht. Entscheidend ist nur, dass sie von einer in der Öffentlich-

---

[60] Der Bericht liegt den Verfassern vor. Donati weist in seinem Papier 1994 außer auf verbreiteten Dopingpraktiken mit EPO und anderen Hormonen auch bereits auf geheime Dopingforschung durch Conconi und Mitarbeiter hin. Über dessen Mitarbeiter Ferrari heißt es:
"Dr. Michele Ferrari ist sicherlich der Arzt, der am meisten in die Verwendung von EPO
durch Profifahrer im Radfahren involviert ist. Mit dieser Dopingaktivität hat er soviel verdient, dass er im Radmilieu als der 'Radprofi' angesehen wird, der nach Miguel Indurain
am meisten verdient."

keit bekannten und von dieser als Experte anerkannten Persönlichkeit getätigt werden. Die schlimmste und perfideste Form jedoch besteht in diesem Zusammenhang darin, dem Dopinggegner selbst Doping zu unterstellen. Auch dies musste Donati schmerzlich erfahren, jedenfalls interpretiert er selbst den vermeintlichen Dopingfall der Hürdensprinterin Anna Maria Di Terlizzi, einer ehemaligen Athletin von Donati, 1997 mit Koffein als gezielten Anschlag auf seine Reputation und Glaubwürdigkeit als Dopingbekämpfer durch eine Verschwörung[61]:

> „Nach einer Woche wurde die zweite Urinprobe in Anwesenheit eines Experten unserer Wahl untersucht. Ich wählte einen Chemiker, nicht weil ich glaubte, die erste Probe sei unsachgemäß behandelt worden, sondern weil ich wollte, dass die Metaboliten des Koffeins untersucht wurden, um zu verstehen, was im Körper der Athletin passiert war. Aber wie wir sehen sollten, war der Grund für den sehr hohen Koffeinwert, der beim ersten Test ermittelt wurde, viel simpler, als ich dachte. Am Anfang fragte der Leiter des Anti-Doping-Labors den Experten, ob er die normale Testprozedur, die mehrere Stunden dauere, wünsche oder eine verkürzte Prozedur. Der Experte war sehr überrascht und antwortete, dass es selbstverständlich notwendig sei, exakt jene Prozedur anzuwenden, die beim ersten zur Anwendung kam, jene, die den positiven Test ergeben hatte. Vor dem Ende der qualitativen Analyse fragte der Leiter des Labors unseren Experten, ob er hinausgehen wolle, um eine Tasse Kaffee zu trinken. Er lehnte ab und bemerkte, dass der Laborleiter und seine Mitarbeiter zunehmend nervös wurden. Nachdem die qualitative Analyse beendet war, war das Ergebnis verblüffend: Überhaupt keine Koffein-Spitzenwerte! ... Anna Maria's Urinprobe beinhaltete die Menge eines Cappuccinos und einer Tasse Kaffee" (DONATI 1999, zitiert nach SINGLER/TREUTLEIN 2000, 349; Übersetzung d. Verf.).

Solche Verschwörungen haben den Seiteneffekt, dass sie über die Zerstörung der Glaubwürdigkeit einer einzelnen unbequemen Person hinaus in der Öffentlichkeit einen endgültigen Vertrauensbruch erzeugen. Die größten Kritiker des Dopings, so schlussfolgern dann viele, die einer andauernden sportkritischen Debatte überdrüssig sein mögen, sind die Schlimmsten! Nicht so sehr der dopende Sport wird paradoxerweise dadurch in Verruf gebracht, sondern die Urheber dopingkritischer Debattenbeiträge. Eine Mentalität, die darauf abzielt,

---

[61] Fällt eine Person tatsächlich einer Verschwörung zum Opfer, wird ihr in der Regel erst einmal nicht mehr geglaubt. Noch beinahe jeder des Dopings überführte prominente Sportler erklärte sich nämlich zum Opfer einer solchen Verschwörung. Durch die Eindeutigkeit der Beweislagen bis hin zu Geständnissen (z.B. Sprinter Ben Johnson) jedoch wurde das Vertrauen der Rezipienten in diese Verschwörungstheorien mehr als erschüttert: Wer sie geltend macht, gilt zunächst einmal automatisch als schuldig. Für den Anti-Doping-Beauftragten des Deutschen Sportbundes, Haas, war - wie er in Fernsehinterviews kundtat - die Verschwörungstheorie automatisches Indiz für Dieter Baumanns Schuld. Das öffentliche Misstrauen Baumann gegenüber wuchs bezeichnenderweise just in jenem Moment immens an, als die Zahnpastatuben als Quelle der Dopingsubstanz Norandrostendion ermittelt worden und damit eine Verschwörungstheorie geboren war. Baumanns Glaubwürdigkeit war anscheinend zum Zeitpunkt, als er noch keinerlei Erklärung über das Zustandekommen der positiven Dopingproben abgeben konnte, am größten.

Doping freizugeben ("Sollen sie doch machen, was sie wollen, es schlucken eh alle!"), wird dadurch begünstigt. Ist das nur noch Frustration erzeugende Thema aus der öffentlichen Diskussion, kann - so die Hoffnung solcher Skandalproduzenten - Doping endlich unbehelligt durchgeführt werden.

1.7 Erzeugen von Abhängigkeit und Fremdbestimmung als Strategie: Trainertypen und Doping im Frauensport

Die rechtliche und soziale Gleichstellung von Mann und Frau ist eines der wichtigsten Ziele in einer modernen demokratischen Gesellschaft. Ähnlich wie in Bezug auf Demokratisierung hängt der Sport auch in der Frage der Gleichbehandlung der Geschlechter enorm zurück. Im Sport treten Defizite der Gleichbehandlung in noch viel stärkerem Maße auf als in anderen Gesellschaftsbereichen, er könnte in dieser Beziehung geradezu als sozial retardiert bezeichnet werden. Der Sport als ein in vielen Fragen hinterherhinkender Gesellschaftsbereich erzeugt und verstärkt auch Probleme häufig mehr, als er sie zu lösen in der Lage ist. Eine kurzfristig auf Leistungsoptimierung ausgerichtete Steigerungslogik des Spitzensports verhindert anscheinend häufig einen verantwortungsvollen Umgang mit Mädchen und Frauen.

Es lässt sich wohl kaum leugnen, dass Sozialisation auch heute noch geschlechtsspezifisch unterschiedlich verläuft. Während Männern als psychischeGrundkonstante mehr Rationalität zugeschrieben wird, wird Frauen vorherrschende Emotionalität bescheinigt. Diese Pole werden allgemein in der Gesellschaft als geschlechtstypische Eigenschaften akzeptiert und in der Erziehung positiv verstärkt.

Ist Erziehung in der Gesellschaft nun zumindest der Idee nach darauf ausgerichtet, im Sinne emanzipatorischer Ziele die Befähigung zu selbstständigem Denken und Handeln zu fördern, so ist im Leistungssport als "Schule des Lebens" häufig genau die gegenläufige Tendenz beobachtbar. Der Leistungssport erweist sich nicht selten als eines der letzten Residuen patriarchalischer und undemokratischer Erziehungsformen, in denen das Erzeugen von Abhängigkeit und Fremdbestimmung gängige Strategien sind (TREUTLEIN 1985). Daraus ergeben sich verschiedene schwerwiegende Probleme, sie reichen vom Problem der Magersucht oder der Bulimie in vielen Sportarten, insbesondere bei Turnerinnen oder Gymnastinnen, über das Problem des sexuellen Missbrauchs von Sportlerinnen bis hin zum Doping.

Doping im Frauensport unterscheidet sich in vielen Fällen grundlegend vom Doping bei Männern (vgl. SINGLER/TREUTLEIN 2000, Kapitel 4). Während bei Männern häufig ein hohes Maß an Selbstständigkeit bei der Entscheidung zum Doping zu konstatieren ist, findet diese Form abweichenden Verhaltens im Frauensport unter Aufbietung mancher Überredungskünste häufig unter Anleitung und unter Kontrolle wichtiger Bezugspersonen, insbesondere der Trainer, statt. Oder, überspitzt formuliert: *Männer dopen, Frauen werden gedopt.*

Beim Doping mit Mädchen und Frauen spielt zumeist der Trainer die zentrale Rolle. Zwar dürfte auch im Männersport der Trainer die Hauptquelle der Verstärkung bei der Entscheidung zum Doping darstellen, im Frauensport jedoch scheint er eine deutlich stärkerer Funktion bei der Initiierung und Durchführung des Dopings innezuhaben.

Trainerkompetenzen sind im Sport auf drei Ebenen gefragt: auf der *Sachebene*, der *Vermittlungsebene* und der *Beziehungsebene*. Während männliche Sportler hauptsächlich Sach- und Vermittlungskompetenz nachfragen, tritt die Bedeutung der Beziehungsebene eher in den Hintergrund. Zwar ist eine gute Athlet-Trainer-Beziehung sicherlich für alle Athleten wünschenswert, am ehesten verzichtbar erscheint im Kompetenzdreieck des Trainerkönnens die Beziehungsebene. Bei Frauen dagegen scheint die Balance dieser drei Ebenen eine bedeutende Rolle zu spielen, wobei die Beziehungsebene am wenigsten Verzichtbares aufweist.

Die den Sportlerinnen nachgesagte hohe Emotionalität bewirkt offenbar eine starke Bindung an den Trainer. Nicht selten kommt es dabei zwischen Athletin und Trainer auch zu Beziehungen, die weit über das Sportliche hinausreichen. Gerade im Frauen-Spitzensport ist auffallend, dass viele Trainer ihre Lebenspartnerinnen aus Athletinnenkreisen rekrutieren. Dabei können die Partnerinnen auch häufiger wechseln. Bisweilen ist sogar zu erkennen, dass Trainer, die mehrere Athletinnen betreuen, über Jahrzehnte hinweg jeweils mit der leistungsstärksten Athletin der Trainingsgruppe liiert sind. "Zuckerbrot und Peitsche", Liebe und Liebesentzug, Aufmerksamkeit oder Aufmerksamkeitsverweigerung können in solchen Gruppen zu Steuerungs-Instrumentarien zur Umsetzung der wie auch immer gearteten Trainererwartungen werden. Oder, wie Sprint-Bundestrainer Wolfgang Thiele dies einmal ausdrückte: "Das Verhältnis Trainer-Sportlerin kann erst dann richtig leistungsfördernd sein, wenn es in der Grundstruktur dem des Zuhälters zur Prostituierten entspricht" (TREUTLEIN 1985, 405).

Trainertypen und Doping

Im Leistungssport lassen sich idealtypisch drei Trainertypen unterscheiden:

1. Trainer, die ausschließlich im Männerbereich erfolgreich sind. Sie verfügen in der Regel besonders über eine hohe Sach- und Vermittlungskompetenz.

2. Trainer, die im Männer- und Frauenbereich erfolgreich sind. Sie verfügen in der Regel über ein ausgewogenes Verhältnis von Sach-, Vermittlungs- und Beziehungs-/Sozialkompetenz.

3. Trainer, die nur im Frauenbereich erfolgreich sind. Sie verfügen insbesondere über bestimmte Eigenschaften auf der Beziehungsebene, die aus pädagogischer Sicht positiv oder negativ bewertet werden können - auf jeden Fall aber im Sinne leistungssportlichen Erfolgs funktionieren.

Der dritte, ausschließlich im Frauensport erfolgreiche Trainertyp wiederum tritt in verschiedenen Formen auf:

- der freundschaftliche, partnerschaftliche Betreuer/älterer Bruder
- der väterliche Betreuer/Patriarch/Chef
- der Liebhaber/Beschützer gegen die Außenwelt
- der Macho/Peiniger/"Zuhälter"

Ob Sportlerinnen zu Dopingmitteln greifen, hängt häufig davon ab, welcher Kategorie dieser Typologie der betreffende Trainer sich zuordnen lässt. Der freundschaftliche, partnerschaftliche Typ bietet ein hohes Maß an Nähe, in dem die Fürsorge für die Athletin enthalten ist. Der partnerschaftlich orientierte Trainer hat das Wohlergehen der Sportlerin mindestens ebenso im Auge wie das eigene und akzeptiert die Sportlerin als Subjekt.

Ähnlich verhält sich dies beim Patriarchen. Der meint es zwar mit seiner Sportlerin ebenso "gut", glaubt jedoch die Mittel hierfür alleine in der Hand zu halten. Der Athletin traut er weniger zu zu wissen, was gut für sie ist und was nicht. Der "Chef" und Patriarch sagt, durchaus - subjektiv gedacht - zum Wohlergehen der Sportlerin, wo es langgeht.

Die engste Bindung besteht beim Typus des "Liebhabers". Über eine besonders hohe Emotionalität der Beziehung ist Konformität und Einigkeit in Zielen und den hierfür erforderlichen Mitteln leicht herzustellen. Um die Beziehung und die besondere Aufmerksamkeit durch den Trainer nicht zu gefährden, wird aus der Sicht der Athletin oder der Athletinnen manches Opfer akzeptiert. Dazu kann auch die Tendenz zur Abschottung des Duos oder der Trainingsgruppe nach außen in Kauf genommen werden.

Die brutalste Form der Trainer-Athletin-Beziehung ist beim Typ des "Machos", des "Peinigers" und "Zuhälters" zu beobachten. "Zuckerbrot und Peitsche" sind hier die gängigen Mittel. Dieser brutale Trainertyp ist häufig unberechenbar und erzeugt systematisch Angst und Schrecken. Genau das macht ihn bisweilen auch so erfolgreich, wenn nämlich die Angst vor der (manchmal gefährlichen) sportlichen Aufgabe geringer wird als die Angst vor Strafe des Trainers bei Nichterfüllen der Aufgabe. Diese Strafe kann in strenger Zurechtweisung bis hin zu Beleidigungen ("Du bist zu fett") und körperlicher "Züchtigung" (Ohrfeigen und Nahrungsentzug, also Körperverletzung) bestehen, in erhöhten Trainingsanforderungen oder auch in völliger Abwendung des Trainers. Andererseits vermag er auch, reichlich zu "belohnen" und Aufmerksamkeit zu schenken.

Der jeweilige Trainertyp kommt so "rein" in der Realität zumeist nicht vor. Häufig trägt ein Betreuer mehrere, manchmal vielleicht sogar sämtliche Komponenten in sich. Die Gefahr, dass Dopingmittel verwendet werden, steigt in dieser idealtypischen Kategorisierung von Typ zu Typ an. Doping ist in diesem Kontext nur eines von mehreren möglichen Problemen. Gewarnt werden muss vor einer Verharmlosung anderer Begleiterscheinungen pädagogisch-psychologischer Trainer-Fehlleistungen. So sind in Kindersportarten wie dem Kunstturnen lebenslange seelische und körperliche Schäden durch entsprechende Trainertypen geradezu vorprogrammiert. Ein Sport, in dem internationale Wettbewerbsfähigkeit nur mit solchen "Peiniger"- und "Zuhälter"-Methoden erreichbar scheint, ist für einen demokratischen Staat wie die Bundesrepublik Deutschland mit seinen (theoretisch) hohen pädagogischen Ansprüchen nicht empfehlenswert. Im Frauensport, und hier vor allem im Kindersport, ist besondere Verantwortung gefragt. Daher müssen Trainer in diesen Bereichen auch in besonderer Weise in die Verantwortung genommen, aus- und fortgebildet werden.

Abhängigkeit und Fremdbestimmung im Frauensport

Abhängigkeit bei Athletinnen von ihren Trainern, Unmündigkeit und Fremdbestimmung sind Probleme, die wenig Aufmerksamkeit genießen. Da sie aber einerseits nicht wünschenswerte Zustände im Erziehungsprozess junger Menschen darstellen und andererseits zu zahlreichen Folgeproblemen führen können und teilweise fast zwangsläufig führen, ist eine verstärkte Aufmerksamkeit gegenüber diesem Problemkomplex dringend geboten. Daraus wären auch dringend pädagogische Konsequenzen für den Frauen-Hochleistungssport zu ziehen.

Sportfunktionäre oder Politiker gehen in manchen Sonntagsreden häufiger von der pauschalen Annahme aus, dass der Leistungssport seine Betreiber automatisch im positiven Sinne erziehe. Dieser Annahme aber kann gerade mit Blick auf die Dopingproblematik überhaupt nicht zugestimmt werden. Die hinter Phänomenen wie Doping steckenden Probleme werden ja keineswegs durch die angeblich heilsamen Wirkungen des Leistungssports behoben. Und Athletinnen werden offenbar mitnichten mit steigendem Leistungsniveau immer selbständiger, selbstbewusster und mündiger bzw. immer weniger abhängig. Häufig ist genau das Gegenteil der Fall, Sportlerinnen werden - wohl auch aufgrund des wachsenden Aufwandes und der steigenden gemeinsam verbrachten Zeit in Training und auf Wettkampfreisen - manchmal mit wachsendem Leistungsniveau in immer höheren Maße abhängig von ihren Trainern und engen Bezugspersonen. Dem funktionalen Ansatz der Wirkung von Leistungssport wäre der intentionale Ansatz gegenüberzustellen. Der Sport mit den ihm innewohnenden Werten macht die Menschen, die ihn betreiben, nicht automatisch zu besseren

Menschen. Nicht in jedem anscheinend gesunden Körper steckt ein gesunder Geist, sondern manchmal lediglich eine zerbrochene Seele.

Angestrebte Erziehungsziele im Sport müssen bewusst und mit Hilfe konkreter Maßnahmen angegangen werden (intentionaler Ansatz). Hierfür jedoch ist die Identifikation problematischer Aspekte vonnöten, und genau hier müssen insbesondere dem Frauen-Leistungssport in Bezug auf die Dopingproblematik und die dahinter stehenden Ursachen schwerwiegende Versäumnisse attestiert werden. Um Fragen von Mündigkeit, Selbstbestimmung, Selbstbewusstsein oder andererseits von Unmündigkeit, Fremdbestimmung und Abhängigkeit hat sich der Sport bis zum heutigen Tag kaum gekümmert - daran hat auch die Einsetzung von Frauenbeauftragten in Sportverbänden denkbar wenig geändert. Ansätze der Durchdringung solcher Problembereiche des Sports (etwa durch TREUTLEIN 1985) wurden schlichtweg ignoriert.

Frauen betreiben Leistungssport anscheinend in geringerem Maße selbständig als Männer:

> "Sozialisationsbedingt sind Leistungssportlerinnen im Durchschnitt weniger auf die Übernahme von Verantwortung und das Treffen von Entscheidungen vorbereitet als männliche Leistungssportler. Sie weisen mehr Angst vor Freiheit und Unabhängigkeit auf" (TREUTLEIN 1985, 406).

Weiblichkeit wird häufig selbst in demokratischen, auf Emanzipation ausgerichteten Kulturkreisen noch mit bestimmten, geradezu archaisch anmutenden Attributen in Verbindung gebracht:

> "Abhängigkeit, ein Mangel an Durchsetzungsvermögen, die Neigung, in anderen und durch andere zu leben, kurz: sich mehr auf Beziehungen zu anderen zu stützen als auf ein ausgeprägtes Selbstbewußtsein" (TREUTLEIN 1985: 194, 45).

Bestimmte Probleme des Frauen-Spitzensports entstehen offenbar dadurch, dass solchen dem weiblichen Geschlecht zugeschriebenen Eigenschaften nicht entgegengewirkt wird, sondern sie im Gegenteil häufig noch eine aktive Förderung erfahren: "Ihre von manchen Trainern und Funktionären geförderte und ausgenützte Angst, unabhängiges Verhalten sei unweiblich, schränkt Leistungssportlerinnen in ihrer Persönlichkeitsentwicklung ein. In Anbetracht der im Wettkampf notwendigen Entscheidungsfreude, Aktivität und Aggressivität handelt es sich bei der Abwehr und fehlenden Förderung von Autonomiebestrebungen um eine *soziale Falle*" (TREUTLEIN 1985, 406).

Dass sich Fehlentwicklungen in der Frauen-"Förderung" langfristig negativ auf das Leistungsniveau auswirken können, ist dabei jedoch das geringste Problem. Erschütternd ist vielmehr das selbst im 21. Jahrhundert noch immer zumindest latent wirksame Menschen- und Frauenbild im - patriarchalisch organisierten - Spitzensport. Dass das patriarchalische System von Frauen nicht selten selbst nachgefragt wird, verdeutlicht folgendes modellhaft skizzierte Beispiel aus der Praxis:

> Eine junge Athletin reist mit anderen Bundeskaderathletinnen in ein Trainingslager ins Ausland. Während einer Krafttrainingseinheit fordert der Bundestrainer die Athletin auf, die Kniebeugen jeweils einbeinig auszuführen. Die Athletin erklärt dem Trainer, dass sie dies nicht tun möchte, da sie mit ihrem Heimtrainer erst vor kurzem überhaupt mit Krafttraining begonnen habe und noch nicht so weit sei. Der Bundestrainer nimmt dies zur Kenntnis. Nach diesem Gespräch kommt eine andere Kaderathletin auf die junge Sportlerin zu und wirft ihr vor, diese habe den Bundestrainer soeben "vor den Kopf gestoßen".

Das Beispiel verdeutlicht, dass in den Augen nicht weniger Sportlerinnen selbst ein fachlich begründeter Widerspruch gegen eine Traineranweisung als persönlicher Angriff auf die Autorität des Trainers angesehen wird. Der Trainer in diesem Beispiel muss diese Ansicht noch nicht einmal fördern, um sie bestehen zu lassen. Um wieviel mehr Macht ein Trainer verfügt, der ein solches Trainerbild sogar noch verstärkt und Abhängigkeit und den Wunsch nach Fremdbestimmung von Athletinnen damit fördert, ist leicht vorstellbar.

In einem weiteren Beispiel stellen wir realitätsnah einen Trainertypen vor, der über hohe Sach- und Vermittlungskomeptenz verfügt und zudem ein hohes Maß an Brutalität auf der Beziehungsebene verkörpert. Durch die Verstärkung von Abhängigkeit und Unmündigkeit bindet er seine Athletinnen trotz brutaler Methoden und systematischen Dopings eng an sich. Ein Funktionär, der gegen die unwürdigen Betreuungsmethoden des Trainers ankämpfen will, erlebt dies wie folgt:

> "Gerade mit der Gruppe ... (Name des Trainers), da habe ich wahnsinnig gelitten, was sich da abgespielt hat. Nicht nur wegen Doping, (sondern) wie er seine Athletinnen behandelt hat. Ich war da dreimal mit im Trainingslager, wir hatten da ein Förderkonzept entwickelt ..., damals aufgelegt über drei Jahre. Das waren für mich immer Horror-Acht- oder Vierzehntage. Wie er mit den Frauen umgegangen ist und alles beherrscht hat, auch andere Trainer, die nur ihren sauberen, normalen Trainingsbetrieb gemacht haben, die hat er gar nicht ernst genommen."

Versuche, gegen den Trainer aus verschiedenen Gründen vorzugehen, scheiterten vordergründig aufgrund fehlender Beweise für solche Verfehlungen. Die Athletinnen selbst standen wie eine Mauer hinter ihrem Peiniger:

> "Aber die waren dem ja alle hörig gewesen, das ist ja unfasslich gewesen, zum Teil auch sexuell. Also, einmal bin ich selbst in das Zimmer reingeplatzt, daher weiß ich das. Das ist einfach schrecklich gewesen. ... Außerdem hatten die Angst, die hatten Angst um Leib und Leben, die Mädchen. ... Da sagte ich, jetzt müssen wir den ... (Name des Trainers) nur loswerden. ... Ich wollte die ... (Name der ehemaligen Athletin) dann haben, weil ich sie für fachlich kompetent hielt und auch für geläutert. Das ging nur, wenn wir den loswerden. Dann habe ich mich mit dem ... (Name eines Landesverbands-Funktionärs) gesprochen, da hat er gesagt, das lässt sich machen, wir wollen den ja auch loswerden. Wir haben uns genau abgesprochen. Maximal eine Woche später kam der ... (Name des Trainers) auf mich zu, ich dachte, der geht mir jetzt an den Hals, und hat mich zur Rede ge-

stellt. Er hat alle Mädchen nacheinander zu mir geschickt: sie hören auf und haben mich bedrängt. Ich habe gesagt, die Entscheidung ist gefallen. Dann sind sie alle zum ... (Name des Landesverbandes) marschiert, die haben ihm daraufhin einen ... Vertrag gegeben."

Der durch den Funktionär und Zeitzeugen beschriebene Trainer betreibt mit seiner Trainingsgruppe eine Politik der strengen Abschottung. Wenn den Spitzenverbänden der Bundesrepublik häufig sicherlich zurecht Dopingbefürwortung und -duldung nachgesagt werden muss, so muss andererseits auch festgestellt werden, dass ein Verband teilweise überhaupt keine Einflussmöglichkeiten auf seine Spitzenathleten hatte und die Hauptverantwortung für Dopingverfehlungen in der Hand von besonders skrupellosen Innovatoren lag. Nicht selten wurden diese aufgrund ihres Erfolges aber zum Honorarbundestrainer bestellt:

"Die (Athletinnen, d.Verf.) hätten bei dem alles gegessen, was der ihnen gegeben hat. Das ist für mich so diabolisch gewesen. Sie haben auch zu den Mädchen den Zugang nicht gefunden, den wir gebraucht hätten. Wir, der ... (Name des Verbandes), waren das Feindbild. Das hat er klargemacht. Ich weiß noch, beim ersten oder zweiten Lehrgang auf Gran Canaria, wie der mich an einem Abend mal so richtig vorgeführt hat. Da saßen wir in einem Kreis, es könnte um die Weiteranstellung gegangen sein. ... (Name des Trainers) saß in der Mitte. ... Ich bin dann weggegangen, mir war es zum Heulen zumute, ich habe sie nur gekriegt (sinngemäß: die Prügel, d.Verf.) Er hat ganz wenig gesagt, das haben sie gemacht, es war ganz schrecklich."

Trainer wie der hier beschriebene verkörpern in der Extremform Tendenzen, die häufig in der Betreuung von Spitzensportlerinnen zu erkennen sind. Spitzensportlerinnen und ihre Trainer unterstreichen weibliche Attribute wie Emotionalität und Abhängigkeitsbedürfnis, um die durch Spitzensport geförderte – aber als unweiblich angesehen - Leistungsfähigkeit zu neutralisieren. Dies scheint umso mehr als notwendig erachtet zu werden, je mehr disziplinspezifische Anforderungen das weibliche Äußere der Athletinnen verändern. Besondere Leistungsfähigkeit bei Frauen wird in der Gesellschaft häufig noch abschätzig beurteilt; dies gilt in gewisser Weise auch für den Leistungssport, vor allem dann, wenn Leistungsfähigkeit mit Selbstbewusstsein und Selbstständigkeit verbunden ist. Aus Furcht vor der Einschätzung als „unweiblich" ist die selbstständige, mündige, von ihrem Trainer über eine Sachebene hinaus unabhängige Athletin im Spitzensport noch immer nicht an der Tagesordnung.

Mit steigendem Leistungsniveau wächst also nicht das Selbstbewustein der Athletin, sondern eher die Abhängigkeit von ihrem Trainer und der Einfluss des Trainers. Nicht selten werden dabei die durch erhöhten Trainingsaufwand eingebüßten sozialen Kontakte nach außen in nichtsportliche Milieus durch eine Intensivierung der Kontakte innerhalb des Sports ersetzt - nicht selten eben auch in Form der Intensivierung der Athletin-Trainer-Beziehung. Eine zunehmend "autistischer" anmutende Sportfixierung mit all ihren negativen sozialen Begleiterscheinungen verstärkt die Tendenz von Abhängigkeit und Fremdbestimmung. Dies wird umso mehr zum Problem, als Spitzensportlerinnen, die soziale Bezugspunkte außerhalb des Sports aus den Augen verlieren, als außersportliche Persönlichkeit kaum Bewährungschancen erhalten.

Ist eine solche negative Entwicklung einmal eingeleitet, kommt der Person des Trainers über die Sach- und Vermittlungsebene hinaus auf der Beziehungsebene eine immer bedeutsamere Funktion zu. Der Mangel an Kontakten außerhalb des Sports, auch die daraus resultierenden Schwierigkeiten bei der Partnerwahl, lässt Macht und Manipulationsmöglichkeiten über die Athletin wachsen. Besondes in Disziplinen, die einen Typus erfordern, der nicht gesellschaftlichen Vorstellungen von Weiblichkeit entspricht wie den leichtathletischen Würfen, zählt der nun beinahe als einziger die Leistungsfähigkeit trotz seiner "negativen" Begleiterscheinungen goutierende Trainer zum immer kleiner werdenden Kreis von potentiellen Lebenspartnern.

Dopingspezifiken im Frauensport

Doping im Frauenleistungssport findet häufig auf völlig andere Weise statt als im männlichen Bereich. In Zeitzeugeninterviews entwarfen Sportler bei Einnahme von Dopingmitteln in keinem einzigen Fall das Bild eines Verführten oder Fehlgeleiteten. Die Dopingeinnahme erwachsener männlicher Athleten fand in der Regel freiwillig, selbstständig und nicht unter besonderem Druck des Umfeldes statt, wenngleich Impulse aus dem Umfeld nicht geleugnet werden sollen.

Ähnliche gelagerte Fälle mag es zwar im Frauensport ebenfalls gegeben haben, eine Tendenz zur eher zum Doping verleiteten und insgesamt passiveren Athletin ist jedoch unverkennbar. Gelegentlich sind auch im Westen - mitunter absolut vergleichbar mit dem in der DDR üblichen "Andopen" von ahnungslosen Sportlerinnen und Sportlern und ihren Eltern - Beispiele bekannt geworden, wie Trainer Athletinnen sogar ohne deren Wissen gedopt haben. So manipulierte der Schwimmtrainer Claus Vandenhirz die damals noch minderjährige Weltrekordschwimmerin und Sportlerin des Jahres, Christel Justen, und deren Trainingsgruppe ohne deren Wissen mit Dianabol. Auch die Kugelstoßerin Petra Leidinger wurde, und zwar durch den Bundestrainer Klaus Gehrmann in Zusammenarbeit mit ihrem Heimtrainer Franz-Josef Simon, anfangs ohne ihr Wissen mit gefährlichen Dopingsubstanzen manipuliert. Auch die ehemalige Hürdensprinterin Claudia Gerstenmeyer wurde von ihrem Trainer Heinz Hüsselmann ohne Wissen mit Anabolika gedopt - und dies in Dosierungen, wie sie bisher von keiner anderen westdeutschen Athletin vergleichbarer Sportart bekannt geworden sind, nämlich mit bis zu 30 Milligramm Dianabol pro Tag.

Bei dem in Dopingfragen einschlägig belasteten westdeutschen Verein TV Wattenscheid ist zudem bekannt geworden, wie im Frauensport durch Trainer Hüsselmann Doping über den Fall Gerstenmeyer hinaus zumindest versucht worden ist. Der einstigen Weltklassesprinterin Ute Thimm sind Informationen zu verdanken, nach denen Hüsselmann ihr Medikamente mit dem Hinweis angeboten habe, es handele sich um Vitamine und Mineralien. Auf Nachfrage habe Hüsselmann eingeräumt, es handele sich um Mittel zur Verbesserung der Nervenreizleitung. Tatsächlich waren es anabole Steroide. Das Beispiel Ute Thimm zeigt, dass ein hohes Maß an Mündigkeit und Selbstständigkeit Garanten gegen Doping durch skrupellose und kriminell handelnde Trainer sein konnten - manchmal sogar die einzigen. Denn wie die eingestellten staatsanwaltschaftlichen Ermittlungen gegen Hüsselmann zeigten, war selbst bei gravierenden Gesetzesverletzungen im bundesdeutschen Leistungssport von außersportlichen Institutionen genausowenig wie von sportlichen Instanzen Hilfe für Dopingopfer wie Gerstenmeyer zu erwarten.

Bei Personen, die Dopingmittel bewusst eingenommen haben, waren nicht selten kritische Karrierepunkte ausschlaggebend für die Einnahme. Sie bestanden zumeist in Verletzungen, in deren Folge eine möglicherweise früher noch vorhandene Dopingresistenz entscheidend herabgesetzt wurde - und dies umso mehr, wenn ein Trainer wie z.B. Jochen Spilker beim SC Eintracht Hamm in den 80er Jahren über häufige Wiederholung der Dopingangebote entsprechende Vorarbeit geleistet hatte. Dieses Muster der Dopingverführung wurde durch die ehemalige Leichtathletin Birgit Schümann im Rahmen ihrer Zeugenvernehmung "in der Strafsache gegen Jochen Spilker u.a." vor dem Amtsgericht Königswinter am 12. Februar 1993 berichtet:

> "Herr Spilker hat mich hin und wieder zum Essen eingeladen. Bei den Gesprächen wurde häufiger über Doping geredet, zunächst hat Herr Spilker mir aber keine Dopingmittel konkret angeboten. Im Laufe der Zeit sagte er, wenn man wolle, könne er etwas besorgen. Er stellte zunächst also nur die Möglichkeit dar. Ich hatte auch zunächst kein Interesse, ich wollte eigentlich nicht. Das Gespräch kam immer wieder auf Dopingmittel. Es fiel dann in eine Zeit, in der ich über meine sportlichen Leistungen frustriert war. Irgendwann nach der Hallensaison 1986/1987 habe ich dann doch zugestimmt. Wegen Probleme(n) mit einem Fuß hatte ich damals auch einen Trainingsrückstand" (Protokoll der Zeugenvernehmung Birgit Schümanns durch das Amtsgericht Königswinter, Aktenzeichen 2 Gs 8/93).

Bei mindestens zwei weiteren Athletinnen des sogenannten "Hammer Modells" unter Jochen Spilker und dessen Assistenten Hans-Jörg Kinzel standen solche kritischen Karrierepunkte am Anfang von Dopingkarrieren bei Leichtathletinnen. Hierbei handelt es sich um Gisela Kinzel und Helga Arendt, die 1988 gemeinsam in der 4x200-Meter-Weltrekordstaffel standen und dabei nachweislich eine Hallenbestmarke aufstellten, die das Jahrhundert überdauern sollte.

Bei Gisela Kinzel und ihrem damaligen Ehemann Hans-Jörg Kinzel sorgten Leistungseinbußen für ein deutlich geringeres Familieneinkommen des Athletin-Trainer-Gespannes:

"Meine Frau hatte 1983 eine total gute Saison, 1984 lief es dann nicht mehr so gut. Aus heutiger Sicht meine ich, daß sie zuviel trainiert hat. Unser Familieneinkommen sank daher 1984/1985 auf ca. 2.500,-- DM gegenüber ca. 3.500,-- DM aus 1983/1984. Ende Oktober 1984 kam Spilker zu meiner Frau und sagte ihr etwa sinngemäß, es wäre doch auch mal ganz schön, zu gewinnen, er wisse, wie das gehe, es gebe Unterstützungsmöglichkeiten auf medikamentöser Basis. Meine Frau wollte darüber erst mit mir sprechen. Wir waren beide sowohl aus sportlichen als auch aus finanziellen Gründen heraus daran interessiert, daß sie schneller lief und wollten deshalb mehr Informationen. ..." (Protokoll der Beschuldigtenvernehmung von Hans-Jörg Kinzel durch die Staatsanwaltschaft Dortmund am 10.4.1991 in den "Ermittlungssachen gegen Jochen Spilker u.A. wegen Verstoßes gegen das Arzneimittelgesetz", Aktzenzeichen 10 Js 656/90).

Auch bei Helga Arendt, die 1989 Hallenweltmeisterin über 400 Meter werden sollte, erfolgte die vermutliche Doping-Erstanwendung vorbereitet durch mindestens ein Vorgespräch mit Jochen Spilker nach einem lange andauernden kritischen Karrierepunkt, nämlich einer langwierigen Verletzungspause, wie bei Kinzels Beschuldigtenvernehmung deutlich wurde:

"Helga Arendt war längere Zeit verletzt gewesen und kämpfte darum, ihre leistungsmäßigen Rückstände wieder aufzuholen. Spilker meinte mir gegenüber, daß die Helga schon seit 2 Jahren ohne Leistung wäre, sie müsse auch wieder 'in die Pötte' kommen, aber vernünftig. Die solle auch medikamentenmäßig etwas machen. Es fand dann im Frühjahr 1986 ein Gespräch zwischen Arendt, Spilker und mir statt, in dem dann von Spilker in kurzen Worten klar gelegt wurde, daß Helga Arendt auch Dopingmittel nehmen sollte. Ich hatte den Eindruck, daß Helga genau wußte, um was es in diesem Gespräch gehen sollte. Helga hat dann in der Folgezeit Stromba eingenommen."

Wie gezeigt wurde, spielen Fremdbestimmung und Abhängigkeit im Frauen-Hochleistungssport eine spezifische und gewichtige Rolle - im Zusammenhang mit der Dopingproblematik wie auch anderer gravierender Problembereiche. Dies verweist auf eine besondere Verantwortung des Spitzensports für seine weiblichen Mitglieder, und dies verweist insbesondere auf eine besondere Verantwortung des Trainers, der Trainerauswahl und der Trainerausbildung im Frauensport.

1.8 Fatalismus als „Lösung": Zur Forderung nach Dopingfreigabe

Die Diskussion um die sogenannte Freigabe von Dopingmitteln im Leistungssport reicht fast genau 30 Jahre zurück. Eng gekoppelt war diese Forderung zumeist mit dem vordergründig einschränkenden Zusatz, diese Freigabe müsse durch eine „ärztliche Kontrolle" gesundheitliche Schäden bei Sportlern minimieren. Der verstorbene langjährige Olympiaarzt Joseph Keul war der erste große Protagonist dieser Forderung. Keul hatte 1971 bei einem Kongress „Biomedizin und Training" in Mainz erklärt, „erst die medizinisch kontrollierte Nutzung von anabolen Substanzen könnte dem Mißbrauch vorbeugen" (KNEBEL 1972, 100 f.; vgl. auch SINGLER/TREUTLEIN 2000, 195). Keul forderte daher die Herauslösung der Anabolika aus der Dopingliste des Leichtathletik-Weltverbandes IAAF und des Deutschen Leichtathletik-Verbandes.

Das ärztlich „kontrollierte" Doping als Antwort auf das angeblich eigenmächtige und „unvernünftige" Doping der Athleten geschah natürlich aus Sicht von Ärzten, die solche Forderungen erhoben, offiziell nicht aus Gründen der Befürwortung des Dopings – zumindest würde kein Arzt so etwas jemals zugeben. Wie im Zuge der Vorstellung der verschiedenen Techniken der Neutralisierung beim Doping bereits aufgezeigt wurde, gab es verschiedene „therapeutische Ansätze", die Sportmediziner und in der Folge zahlreiche andere Rollenträger des Sports für eine solche „Freigabe" von Dopingmitteln unter ärztliche Aufsicht propagierten. Auch Politiker – wenn auch „nur" solche aus der damaligen Opposition wie Wolfgang Schäuble - sprachen sich dafür aus, wie etwa die Anhörung des Bundestag-Sportausschusses 1977 zeigte (vgl. SINGLER/TREUTLEIN 2000, 227 ff.)

Schadensminimierung bzw. –verhinderung durch geringere Dosierung unter ärztlicher Aufsicht war die eine Begründung für eine solche „Lösung". Schadensbegrenzung durch eine Förderung der Konstitution der Sportler durch die Gabe von Anabolika aus prophylaktisch-therapeutischer Sicht angesichts des angeblich unmenschlich gewordenen modernen Hochleistungstrainings lautete das zweite „Argument". Der Glaube an diese Thesen wird bei den Protagonisten der Freigabeforderung häufig sicher dagewesen sein. Allerdings: der wahre Grund für eine solche Forderung dürfte in nicht wenigen Fällen die internationale Wettbewerbsfähigkeit gewesen sein, und namentlich in Bezug auf die Konkurrenzfähigkeit mit der DDR. In diesem Licht ist auch die Förderung und Zustimmung der Bundesregierung zum Testosteron- und Regenerations-Forschungsprojekt der 80er Jahre zu sehen, auch wenn hierfür gewissermaßen humanitäre Gründe geltend gemacht wurden (Deutscher Bundestag 1991, 1 ff.).

Da wo Politiker oder hochgestellte Funktionäre oder Sportberater aus dem medizinischen Sektor sich für eine solche Freigabe unter ärztlicher Kontrolle aussprachen, geschah dies immer unter dem Vorwand, damit der Gesunderhaltung der Sportler dienen zu wollen. Die Verlogenheit dieser Argumentation wurde in Kapitel 1.4 bereits aufgedeckt. Dieses Argumentationsmuster ist nicht nur in den bekannteren dopingbelasteten Sportarten zu beobachten, sondern auch in solchen Sportarten, die vorgeben, solche Probleme nicht zu haben. In solchen Sportarten wie dem Fußball, wo eine unkritischere Öffentlichkeit und eine unkritischere Medienlandschaft keine der Dopingkritik in Leichtathletik oder Gewichtheben vergleichbare Sportbetrachtung betreiben, sind solche bekannten Muster bis heute unverblümt zu beobachten – was für ein erhebliches Dopingproblem in solchen Sportarten spricht. Wenn sogar ein Spitzenfunktionär wie Gerhard Mayer-Vorfelder, in dessen Verein VfB Stuttgart offenbar zumindest zeitweise, ca. 1992 unter der Trainerschaft von Christoph Daum (siehe etwa Focus, 28.2.1994), systematisches Doping im Sinne der Regeln des Deutschen Sport-Bundes stattgefunden hat, die medizinisch indikationsfremde Verabreichung von Anabolika zur schnelleren Wiederherstellung von verletzten Spielern fordert, geht das in die Richtung der Dopingfreigabe unter sogenannter ärztlicher Kontrolle:

> „Ich habe immer die Auffassung vertreten, daß bei Langzeitverletzten, die kein Training absolvieren, auch anabole Präparate eingesetzt werden können – wenn der behandelnde Arzt es verordnet. Dies ist im einzelnen auch gemacht worden – aber nur in der Rehabilitationsphase. Sofern der Spieler am Wettkampftraining teilnahm, mußte das Mittel längst abgesetzt sein" (Mayer-Vorfelder, zitiert nach Focus, 21.3.1994).

Es gibt kaum einen anderen deutschen Sportverband, dessen Spitzenfunktionäre sich ohne Schaden für ihre Karriere derart unverblümt für eine spezifische, vordergründig „weiche" Variante der Anabolikaverabreichung stark machen können, ohne vom darob einsetzenden öffentlichen Druck aus dem Amt gejagt zu werden. Man denke hier nur an die massive öffentliche Kritik, die etwa den Schwimmfunktionär Harm Beyer Anfang der 90er Jahre als Befürworter der Dopingfreigabe – völlig zu Recht – traf. Eine am Dopingproblem deutlich weniger interessierte und weniger kompetente Medienlandschaft ermöglicht über eine ausbleibende Skandalisierung die Etablierung von Dopingmaßnahmen im historisch dopingverseuchten Fußball dagegen mit. Der Fußball ist in der Frage der Dopingbekämpfung im Vergleich zu anderen, öffentlich viel kritischer diskutierten Sportarten eine typische Nachzüglerdisziplin – auch in Bezug auf seine journalistische Begleitung.

Daher kann es gerade auch im Fußball immer wieder zu mehr oder weniger unverblümten Forderungen nach Dopingfreigabe kommen – mehr oder weniger begründet durch den verschieden argumentativ belegten, sachlich jedoch weitgehend unhaltbaren Therapiegedanken, nachdem Anabolika z.B. für eine schnellere Wiederherstellung nach Langzeitverletzungen benötigt werden. Oder eben als ärztlich eingesetztes Mittel zum Schutz vor eigenmächtigem Doping. Ausgerechnet als der Fuballspieler Thomas Ziemer vom 1. FC Nürnberg des Dopings überführt worden war und vehement seine Unschuld beteuerte, forderte etwa sein Arzt Wilfried Schießler die Dopingfreigabe für Fußballspieler:

> „Der Sportmediziner Wilfried Schießler fordert eine kontrollierte Doping-Freigabe für Fußballer. Profis sollten sich nach einer Verletzungspause mit Anabolika in Form bringen dürfen, um wieder den Anschluss an ihr vormaliges Leistungsvermögen zu schaffen', sagte Schießler, der seit 1994 unter anderem Spieler des Bundesliga-Absteigers 1. FC Nürnberg betreut, dem Nachrichten-Magazin Der Spiegel.
>
> Die legalisierte Verabreichung verhindere, dass Spieler während einer Rehabilitationsphase auf dem Schwarzmarkt zu vermeintlichen Fitmachern griffen. Denn dort würden, laut Schießler,sogar Viehmastmittel gemahlen und in Tablettenform gepresst'. Zum Spielbetrieb dürften die Spieler aber erst wieder zugelassen werden,

wenn sich die Mittel nicht mehr nachweisen lassen" (Sportinformationsdienst, 4.9.1999).

Das Niveau der Dopingdiskussion im Fußball bewegt sich, wie solche Aussagen zeigen, auf demselben Level, auf dem Sportarten wie die Leichtathletik sich 1970 befunden haben.

Befürworter des Dopings, die weniger in der Öffentlichkeit standen oder in dieser Öffentlichkeit ohnehin keinen Ruf mehr zu verlieren hatten, sprachen sich unverblümter und ohne solche Hilfskonstruktion der wie auch immer gearteten „therapeutischen Indikation" für eine solche Freigabe aus. Der bekennende ehemalige Anabolikakonsument und 200-Meter-Europameisterschafts-Zweite Manfred Ommer tat sich in dieser Hinsicht immer wieder bis in unsere Tage hinein hervor, aber Ommer ist längst nicht der einzige Befürworter einer solchen Lösung. Bis in unsere Tage hinein lebt die Forderung nach Freigabe fort, und sie tut dies längst auch ohne den moralischen Unterbau therapeutischer Zielsetzungen. Besonders auffällig ist zumindest in Einzelfällen eine solche Verfestigung persönlicher Meinungen bei solchen Personen, die früher selbst Anabolika zu sich genommen haben oder als Trainer Anabolika konsumierende Sportler betreuten.

Hier wird einerseits mittels der gängigen Techniken der Neutralisierung das Bild eines angeblich total verkommenen Sports gemalt, der des Dopingproblems ohnehin nicht Herr werden könne. Die Folge dieser Annahme ist ein häufiger im Sport, aber auch bei Rezipienten des Sports zu beobachtender Fatalismus. Der Sport sei in dieser Hinsicht ohnehin nicht zu heilen, heißt es dann, also könne man Doping auch gleich freigeben. Hierdurch werde Chancengleichheit hergestellt und der Sport würde nicht mehr zur Lüge und Heuchelei gezwungen. Würde der Staat in Bezug auf seine Gesetze eine solche Einstellung an den Tag legen, bedeutete dies den politischen Offenbarungseid: Nur weil Gesetze nicht von allen Bürgern eingehalten werden, schafft der Staat die in Konsensprozessen erarbeiteten gesellschaftlichen Normen noch lange nicht ab! Es gehört zu den Kuriositäten der Diskussion um Normen und abweichendes Verhalten, wenn gerade vom Sport die Aufgabe seiner von der Mehrheit der organisierten Mitglieder in demokratischen Entscheidungsfindungsprozessen erstellten Regeln verlangt wird – und dies in den meisten Fällen des Dopings gegen staatliche Gesetzgebung (Arzneimittelrecht). Es gibt kaum einen anderen Gesellschaftsbereich, in dem vergleichbare Problemlösungsvorschläge erhoben werden, die auf eine Problemlösung durch Normabschaffung abzielen.

Im Folgenden wollen wir anhand dreier Zeitzeugeninterviews untersuchen, wie es um solche Freigabeforderungen häufig bestellt ist. Zunächst zitieren wir hierzu eine Interviewpassage mit einem Zeitzeugen, der für eine solche Freigabe plädiert und der früher als Trainer auch Anabolika konsumierender Athleten gearbeitet hat:

Frage: Was halten Sie von dem Vorschlag der Dopingfreigabe?

Zeitzeuge 1: Man kann natürlich größere Gefahren nicht ausschließen, ich plädiere nach wie vor für eine Freigabe. Jeder sollte sich in diesem Bereich über die Konsequenzen eigene Gedanken machen, das ist genau so wie mit dem Rauchen oder allen anderen Suchtmitteln. Ich kann als Bürger dieser Welt entscheiden, was ich tun will, und so sollte das hier auch sein.

Frage: Für sämtliche Altersstufen oder nur für Erwachsene?

Zeitzeuge 1: Der Spitzensport ist so versaut, dass es nicht darauf ankommt, wo du anfängst. Wenn sich einer auch als Jugendlicher dafür entschieden hat, so extrem in diese Leistungskategorie vorzustoßen – warum nicht?

Frage: Wollten Sie einen solchen Jungen trainieren?

Zeitzeuge 1: Nein, den würde ich nicht trainieren. ... So wie die ganze Diskussion in den letzten zehn Jahren abgelaufen ist, das kotzt mich irgendwie an. Da sage ich dann, machen wir eine saubere Geschichte: Wer der Meinung ist, er muss sich kaputt machen, hat die Entscheidung getroffen. Im Grunde genommen weiß jeder – das hat die Diskussion ergeben –, was er mit sich anfängt, wenn er sich dafür entscheidet. Seit zehn Jahren weiß das jeder. Schon vor dem Tod von Birgit Dressel. Wenn da so ein Eiskunstläufer auf dem Eis umfällt, macht man sich so seine Gedanken. ... Ich sag den Leuten, wenn ihr wollt, dass ihr jetzt diese Schwelle überwinden wollt, dann ist dafür viel mehr notwendig. Wenn sie dann auf Anabolika zu sprechen kommen, sage ich ihnen: Ja, das ist zum Beispiel ein Weg. Aber da, das sag ich heute jedem Jugendlichen, kann ich euch dringend von abraten. Wenn ihr mir die Frage stellt, soll ich das machen, sage ich, lasst's sein[62].

Dopingbefürwortung trotz einer gewissen Dopinggegnerschaft ist bei diesem Zeitzeugen festzustellen. Hoffnungslosigkeit in Bezug auf die Lösbarkeit des Doping- und Anabolikaproblems, das dieser Zeitzeuge ca. 30 Jahre hat fortschreiten sehen, dürfte hierbei zu einer fatalistischen Haltung geführt haben, die zur Freigabeforderung geführt hat. Ähnlich verhält es sich mit einem zweiten Zeitzeugen, der in den 60er und 70er Jahren selbst Anabolika eingenommen hat. Wir befragten diesen Zeitzeugen nach seiner Meinung zur Wirkung der dopingkritischen Beiträge Brigitte Berendonks u.a. 1969:

Zeitzeuge 2: „Ich sehe das schon als wichtige Sache, aber ich messe der Sache keinen durchschlagenden Erfolg bei. Man ist heute in einer ganz anderen Richtung, der Mainstream ist die Kommerzialisierung und Zerstörung des Sports in seinem früheren Anspruch, und das Doping ist eine notwendige Begleiterscheinung, wie man an dem Verzicht auf Dopingkontrollen in den USA jetzt gesehen hat[63]. Das sind so Scharmützel auf dem Weg zur totalen Professionalisierung und Kommerzialisierung des Sports und zur

---

[62] Mit hoher Wahrscheinlichkeit handelt es sich bei dieser Aussage um keine Schutzbehauptung des Trainers. Ein ehemaliger Athlet, der seine Karriere in den 80er Jahren wegen des verbreiteten Dopings schon im Jugendkader einer leichtathletischen Wurfdisziplin aufgegeben hat, bestätigte die Angaben dieses Trainers. Durch die Informationen zum Thema Doping durch diesen Trainer sei der damals jugendliche Sportler auf die Situation im Bundeskader vorbereitet gewesen. Dies könnte seine Entscheidung zum Karriereende und gegen Doping entscheidend beeinflusst haben (vgl. hierzu SINGLER/TREUTLEIN 2000, 253 f.).

[63] Das Interview wurde 1996 im Zeitraum der Olympischen Spiele von Atlanta geführt.

Vernichtung des Sports als eigenständiges Phänomen. Der Sport wird zunehmend zum Vehikel des Kommerzes und des Profits. Das halte ich alles für Spiegelgefechte. 99 Prozent der Leichtathletik-Fans wollen nicht begreifen, dass 95 Prozent der Athleten gedopt sind. ... Ich halte die Funktionäre (spricht namentlich von Samaranch und Thomas Bach, d. Verf.) heute für noch schlechter als sie es früher schon waren. Das sind ja keine Leute mehr, die ihren eigenen beruflichen Hintergrund haben. Da steckt eine Menge Geld drin, und Geld macht bekanntlich so abhängig und manipulierbar, dass ich da keine Chance sehe. Absolut nicht. Ich bin da völlig desillusioniert, nein, nicht desillusioniert, ich sage, das geht so weiter. ... Kontrollen können nur eine Lösungsmöglichkeit sein, wenn sie nicht immer neuen Medikamenten, die zum Einsatz kommen, hinterherhinken. Ich glaube, das wird immer das Problem sein.“

Wer die Aussage dieses Zeitzeugen aufmerksam liest, kann den Eindruck bekommen, dass enttäuschte Erwartungen in Bezug auf ein zumindest innerlich hochgehaltenes Ethos des Sports zu einer fatalistischen Einstellung nach dem Motto „Sollen sie doch machen, was sie wollen“ geführt hat. Jedenfalls scheint hier nicht wirkliche Dopingbefürwortung zur Freigabeforderung zu führen, sondern Pessimismus bezüglich der Realisierbarkeitschancen beim Versuch, verlorene Integrität zurückzugewinnen. Effektive Dopingbekämpfung, so lässt sich hieraus schlussfolgern, wäre also sicherlich auch im Sinne vieler Personen, die sich für eine sogenannte Freigabe von Dopingmitteln für Spitzensportler aussprechen.

So verständlich die Frustration vieler Personen im Leistungssport ist, die Freigabe als „Lösung“ des Dopingproblems ist kaum geeignet, dem Spitzensport seine verlorene Integrität zurückzugeben. Die fatalistische Haltung vieler Personen zum Dopingproblem scheint indessen nicht nur Folge dieses Problems zu sein – sondern auch Ursache:

> „Unter der Flagge der Nachteilsvermeidung entsteht eine Art Gegenmoral, die sich auf der Seite der Gerechtigkeit und Gleichheit einordnet. Das Perfide dieser Argumentation besteht darin, daß in wechselseitiger Beobachtung der Konkurrenten eine Endlosspirale auf den Weg gebracht wird, die sich selbst im Sinne einer self-fulfilling prophecy immer wieder mit den Gründen ihrer Fortsetzung versorgt“ (BETTE/SCHIMANK 1995, 234).

1.9   Wie abweichendes Verhalten gelernt wird

Dieses Buch versteht sich als ein Vermittlungsversuch zwischen soziologischer Analyse und daraus abzuleitenden pädagogischen Schlussfolgerungen. So genannte Lerntheorien, wie sie in der Kriminalsoziologie häufig zur Anwendung kommen, beschäftigen sich mit der Frage, wie soziales Verhalten gelernt wird. Sie bewegen sich im Grenzgebiet zwischen Soziologie und Psychologie und mögen hier dementsprechend als Bindeglied zwischen den beiden Teilen des Buches dienen.

Sutherlands Theorie der differentiellen Kontakte bietet eine gute Erklärung für die Entstehung von Dopingmentalität. Er sieht die Ursachen für abweichendes Verhalten im „Zusammenspiel von Person und Situation“ begründet (SUTHER-

LAND 1968, 395). Sie liegen vor allem in den Lebensumständen und der Lebensgeschichte des Abweichenden; „eine kriminelle Handlung (wird) begangen, wenn eine ihr günstige Situation vorliegt". Abweichendes Verhalten wird offenbar „in Interaktion mit anderen Personen in einem Kommunikationsprozess gelernt" (SUTHERLAND 1968, 395 ff.). Diese Lernprozesse finden hauptsächlich in intimen persönlichen Gruppen statt, was bedeutet, dass unpersönliche Kommunikationsmittel (Massenmedien, Filme) „eine relativ unwichtige Rolle bei der Entstehung kriminellen Verhaltens spielen" (SUTHERLAND 1968, 396). Das Erlernen abweichenden Verhaltens schließt das Lernen von Techniken zur Ausführung ebenso mit ein wie die Herausbildung einer spezifischen Richtung „von Motiven, Trieben, Rationalisierungen und Attitüden". Diese Richtung werde dadurch gelernt, daß „Gesetze positiv oder negativ sanktioniert werden". Abweichendes Verhalten zeige eine Person „infolge eines Überwiegens der die Verletzung begünstigenden Einstellung über jene, die Gesetzesverletzungen negativ beurteilen" (SUTHERLAND 1968, 397). Entscheidend für die Entwicklung der Dopingmentalität eines Athleten dürfte daher sein, ob ihm Doping vom Trainer und Umfeld nahegelegt und ob ein entsprechendes Verhalten vom direkten Umfeld erwartet und belohnt wird. EMRICH und PITSCH konnten diese Aussage, dass der Zugang zu illegitimen Mitteln und Kontakte zu Personen, die sich abweichend verhalten, Delinquenz erzeugen können, in ihrer Befragung von 533 Bodybuildern bestätigen. Ohne explizit auf Doping angesprochen worden zu sein, gaben 12,7 Prozent der Befragten an, Zugang zu Anabolika zu haben und diese zu konsumieren (EMRICH/PAPATHANASSIOU/PITSCH/ALTMEYER 1992, 57). Gelegenheit macht also Diebe.

Sutherlands quantitativ angelegtes Konzept der differentiellen Assoziationen wird von GLASER um den qualitativen Aspekt erweitert (Theorie der differentiellen Identifikation). GLASER wies schon 1956 darauf hin, dass abweichendes Verhalten auch durch die Intensität der Identifikation mit Personen, die diese Verhaltensweisen positiv bewerten, erzeugt werden könne:

> „Eine Person verhält sich in dem Ausmaß kriminell, wie sie sich mit tatsächlich lebenden oder vorgestellten Personen identifiziert, aus deren Sichtweise kriminelles Verhalten annehmbar erscheint" (zitiert nach LAMNEK 1990, 210). Abweichendes Verhalten wird nach BURGESS und AKERS „hauptsächlich in solchen Gruppen gelernt, die die Hauptquelle der Verstärkung für das Individuum abgeben" (zitiert nach LAMNEK 1990, 199).

Im Sport bestehen starke Bindungen zwischen Trainer und Athlet, insbesondere auch zwischen Trainer und Athletin, so dass die Identifikation mit der Hauptbezugsperson stark ausgeprägt ist. Diese geht nicht selten einher mit einer geringen Bereitschaft oder Fähigkeit zu selbständigem Entscheiden und Handeln. Dadurch steigt die Wahrscheinlichkeit, dass Sportler und Sportlerinnen zur Dopingmentalität und abweichendem Verhalten neigen, wenn sie glauben oder sogar wissen, dass der Trainer dies akzeptiert oder sogar wünscht. Gerade im Leistungssport scheint die Gefahr der Normabweichung aufgrund differentieller Identifikation beträchtlich (vgl. TREUTLEIN 1985, 408). Umso wichtiger müsste der Nachweis von Normenkonformität und Sozialkompetenz – neben der selbstverständlich unverzichtbaren leistungssportlichen Fachkompetenz – bei der Anstellung von Trainern genommen werden. Beim Streben nach Erfolg heiligt im Zweifelsfall oft der Zweck die Mittel; bei der Einstellung oder Weiterbeschäftigung solchermaßen erfolgreicher Trainer werden dann meist die Augen geschlossen.

Ergänzend zu Sutherlands Theorie der differentiellen Kontakte wurden auch andere Konzepte zum abweichenden Verhalten auf der Basis psychologischer Lerntheorien entwickelt. BURGESS und AKERS erklären abweichendes Verhalten durch operantes Konditionieren, also durch die Verwendung diskontinuierlicher Verstärker (nach LAMNEK 1990, 195; siehe auch EMRICH et al. 1992, 57). LAMNEK (1990) hält das durch die Anwendung sozialer, diskontinuierlich verabreichter Verstärker erzeugte Verhalten für besonders resistent gegenüber Extinktion.

Sicherlich darf man die Möglichkeiten der Pädagogik bei der Lösung des Dopingproblems nicht überschätzen. Der Hochleistungssport als selbstreferentielles System verfügt über eigene Funktionsmechanismen und eigene Formen der Kommunikation. Eine Pädagogik, die sich von der leistungssportlichen Codierung Sieg/Niederlage abwendet, hat den Zugriff und die Möglichkeit, die Kommunikation und Zielrichtung eines solchen Systems mitzugestalten, nahezu automatisch verloren. Eine Pädagogik, die versucht, über die Programmebene Orientierungen wie Chancengleichheit und Fairplay einzubringen, wird jedoch wenig Mühe damit haben, für sich die ausreichend vorhandenen Arbeitsinhalte zu formulieren.

Die Feststellung, dass soziales Lernen in kleinen, intimen Gruppen stattfindet, verweist auf die Potentiale der Trainer- und Übungsleiterrollen im Sport. Nicht selten dürften sie auf die Erziehung von Kindern und Jugendlichen einen größeren Einfluss haben als Eltern oder Lehrer. Die daraus erwachsende Verantwortung erfordert von ihnen ein hohes Maß an sozialer Kompetenz. WISCHMANNS Forderung nach einer durch Leistung und Haltung bestimmten Tüchtigkeit auf Athletenebene wäre auf der Übungsleiter- und Trainerebene durch die Forderung nach einem Zusammenwirken von Fach- und Sozialkompetenz zu ergänzen (vgl. WISCHMANN 1988).

Doping als abweichende Verhaltensweise wird häufig in so genannten Subkulturen gelernt. Eine verbreitete Doping-Mentalität erzeugt immer weiter Doping. Wenn GLASER beim abweichenden Verhalten auf den qualitativen Aspekt sozialer Kontakte und auf die Bedeutung von Vorbildern hinweist, so mag auch hier der Umkehrschluss gelten. Tatsächlich weisen Karriereverläufe und -abbrüche wegen Doping-Gegnerschaft z.T. auf die Orientierung an solchen Vorbildern, die Doping ablehnen, hin. Es gibt Anhaltspunkte dafür, dass ein Dopingklima auch zum bislang kaum diskutierten Phänomen des Dopings im Hochleistungssport führen kann.

Moralische Appelle über Medien oder plakative Aktionen versprechen dagegen offenbar weniger Erfolg. Aktionen wie „Keine Macht den Drogen" oder „Fair geht vor" sind in diesem Licht kaum als effektive Beiträge zur Problemlösung anzusehen – eher mögen sie Sponsoreninteressen oder der Beruhigung der Öffentlichkeit dienen. Dagegen dürfte Aufklärung, etwa über die gesundheitlichen Risiken von Doping, im pädagogischen Prozess der Dopingbekämpfung sicherlich auch eine wichtige Rolle spielen. Zu plädieren ist jedenfalls für die Behandlung der Doping-Problematik in der Schule, aber auch im Sportverein.

Systemtheoretische Überlegungen lassen uns annehmen, dass die Systemlogik des Spitzensports mit seinem – von Pierre de Coubertin nicht allein leistungssportlich, sondern auch sittlich gedachten – Steigerungsimperativ des „citius, altius, fortius" zwingend zum Doping führt. Aus normentheoretischer Sicht liegt auf der Hand, dass ein System seine Regeln nur dann schützen kann, wenn es entsprechende Maßnahmen sozialer Kontrolle einsetzt – in diesem Fall in erster Linie qualifizierte, ernst gemeinte Dopingkontrollen sowie die konsequente Einhaltung der Statuten bei positiven Befunden. Aber auch positive Sanktionen wären zu berücksichtigen: „Die Gruppe kontrolliert ihre Mitglieder, indem sie diesen Belohnungen bereitstellt, mit deren Entzug sie drohen kann" (HOMANS 1968, 325). Ohne solche stabilen Rahmenbedingungen können alle anderen notwendigen Maßnahmen wohl kaum greifen. Ohne sie kann ein Empfinden für eigene Verantwortlichkeit, wie Lenk es anmahnt, nicht ernstlich erwartet werden.

2 Die Realität des Spitzensportmilieus am Beispiel des Radsports und des Festinaskandals 1998

Im ersten Band „Doping im Spitzensport" (SINGLER/TREUTLEIN 2000) sowie im Abschnitt „Soziologische Aspekte des Dopingproblems" in diesem Buch wurde die Dopingproblematik eher abstrakt behandelt. Im nachfolgenden Kapitel über die „Realität des Spitzensports" sollen Dopingentwicklungen und –verstrickungen sehr konkret dargestellt und damit ein Zwischenschritt hin zum Kapitel „Prävention" geleistet werden. Vor dem Hintergrund der schon zuvor geleisteten Analysen sprechen die Fakten für sich, so dass interessierte Leser die entsprechenden radspezifischen Analysen und Schlussfolgerungen weitgehend selbst leisten können.

Warum wählen wir gerade den Radsport und den Festina-Skandal? In keiner anderen Sportart wurden sowohl über Jahrzehnte weg als auch bei einer einzigen Sportveranstaltung so viele Fakten und Äußerungen bekannt wie zum Radsport; hier ist die offen gelegte „Spitze des Eisbergs" besonders breit. Die Ereignisse bei der Tour de France stellen kein einmaliges deviantes Verhalten eines einzelnen Fahrers oder Teams dar; sie sind zudem zu sehen vor dem Hintergrund jahrzehntelanger Entwicklungen. Zum anderen ist der Radrennsport in besonderer Weise anfällig für Doping: Die Figur des leidenden Helden, der vor einer imposanten Landschaft Übernatürliches leistet (vor allem im Gebirge), schafft insbesondere bei langen, kräftezehrenden Rundfahrten und hier ganz besonders bei der Tour de Frace einen Heldentypus, der von einer breiten Öffentlichkeit bewundert wird. Diese Bewunderung erzeugte bei den Sportlern offenbar das Selbstverständnis, außerhalb der Gesetze zu stehen. Sie glaubten, dass für Sporthelden andere Regeln gelten als für "Normalsterbliche". Offenbar trägt zudem auch manch besonders spektakulärer Todesfall zum Mythos des Radsports bei.

Bei der Tour de France 1998 verliefen die Dinge jedoch anders als sonst. Der Staat kümmerte sich nicht mehr um die ungeschriebenen Gesetze der Radsport-„Familie", schonungslos wurden deren Geheimnisse offen gelegt. Es entwickelte sich ein Skandal, der den Radsport und über ihn hinaus den ganzen Weltsport erschüttert hat. Dass es einige Tage dauerte, bevor die dopenden Sportler, ihre Betreuer und Teamchefs bemerkten, was da auf sie zukam, ermöglichte es der Öffentlichkeit, all jene gängigen Ausreden, Beschwichtigungen und Techniken der Neutralisierung aufmerksam zu studieren, die beim Doping gemeinhin zur Anwendung kommen. Insofern war die Tour '98 ein Lehrstück.

Nicht nur im Radsport gelten die Bemerkungen des Festina-Masseurs Willy Voet: „Abus ou pas, l'essentiel était toujours de ne pas se faire coïncer aux contrôles - Missbrauch oder nicht, das Wichtigste war immer, sich bei Dopingkontrollen nicht erwischen zu lassen" (VOET 1999, 139). Dadurch, dass sich fast alle dopten, sei Chancengleichheit weitgehend hergestellt worden. Unrechtsbewusstsein konnte bei dopenden Fahrern so kaum entstehen (VOET 1999, 158). Den Anschein des sauberen Sports nach außen zu wahren schien für viele eine wesentlichere Aufgabe zu sein als der Einsatz für einen dopingfreien Sport.

Wie lebte der Spitzensport mit dem alltäglichen Doping, wie wird daraus ein Skandal und wie geht der Sport mit ihm um? Dafür ist der Festina-Skandal während der Tour de France 1998 ein Musterbeispiel. Der Umfang dieses Skandals überraschte alle, weil hier in bis dahin nicht bekannter Weise ein Staat seine Gesetze *gegen* den Sport zu schützen bereit war. Im Prinzip geschah beim Festina-Skandal nichts anderes als bei früheren Dopingfällen im Radsport: Viele waren gedopt, aber nur die Spitze des Eisbergs wurde sichtbar. Durch das Eingreifen des Staates allerdings waren die Einzelheiten klarer zu erkennen. Das gewachsene Öffentlichkeitsinteresse, die gestiegene ökonomische Bedeutung und nicht zuletzt die nie gänzlich auszuschaltende relative Offenheit demokratischer Gesellschaften sorgen dafür, dass der heutige Spitzensport skandalträchtiger geworden ist.

Der Kampf der Medien um die Aufmerksamkeit des Publikums führte zu vermehrter Skandalberichterstattung. Über Skandalisierung wurde das zuvor verschwiegene und tabuisierte Dopingthema öffentlichkeits- und diskussionsfähig. In geschlossenen Gesellschaften wie der DDR kann Doping kein Skandalthema sein, da hier Geheimhaltung erzwungen werden kann. Ein solches System kann selbst zum Skandalthema werden, wie die teilweise erbittert geführte Diskussion um die chinesischen Läuferinnen 1993 bei der Leichtathletik-WM in Stuttgart gezeigt hat. Zugeständnisse in der Dopingbekämpfung werden dann möglich, wenn politische Interessen wie eine Olympiabewerbung dies für das politische System und seine Sachwalter des Sports sinnvoll erscheinen lassen.

Skandale ermöglichen es, hinter den Vorhang der Produktionsgeheimnisse spitzensportlicher Leistungen zu schauen. Im Spitzensport halten viele in Doping verwickelte Akteure den mit Geheimhaltung verbundenen psychischen Druck nicht aus und befördern mit Teilinformationen oder „Unter-vier-Augen-Gesprächen" Gerüchte und Klatsch. Skandalierer wie z.B. investigative Journalisten erwarten Selbstreinigungsreaktionen des Sports (vgl. SMOLTCZYK 1999, 23), die im Spitzensport bisher eher selten sind. Der Ausschluss des Festina-Teams trotz fehlender positiver Dopingkontrollen war insofern überraschend und Folge des erzeugten Drucks.

Ähnlich wie bei Spitzenpolitikern, bei denen manchmal ein Gefolgsmann zur Entlastung eines skandalierten Spitzenpolitikers Schuld auf sich nimmt und zurücktritt, könnte es sich bei prominenten Dopingfällen wie dem des Festina-Teams 1998 um eine sehr pragmatische Opferung gehandelt haben, durch die eine viel größere Zahl an tatsächlich bekannten oder zu vermutenden Fällen sowie die Verstrickung höchster sportpolitischer Kreise in das deviante Geschehen und damit ein sehr viel größerer Skandal gleichzeitig vertuscht wurde.

2.1 Zur Anatomie des Dopingskandals[1]

BETTE UND SCHIMANK (1995, 276) halten Skandale für „die Parasiten der Heldenverehrung"; wie diese sind sie zumeist lediglich auf das Individuum fixiert. Die beiden Autoren kritisieren, dass die Medien Dopingskandale als Verfehlungen von Einzelpersonen darstellen, anstatt Strukturen und systemische Verhältnisse zu beleuchten, die solche Skandale erst erzeugen. Dass in der Regel Medienvertretern aus dieser einseitigen Perspektive eine umfassende Analyse des Dopingproblems nicht gelingen kann, liegt dabei auf der Hand. Andererseits ist es auch nicht ihre Aufgabe, das Geschäft einer in der Frage der Dopinganalyse lange Zeit weitgehend versagenden Sportwissenschaft mit zu erledigen. Es ist sicher richtig, dass Sportjournalisten soziologische Analysen nicht leisten. Dafür aber sind auch nicht sie, sondern die Soziologen und andere Wissenschaftler zuständig. Dass von deren analytischem Verstand zu wenig an die Öffentlichkeit dringt, könnte auch daran liegen, dass solche Wissenschaftler zu wenig die Öffentlichkeit suchen und nicht deren Sprache sprechen.

Die Darstellung von Dopingskandalen als Fälle individuell abweichenden Verhaltens wird der Komplexität des Dopings zweifellos nicht gerecht. Zugunsten der Journalisten muss allerdings berücksichtigt werden, dass die wichtigste Funktion der Enthüllung von Dopingskandalen in der Enthüllung selbst liegt, denn grundsätzlich „ist zunächst von einer Unwahrscheinlichkeit der Dopingaufdeckung auszugehen" (BETTE/SCHIMANK 1995, 273). Die meisten Dopingskandale der Vergangenheit waren nicht dazu geeignet, künftiges Doping „auszumerzen" und verbreitetes Doping einzuschränken. Teilweise schufen sie sogar die Voraussetzungen für künftige Nichtaufdeckung und künftig verdecktes Doping, denn der aufgedeckte Skandal erhöhte paradoxerweise die Wahrscheinlichkeit der Unwahrscheinlichkeit der Aufdeckung weiterer Fälle[2]. Die statutengemäße Abarbeitung des jeweils vorliegenden Falles bietet dem Sportsystem die Möglichkeit zur Selbstreinigung durch Ausstoß des devianten Mitglieds. Dies wird jedoch der Komplexität des Problems nicht gerecht, stützt nämlich die *Einzeltäterhypothese* und dient vorwiegend der Selbstentlastung des Systems.

---

[1] Vgl. hierzu das von EBBIGHAUSEN/NECKEL herausgegebene Buch „Anatomie des politischen Skandals".

[2] Wie über eine fortdauernde Skandalisierung entscheidende Fortschritte in der Dopingbekämpfung gezielt werden können, zeigt die Situation in der Bundesrepublik Deutschland der 90er Jahre. Durch die Permanenz des Dopings als Skandalthema wurde ein so hoher Druck auf den Sport erzeugt, dass Veränderungen unausweichlich waren.

Die Veröffentlichung ist Bedingung des Skandals (NECKEL 1989, 66). Bei gelungener Dekuvrierung wird von einem *Dopingfall* gesprochen. Der „Fall" besonders prominenter überführter Sportler wird bisweilen zum Skandalthema, doch nicht jeder Fall taugt zum Skandal. Die Zahl der gedopten Athleten ist mit Sicherheit immens höher als die Zahl der so genannten Dopingfälle und noch einmal höher als die Zahl solcher Fälle, die Gegenstand ausgewachsener Skandale werden. Wenn es nicht zum Skandal kommt, sagt dies nichts darüber aus, ob gedopt wird oder nicht. Es gibt Sportarten, die den Medien und deren Konsumenten viel zu uninteressant erscheinen, als dass sich aus etwaigen Dopingfällen ein publicityträchtiges Thema ergeben würde. Dann wiederum gibt es auch Sportarten, deren Dopingbekämpfung so wenig effektiv ist, dass Skandale zumindest über den Weg positiver Dopingbefunde überhaupt nicht entstehen können[3]. Sowohl das Ausbleiben von Dopingskandalen als auch ihr Auftreten ähneln strukturell der Situation in der Politik:

> „Das Fehlen politischer Skandale ist also kein Ausweis der besonderen moralischen Güte des jeweiligen politischen Personals. Im Gegenteil. Eher spricht es für den Gesinnungszwang, der in einer Gesellschaft herrscht, wenn politische Skandale fehlen, für den Mangel an Rollendifferenzierung, an deren Verletzung ein politischer Skandal sich erst entzünden kann, für das Fehlen einer relativen Gewaltfreiheit sozialer Konflikte, durch die ein Konflikttypus wie der politische Skandal erst möglich wird. Wo es den politischen Skandal nicht gibt, dort herrscht – außer Langeweile – *bestenfalls* nur eines: Gemeinschaft" (NECKEL 1989, 67).

Im relativ geschlossenen System des Spitzensports ist die Aufdeckung von Skandalen durch Personen innerhalb des Systems eher unwahrscheinlich. Dass nur verhältnismäßig wenige skandalwürdige Fälle der Öffentlichkeit bekannt und dadurch zum Skandal werden, verweist zum einen auf die Raffinesse, mit der dopende Sportler und ihre Helfer bei der Geheimhaltung und Vertuschung ihres devianten Verhaltens vorgehen. Andererseits gibt es anscheinend auch nur ein begrenztes Interesse an der Entlarvung aller tatsächlichen Doping-„Sünder". Wenn alle Dopingfälle aufgedeckt und damit die wahren Dimensionen der Abweichung offenbar würden, würde dies zu einer völligen Zerstörung des positiven Bildes, das eine Sportart oder der Sport insgesamt in der Öffentlichkeit abgeben, führen. Deshalb wird ein nicht wieder gutzumachender „Schaden" befürchtet. Diesen „Schaden", der in Wahrheit im Doping und nicht im Wissen um dieses Doping besteht, gilt es häufig auch aus Sicht solcher Personen zu verhindern, die selbst nicht unbedingt positiv zu Dopingmaßnahmen eingestellt sind. In diesem Licht ist die Auflösung der Antidoping-Kommission des italienischen Olympiakomitees CONI im Oktober 2000 zu betrachten, die enormes Wissen um die Dopingpraktiken in Italien produziert hat-

---

[3] Solche Verbände und Sportorganisationen können ihrerseits zum Gegenstand von Skandalen werden, etwa wenn bekannt wird, dass positive Befunde nicht sanktioniert wurden.

te, das zudem an die Öffentlichkeit gelangt war (L'Equipe, 27. Oktober 2000). Eine dosierte Freisetzung von Wissen um Doping im Sport ist dagegen unschädlich, ja sogar dem Ansehen des Sports zuträglich, da er auf diese Weise sein Engagement im Kampf gegen die „Seuche" zu dokumentieren vermag:

> „Es wäre eine falsche Annahme, abweichendes Verhalten wirke sich auf die Organisation notwendigerweise zerstörerisch aus, es werde vom System günstigerweise gerade noch geduldet oder es sei ein Phänomen, das die sich konform verhaltenden Gruppenmitglieder verhindern oder unmöglich machen wollen. Im Gegenteil, abweichendes Verhalten kann unter Umständen einen positiven Beitrag zum Erfolg und zur Lebensfähigkeit eines sozialen Systems leisten[4]" (COHEN 1970, 19).

Nur Spitzenleistungen von internationalem Format garantieren z. B. in Deutschland den einzelnen Fachverbänden Zuwendungen der öffentlichen Hand oder von Sponsoren. Eine konsequente und erfolgreiche Dopingbekämpfung, die zur Sperre maßgeblicher gedopter Leistungsträger und zum Leistungsrückgang des entsprechenden Verbands führt, würde sich unmittelbar negativ auf die Förderung auswirken und dafür sorgen, dass ein solcher Verband sich selbst schädigt[5].

Andererseits befinden sich auch solche Verbandsfunktionäre, die in überzeugender Weise gegen Doping eingestellt sind, selbst in Bezug auf nicht verbotene, aber gezielt zur Leistungssteigerung eingenommene Mittel wie Kreatin in einer schizophrenen Situation: Einerseits diskutieren sie die ethische Fragwürdigkeit der Verwendung solcher Mittel, auf der anderen Seite aber dienen die durch die Mithilfe dubioser Substanzen errungenen Erfolge als Argumentationshilfe bei der Geldbeschaffung. Dies legt, wie auch die folgende soziologische Überlegung, den Schluss nahe, dass, solange die Dopingbekämpfung in den Händen des Sports selbst liegt, eine entscheidende Wende im Kampf gegen Doping nicht zu erwarten ist:

---

[4] Vgl. hierzu das Statistische Jahrbuch 1998 für Berlin nach Süddeutsche Zeitung, 30.12.1998. Demnach spülten Bußgeldbescheide gegen Autofahrer 1997 fast 100 Millionen Mark in die Stadtkasse und demonstrierten so eindrucksvoll, dass abweichendes Verhalten durchaus einen positiven Beitrag zur Lebensfähigkeit eines Systems leisten kann. Wo solche Posten auf der Einnahmenseite in Haushalten fest veranschlagt werden, zeigt sich dann auf besonders kuriose Weise, wie abweichendes Verhalten von der Gesellschaft bisweilen buchstäblich „benötigt" und einkalkuliert wird.

[5] Fairerweise muss darauf hingewiesen werden, dass der Sport nicht über die ermittlerischen Möglichkeiten zur kompletten Aufklärung von Dopingskandalen verfügt, da die Reichweite der Verbände da endet, wo ein beschuldigter Sportler, Trainer, Arzt oder anderweitig am Doping Beteiligter sich der Verbandsgerichtsbarkeit durch Austritt entzieht. Auch diese Überlegung zeigt, wie illusorisch die Hoffnung ist, der Sport könne das Dopingproblem in Eigenregie lösen. Wie effektiv dagegen der Staat vorgehen kann, zeigen die Prozesse in Italien (Conconi, Ferarri u.a.m.), Frankreich (Festina) und Belgien (Ryckaert).

„In der Soziologie ist die Forschung über Skandale vor allem von den Untersuchungen Emile Durkheims über soziale Integration geprägt. Durkheim ging davon aus, daß selbst die asozialsten, amoralischsten und pathologischsten Handlungen (z. B. Mord, Diebstahl, Suizid) letztlich der Integration der Gesellschaft funktional seien. Mit der Überschreitung wird ein – heiliger oder profaner – gemeinsamer Glaube verletzt, und eben diese Verletzung bekräftigt nicht nur diesen Glauben selbst, sondern auch die gesellschaftliche Kollektivität, die ihn aufrechterhält und stützt. Überschreitungen gehören daher für Durkheim nicht nur zur Normalität des täglichen Lebens, sondern sind für die Aufrechterhaltung jeder gesellschaftlichen Ordnung sogar notwendig" (MARKOVITS/SILVERSTEIN 1989, 153).

Bei der Zuschreibung der moralischen Schuld am Skandal unterliegen Beobachter, Betroffene und Teilnehmer am Skandalgeschehen einem Irrtum, wenn derjenige, der den Skandal öffentlich macht, selbst zum Gegenstand moralischer Fragestellungen gemacht wird. So werden mutige Enthüller nicht selten als „Nestbeschmutzer" beschimpft, womit der Verkünder und eben nicht der Urheber der unheilvollen Nachricht abgestraft wird. Medien sind bei der Erzeugung von Skandalen immer häufiger maßgeblich beteiligt. Journalisten deshalb für die skandalösen Inhalte oder gar für die Inszenierung der Skandale selbst verantwortlich zu machen und zu kritisieren, ist in den meisten Fällen sicherlich falsch. Zudem ist die Macht der Medien in der Frage, wie die Öffentlichkeit einen Skandal beurteilt, durchaus begrenzt:

„Die Medien sind heute zwar insofern meist die Urheber des Skandals, als sie für die Visibilität der Verfehlungen sorgen; hinsichtlich der öffentlichen Reaktionen über das Skandalgeschehen können ihnen aber allenfalls Verstärkerfunktionen zukommen. Dies wird allein schon daran deutlich ..., daß die meisten Versuche der Medien, einen politischen Skandal bloß zu inszenieren, scheitern, wenn sie sich nicht auf gleichgerichtete Empfindungen im Publikum schon stützen können" (NECKEL 1989, 69).

Bisweilen wird in alltagsweltlichen Betrachtungen die Behauptung aufgestellt, „die Leute" interessierten sich nicht dafür, ob ein Sportstar gedopt sei oder nicht, und auch nicht dafür, wie sportliche Spitzenleistungen heutzutage zustande kämen. Die Entrüstung der Öffentlichkeit über spektakuläre Dopingskandale zeugt jedoch eher von der gegensätzlichen Annahme.

Wie Dopingskandale gemanagt werden

Die sogenannte „Spendenaffaire" hat in Deutschland einer breiten Zuschauerschaft eindrucksvoll vor Augen geführt, wie sich Politiker bei Skandalen zu verhalten pflegen. Auch für Laien wird in einem solchen Fall sichtbar, dass Politiker im Umgang mit Anschuldigungen bestimmte bewusste oder unbewusste Verhaltensstereotypien abrufen, die auch im Spitzensport gängig sind. Personen, die in einen politischen Skandal verwickelt sind, entlarven sich gelegentlich zumindest in den Augen einer kritischer und aufmerksamer gewordenen

Öffentlichkeit durch die Verwendung bestimmter Formulierungen und durch die Praktizierung bestimmter Verhaltensweisen mittlerweile beinahe von selbst.

Diese können – ebenso wie Handlungen bei Dopingskandalen - in einem *„Sieben-Stufen-Modell"* zur Bewältigung von Skandalen nach der Psychologie-Professorin ASTRID SCHÜTZ (Rhein-Neckar-Zeitung, 12./13. Februar 2000) eingeordnet werden. Vieles wird der Leser bei der Lektüre der Dokumentation des Festina-Skandals mit Hilfe dieses Schemas besser einordnen können (Bemerkungen in Klammern durch die Autoren):

1. Leugnen („Die Vorwürfe sind unzutreffend")
2. Umdeuten („Die Sache hat sich anders abgespielt")
3. Bestreiten einer Beteiligung („Damit habe ich doch nichts zu tun")
4. Rechtfertigen („Das System ist schuld")
5. Abstreiten einer negativen Absicht („Ich wollte Schlimmeres verhindern")
6. Relativierung der Bedeutung („Ich habe mir sonst noch nie etwas zu Schulden kommen lassen")
7. Eingestehen des Sachverhaltes („Ich habe diesen einen Fehler begangen")[6]

Dass Personen auf das Verhalten einer tieferen Stufe zurückfallen, wenn die Situation hierfür günstig erscheint, ist häufig zu beobachten. Meist wird nur das zugegeben, was ohnehin gerade von den Medien aufgedeckt wird oder wovon bekannt ist, dass eine Enthüllung unmittelbar bevorsteht.

Ein Beispiel dafür, wie Doping geleugnet wird und wie flankierend dazu Vernebelungsstrategien eingesetzt werden, bot die Reaktion des italienischen Olympiakomitees CONI nach der Veröffentlichung der Vorwürfe des Wachstumshormonmissbrauchs im italienischen Spitzensport. Der Zeitung „Corriere della Sera" war ein Doping-Report des CONI sowie eine alle Athletennamen beinhaltende Anlage zugespielt worden. Zunächst wurde - kontrafaktisch - vorgebracht, der Report sei gefälscht. „Wir haben überhaupt keine Namen genannt' behauptete Kommissions-Präsident Professor Carlo Bernasconi", zudem wurde Anzeige gegen Unbekannt gestellt (wegen Geheimnisverrats), und auch die betroffenen Sportler wollten Gerichte anrufen, da sie sich als Opfer einer Rufmordkampagne sahen (Frankfurter Allgemeine Zeitung, 21.10.2000). Gleichzeitig wurden in der „Gazetta dello Sport" massive Angriffe gegen das Kommissionsmitglied Sandro Donati gestartet, der im Lauf der Jahrzehnte durch *zu* deutlichen Kampf gegen Doping aufgefallen war. Am 26. Oktober erfolgte dann kurzzeitig sogar die Auflösung der Antidoping-Kommission[7].

---

[6] Siehe hierzu in ähnlicher Form auch SMOLTCZYK (1999, 26).

[7] Italien, ein Land mit nur geringer Tradition im Schwimmen, gewann in dieser Sportart drei Gold- und weitere drei Silber- und Bronzemedaillen. Beim späteren 200-m-Lagen-

Ein solches defensives Vorgehen, häufig hinter der Maske „brutalst möglicher Aufklärung", hat seine Entsprechungen in der gesamten Geschichte der Dopingskandale. Es läuft meist nach folgendem Muster ab (Abb. 4): Wird ein dopender Sportler durch eine positive Dopingkontrolle überführt, bestreitet er die Vorwürfe zunächst kategorisch *(Bestreiten der Anschuldigungen)* [8]. Dieser erste Schritt fällt meist wenig kreativ aus, da der Sportler noch unter einem schockartigen Zustand leidet und eine ausgeklügelte Verteidigungsstrategie erst entwerfen muss. In einem zweiten Schritt wird dann eine *Fremdtätertheorie* entworfen, die nicht selten völlig verschiedene und bisweilen sogar einander krass widersprechende Möglichkeiten einer solchen Fremdtäterschaft oder eines Fremdverschuldes versammelt. Ziel solcher Aktionen ist das Schüren *begründeter Zweifel*. Dabei geht es dem überführten Doper weniger darum, die Sportrichter zu überzeugen als das Publikum. Verfängt nämlich die Strategie der Kombination aus Unschuldsbeteuerung und Fremdtätervermutung bei den Sportrichtern nicht, so kann der Sportler doch immerhin beim Publikum einen bleibenden Zweifel an der Richtigkeit seiner Verurteilung säen. Die Angst von Beobachtern (Medien, Publikum, Sponsoren etc.), dass hier womöglich ein Unschuldiger verurteilt worden sein könnte, wächst umso mehr, je länger der Fall zurückliegt und je verschwommener die Faktenlage nur noch zur Kenntnis genommen wird. Dies ermöglicht eine problemlose Rückkehr des gedopten Athleten nach der Sperre, wie dies in der Tat in einem Rechtsstaat auch wünschenswert ist. Ist seine abgebüßte Strafe – etwa durch ein Geständnis – klar auf einen Regelverstoß zurückzuführen, gilt es, den gefallenen und jetzt offensichtlich geläuterten Sportler in die Familie des Sports zu reintegrieren. Geradezu triumpfal gerät die *Rückkehr des gefallenen Engels*, wenn der Athlet erfolgreich Zweifel säen konnte, wobei nicht wichtig ist, ob die Zweifel begründet oder unbegründet sind. Wichtig alleine ist, dass sie erfolgreich in den Köpfen der Zuschauer etabliert werden konnten.

Am offensichtlichsten werden strukturelle Gesetzmäßigkeiten von Dopingskandalen, wenn die Beweislage eindeutig ist. Dies ist in idealer Form dann gegeben, wenn nicht nur ein positives Analyseergebnis vorliegt, sondern zum positiven Befund auch noch ein späteres Geständnis hinzukommt. Besonders geeignet ist das Datenmaterial, wenn zwischen dem positiven Befund und dem Geständnis eine beträchtliche Zeitspanne liegt, weil dann sehr leicht nachvollzogen werden kann, welcher eindeutiger Lügen sich ein überführter Athlet in

---

Olympiasieger Massimiliano Rosolino lag ein mehr als achtzigfach erhöhter Blutwert vor (L'Equipe, 27.10.2000).

[8] Wir gehen im Folgenden von der berechtigten Dopinganschuldigung aus. Bei einer ungerechtfertigten Anschuldigung bestreitet der Betroffene seine Täterschaft auf identische Weise (nur eben zurecht), weshalb er dann - fälschlicherweise - ebenso als Lügner eingestuft wird.

der Zwischenzeit befleißigte. Der Fall Ben Johnson bot in dieser Hinsicht idealen Anschauungsunterricht, bei dem alle gängigen Muster des Skandalmanagements offenbar wurden, von der Lüge zum Geständnis vor der Kommission des kanadischen Richters Charles Dubin Monate nach dem positiven Befund. Das mit Abstand am umfangreichsten dokumentierte Skandalgeschehen ergab sich dann während der Tour de France 1998, wo es staatliche Ermittlungen waren, die Erhellendes, Erschreckendes und Ernüchterndes zum offenbar obligatorisch gewordenen Doping im internationalen Radsport bzw. Spitzensport an den Tag brachten. Der Sport mit seinen begrenzten Aufklärungsmöglichkeiten und mit seinem häufig nur begrenzten Aufklärungswillen wäre zu soviel Wahrheitsfindung. alleine sicherlich niemals gekommen. Die im Folgenden angebotene umfangreiche Materialsammlung mit Fakten und Meinungsäußerungen soll zahlreiche theoretische Überlegungen zum Thema Doping belegen helfen. Das typische Verhalten von Akteuren im Spitzensport kann anhand dieses Datenreservoirs ebenso umfangreich dokumentiert werden wie die Verwendung von Neutralisierungstechniken. Diese Dokumentation des größten und umfang-reichsten Dopingskandals in der Geschichte des Hochleistungssports ist zugleich die Dokumentation eines bedeutenden Kapitels zur Zeitgeschichte des Sports.

2.2 Zur Dopinggeschichte des Radsports

In der Folge führen wir zunächst wesentliche Fakten[9] zur Doping-Geschichte des Radsports an. Daraus wird eine Entwicklung ersichtlich, die zeigt, dass der Festina-Skandal keinen einmaligen Ausnahmefall im Radsport darstellt. In einem zweiten Schritt werden wesentliche Fakten und Äußerungen im Zusammenhang mit dem Festina-Skandal sowie weitere Entwicklungen bis ins Jahr 2000 hinein zusammengetragen. Anschließend werden zusätzliche Analysen unternommen, mit deren Hilfe auch Aussagen für andere Sportarten getroffen werden können. Wir führen die radspezifischen Fakten und Äußerungen sehr ausführlich auf, weil sie zum einen für sich selbst sprechen – d.h., dass Leser sich selbst analytisch und kritisch damit auseinandersetzen können -, zum anderen aber auch als Materialsammlung für die Bearbeitung des Dopingproblems im Zuge präventiver Maßnahmen oder im Rahmen der Ausbildung dienen können.

1896: Der britische Radrennfahrer Arthur Linton gilt als erster Drogentoter der neueren Sportgeschichte.

1949: Tod eines Radsportlers wegen Amphetaminmissbrauch im Krankenhaus von Rapallo (DE MONDENARD 1987, 92).

---

[9] Soweit nicht belegt, sind die Fakten im Wesentlichen dem Artikel der Süddeutschen Zeitung „Die Skandal-Historie" vom 18. 7.1999 entnommen.

1956: Der Radsportler A.A. wird im Zustand völliger Verwirrung als Folge von Amphetaminmissbrauch ins psychiatrische Krankenhaus von Montello eingeliefert (DE MONDENARD 1987, 92). Der Radrennfahrer B. wird bei einem Rennen in der Schweiz ins Krankenhaus eingeliefert, fällt wegen des Missbrauchs von mehreren Substanzen (u. a. Amphetamine) in ein Koma und stirbt nach vier Stunden (DE MONDENARD 1987, 92). Der französische Zoll beschlagnahmt Dopingmittel für den besten Bergfahrer, den Luxemburger Charly Gaul.

1960: Tour-Arzt Pierre Dumas entdeckt, dass sich der italienische Meister Gastone Nencini männliche Hormone injiziert. Auf einem schnell einberufenen Treffen der Tourverantwortlichen mit den bei der Tour anwesenden Ärzten werden ethische Aspekte der Sportmedizin diskutiert. Der Tour-Arzt Boncour: „Was wird aus Nencini in fünf, zehn Jahren geworden sein? Einige der verwendeten Medikamente können ihm extrem schaden." Ein anderer Arzt klagt Nencinis Arzt mit folgenden Worten an: „Die von Ihnen verwendeten Drogen sind schädlich und gefährlich. Im Moment hält dies der Fahrer aus, aber sind Sie sicher, dass er nicht in drei oder vier Jahren Opfer der schrecklichen Nebenwirkungen Ihrer Behandlung sein wird?" Dumas sieht künftige Entwicklungen voraus: „Schlimm ist, dass die Doper von nun an Ärzte sind. ... Die neuen Dopingmethoden benutzen männliche Hormone, Anabolika und Kortikoide. Ihre unvernünftige Verwendung bei Gesunden birgt eine schreckliche Gefahr, so verwendet können sie Krebs hervorrufen. Medizin muss prophylaktisch arbeiten und darf keine Todesgefahr provozieren" (DE MONDENARD 1987, 94). Gastone Nencini starb 1980 im Alter von weniger als 50 Jahren an Krebs (DE MONDENARD 1987, 114 f.).

Knud Jensen und Jörgen Jörgensen (beide Dänemark) fallen während des Mannschafts-Zeitfahrens bei den Olympischen Spielen in Rom vom Rad. Jensen (23 Jahre) stirbt am Nachmittag im Krankenhaus. Die dänische Mannschaft soll vor dem Start das Aufputschmittel "Ronicol" erhalten haben.

1962: Die Tour-Favoriten Nencini und Junkermann (Deutschland) scheiden wegen einer Lebensmittelvergiftung aus (offizielle Version). Mediziner vermuten die Verwendung von Morphinen. Bei der italienischen Amateurstraßenradmeisterschaft werden erstmals (vorher angekündigte, nicht unter Strafandrohung stehende) Amphetaminkontrollen durchgeführt; von 30 Proben (bei 67 Teilnehmern) sind 46,6 % positiv (DE MONDENARD 1987, 96).

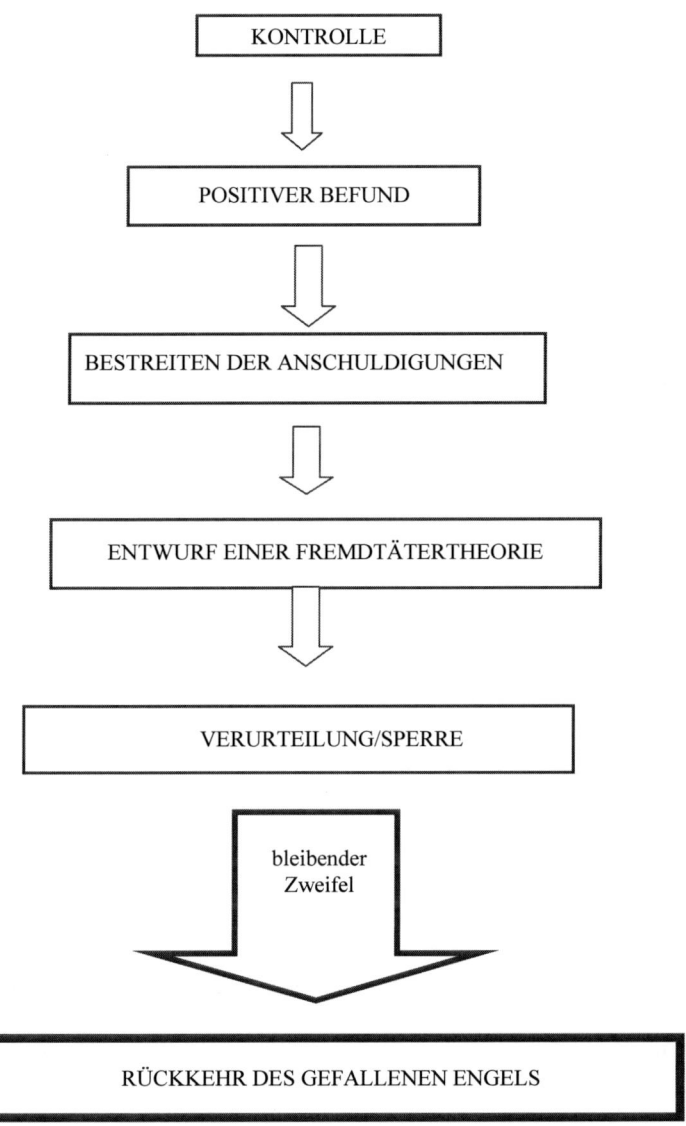

Abb. 4: Idealtypischer Verlauf eines Dopingskandals

1967: Bei der Tour de France kollabiert der Engländer Tom Simpson beim Anstieg zum Mont Ventoux und stirbt. In seiner Trikottasche werden Röhrchen mit Amphetaminen gefunden. Positiv sind auch die Fahrer Julio Jimenez (Spanien) und Destré Letort (Frankreich). Der fünffache Toursieger Anquetil (1987 an Krebs gestorben): „Ja, ich habe Amphetamine genommen, ich sage dies, um den Nachwuchs zu warnen. Ich habe schon lange damit aufgehört, zumal ich sie nicht für wirksam halte" (DE MONDENARD 1987, 97) ... „Ich ziehe eine Spritze mit Koffein drei Tassen Kaffee vor" (Süddeutsche Zeitung, 18.7.1998).

1969: Tour-Sieger Eddy Merckx soll vom Arzt Lucien Maigre Doping-Mittel erhalten haben. Später wird bekannt, dass Merckx oft Kortison benutzte. Positiv getestet werden bei der Tour Rudi Altig (Deutschland), Joseph Timmermans (Belgien), Henk Nijdam (Holland), Pierre Martignon und Bernard Guyot (Frankreich).

1972: Neun von elf argentinischen Radsportlern werden für die Olympischen Spiele in München wegen Dopings nicht zugelassen.

1976: Die französische Radsporthoffnung Rachel Dard führt aus, dass alle französischen Radprofis dopen und legt ein Anabolika-Rezept des Mannschaftsarztes für ihn vor.

1978: Bei der Tour de France 1978 wird der belgische Spitzenreiter Michel Pollentier bei der Dopingkontrolle bei der Verwendung von Fremdurin ertappt und wundert sich: „Ich habe doch die Gummiblase mit dem Schlauch stets verwendet und nie Schwierigkeiten dabei gehabt!" (Süddeutsche Zeitung, 25.7.1978).

1979: Nach einer positiven Doping-Probe erklärt der Holländer Joop Zoetemelk: „Ich habe in der Tat in den Alpen ein Aufbaumittel genommen, Nortestosteron, auf Verschreibung meines Hausarztes Dr. Fucs" (DE MONDENARD 1987, 132).

1980: Der fünfmalige Toursieger Hinault gibt wegen Knieproblemen auf (vermutlich wegen Kortison-Missbrauch). Dietrich Thurau wird nach der dritten positiven Probe der Saison aus dem Rennen genommen. Der Kölner Laborleiter Manfred Donike wirft der UCI unseriöse Kontrollen vor (keine Bestrafung bei Positiv-Proben, Streichen von Kontroll-Ergebnissen, inkompetente Kontrolllabors, Manipulation bei Kontrollen, fehlende Doping-Kontrollen bei Sechs-Tage-Rennen wegen der Weigerung der UCI).

1983: Einer der Vorreiter des Anabolikadopings im Radsport seit Beginn der 60er Jahre, Dr. Josef Assenmacher: "Ohne Hilfe von Anabolika und Hormonen ist das heutige Radsport-Programm nicht zu meistern."[10]

1985: Don Miller (Generalsekretär des NOK der USA) gibt zu, dass sich die bei den Olympischen Spielen erfolgreichen Radsportler zuvor Blut-Doping unterzogen hatten. Nach Ansicht des NOK der USA sind die Fahrer nicht verantwortlich; der polnische Trainer Eddy Borysewicz wird für 30 Tage ohne Bezahlung suspendiert.[10]

1987: Thurau wird von seiner letzten Tour wegen Anabolika-Dopings ausgeschlossen.

1988: Bei der Tour de France gibt es 18 Doping-Fälle. Beim Spanier Delgado werden Mittel zur Dopingverschleierung festgestellt (u.a. Provenocid); er gewinnt die Tour, 15 Tage später werden die von ihm verwendeten Mittel, die nur auf der Dopingliste des IOC standen, auch vom Weltradverband UCI verboten. Roger Legeay (Team-Chef bei Z-Peugeot): "Seit 20 Jahren ist die Praxis der Kontrollen undurchsichtig."[11] Legeay war 1974 selbst bei einer Dopingkontrolle mit Amphetaminen positiv getestet worden (GUILLON/QUÉNET 2000, 60). Beim Verhör durch die Polizei am 29.3. und 1.4.1999 behauptet er, sich nie gedopt zu haben (GUILLON/QUÉNET 1999, 59 f.). Rätselhafte Todesfälle im gleichen Jahr: Glaser (Österreich), Meijer (Holland) (Radsport, 34,1988, 7).

1989: Didier Garcia (Frankreich): „Ich habe mich gedopt wie die anderen auch, mit Kortison, Amphetaminen. Als Profi entkommst Du dem Doping nicht." Todesfälle: Gerd Oosterbosch (Belgien, Radsport 8,1989), A. Brinkmann (Deutschland, Radsport 7, 1989, 7), Johannes Draaijer (27 Jahre, Holland, Tour 5, 1990, 172).

1990: In einem brisanten Buch enthüllt der irische Radprofi Paul Kimmage Doping-Praktiken im Radsport. Bei einem Kongress in Bozen gesteht der Stundenweltrekordler Francesco Moser, er habe Dopingmittel nur genommen, wenn er sich sicher gewesen sei, dass es nach dem Rennen keine Kontrollen gebe. Für bei Kontrollen positive Profis, die die Schuld auf Ärzte und andere abzuwälzen versuchten, habe er nur ein müdes Lächeln übrig. Bis 1980 sei bei Kontrollen außerdem gar nicht nach anabolen Steroiden und Kortison gesucht worden (Süddeutsche Zeitung, 29.10.1990).

Beginn einer neuen Zeit: EPO und andere neue Medikamente

Anfang der 90er Jahre: Tod von möglicherweise fast 30 belgischen und holländischen Profis und Amateuren, wahrscheinlich als Folge „unsachgemäßer" EPO-Verwendung und -Dosierung. Über den Tod Draaijers und weiterer 17 Holländer und Belgier wird in der "Tour" (6, 1994, 156 – 157) berichtet.

---

[10] Mitteilung von Ralf Meutgens
[11] Mitteilung von Ralf Meutgens

1991: Das komplette PDM-Team mit den Deutschen Falk Boden und Uwe Raab wird wegen Lebensmittelvergiftung von der Tour de France zurückgezogen. Fünf Jahre später gibt Raab zu, dass die Ursache ein unsachgemäß gelagertes Doping-Präparat war (möglicherweise nicht ausreichend gekühltes EPO). Uwe Messerschmidt (Deutschland) erleidet eine Thrombose (Tour 9, 1991, 136). Nach Festina-Masseur Willy Voet nahmen die holländischen Festina-Fahrer EPO seit 1991, die anderen auf Betreiben des Arztes seit 1992 (VOET 1999, 151).

1994: Im Auftrag des italienischen Sportbundes CONI bewegt Sandro Donati mit der Zusicherung von Anonymität sieben Mediziner und 21 Radrennfahrer zu präzisen Aussagen (Donati-Report „Dopingpraktiken im Radrennfahren"). Nach dem sollen ca. 80 % der Radprofis gedopt sein. Donati macht den Conconi-Schüler Michele Ferrari als Zentrum des EPO-Dopings aus. Bezeichnend die Reaktion des UCI-Präsidenten Verbruggen nach Veröffentlichung von Einzelheiten des Donati-Reports in der „L'Equipe" über zwei Jahre später: „Hein Verbruggen findet das alles feige" (Frankfurter Allgemeine Zeitung, 21.1.1997), und zwar die Verletzung des Geheimnisses, nicht das Doping. Der Conconi-Schüler Michele Ferrari erklärt nach dem Erfolg des "Gewiss"-Teams mit Argentin, Furlan und Berzin beim „Flèche Wallonne" in Belgien, EPO sei nicht gefährlicher als Orangensaft (GUILLON/QUÉNET 2000, 159).

1995: Der französische Mit-Initiator des "suivi médical longitudinal" (medizinische Langzeitbetreuung) Gérard Dine antwortet auf die Frage, seit wann er von EPO-Missbrauch wisse: "Seit 1995. Aber leider gab es keine Beweise. Wir fanden damals bei Sportlern Hämatokritwerte von über 60. Derartige Werte deuten normalerweise auf Krankheiten wie Polyglobulie (eine abnorme Vermehrung der roten Blutkörperchen) hin, allerdings in der Regel bei älteren Menschen. Bei einem 25-jährigen, gesunden Sportler weist ein solcher Wert auf die Einnahme von EPO hin." Nach Willy VOET wurden seit 1995 Wachstumshormone bei Festina eingesetzt (VOET 1999, 155), ebenso Clenbuterol (VOET 1999, 160) und Kreatin, letzteres in Kombination mit Nandrolon (VOET 1999, 163). Nach einem Unfall wird im Krankenhaus bei Marco Pantani ein Hämatokritwert von 60 % gemessen, wenige Tage später nur alarmierende 16 % (GUILLON/QUÉNET 2000, 156). Pantanis Anwälte führen den überhöhten Wert auf Dehydrierung, den Unfall-Schock, ungenaue Analysen und den Höheneffekt bei der Teilnahme Pantanis an der Rad-Weltmeisterschaft in Kolumbien zurück. Experten weisen darauf hin, dass diese Faktoren den Hämatokritwert höchstens auf 48 oder 49 % steigen lassen können, nicht aber auf 60,1 % (Libération, 25.10.2000).

1996: Willy VOET zur Tour-Vorbereitung 1996: „Einige französische und schweizerische Fahrer (der Festina-Equipe) haben 1996 nicht an den nationalen Meisterschaften teilgenommen. Sie befanden sich Ende Juni mitten in ihrer Clenbuterol-Kur ... Unsere Ausrede: Ein kollektiver Virus, der uns so kurz vor der Tour de France große Sorgen bereite, wie die Presse zu berichten wusste" (VOET 1999, 162). Bei der Tour de France 1996 hatten die Festina-Fahrer bei der Etappe nach Hautecam Hämatokrit-Werte bis zu 54, kamen a-ber mit Team-Telekom-Fahrer Bjarne Riis nicht mit (VOET 1999, 164). 1996 wurde erstmals IGF 1 angewendet (VOET 1999, 176).

1997: Der Usbeke Dschamolidin Abduschaparow wird wegen Missbrauchs von Clenbuterol und Bromantan ausgeschlossen. Im Vorfeld war er mehrfach positiv und wurde nur verwarnt. Bei dem am 1. Januar 1997 eingeführten Bluttest der UCI wird als erster der Italiener Claudio Chiapucci auffällig. Der deutsche Radprofi Jörg Paffrath gibt im "Spiegel" zu, dass er sich vier Jahre lang gedopt hat (Anabolika, Erythropoetin, Koffein usw., „Der Spiegel" 25/1997, 122 - 125). Der deutsche Radsportverband schließt ihn aus und auferlegt ihm die Kosten des Verfahrens. Beim Giro d'Italia durchsucht die Polizei das Mannschaftshotel von MG-Technogym und findet Dopingmittel. Das Verfahren wird eingestellt, nachdem der Sportdirektor Giancarlo Ferretti erklärte, bei den Dopingmitteln handele sich um seinen persönlichen Bedarf zur Steigerung seiner sexuellen Leistungsfähigkeit (GUILLON/QUÉNET 2000, 152). Erwan Menthéour (Frankreich, Fahrer des Teams „La Française des Jeux") wird seine Lizenz für 14 Tage wegen eines zu hohen Hämatokritwerts entzogen. Menthéour direkt danach: „Ich habe nicht betrogen ... Ich hatte am Tag vor dem Zeitfahren Durchfall und war völlig entwässert. Das ist die einzige konkrete medizinische Erklärung, die es gibt." Nach der Bekanntgabe der Suspendierung lässt Menthéour eine Blutprobe entnehmen, der Hämatokritwert lag dann bei 46,6 %. „Die Entscheidung der Rennkommissionare fügt mir enormen sportlichen und moralischen Schaden zu" (L'Equipe, 12.3.1997). Bei der Tour de France 1997 verwenden in der ersten Tour-Woche 50 %, ab der zweiten fast 80 % der Fahrer Kortikoide mit ärztlichem Attest (Sport et Vie, 62, 2000, 62).

1998: Menthéour nach Beendigung seiner Profikarriere im Alter von 24 Jahren: „Zwei Jahre lang habe ich EPO und andere Substanzen verwendet. ... Niemand hat mich dazu gezwungen. Ich wusste, was ich tat. ... Für den Rad-Profi ist die Alternative einfach. Wenn du nichts nimmst, kannst du mit den Besten nicht mithalten. Wenn du mit den Besten mithalten willst, musst du dich dopen. Wenn du nicht funktionierst, erhältst du eine erste Verwarnung. Wenn sich nichts ändert, eine zweite. Und bei der dritten wird dein Vertrag nicht erneuert. ... In diesem Milieu wird jeder Jugendliche mit etwas Erfolg über kurz oder lang mit dem Dopingproblem konfrontiert. ... Das haben weder Roussel noch Festina verdient, ... man macht aus ihnen Sündenböcke. Jeder weiß, was sich im Radsport abspielt, nicht erst seit der Verhaftung von Willy Voet" (Le Monde, 18.7.1998). In einer Artikelserie im Januar 1997 hatte „L'Equipe" das

Dopingproblem im Radsport behandelt. Die Reaktion des Präsidenten der UCI, Hein Verbruggen, war damals, da hätten sich verbitterte Profis oder Fahrer am Ende ihrer Karriere gerächt. 1998 verweist Verbruggen auf eine angebliche Vorreiterrolle der UCI bei der Dopingbekämpfung, sein Verband sei der erste gewesen, der Antidopingkontrollen und zusammen mit dem Skiverband als erster auch Blutanalysen eingeführt habe (L'Equipe, 24.7.1998). Der Belgier Eddy Plankaert (Gewinner des Grünen Trikots 1988) gibt die Einnahme von EPO zu: „Ich habe EPO erst 1991 genommen ... Obwohl es viele gute andere Mittel gibt, ist EPO in der Tat ein phantastisches Mittel. ... Ich habe es benutzt, als ich älter wurde und meine Kondition nicht mehr die allerbeste war. Durch EPO verspürte ich noch mal eine Leistungssteigerung von etwa 12 bis 15 %. Wenn man EPO auf dem Höhepunkt seiner Karriere nimmt, wirkt es bestimmt wundervoll. ...Heute arbeitet doch fast jeder Profi mit EPO und sie sind damit auch alle besser geworden" (Sport-Bild, 5.8.1998).

Der Radsport-Journalist Ralf Meutgens analysierte die Berichterstattung der Zeitschriften "Radsport" und "Tour" zu Doping und Todesfällen (ergänzt um Wissen aus Insiderinformationen), sein Fazit:

„Faktisch auffällig sind zwei besondere Kennzeichen:

a) die breite Streuung der positiven Proben über alle Radsport-Kategorien (Bahn, Strasse, Cross, MTB, Profi und Amateure) und Nationen (Europa, Nord- und Südamerika) lässt Rückschlüsse auf die Grundgesamtheit Radrennsport zu.

b) Die Vielfalt der verwendeten, nachgewiesenen oder zugegebenen Mittel ist "beeindruckend": Amphetamin, andere Stimulantien, Kokain, Testosteron, Nandrolon, andere Anabolika, Stanozolol, Intralipide, Opiate, Clostebolmetabolit 50, Ephedrin, Koffein, Salbutamol, Kortison, PFC, EPO, Wachstumshormone und Cortison."

Der Radsport scheint für Experimente jeglicher Art prädestiniert zu sein, z.B. für

„den Einsatz seltener Medikamente wie etwa Vorstufen von Wachstumshormonen oder Multi-Corticoide, oder den Einsatz von temporären externen Herzschrittmachern für die Ruhephase zu Zeiten, als es noch keine Hämatokritbegrenzung gab und die Gefahr eines Herzstillstandes durch EPO enorm hoch war, oder der Einsatz von peripheren cardialen Vasodilatoren wie Nitrolingual, die als transdermales Pflaster oder in Pillenform für die nötige Schnelligkeit in den letzten 15 Minuten sorgen sollen ... bei den beiden Medikamenten (Namen der Medikamente)[12] müssten bei einem .... Fahrer (Name der großen Mannschaft den Verfassern bekannt) die Ohren klingeln" (E-Mail RALF MEUTGENS vom 14.4.2000).

Hinzu kommt der „Hang zu Bypässen, speziell im Beckenbereich, um frühzeitig verschlossene Arterien zu ersetzen" (Deutschlandfunk, 16.10.1999). Die geringe Hemmung vor dem Missbrauch vieler Medikamente erklärt wahrschein-

---

[12] Die Namen der Medikamente haben wir gestrichen, um niemanden in Versuchung zu bringen.

lich auch, warum bei den ehemaligen Radprofis ein hohes Suchtverhalten zu verzeichnen ist: „Exzessiver Alkohol- und Nikotingenuss, Drogenmissbrauch und psychiatrische Behandlungen sind keine Ausnahmen" (Deutschlandfunk, 16.10.1999). Sportler der zweiten Reihe, die keine unangekündigten Dopingkontrollen befürchten müssen, sind wahrscheinlich mehr gefährdet als die Spitzensportler.

In einer Studie zur Mortalitätsrate aller deutschen Tour-de-France-Teilnehmer seit 1955 waren von 79 erfassten Radprofis „nur" fünf im Alter von 49 bis 62 Jahren gestorben:

> „Weit höher ist diese Zahl unter denen, die nicht an internationalen Wettkämpfen teilgenommen haben und somit keine regelmäßigen Dopingkontrollen befürchten mussten. Daran erinnert sich auch Hans Michalsky, der ... zweimal an Olympischen Spielen teilnahm: ‚Wir wurden jedoch damals schon sehr oft kontrolliert, aber Leute, die in der zweiten Reihe standen, die mehr die regionalen Rundstreckenrennen fuhren, waren weitaus gefährdeter. Von denen kenne ich viele Fälle, die heute schon nicht mehr leben, etliche, die entweder durchgedreht sind, oder rauschgiftsüchtig sind oder alkoholsüchtig." (Deutschlandfunk, 16.10.2000).

Nach Meinung des langjährigen betreuenden Arztes des Radsportverbands Nordrhein-Westfalen, Dr. Gustav Ratken, ist die Dopingmentalität im Radsport aggressiver als in anderen Sportarten, Radsportler seien ausgeprägter hinter Medikamenten her. Die Dopingmentalität wird auch von Generation zu Generation weitergegeben. Der Radsport-Insider Dieter Quarz:

> „Ehemalige Profis oder Radsportler ... werden nach ihrer sportlichen Karriere in Funktionsträgerpositionen des Radsports reintegriert. Damit natürlich auch ihr Wissen um pharmakologische Manipulationen, die sie zum Teil selber benutzt haben. So entsteht ein Kreislaufsystem, das nicht unbedingt dazu führt, dass sich etwas an der Dopingmentalität im Radsport ändert" (Deutschlandfunk, 16.10.1999).

Auf jeden Fall ist der Radsport im Lauf der Jahrzehnte zu einem Milieu geworden, das von Lüge und Betrug geprägt wird:

> „Solange es noch Radsport-Funktionäre gibt, die nach eigenem Bekunden ‚'vom Ausmaß des Dopings doch überrascht waren', sich aber zum Teil aus ehemaligen erfolgreichen Radsportlern rekrutieren, wird Doping im Radsport noch lange nicht Geschichte sein." (Deutschlandfunk, 16.10.2000).

Insofern war die Tour de France 1998 ein Ereignis, das in keiner Weise aus dem Rahmen fiel. Neu waren das Eingreifen des Staates, durch das wesentlich mehr von dem offen gelegt wurde, was sich wirklich im Radsport abspielt, und das überaus große Interesse der Medien. Nicht neu war, dass alle Dopingproben negativ ausfielen.

2.3   Die Tour de France 1998 und der Festina-Skandal

Wieso konnte sich angesichts einer solchen Vielzahl von skandalträchtigen Dopingfällen im Radsport aus der Festnahme des Festina-Pflegers Willy Voet ein besonderer Skandal entwickeln? Zum einen scheiterte der Versuch, die Angelegenheit mit individueller Devianz Willy Voets zu erklären; zum anderen konnte das Problem nicht durch Aussprechen einer symbolischen, auf eine Einzelperson beschränkten Sperre gelöst werden. Darüber hinaus hielt das Interesse der Öffentlichkeit an diesem Skandal über Wochen hinweg an, wohl dadurch bedingt, dass die Verhaftung eines Betreuers auf systematisches Teamdoping hinwies – mithin also auf eine neue Qualität in nachweisbaren Dopingfällen im Radsport. Für analytische Zwecke eignet sich der Festina-Skandal durch seine lange Dauer, in der frühere Aussagen und spätere Geständnisse häufig in krassem Missverhältnis standen und beispielhaft die Techniken der Verschleierung vor Augen führten.

Die interessierte Öffentlichkeit wurde durch das Engagement von Polizei und Staatsanwaltschaft jeden Tag mit neuen Fakten konfrontiert, was die Verschleierungsversuche durch Fahrer, Ärzte oder Funktionäre jeden Tag aufs Neue konterkarierte. Es wurde deutlich erkennbar, dass das Doping-Kontrollsystem des Radsportverbands wenig oder nichts bewirkte und dass eine ganze Sportart nahezu in einem kollektiven Betrug vereint war. In Frankreich, einem Land, in dem die Tour de France seit vielen Jahrzehnten das sportliche Top-Ereignis darstellt und die Berichterstattung über lange Zeit im Wesentlichen über den Tour-Veranstalter, die Verlagsgesellschaft der Sporttageszeitung „L'Equipe" abgedeckt wurde, widmeten nun viele Tageszeitungen dem Festina-Skandal täglich bis zu mehreren Seiten. Damit war es leicht, die einzelnen Stufen des Skandals zu beobachten. Erstmals war im Spitzensport so etwas wie das Zusammenbrechen langjährig erfolgreich eingeübter Verteidigungsstrategien festzustellen. Auf bemerkenswerte Weise unterliefen den Radsportlern „taktische" Fehler im Umgang mit der Öffentlichkeit, und dies schloss merkwürdigerweise auch solche Sportler mit ein, die selbst überhaupt nicht unter konkretem Dopingverdacht standen. Während ungedopte Sportler meist eher *Empörung über das Doping der Konkurrenz* an den Tag legen, beeindruckten z. B. Telekomfahrer wie Jan Ullrich oder Bjarne Riis durch die *Empörung über die Diskussion über Doping* oder auch über die Art der Behandlung verdächtiger Personen durch staatliche Ermittler. Die Radsportler wirkten angesichts der Erkenntnis, als Sportart nicht mehr außerhalb der Gesetze zu stehen, schockiert.

Deutlich waren Versuche, den durch den Skandal verursachten Schaden für die anderen Mannschaften, für den Radsport und dann aber auch für den Spitzensport unter Anwendung aller gängigen Techniken der Neutralisierung zu begrenzen. Es wurde versucht, Informationen lächerlich zu machen, als falsch zu erklären (z.B. durch den Freiburger Prof. Joseph Keul, der Anabolika-Missbrauch im Radsport wegen einer behaupteten Nachweisbarkeit aller Anabolika als absurd bezeichnete) oder eigene Ahnungslosigkeit zu demonstrieren (z.B. durch den Telekom-Teamarzt Heinrich am 12.7. mit seiner Behauptung, die bei Voet gefundene Menge EPO würde für die Doping-Versorgung mehrerer Mannschaften reichen). Der „unbekannte Dritte" (Saboteur) wurde ins Spiel gebracht. Durch die Polizei gefundene Medikamente wurden als „Eigenbedarf" des durch die Doping-Regeln nicht betroffenen Sportlerumfelds ausgegeben (z.B. durch Willy Voet oder am 31.7. durch den spanischen Mannschaftsarzt Terrados). Das Verzögern von Konsequenzen durch die Radsport-Verantwortlichen und die Organisatoren der Tour wurde mit unzureichender Information begründet. Die Überbringer der negativen Botschaft, die Medien, wurden zu „Totengräbern des Radsports" erklärt (z. B. durch Richard Virenque am 16.7. oder Bjarne Riis am 26.7.), hilflose Versuche, die Medien zur Beschränkung auf das „Wesentliche" - den Wettkampf selbst - zu veranlassen, folgten nach (z. B. durch Jan Ullrich am 23.7.). Doping-Gegnern wurde Profilierungssüchtigkeit auf Kosten des Renommier-Ereignisses unterstellt (z. B. durch den ehemalige Radprofi und TV-Kommentator Rudi Altig am 29.7.)

Heftige Kritik am Vorgehen der französischen Polizei gegen die verehrten Helden und ihre Behandlung wie normale Staatsbürger wurden begleitet vom zaghaften Versuch z. B. des französischen Radsport-Präsidenten Baal am 31.7., auf die Autonomie des Sports und dessen Selbstreinigungskraft hinzuweisen. Schon einem Erpressungsversuch gleich kam der Bummelstreik der Fahrer oder das Ausscheiden spanischer Mannschaften am 29.7., das mit einer antifranzösischen Kampagne verbunden wurde. Dem französischen Staat sollte damit verdeutlicht werden, dass durch sein Eingreifen die Tour ruiniert werden könnte und dass mit der Spanienrundfahrt „Vuelta" ein Ersatzereignis zur Verfügung stehe. Internationale Spitzensportakteure wie der IOC-Präsident Samaranch drückten ihre Unterstützung für Radsport-Funktionäre wie den UCI-Präsidenten Verbruggen aus und wiesen auf die „Vorreiter-Rolle" des Radsports bei der Doping-Bekämp-fung hin.

Die Hauptakteure des Festina-Skandals

Folgende Akteure bestimmten vor allem die Tour de France 1998: Das *Festina-Team* mit Willy Voet (Pfleger und Medikamententransporteur); Bruno Roussel (Sportdirektor), Eric Ryckaert (belgischer Mannschaftsarzt und in Belgien in einen Abrechnungsbetrug und EPO-Handel verwickelt)[13], den Fahrern Richard Virenque (Kapitän), Alex Zülle, Laurent Dufaux, Armin Maier, Laurent Brochard, Christophe Moreau (im Frühjahr 1998 bereits positiv, aber nicht

---

[13] Ryckaert behauptete zunächst, er würde ehrenamtlich für Festina arbeiten, weil er seine 6000 Francs pro Tag nicht versteuern wollte (Le Monde 26.7.1998, 1).

gesperrt), Pascal Hervé. Das **TVM-Team** mit den Sportdirektoren Cees Priem und Hendrik Redant sowie dem Arzt Andrej Michailov. Der Manager des spanischen Teams **Banesto**, José Miquel Echavarri (Antreiber beim Entschluss der spanischen Teams zum Verlassen). Der Tour-Direktor Jean-Marie Leblanc. Der Präsident des französischen Radverbands und Vizepräsident der UCI, Daniel Baal, der Präsident der UCI, Hein Verbruggen. Der Untersuchungsrichter Patrick Keil in Lille. Marie-George Buffet, französische Ministerin für Jugend und Sport. Und natürlich **Staatsanwaltschaften** und **Polizei**.

Von der Lüge zum Teilgeständnis

9.3.1998[14]: *Ein Auto mit zwei Mechanikern des TVM-Teams wird in der Nähe von Reims durchsucht, gefunden werden 104 Dosierungen EPO. Die Justiz stellt das Verfahren bald danach ein (Le Monde, 2./3.8. 1998).*

8.7.1998: *Der Pfleger der Festina-Mannschaft, Willy Voet, wird in Nordfrankreich vom französischen Zoll beim Transport von Dopingsubstanzen verhaftet (mehr als 400 Ampullen EPO, darunter 10 Ampullen Eprex 4000, 139 Ampullen Neo-Recormon 2000[15], 85 Ampullen Irantin 2000, das Anabolikum Panteston, 82 Dosierungen des Wachstumshormons Saizen, der Blutverdünner Hyperlipen und das Kortikoid Synacthen) (GUILLON/QUENET 1999, 23).*

9.7.1998: Tour-Direktor Jean-Marie Leblanc: „In einer Woche, wenn die Tour in den Bergen Leidenschaften weckt, wird niemand mehr von der Festina-Affäre reden" (GUILLON/QUENET 1999, 9).

11.7.1998: *Tour-Beginn in Irland. Erst jetzt wird bei den an der Tour teilnehmenden Mannschaften bekannt, dass Voet an der französischen Grenze festgenommen wurde.*

Die Festina-Mannschaft behauptet, mit Voet nichts zu tun zu haben. „Wo sollte der sorglose Schmuggler bloß hin - zur Tour de France? 'Absurd', verkündete Teamchef Bruno Roussel, der zunächst auch noch vorgab, weder einen Masseur noch einen Wagen zu vermissen. Mann und Fahrzeug sind aber bei der Tour ordnungsgemäß akkreditiert" (Süddeutsche Zeitung, 20.7.1998). Nach der Verhaftung Voets hatten Roussel und die Mannschaft bei Frau Voet angerufen, er solle sagen, bei den gefundenen Mitteln handle es sich nur um seinen persönlichen Bedarf, Festina werde alle Kosten tragen (VOET 1999, 78). Moreau: „Wir müssen alle bei Rennen zu Dopingkontrollen. Deshalb können wir Medikamente, wie sie Willy Voet transportiert hat, nicht verwenden wir brauchen uns keine Sorgen zu machen. Wir haben ein gutes Gewissen" (GUILLON/QUENET 1999, 38).

---

[14] Im Nachfolgenden werden Fakten kursiv gedruckt.
[15] Das Medikament dient normalerweise zur Dialyse-Therapie.

12.7.1998: *Der Festina-Chef Roussel gibt zu, dass ein Mann seines Teams fehlt, ohne einzugestehen, dass es sich um den in Lille inhaftierten Willy Voet handelt (Frankfurter Allgemeine Zeitung, 14.7.1998).*

Roussel: „Ich bin seit fünf Jahren Manager bei Festina. Nicht umsonst sind wir die Nummer eins in der Welt. Das liegt an unserer starken Struktur, an den Betreuern, den Mechanikern und den Ärzten. Unser Erfolg hat nichts mit Doping zu tun" (Frankfurter Allgemeine Zeitung, 14.7.1998).

13.7.1998: *Der Untersuchungsrichter Patrick Keil in Lille nimmt die Ermittlungen auf.*

14.7.1998: *Willy Voet sagt bei seiner Vernehmung aus, auf Anweisung von Festina-Offiziellen gehandelt zu haben, und dies nicht zum ersten Mal. Der Masseur hatte zunächst angegeben, die Medikamente seien für seinen Eigenbedarf, aber anschließend gesagt, ein Teil sei auch für das Festina-Team bestimmt.*

Tour-Direktor Leblanc: „Ich muss die laufenden Ermittlungen der Polizei respektieren. Erst wenn wir Sicherheit haben, hätten wir das Recht und die Pflicht, entsprechend zu reagieren. Dann wird die Tour die Vorreiterrolle spielen. ... In den Pyrenäen werden in 10 Tagen genauso viele Zuschauer stehen wie immer. Die bewundernswerten Leistungen und die Siege sind stärker als alles andere" (Frankfurter Allgemeine Zeitung, 15.7.1998). In Lorient wird ein Communiqué von Roussel verteilt: „M. Bruno Roussel ist erstaunt und beunruhigt über die Veröffentlichung von Informationen aus Kreisen der Justiz durch bestimmte Presseorgane, deren Inhalt nicht nachprüfbar ist" (GUILLON/QUÉNET 1999, 40).

15.7.1998: *Roussel und Ryckaert werden vernommen und anschließend festgenommen. Das Mannschaftshotel von Festina wird von der Polizei durchsucht (Frankfurter Allgemeine Zeitung, 16.7. 1998).*

„Beim Haupte meiner Kinder schwöre ich, nie Doping verabreicht zu haben" behauptet Festina-Arzt Erik Ryckaert (Neue Zürcher Zeitung, 27.7.1998).

16.7.1998: *Teamdirektor Roussel wird vom Weltverband UCI suspendiert und durch den Spanier Miguel Moreno ersetzt.*

Sportdirektor Legeay (GAN): „Wir können nicht drei Wochen so weitermachen, das Fest ist verpfuscht. Festina soll Verantwortung übernehmen, ich hätte mich zurückgezogen." (Süddeutsche Zeitung, 17.7.1998). "Auch Richard Virenque zeigt sich höchst ungehalten über die Berichterstattung der Medien. Er verstieg sich sogar dazu, die Medien als Totengräber des Radsports zu bezeichnen. ... 'Von dem, was gesagt und geschrieben wurde, ist vieles, vieles, vieles falsch. Man versucht, auf unsere Kosten ein dramatisches Feuilleton zu schreiben'" (Zürcher Tages-Anzeiger, 17.7.1998). Der spanische Uhrenfabrikant Manuel Rodriguez: „'Wir verurteilen Doping generell - nicht nur im Radsport. Wir möchten, dass die französische Justiz Licht in diese Affäre bringt. Aber wir verbitten uns, dass der Radsport im allgemeinen und die Mannschaft Festina im besonderen verunglimpft wird wegen des schlechten Verhaltens einer Einzelperson'" (Zürcher Tages-Anzeiger, 17.7.1998). UCI-Vizepräsident Göhner sieht den Festina-Skandal als schwerste Belastung für den Radsport seit vielen Jahren an, zeigt sich aber optimistisch, dass durch den Einsatz der Polizei „der ganze Augiasstall ausgemistet werden kann" (Frankfurter Allgemeine Zeitung, 17.7.1998). Der Mapei-Manager Patrick Lefèvre zur Aussage des Schweizer Arztes Dr. Grémion, 99 % der Fahrer seien gedopt: „Ein frustrierter Arzt ohne Team". Team-Telekom-Arzt Dr. Heinrich: „Eine Quatsch-Aussage" (Süddeutsche Zeitung, 17.7.1998).

Der ehemalige Rennstalleiter von Peugeot, Cyril Guimard, weist darauf hin, dass EPO seit 1994 allgemein verbreitet ist (Süddeutsche Zeitung, 17.7.1998) und verkündet: „Wir sind alle Komplizen" (Tour 9/99, 37).

17.7.1998: *Die Tourleitung schließt die Festina-Mannschaft nach dem Geständnis des Festina-Sportdirektors Roussel von der Tour aus. Roussel: „ 'Es gab eine allgemeine, gemeinsame Aktion zwischen den Fahrern, der Leitung und dem Mediziner der Gruppe zur Versorgung mit Dopingsubstanzen mit dem Ziel, die Leistung zu optimieren und die wilde Einnahme durch die Fahrer zu vermeiden" (Frankfurter Allgemeine Zeitung, 20.7. 1998).*

„Ich bin sauber" (Alex Zülle nach dem Ausschluss des Festina-Teams, Neue Zürcher Zeitung 27.7.1998). Jan Ullrich: „'Ich lese keine Zeitungen und sehe kein Fernsehen. Die Gerüchte kennt man ja, auch über mich. Ich konzentriere mich nur auf das Rennen.' Im übrigen sei die Tour immer noch 'das wichtigste und schönste Rennen der Welt'" (Süddeutsche Zeitung 18./19.7.1998). „Sportdirektor Godefroot mag die ungewohnten Fragen auch nicht, das sieht man ihm an. Er wartet, 'was das Gericht entscheidet' und geht bei Festinas Stärke 'davon aus, dass es Talent der Fahrer ist.' ... Richard Virenque: „Die Schuldigen dieser Affäre sind jetzt im Gefängnis. Wir sind dagegen nur Zeugen" (Le Monde, 26.10.2000).

Sport-Ministerin Marie-George Buffet: „Wenn ich höre, um welche Substanzen und Quantitäten es geht, muss ich sagen: Die Dopingkontrollen taugen nichts" (Neue Zürcher Zeitung, 27.7.1998).

18.7.1998: *53 Profis aus sechs Teams werden zur Blutkontrolle gebeten, alle Tests sind negativ. Die Deutsche Telekom will zusätzliche finanzielle Mittel bereitstellen, um den Kampf gegen Doping zu intensivieren.*

19.7.1998: Jan Ullrich: „'Das mit Festina ist traurig für die Sportler'. ....Aber er traut sich doch zu sagen, dass der Ausschluss wohl das einzig Richtige gewesen sei, 'wenn das stimmt, was der Sportliche Leiter sagt'" (Frankfurter Allgemeine Zeitung, 20.7.1998).

20.7.1998: Laurent Fignon (Toursieger 1983 und 1984) in der L'Equipe: „Wir wissen alle, dass gedopt wird, das kann man nicht leugnen. Aber der Radsport hat dies nicht verdient. ... Es ist sehr leicht, auf den Radsport einzudreschen, wenn sich dieser nicht wehrt. ... Meiner Meinung nach hätte die Unschuldsvermutung, von der Jean-Marie Leblanc sprach, eine größere Rolle spielen müssen."

„Walter Godefroot etwa ist mit dem verhafteten Festina-Betreuer Willy Voet seit 20 Jahren befreundet. Telekom und die anderen Teams blieben bisher von den Ermittlern unbehelligt. Und Godefroot sagt, dass sein Team nichts zu befürchten habe: 'Wir sind clean.' Doch in vielen Gesichtern spiegelt sich Angst" (Süddeutsche Zeitung, 20.7.1998).

21.7.1998: *Bruno Roussel gesteht, dass die Fahrer unter ärztlicher Aufsicht gedopt wurden und dass bei der Festina-Mannschaft eine schwarze Kasse zum Kauf von Dopingsubstanzen unterhalten wurde. UCI-Präsident Verbruggen und die Sportdirektoren der Rennställe fordern die sofortige Einführung von umfangreicheren Blutkontrollen.*

Festina-Arzt Eric Ryckaert: „Ich bin für die Betreuung der Sportler und ihre Gesundheit da. Ich bin gegen Doping. Soll die Justiz ihre Arbeit machen" (Süddeutsche Zeitung, 3.8.1998). Der deutsche Vizepräsident der UCI, Werner Göhner, lehnt Trainingstests ab: „Da die Profis von März bis Oktober ständig Rennen fahren, bringen Trainingskontrollen nichts" (Frankfurter Allgemeine Zeitung, 21. 7. 98). „Samaranch zeigte sich auf Anfrage zwar 'sehr überrascht vom Ausmaß der Manipulationen', der Betrug an sich sei im heutigen Hochleistungssport allerdings nichts Neues. Deshalb unterstütze das IOC jede Sportorganisation in ihren Bemühungen gegen Doping, und speziell der Radsport-Weltverband (UCI) arbeite auf diesem Gebiet 'sehr hart und seriös'" (Frankfurter Allgemeine Zeitung, 22.7.1998).

22.7.1998: *Team-Direktor Roussel übernimmt am 21. Juli die volle Verantwortung für die Vorkommnisse in seinem Rennstall.* „In diesem Stadium der Affäre, in der Klemme zwischen einerseits dem Gesetz des Schweigens, das niemanden mehr überzeugt, und andererseits den Beleidigungen und Gerüchten, die dazu führen, dass jeder verdächtig erscheint, war es nicht mehr möglich, weiter so zu tun, als ob nichts gewesen sei. Ich habe nicht alles gesehen und nicht alles gewusst, aber als Sportdirektor dieser Mannschaft muss ich die Verantwortung übernehmen." (Le Monde, 23.7.1998).

Ein Mythos bricht zusammen

23.7.1998: *Die Festina-Fahrer werden in Lyon vorübergehend festgenommen und verhört. Sieben Fahrer geben ihr Doping zu, nur Richard Virenque und Pascal Hervé behaupten, möglicherweise ohne ihr Wissen gedopt worden zu sein. In Reims untersucht die Staatsanwaltschaft erneut den Fall der nieder-ländischen TVM-Mannschaft, deren Sportdirektor Cees Priem und der Arzt Andrei Michailov verhaftet werden.*

Der frühere französische Profi Frédéric Pontier (seit 1998 wieder Amateur) gibt zu, dass er sich mit EPO gedopt hat. Er sei von Ärzten überzeugt worden, dass er EPO nehmen müsse. Der Sportdirektor seiner früheren Mannschaft Casino, Vincent Lavenu, zeigt sich von der Beschuldigung Pontiers sehr ent-täuscht: „In unserer Mannschaft fahren gesunde, arbeitsfreudige, mutige, be-geisterungsfähige und ehrliche Jungen. Genau dies ist die Grundlage unserer Erfolge. Und nichts anderes."

24.7.1998: *Die Tour wird von einem Fahrerstreik überschattet. Erst mit zwei-stündiger Verspätung beginnt die 12. Etappe.*

Tour-Direktor Leblanc: „Die Tour muss weitergehen." Jan Ullrich in der ARD: „ ... die Journalisten schreiben nur noch über Doping und nicht mehr über Sport. ... Die Fahrer wollen, dass es um Sport geht und nicht nur um das andere. ... Die Vorfälle der letzten Zeit haben mich sehr traurig gemacht ... Ich bin auch ein bisschen niedergeschlagen, freue mich die ganze Zeit auf die Tour und kann mich gar nicht mehr richtig freuen wegen dieser ganzen Kon-trollen." Walter Godefroot in der ARD: „Die Berichterstattung im französi-schen Fernsehen ist nicht mehr objektiv und journalistisch ... Es geht nicht mehr um das Doping, sondern darum, dass man den Leuten die Mülltonnen leer räumt." Ein Gendarm zum Verhör der Festina-Fahrer: „Sie tun so, als wüssten sie von nichts. ... Das ist oft so in den ersten Stunden der Untersu-chungshaft. Die interessanteren Aussagen werden erst etwas später gemacht" (France-Soir, 24.7.1998). Kommuniqué nach dem Treffen der Mannschafts-ärzte am Ruhetag: „Wir können nur für das verantwortlich gemacht werden, was wir selbst machen, nicht für Handlungen anderer Personen[16]" (L'Equipe, 24.7.1998). Präsident Baal begrüßt das Eingreifen der Polizei, da sie viel mehr Möglichkeiten habe. Der Skandal sei sehr schädlich für das Image der Sport-art, aber wenn er bei der endgültigen Lösung der Probleme helfe, werde über das Schlechte das Gute erreicht. Er bezeichnet die Ärzte als Hauptverantwort-liche, bei ihnen müsse die Problemlösung beginnen (L'Equipe, 24.7.1998).

25.7.1998: *Nach einem Fahrerstreik einigen sich alle Parteien in mehreren „Schlichtungsgesprächen" auf die Fortsetzung des Rennens. Alle Dopingpro-*

---

[16] Bei vielen Mannschaften gab es anscheinend offizielle und inoffizielle Mannschaftsärzte.
Doping wird vor allem durch die inoffiziellen Ärzte erledigt.

ben seit dem Tour-Start (11.7.) bis zum 21.7. sind negativ (L'Equipe, 25.7.1998). Das Anti-Doping-Budget des französischen Ministeriums für Jugend und Sport soll verdreifacht werden; weitere Präventionsmaßnahmen sollen zusammen mit dem Gesundheitsministerium ergriffen werden (L'Equipe, 25.7.1998).

Der Anwalt von Willy Voet, Bessis, verlangt: „Jetzt müssen die wahren Verantwortlichen angegangen werden. Ich verlange die Anhörung der Sponsoren der Festina-Mannschaft, der Verantwortlichen von France-Télévision, ... von Jean-Marie Leblanc ... Der Richter Patrick Keil will den Skandal ganz aufklären, lasst uns die Gelegenheit nutzen, die Umstände sind ideal. Marie-George Buffet ist motiviert, Matignon[17] auch. Also eine Konstellation, die sobald nicht wiederkommen wird" (L'Equipe, 25.7.1998). Richard Virenque beklagt sich, dass beim Verhör neun Stunden lang mit ihm umgegangen worden sei wie mit einem Kriminellen, er habe sich noch nie so gedemütigt gefühlt (L'Equipe, 25.7.1998).

Armin Maier: „Ich bin erleichtert, dass ich ausgepackt habe, ... dass ich EPO genommen habe ... Ich fühle mich ein bisschen wie ein Fahrer auf der Autobahn, wo bei einer Geschwindigkeitsbegrenzung auf 80 km alle mit 90 oder 100 km fahren. Bei der Radarkontrolle bin ich dann der einzige, der mit 120 km erwischt wird. ... Innerlich fühle ich mich jetzt besser, selbst wenn ich mich nicht wohl fühle, weil ich die Wahrheit gesagt habe" (L'Equipe, 25.7.1998).

Alex Zülle erklärt gegenüber der Tageszeitung „Blick", dass Drogenkonsum im Profi-Radsport zum Geschäft gehört (Radsport, 4.8.1998).

26.7.1998: *Spritzen und verdächtige Substanzen werden in der Nähe eines Hotels entdeckt, in dem vier Mannschaften (GAN, Saeco, Casino, Kelme) übernachtet hatten.*

IOC-Präsident Juan Antonio Samaranch spricht sich für eine radikale Kürzung der Dopingliste aus. „Am Fuße des berüchtigten Ventoux haben die verbliebenen Teilnehmer der 85. Tour de France nämlich verkündet, zum Thema Betrug und Vergiftungsgefahr ab sofort zu schweigen ... Vorgetragen wurde der moralisierende Beschluss von Bjarne Riis, dem Dänen von der Telekom. Die Medien seien 'sehr bösartig', berichtete Riis mit finsterer Miene und dankte demonstrativ den Fans an der Strecke" (Süddeutsche Zeitung, 27.7.1998).

27.7.1998: Peter Becker, Trainer von Jan Ullrich: „Er möchte gesund bleiben und gesunde Kinder haben. Von daher kommt Doping für ihn nicht in Frage. Er ist ein Erziehungsprodukt von mir, und meine Ethik ist: In einem gesunden Körper steckt ein gesunder Geist" (Süddeutsche Zeitung, 27.7.1998). Der

---

[17] Matignon ist der Sitz des französischen Ministerpräsidenten.

Festina-Fahrer Armin Maier schätzt, dass wegen EPO mehr als 100 Fahrer gesperrt werden müssten. Alex Zülle: „Ich hatte zwei Möglichkeiten: mich an-
zupassen oder aufzuhören und zu meinem alten Beruf als Maler zurückzukeh-
ren" (Libération, 27.7.1998).

UCI-Vizepräsident Göhner (Präsident der Antidoping-Kommission der UCI):
„Die jüngsten Geständnisse sind so gravierend, dass man kaum mildernde
Umstände bemühen kann ... Wir müssen jetzt den Sumpf austrocknen, unabhängig davon, wie viele Personen es betrifft" (Neue Zürcher Zeitung,
27.7.1998). "Warum aber merkt denn in diesem ganzen Durcheinander niemand, dass gerade die einzig wirksame Dopingkontrolle erfunden worden ist,
ohne Urin-, Blut- und Haartest? Führt einen neuen Prolog ein! Nehmt den
Fahrern das Velo, das Käppi und das Renndress weg. Steckt sie am ersten Tag
24 Stunden in Einzelhaft, mit Live-Übertragung der Befragung durch französische Untersuchungsrichter selbstverständlich. Wer während der Haft kein
Geständnis ablegt, der darf die Tour fahren" (Neue Zürcher Zeitung,
27.7.1998).

28.7.1998: Frage an den Festina-Fahrer Laurent Dufaux: „Fühlen Sie sich als
Betrüger?" Dufaux: „Ich denke, ich übe meinen Beruf so gut wie möglich aus.
Ich betrachte das als erlaubtes Doping. Der Hämatokritgrenzwert liegt bei 50?
Also tun wir alles, um drunter zu bleiben" (L'Equipe, 28.7.1998). Geheimes
Treffen von Baal und Virenque am Sitz der UCI in Lausanne. Virenque: „Unser Ausschluss aus der Tour de France ist ungerecht. Gedopt wird auch in anderen Mannschaften ... Warum heißt es heute, EPO sei verboten, wo die UCI
den Gebrauch doch legalisiert hat. Solange mein Hämatokritwert unter 50
liegt, betrüge ich nicht ... Ohne EPO kann man nicht fahren. Ich habe doch gesehen, wie das am Anfang meiner Profikarriere war... Aber ich habe mich
nicht gedopt, das werde ich nicht zugeben" (BAAL 1999, 51 f.).

29.7.1998: *Alle Fahrer protestieren mit einem Bummelstreik gegen die Behandlung der TVM-Fahrer durch die Polizei und gegen die dabei durchgeführten Dopingtests, sie starten ohne Startnummern. Die Polizei durchsucht
die Quartiere von ONCE, La Française des Jeux und Casino. Das spanische
ONCE-Team um den französischen Meister Jalabert verlässt die Tour, die
Teams von Banesto und Riso Scotti schließen sich an. Zwei ehemalige Festina-Fahrer werden in Lille verhört, sie bestätigen organisiertes Doping bei
Festina. Einer von beiden gibt sein Doping mit EPO zu (L'Equipe,
29.7.1998).*

Virenque leugnet nach wie vor alles, gibt aber zu, dass jeder Fahrer ein Gerät
zur Bestimmung des Hämatokritwerts besitzt (Le Monde, 29.7.98). Der Anwalt von Virenque macht der Justiz Vorwürfe, weil nur Festina-Fahrer festgenommen wurden (France-Soir, 29.7.1998). Eurosport-Kommentator Rudi Altig: „Ich habe das Gefühl, dass sich Polizei und Justiz in den Vordergrund

spielen wollen, weil die Tour sehr öffentlichkeitswirksam ist. ... Mit Apfelsaft alleine kann keiner die Tour fahren." Hagen Boßdorf (ARD) berichtet, dass die Fahrer die Etappe zu Ende fahren werden, wenn der Innenminister bestätige, „dass es solche *Übergriffe* der Polizei nicht mehr geben werde."

30.7.1998: Auch *Kelme und Vitalico ziehen ihre Mannschaften zurück.*

"L'Equipe" kritisiert die Vorgehensweise der Polizei: "Plötzlich werden Spitzensportler mit Kriminellen gleichgesetzt, die Zuschauer fangen an, sie als solche zu behandeln. Wahrheit und Gerechtigkeit sind nötig, aber jetzt geht die Justiz zu weit. Es ist in Frankreich schon aus weniger wichtigen Anlässen gestreikt worden. ... Wenn morgen in Frankreich alle, die in Politik, Kunst, Verwaltung etc. verbotene Substanzen benutzen, vernommen werden, dann gibt es in unserem schönen Land bald nur noch Polizisten, Polizeiwachen und Gefängnisse. Und unterdessen ... ist der Präsident des Internationalen Radsportverbands, also der wahre Chef des internationalen Radfahrens, in Ferien" (L'Equipe, 30.7.1998).

31.7.1998: *Der beste Bergfahrer, Rodolfo Massi (Casino) und der Arzt Nicolas Terrados-Cepeda (ONCE) wurden am Vortag verhaftet. Im Koffer von Massi wurden Kortikoide, Anabolika und Wachstumshormone gefunden; Massi wird als Dealer behandelt. Andere Fahrer bezeichnen ihn hinter vorgehaltener Hand als „Apotheker", weil er Medikamente an andere Fahrer verkaufe (L'Equipe, 1.8.1998). Massi behauptet, bei den gefundenen Medikamenten handle es sich nur um seinen persönlichen Bedarf (Le Figaro, 1./2.8.1998). Bei der Etappe durch die Schweiz steigt das gesamte TVM-Team aus und reist direkt nach Holland. Die Teamleitung kündigt aber an, am Montag nach dem Tour-Ende dem Untersuchungsrichter in Reims zu Verhören zur Verfügung zu stehen (L'Equipe, 1.8.1998).*

Der Mannschaftsarzt von ONCE, Terrados (Mitglied des IOC), rechtfertigt das Mitführen von Dopingmitteln: „Alle verbotenen Substanzen, die wir dabeihaben, sind ausschließlich für unseren Sportdirektor Manolo Saiz bestimmt und auf keinen Fall für die Fahrer. Manolo ist Asthmatiker und Allergiker. Während der Vuelta (Spanienrundfahrt) hatte er im vergangenen Jahr eine so starke Krise, dass er dabei das Bewusstsein verlor" (L'Equipe, 1.8.1998).[18] UCI-Vize Daniel Baal kritisiert die französische Polizei, der Radsport könne seine Probleme selbst lösen; er zeigt sich solidarisch mit den Fahrern (Le Monde, 31.7.1998). „L'Equipe" kritisiert die Justiz: „'Wie können wir hin-

---

[18] Beim Festina-Prozess in Lille brachte er eine andere - originellere - Erklärung vor: „Das war ein neues Medikament zum Verlangsamen des Alterungsprozesses; das wollte ich den Fahrern zeigen, damit sie es nicht kaufen. Und zur Wirkung von EPO: „Darüber wird viel gesprochen, es gibt aber keinerlei ernsthafte wissenschaftliche Studien dazu" (L'Equipe, 3.11.2000).

nehmen, dass Alex Zülle, Laurent Brochard oder Richard Virenque wie Bank-räuber behandelt, bloßgestellt und gedemütigt werden? ... Die Justiz biete ein 'schäbiges Spektakel'" (Frankfurter Allgemeine Zeitung, 31.7.1998).

2.8.1998: *Tour-Finale in Paris auf den Champs-Elyssée. Tour-Sieger wird der Italiener Pantani vor dem Deutschen Ullrich.*

Daniel Baal: „Das Reglement sagt zwar klar: Ein Geständnis ist gleichbedeu-tend mit einer positiven Dopingprobe. Doch offiziell haben wir nichts in der Hand. Und wir können niemanden auf Grund von Zeitungsartikeln bestrafen." Der Schweizer Rennkommissionär Louis Wermelinger (Mitglied der dreiköp-figen schweizerischen Antidopingkommission): „Was sich die französische Justiz hier geleistet hat, ist ein Skandal, eine regelrechte Frechheit. Jetzt müs-sen wir uns fragen, wollen wir gegen die Schweizer Fahrer eine Strafe aus-sprechen oder wollen wir das nicht. Ich jedenfalls zweifle, dass es soweit kommt" (Sonntags-Blick, 2.8.1998). Die Festina-Fahrer zeigten sich nach dem Polizei-Verhör und ihren Geständnissen erleichtert. Richter Patrick Keil erfuhr bei den Verhören weit mehr als erhofft. Die Tourteilnehmer seien im-mer gedopt gewesen, aber seit zwei, drei Jahren schlimmer als je zuvor, da immer mehr und gefährlichere Medikamente mit immer deutlicheren Neben-wirkungen verwendet würden. Die Fahrer müssten nachts aufstehen und sich bewegen, um Thrombosen zu vermeiden (Le Monde, 2./3.8.1998).

3.8.1998: Nach Ansicht eines ehemaligen französischen Profis ereigneten sich die entscheidenden Veränderungen im Radsport Anfang der 90er Jahre, etwa 20 % der Fahrer seien plötzlich ganz anders gewesen: „Man sah Fahrer vor sich, die kein Zeichen von Anstrengung zeigten. Ein Kollege sagte nach einer Bergetappe: 'Sie fahren, praktisch ohne Luft zu holen'" (Libération, 3.8.1998).

„Man behandelt uns wie Vieh" empört sich Jalabert (Marianne Nr. 67, 3.-9.8.1998)

4.8.1998: *Alle TVM-Fahrer haben vor dem Untersuchungsrichter in Reims identisch ausgesagt, sie hätten nie gedopt. Die Verantwortlichen von TVM bleiben aber weiter in Haft.*

Einer der verhörenden Beamten: „Öffentlich hat ihnen ihr Aussteigen drei Ta-ge vor dem Ende der Tour eine Absprache ermöglicht" (Le Monde, 5.8.1998). Der Sportdirektor von ONCE, Manolo Saiz, provoziert eine antifranzösische Kampagne in Spanien: „Die französische Polizei hat die Menschenrechte und die Rechte der Fahrer vergewaltigt." Der Organisator der Spanienrundfahrt Vuelta, Unipublic, „erwägt die Veränderung der Streckenführung der Vuelta, die eigentlich auch über französisches Gebiet führen sollte (L'Equipe, 5.8.1998).

Ex-Profi Eddy Plankaert: „Die französische Justiz und die Polizei sind völlig durchgedreht. Sie haben diesen Sport mitsamt seiner schönsten Rundfahrt innerhalb kürzester Zeit kaputtgemacht" (Sport-Bild, 5.8.1998). Ex-Profi und TV-Experte Tony Rominger: „Das hätte sich die Polizei nirgendwo anders erlaubt. ... Auch ich bin für Dopingkontrollen, aber vernünftige, bitte" (Sport-Bild, 5.8.1998). Der 21-jährige französische Nachwuchsfahrer Alain Djouad-Guibert (Dopingverweigerer) zur Antidoping-Politik der Funktionäre: „Das sind alles Leute, die aus diesem Milieu hervorgegangen sind. Jedes Mal, wenn ein Fahrer positiv getestet wird, spricht der Verband Strafen aus, die im Winter abgesessen werden, wenn keine Rennen gefahren werden. Gleichzeitig hebt er die Anforderungen bei Rennen immer weiter an und provoziert so den Griff zu unerlaubten Substanzen" (Le Monde, 5.8.1998).

Das „Vélo Magazine" des Monats August erläutert Veränderungen des Radsports in den vorhergehenden Jahren: Verzicht auf Höhentraining (wegen EPO nicht mehr nötig), Veränderung der Trainingsmethodik (Bevorzugung der anaeroben Ausdauer und der Kraft zu Lasten der Grundlagenausdauer), sehr definierte Muskulatur (im Gegensatz zur früheren ausdauerverschlankten oder später von Kortikoiden aufgequollenen Muskulatur jetzt ausgeprägte Muskulatur mit wenig Fettanteil), hoher Anteil älterer Spitzenfahrer (wird andeutungsweise auf EPO etc. zurückgeführt), Verschwinden von Spezialisten.

6.8.1998: *Bei einem Straßenradrennen in Lausanne werden die Schweizer Doping-Sünder Zülle, Dufaux und Meier während des Rennens (u.a. mit Sprechchören) begeistert gefeiert (Süddeutsche Zeitung, 6.8.1998); ähnlich verhalten sich die Zuschauer bei der Regio-Tour im Grenzgebiet zwischen Freiburg und Basel (Teilnehmer u. a. Virenque).*

„Sauber fährt am längsten. Die Deutsche Telekom will im Radsport Zeichen setzen. Interview mit Vorstandssprecher Jürgen Kindervater ... 'Die Sportfans unterscheiden sehr wohl zwischen schwarzen Schafen und solchen, die ihrem Sport fair und sauber nachgehen. ... Wir wissen, dass das Team Telekom sauber ist. Schon weil wir eine Konstruktion gefunden haben, die eine vollkommen unabhängige ärztliche Begleitung durch die Medizinische Hochschule Freiburg[19] sicherstellt. ... Wenn wir in unserem Sport mit gutem Beispiel vorangehen, werden andere folgen'" (Die Zeit, 6. 8.1998).

11.8.1998: „Radsport"-Interview mit dem Präsidenten des Bundes Deutscher Radfahrer, Manfred Böhmer: Frage: „Hat die Tour de France Gerüchte bestätigt, dass EPO weit mehr verbreitet ist, als man bisher annahm?" Böhmer: „Nein, die Blutkontrollen, die bisher durchgeführt wurden, ergeben einen

---

[19] Gemeint ist das Institut für Leistungsphysiologie der Universität Freiburg von Prof. Dr. Keul. Zur Rolle Keuls in der Geschichte des Dopings siehe ausführlich SINGLER/TREUTLEIN 2000.

Durchschnittshämatokritwert von 45,5, also kann man nicht vermuten, dass viele oder sogar alle Fahrer mit EPO operieren, sonst wäre der durchschnittliche Grenzwert wesentlich höher" (Radsport, 11.8.1998).

12.8.1998: *Die Teammitglieder von Big Mat werden von der Polizei in Lyon acht Stunden lang verhört. Unter den am 28. Juli konfiszierten Medikamenten waren 330 Ampullen, die als Dopingmittel verwendet werden können. In Reims sollen demnächst weitere 15 Fahrer des TVM-Teams verhört werden (Le Monde, 14.8.1998).*

Bjarne Riis auf die Frage, ob es anständig ist, dass geständige Doping-Sünder wie Alex Zülle oder Laurent Dufaux jetzt wieder Rennen fahren: „Eine schwere Frage. Natürlich kann ich sagen, dass ich mit solchen Sportlern nicht in einem Feld fahren will. Aber sie werden ihre Strafe schon bekommen. Ich hoffe einfach, dass sie jetzt nicht gedopt sind" (Sport-Bild, 12.8.1998). Der Sportmediziner Prof. Dr. Keul, der im Auftrag der Deutschen Telekom Forschungen zur Dopingbekämpfung durchführen soll, hat die Hämatokritwerte der Telekom-Fahrer bereits an die UCI geschickt, damit sollen die anderen Mannschaften und Verbände unter Druck gesetzt werden: „Im übrigen müsse er mal darauf hinweisen, dass im Radsport die Kontrollen keineswegs so lasch seien wie dargestellt. Im nordischen Skisport und im Biathlon würde noch gar nicht gegen EPO vorgegangen. Es ist also nicht so, dass gar nichts getan wird"[20] (Sport-Bild, 12.8.1998).

15.8.1998: Der Laborleiter des Doping-Labors in Chatenay-Malabry, Jacques de Caeriz, bezeichnet einige Befürworter der Dopingfreigabe als intellektuelle Terroristen, weil sie die Furcht vor falschen Analyseergebnissen schüren und die Konsequenz daraus ableiten würden, es sei besser, wenn man Doping freigeben würde (Le Monde, 15.8.1998).

Laut UCI war die Dopingproblematik bekannt; der bei der Tour offen zutage getretene Umfang habe aber überrascht. Deshalb plane der Verband zwei Maßnahmen: Regelmäßige Gesundheitschecks der Fahrer ab dem 1.1.1999 und Feststellen des individuellen Epowerts jedes Spitzenfahrers. Die Mannschaftsärzte sollen, unterstützt von offiziellen Ärzten, in Zukunft für die Einhaltung der Dopingregeln verantwortlich sein. Die Zahl der Wettkampftage soll 90 - 120 Tage nicht mehr überschreiten (1998 gab es keinen Fahrer, der so viele Tage fährt) (Le Monde, 15.8.1998).

19.8.1998: „Christian Henn (Team Deutsche Telekom) plädiert für härteste Strafen. ... Niemals in seiner Karriere sei ihm der Gedanke gekommen, 'irgendwelche Anabolika in mich reinzustopfen'. ...Substanzen wie Kortison oder auch Koffein dürften Henn zufolge einfach nicht mit 'harten Substanzen'

---

[20] Eine der typischen Aktionen von Keul zur Verharmlosung und zum Kaschieren der Problematik.

wie EPO oder Anabolika in einen Topf geworfen werden. 'Es kann doch nicht angehen, dass eine Sekretärin am Tag 20 Tassen Kaffee in sich reinpumpen kann, und wir Radprofis müssen uns morgens vor dem Rennen schon überlegen, ob wir eine zweite Tasse Kaffee trinken können'" (Rhein-Neckar-Zeitung, 19.8.1998).

31.8.1998: Virenque droht Baal am Telefon die Verbreitung von für ihn unangenehmen Informationen an, falls er gesperrt werden sollte. Er und sein Umfeld bringen anschließend in Umlauf, Baal habe sich als Aktiver selbst gedopt (Baal 1999, 88 f.).

Geständnisse von Festina-Fahrern

7. September 1998: *Die Tageszeitung France-Soir veröffentlicht (unerlaubterweise) die Vernehmungsprotokolle der Festina-Fahrer (France-Soir, 7.9.1998).*

Alex Zülle: „Ich gebe zu, seit etwa vier Jahren EPO zu verwenden. Das erste Mal war es, als ich noch für das spanische Team ONCE fuhr. Ich nahm das Produkt jedes Mal im Vorfeld wichtiger Rennen wie der Tour de France ... Und zwar zwei Injektionen EPO 2000 pro Woche und das drei bis vier Wochen vor dem Rennen und die ganze Zeit während der Rundfahrt. Als ich zum ONCE-Team gehörte, wurden die EPO-Praktiken genauso angewandt, und ich darf sagen, dass das zwanzigköpfige Team EPO unter der Kontrolle der Ärzte Nico Terrados und eines gewissen José eingenommen hat. ... Ich kann es nicht beweisen, aber ich denke, dass heute alle großen Radteams EPO verwenden. Während der diesjährigen Tour de France habe ich erstmals auf eigenen Wunsch zusätzlich Wachstumshormone eingenommen ... Es war Dr. Ryckaert, der mir während der ersten Tour-Woche alle zwei Tage eine Dosis Wachstumshormone gegeben hat, die ich selbst injiziert habe."

Laurent Dufaux: „Die EPO-Einnahme fand nach Erreichen bestimmter Etappenziele im Hotelzimmer statt. Das EPO war vorbereitet oder bereits in der Spritze, die mir gebracht wurde, aufgezogen. ... Das Verabreichen dauerte nur wenige Sekunden, und ein Mitglied des Festina-Teams holte die Spritze ab; sie wurde in einem Müllbeutel entsorgt."

Armin Meier: „Bei Festina habe ich nur EPO bekommen. ... Im Team kenne ich einen Kollegen, der keine Doping-Produkte einnimmt. ... Es handelt sich um Christophe Bassons. Seine Ergebnisse sind dementsprechend. ... Bevor ich zu Festina kam, habe ich mir die Produkte selbst in der Schweiz besorgt, wo der Kauf auf Rezept einfach ist ... Im Grunde finde ich, dass Sportler gerade bei Festina medizinisch gut betreut werden." (Bassons bei Festina monatlich ca. 15.000 Francs, Virenque dagegen 700.000 und Hervé 100.000 Francs, Libération, 26.10.2000).

Laurent Brochard: „Ich kann die Menge nicht abschätzen, die mir injiziert wurde ... Ich habe ebenso, in sehr begrenzter Menge, Wachstumshormone benutzt. ... Ich stelle fest, dass ich niemals Dr. Ryckaert um diese beiden Produkte gebeten habe. Roussel setzte uns unter permanenten Druck, Resultate zu bringen. Er zögerte nicht, uns aufzufordern, den Arzt zu konsultieren und, falls nötig, auf das übliche Produkt zurückzugreifen. Als ich überlegte, EPO nicht mehr zu nehmen, habe ich mir die Frage gestellt, ob meine Leistungen auf demselben Niveau bleiben würden. Also habe ich nicht gewagt aufzuhören. Da unsere Equipe es nimmt, müssen auch die anderen Mannschaften die selben Mittel nehmen, wenn sie konkurrenzfähig bleiben wollen."

Christophe Moreau: „Die jährlichen Renngewinne der ganzen Mannschaft wurden von einem technischen Direktor in Andorra auf ein offenes Konto der 'Amis de Festina Spécial gains annuel coureurs" eingezahlt. Bevor diese Summe dann unter uns verteilt wurde, wurde ein Teil davon für die von Dr. Ryckaert während der Saison verordneten Aufbauprodukte abgezogen."

Pascal Hervé: „Wir haben in der Tat Spritzen von Dr. Ryckaert erhalten. ... Was mir genau injiziert wurde, wusste ich allerdings nicht. Für mich handelte es sich um Aufbaupräparate, mehr wollte ich gar nicht wissen, denn ich vertraute dem Mannschaftsarzt. Wenn die Substanzen Dopingsubstanzen waren, dann wurde ich getäuscht. ... Ich habe insofern Schuld, als ich meinem Umfeld blind vertraut habe" (France-Soir, 7.9.1998).

Richard Virenque: „Ich habe niemals Dopingsubstanzen verlangt. Im übrigen habe ich das nicht nötig ... Was mich betrifft, so habe ich Dr. Ryckaert immer vertraut. Aber nach dieser Geschichte kann ich natürlich nicht bezeugen, dass Dr. Ryckaert mir nie - ohne mein Wissen - Dopingprodukte verabreicht hat" (Süddeutsche Zeitung, 9.9.1998).

22.9.1998: *Präsident Baal verschiebt Maßnahmen gegen die französischen Fes-tina-Fahrer bis nach Abschluss des in Lille eingeleiteten Verfahrens. Der schweizerische Verband sperrt Alex Zülle, Laurent Dufaux und Armin Meier für sechs Monate. Da diese im Gegensatz zu den französischen Team-Mitgliedern ihr Doping in Presseinterviews zugegeben hatten, ist damit der Tatbestand des Dopings erfüllt (L'Equipe, 24.9.98).*

23.9.1998: Willy Voet bestätigt im „Parisien", dass Richard Virenque sich genauso gedopt hat wie die anderen,: „Er nimmt nicht mehr und nicht weniger Substanzen wie die anderen Fahrer." Virenque sei nicht ohne sein Wissen gedopt worden: „Der Arzt gab die Spritzen in meiner Anwesenheit. Und wenn kein Arzt da war, gaben sich die Fahrer die Spritzen selbst" (Le Monde, 24.9.1998).

24.9.1998: *Die Verhandlung des Festina-Skandals durch die Disziplinarkommission des franz. Verbands wird aufgeschoben, da die Justiz dem FFC die*

Vernehmungsprotokolle nicht zur Verfügung stellt; Daniel Baal will den Fall erst nach der Urteilsverkündung behandeln, er geht bis dahin „von den geheiligten Prinzipien der Unschuldsvermutung, der Vertraulichkeit der Untersuchungsergebnisse und der Rücksichtnahme auf die Rechte der Verteidigung aus" (Le Monde, 27.9.1998). Bis zum Abschluss des Falls können die französischen Festina-Fahrer an allen Wettkämpfen außer den Weltmeisterschaften teilnehmen. Der Festina-Sprecher bei der Spanien-Rundfahrt meint, die gesamte Mannschaft habe diese Informationen als „gute Nachrichten" aufgefasst.

In „Le Monde" werden weitere Fakten der Affäre offengelegt:

Beschaffung der Dopingpräparate: *Laut Voet machte ein Mannschaftswagen von Festina nach der Italien-Rundfahrt einen Umweg über Spanien, kaufte dort die Medikamente ein und deponierte sie im Festina-Gebäude in Meyzieux (Département Rhône). Voet will nur Transporteur gewesen sein, Auftraggeber sei der Arzt gewesen, der Sportdirektor sei informiert gewesen.[21]*

Verschreibung der Dopingsubstanzen: *Laut Voet war der Arzt Ryckaert für den medizinischen Bereich allein verantwortlich. Wenn er bei Rennen nicht dabei war, gab er telefonische Anweisungen. Gespritzt wurde entweder durch den Arzt oder durch die Fahrer selbst. Alle Mannschaftsmitglieder außer Laurent Lefèvre, Christophe Bessons und einem dritten, nicht genannten Fahrer hätten sich gedopt. Laut Sportdirektor Roussel sei die Elite der Mannschaft stärker vom Doping-Problem betroffen; etwa 20 der 25 Fahrer des Festina-Rennstalls dopten sich. Ryckaert behauptet nach wie vor, er habe nie Spritzen gesetzt, das hätten die Fahrer selbst gemacht. Nach Ryckaert bestimmen die Fahrer ihren Hämatokritwert selbst. Wenn ein Fahrer vor einem Wettkampf feststellt, dass er niedrig ist, weiß er, dass er ca. drei Wochen nicht besonders leistungsfähig sein wird. Er gibt sich dann selbst drei subkutane Spritzen pro Woche, im Allgemeinen im Zwei-Tage-Rhythmus, zwei Wochen lang.*

Ein gut organisiertes System zur Verringerung gesundheitlicher Risiken und Vermeidung positiver Kontrollen: *Dieses System wurde nach Roussel in Absprache mit Ryckaert, dem spanischen Mannschaftsarzt Jimenez und Willy Voet installiert; Voet hatte die Aufgabe der Beschaffung und Verteilung der Substanzen. Das System wurde aus drei Gründen aufgebaut:*

- *weil die Fahrer zur Steigerung ihrer Leistungen Doping verlangten,*
- *weil die Ärzte Roussel gegenüber versicherten, dass Doping-Substanzen nicht schädlich und gefährlich sein müssen (er habe aber als ehemaliger Rennfahrer trotzdem immer wieder Skrupel gehabt),*

---

[21] Spanien ist (1998) die billigste Quelle für Erythropoietin, auf Mallorca kosten 6000 Einheiten 125 Dollar. Viele Trainingslager finden auf Mallorca statt.

- *damit die Fahrer sich zu ihrer Beschaffung nicht an Außenstehende wenden mussten. Voet ist sogar der Meinung, Roussel habe Leben gerettet: „Die Fahrer sind sich nicht bewusst, dass sie ihr Leben riskieren" (L'Equipe, 24.9.1998). Bei jedweden medizinischen Fragen wandten sich die Fahrer an die Ärzte, ansonsten an den Pfleger, der telefonisch Kontakt mit den Ärzten hielt. Benennung der Substanz, Dosierung und Kalkulation des Risikos des Auffälligwerdens bei Dopingkontrollen war Sache der Ärzte. Ryckaert behauptet nach wie vor, mit Doping nichts zu tun zu haben. Er verstehe allerdings, dass Fahrer angesichts großer und langandauernder körperlicher Belastungen in Versuchung geraten, sowohl Leistungssteigerung als auch Regeneration medikamentös zu unterstützen, vor allem, da Anstellung und Höhe des Gehalts von den Leistungen der Fahrer abhänge.*

Finanzierung der verbotenen Substanzen: Alle Einnahmen (ca. 80 % durch Sponsoren, ca. 20 % durch Veranstalter von Rennen) gehen auf ein Konto bei der Banca Mora von Andorra; diese begleicht die Medikamentenrechnungen und überweist anschließend das restliche Geld an die Fahrer. Für drei bis vier Medikamenteneinkäufe pro Jahr werden ca. 400.000 Francs ausgegeben (bei einem Gesamtbudget der Mannschaft von ca. 40 Millionen Francs). Da einige Fahrer mit der Gleichverteilung der Kosten nicht einverstanden waren, war Willy Voet für die Buchführung verantwortlich.

Die anderen Mannschaften: Roussel, Voet wie Ryckaert gehen davon aus, dass Doping auch bei allen anderen Mannschaften eine große Rolle spielt. Im Gegensatz zu manchen anderen Mannschaften seien Kauf und Verteilung der Substanzen bei Festina organisiert worden, um Überdosierungen zu vermeiden und medizinische Risiken zu verringern. Bei den wichtigsten Mannschaften seien wohl die gleichen Strukturen gegeben wie bei Festina. Bei den anderen werde Doping eher vorwiegend von den Fahrern selbst organisiert (Le Monde, 24.9.1998).

25.9.1998: In einem Brief an „Le Monde" beschreibt der Sponsor Festina (Uhrenhersteller) seine Rolle: „Die Firma Festina SA ist Sponsor der Firma Prosport in Andorra, Besitzerin der „Festina" genannte Rad-Mannschaft. Als Sponsor ... können wir nicht zulassen, dass wiederholt gesagt wird, der Ausschluss der Festina-Mannschaft bei der Tour hätte die Erhöhung der Festina-Verkaufszahlen begünstigt. Eine solche Behauptung könnte den Eindruck hinterlassen, dass Festina an der Entwicklung einer solchen Situation interessiert war. Die Firma Festina erinnert daran ..., dass sie aus Prinzip gegen jegliches Doping im Radsport und im Sport im Allgemeinen ist. ... Festina hat sich im Sponsoring engagiert, weil sie sich dem Sport verbunden fühlt, mit dem Ziel einer größeren Kundennähe und eines positiven Images in den Augen der Öffentlichkeit. Festina hofft, dass die neuen Verantwortlichen der Firma Prosport in der Lage sind, die Qualitäten der Fahrer des Festina-Teams zur

Geltung zu bringen und so zum Wohl des Radsports die Ereignisse des Sommers vergessen zu machen. Wir verlangen, dass der Rummel um die Fakten, die zur Zeit vor Gericht behandelt werden und dem Untersuchungsgeheimnis unterliegen, aufhört. Wir sind verwundert, dass die Fakten genau zu Beginn der Vuelta der Öffentlichkeit präsentiert werden, als ob ein Interesse daran da sei, sich über die Richter zu stellen und über die Presse das zu regeln, was durch die Justiz noch nicht geregelt ist" (Le Monde, 25.9.1998).

1.10.1998: *„Schwere Strafen für die Schweizer ... Alex Zülle, Laurent Dufaux und Armin Meier ... wurden für 8 Monate ab dem 1. Oktober bis zum 1. Juni 1999 gesperrt" (bis einen Monat vor Beginn der Tour de France, L'Equipe, 1.10.1998). Die Sperre wurde später von der UCI auf sieben Monate reduziert (BAAL 1999, 104).*

Aussitzen versus Forderungen nach konsequentem Handeln

11.10.1998 Die meisten Spitzenfahrer nehmen an den Weltmeisterschaften im Straßenradfahren in Holland nicht teil. Laut Prof. Dr. Schänzer (Doping-Labor Köln) werden verschärfte Kontrollen mit neuen Untersuchungsmöglichkeiten durchgeführt (ZDF-Morgen-Magazin, 9.10.1998).

14.10.1998: Baal schickt einen Brief mit Vorschlägen zur Intensivierung und Effektivierung des Kampfes gegen Doping an den UCI-Präsidenten Verbruggen, er erhält aber keine Antwort. U. a. schlägt er die Einführung einer medizinischen Langzeituntersuchung für alle Profis vor, bei einem Hämatokritwert von über 50 die Erweiterung der Suspendierung von 14 Tagen auf zwei Monate, bei positiven Dopingkontrollen von sechs Monaten auf ein Jahr, die Einführung von Blutproben, die Aufbewahrung von Proben bis zur Entwicklung weitergehender Nachweismethoden (BAAL 1999, 126 f.).

6.11.1998: Der Franzose Roger Legeay wird als Vorsitzender der AIGCP (Association Internationale des Groupes Cyclistes professionnels) abgewählt und durch den Spanier Manolo Saiz ersetzt. Legeay hatte sich für eine wesentliche Verschärfung der Dopingbekämpfung stark gemacht (BAAL 1999, 123/145).

30.11.1998: Die Dopinganalysen an der pharmazeutischen Fakultät der Universität Montpellier ergeben, dass alle acht Festina-Fahrer mit EPO und anderen Dopingmitteln gedopt waren, dabei weist Virenque die höchsten Werte auf. Trotzdem leugnet er weiter (L'Equipe, 25.10.2000).

1999: Die Auswertung der Unterlagen (u.a. der Festplatten) von Conconi (Mitglied der Medizinischen Kommission des IOC, Präsident der Medizinischen Kommission der UCI), Ferrari u.a.m. ergibt den Verdacht von Dopingverstrickungen von Mario Cipollini, Paolo Savoldelli, Eddy Mazzoleni (alle Saeco), Enrico Zaina, Marco Velo (Mercatone Uno), Pavel Tonkov, Gianni Faresin

(Mapei), Wladimir Belli (Festina), Ivan Gott (Polti) u.a.m. in den vergangenen Jahren (GUILLON/QUÉNET 2000, 159).

Januar 1999: Erster (Pflicht-)Termin im Rahmen der Langzeituntersuchung französischer Radprofis: Die Ergebnisse können nur zur Krankschreibung, nicht aber zu Sperren führen. Der Test bringt beunruhigende Ergebnisse, u. a. haben 90 % einen viel zu hohen Ferritinwert (BAAL 1999, 171), 65 % hatten wohl Kortikoid- und andere Hormoninjektionen bekommen, 40 % hatten Leber- und Pankreasprobleme (GUILLON/QUENET 1999, 199), die wohl durch zu hohe Gaben von Eisen ausgelöst wurden; die Werte lassen umfangreiches Doping im Radsport vermuten. Athleten mit solchen Problemen sind Kranke und nicht wettkampftauglich. Die UCI lehnt den Umfang der französischen Kontrollen ab, vor allem auch die Untersuchung des Ferritinwerts[22]; der UCI-Präsident Verbruggen beginnt Mobbing gegen seinen Vizepräsidenten Baal (bzw. die französischen Radsportverantwortlichen) und versucht, ihn entweder auf seine Linie zu bringen oder zum Rücktritt zu bewegen (BAAL 1999).

6.5.1999: In Lille kommt es zur Gegenüberstellung von Roussel, Legeay und Baal zu ihren unterschiedlichen Aussagen bei vorhergehenden Terminen. Baal erklärt die Bemühungen des französischen Radverbands um eine Intensivierung der Dopingbekämpfung und die Hilflosigkeit angesichts der Nachweisprobleme bei der jüngsten Generation von Dopingmedikamenten (vor allem Wachstumshormone, EPO). Roussel und Richter Keil versuchen nachzuweisen, dass Verbandsfunktionäre wie Baal immer voll über das Dopingproblem informiert waren. U.a. wird vorgeworfen, dass früher ehemalige Doper wie die Ex-Profis wie Yves Hézard, Bernard Bourreau oder Charly Bérard in der Verbandsführung tätig waren oder sind (GUILLON/QUÉNET 2000, 64). Baal betont, bis zum Festina-Skandal sei er weit davon entfernt gewesen, sich den vollen Umfang des Problems vorstellen zu können.

Der Untersuchungsrichter stellt an alle die Frage, ob nicht die Untätigkeit des nationalen und internationalen Verbands verhindert hat, dass effektive Kontrollmethoden nicht angewendet wurden, was von Baal, Leblanc und Legeay verneint wird (GUILLON/QUÉNET 2000, 65f.).

18.5.1999: Willy Voet veröffentlicht sein Buch „Massacre à la chaîne", das heftige Dopingvorwürfe gegen das ganze Radmilieu enthält.

6.6.1999: Zwei Etappen vor Ende des Giro d'Italia wird der Tour- und Giro-Sieger Marco Pantani wegen eines erhöhten Hämatokritwerts (52 %) für 14 Tage suspendiert („Schutzsperre"). Pantani nimmt 1999 an keinen weiteren Rennen mehr teil, verzichtet auf die Teilnahme an den Weltmeisterschaften

---

[22] Nach Mauro Salizzoni ist für die EPO-Vermutung vor allem der Ferritin-Wert wichtig: „Wenn bei diesen Tests gewisse Werte überschritten werden, sind wir absolut sicher, dass mit EPO manipuliert wurde." (Tour 7/99, 18).

und taucht völlig unter, der Turiner Staatsanwalt Raffaele Guerini wird stutzig und sammelt weiter Beweise; er lässt die Ergebnisse von Blutuntersuchungen nach früheren Unfällen Pantanis beschlagnahmen (Frankfurter Allgemeine Zeitung, 2.10.1999).

Der ehemalige deutsche Radprofi Dietrich Thurau spricht sich angesichts des Falls Pantani für die EPO-Freigabe im Profiradsport unter ärztlicher Aufsicht aus (Frankfurter Allgemeine Zeitung, 10.6.1999). In den Dateien von Conconi wurde Pantani für März 1994 mit 40,7 % Hämatokritwert aufgeführt, am 23. Mai mit 54,5 % und am 13. Juni, am Ende des Giro d'Italia, bei dem er Zweiter wurde, mit 57,4 % (El Pais, 29.12.1999).

Die unangemeldeten Blut- und Urintests, die in Italien in Zusammenarbeit mit dem Internationalen Radsportverband (UCI) durchgeführt werden, haben eine Reihe positiver Dopingfälle auch im Jugendbereich aufgedeckt (Frankfurter Allgemeine Zeitung, 2.10.1999).

4.6.1999: Das Ergebnis der Analysen wird bekannt gegeben, die während des Verhörs von Franck Vandenbroucke vorgenommen wurden (Hämatokritwert 52 %, Spuren von Amphetaminen); Vandenbroucke war der dominierende Fahrer des Frühjahrs 1999.

16.6.1999: Tour-Direktor Leblanc lässt das Team TVM sowie Manolo Saiz und Richard Virenque nicht zur Tour 1999 zu, was die UCI nicht akzeptiert (BAAL 1999, 291 f.).

28.6.1999: Richter Keil schließt die Untersuchung des Festina-Skandals ab, der Prozess soll aber erst im Herbst 2000 erfolgen. In seinem im September 1999 erschienenen Buch wirft Baal Keil vor, zum Teil falsche Schwerpunkte gesetzt und interessante Aspekte wie z. B. die Dealer-Frage vernachlässigt zu haben (BAAL 1999, 285 ff.).

16.7.1999: Bei der Tour de France wird der Ex-Festina-Fahrer Christophe Bassons, der nach der Aussage anderer Festina-Fahrer einer der wenigen nicht gedopten Profis ist und sich auch öffentlich gegen Doping engagiert, durch Mobbing im Fahrer-Feld zur Aufgabe getrieben (BAAL 1999, 294).

Anfang August 1999: Zweiter bei der Tour wird der Ex-Once und -Festina-Fahrer Alex Zülle, trotz seines laut behaupteten EPO- und Dopingverzichts nunmehr besser platziert als in allen dopingunterstützten Vorjahren. Zum ersten Mal seit 1926 gewinnt kein (medizinisch langzeitkontrollierter) Franzose auch nur eine einzige Etappe (BAAL 1999, 296).

September 1999: Die Organisatoren der Spanienrundfahrt „Vuelta" versuchen die Tour de France an Schwierigkeit zu übertreffen. Die 11. (201 km), 12. (147 km) und 13. Etappe (139 km) sind Bergetappen in den Pyrenäen, mit E-tappenzielen auf 1890 m, 2230 m und 1890 m, mit bis zu 72 km Anstieg und bei der 13. Etappe einem Schlussanstieg von 1300 m Höhenunterschied und bis zu 23 % Steigung (L'Equipe, 15.9.1999). Eine solche Gestaltung kann als strukturelle Verführung zum Doping angesehen werden.

November 1999: Staatsanwalt Soprani beschlagnahmt im Rahmen einer seit 1996 laufenden Untersuchung den Computer und Dokumente des italienischen Epo-Forschers Conconi. Spitzensportler aller Sportarten sollen zu den Kunden Conconis gehören, von der Formel 1 über das Rudern bis hin zum Radfahren, darunter Marco Pantani, Gianni Bugno, Claudio Chiapucci, Guido Bontempi, Stephen Roche, Rolf Sörensen, Giancarlo Penni. Conconi schweigt zu den Anschuldigungen (Le Temps, 1.11.1999).

Dezember 1999: Der italienische Staatsanwalt Spinosa, der die Tätigkeit des Conconi-Schülers Ferrari untersucht, lässt beschlagnahmte Unterlagen durch italienische Medizinkapazitäten begutachten, die zu dem Schluss kommen, dass viele Profis gedopt waren, u.a. Ivan Gotti, Mario Cipollini, Paolo Savoldelli, Pavel Tonkov, Abraham Olano, Gianni Faresin, Beat Zberg, Axel Merckx, Tony Rominger, Claudio Chiappucci oder Fernando Escartin. Fast alle haben neben deutlichen Veränderungen des Hämatokritwerts anormale Eisenwerte (Ferritin) in der Leber, Milz und Pankreas. Die Unterlagen werden von der Staatsanwaltschaft an den italienischen Sportbund (CONI) weitergegeben. Es steht zu erwarten, dass die Staatsanwälte Soprani (zuständig für Conconi), Guariniello (Pantani und Juventus Turin) und Giardina (Ausschluss Pantanis von der Italienrundfahrt Giro) in Kürze ihre Ergebnisse ebenfalls der Öffentlichkeit und CONI zugänglich machen werden (Le Temps, 16. Dezember 1999).

Januar 2000: Fazit Donatis in seinem Report 1994: "Jeder Radsportler nimmt EPO, einige Wachstumshormone; Prof. Conconi steht im Zentrum der Aktion." Erweiterung seines Fazits 2000: Dokumente belegen, dass der Däne Bjarne Riis einen Hämatokrit-Wert von 56,3 hatte:

> "Die Unterlagen sagen aus, dass Riis ein durchschnittlicher Fahrer war - aber man kann ein exzellenter werden mit einer sehr hohen Dosis EPO. ... Es gibt inzwischen mehr als 400 Namen auf Conconis Listen. Seit 1994 arbeiten sehr viele Ärzte mit EPO. Die Staatsanwälte müssen das stoppen. ... Warum konnten deutsche Radfahrer gegen Konkurrenz gewinnen, die nachweislich gedopt war. Heißt das, dass deutsche Fahrer stärker sind als alle anderen auf der Welt?" (Der Spiegel 4, 2000, 147).

Mehrere ehemalige holländische Profis (Steven Rooks, Peter Winnen, Maarten Ducrot) gestehen, dass in ihren Teams in den 80er Jahren systematisch gedopt wurde. Die verbotenen Substanzen wurden ihnen von Mannschaftsärzten und Betreuern mit Wissen der sportlichen Mannschaftsleiter gegeben, u.a. Anabolika, Amphetamine und Psychopharmaka:

> „Die früheren sportlichen Leiter von Winnen und Ducrot, Raas (jetzt Manager von Rabobank), Peter Post und Jan Gisbers, zogen sich auf die allseits bekannte Verteidi-

gungslinie zurück: ‚Bei uns gab es kein Doping – davon wissen wir nichts'" (Frankfurter Allgemeine Zeitung, 3.1.2000).

Nach Raas ist Ducrot ‚rachsüchtig' und ein ‚seltsamer Vogel' (Frankfurter Allgemeine Zeitung, 5.1.2000). Der Präsident der UCI, Verbruggen, kritisiert die geständigen Fahrer, ihnen ginge es nicht um Ethik:

> „Mit ihrem Geständnis haben sie den Eindruck erweckt, in ihren Teams habe es ein Doping-System gegeben und ihnen wäre nichts anderes übrig geblieben. Das ist totaler Unsinn. Ein Fahrer ist immer als Erster verantwortlich für Doping. Sie hätten sagen können: Doping – ohne uns" (Frankfurter Allgemeine Zeitung, 6.1.2000)

Der PDM-Teamchef Jan Gisbers, der nach dem Rückzug des PDM-Teams von der Tour de France 1991 (wohl wegen unsachgemäßen EPO-Dopings) entlassen wurde, sagt aus, dass er damals von Jacques van Rossum (einst Leiter des vom IOC akkreditierten Anti-Doping-Labors in Utrecht) in Sachen Doping beraten wurde:

> „Van Rossum gab die Grenze an, wie weit der einzelne Rennfahrer gehen konnte, ohne erwischt zu werden" (Frankfurter Allgemeine Zeitung, 5.1.2000). „'Wir überlegten gemeinsam, was möglich war und was nicht.' Auch seine Amtskollegen Jan Raas (Kwantum, Buckler) und Peter Post (Panasonic, Raleigh) hätten mit dem Dopingexperten zusammen gearbeitet. Van Rossum habe die Teams dabei beraten, wie sie verbotene Mittel verabreichen, dass sie bei Kontrollen nicht mehr nachzuweisen seien" (Neue Zürcher Zeitung, 6.1.2000).

Marco Pantani wird wegen Sportbetrugs angeklagt. Der Richter Michele Leoni in Forli (Norditalien) unterstellt Pantani EPO-Doping und damit Betrug an seinen Konkurrenten. Grund der Anklage ist ein Hämatokritwert von 60,1 bei einer Operation nach einem schweren Sturz beim Rennen Mailand – Turin am 18.10.1995 (Frankfurter Allgemeine Zeitung, 22.4.2000).

20.4.2000: Der ehemalige französische Mountainbike-Weltmeister Jérôme Chiotti, der 1996 u.a., dopingunterstützt, Weltmeister geworden war und seit einigen Monaten nicht nur sein Doping (vor allem EPO) zugegeben hat, sondern es auch heftig denunziert, weist darauf hin, dass sich nichts geändert hat:

> „Was mich zum Reden gebracht hat, ist der Druck des Umfelds. Im Radsport hat sich nichts geändert. Etwa bei Straßenrennen? ... Im Cross, im Mountainbike geht Doping weiter. Genauso wie vorher: EPO, Wachstumshormone, Anabolika ... Nach der Festina-Affäre habe ich aufgehört, solche Substanzen zu verwenden, als Folge des Wachwerdens meines Gewissens: Ich wollte kein Gesetzloser sein (GUILLON/QUÉNET 2000, 5 f.).

9.8.2000:: Eine Woche zuvor hatte die UCI mitgeteilt, alle Dopingproben bei der Tour de France 2000 seien negativ ausgefallen. Dagegen teilt der „Französische Ausschuß zum Kampf gegen Doping" (CPLD) mit, „daß 45 % der 96 Urinproben aufputschende Mittel enthielten", in 28 Fällen wurde das Mittel Corticosteroid nachgewiesen, in zehn Salbutamol oder Terbutaline, in fünf eine Kombination von Corticosteroiden und Salbutamol (Frankfurter Allgemeine Zeitung, 9.8.2000). Wenige Tage später erklärt die UCI, fast alle der positiv getesteten Fahrer hätten ärztliche Atteste wegen Gesundheitsproblemen vorgelegt.

14.8.2000: Der renommierte Physiologe, Prof. Saltin (Kopenhagen), Mitglied der Welt-Anti-Doping-Agentur (Wada), ist sich sicher, dass EPO zum Teil bereits durch Hemopur (eine Lösung aus Rinderhämoglobin, die zur Zeit nicht nachgewiesen werden kann) abgelöst wurde: „Ich habe Quellen, die mir bestätigen, dass sich Fahrer bei der letzten Tour de France mit Hemopur gedopt haben" (Der Spiegel, 14.8.2000, 158).

11.9.2000: Der IOC-Präsident Samaranch erklärt: „Ich denke, die Olympischen Spiele in Sydney werden vollkommen saubere Spiele sein". Dopingbeschuldigungen gegen die italienische Athletenvertreterin im IOC, Manuela di Centa (vgl. SINGLER/TREUTLEIN 2000, 142), wehrt er ab, da keinerlei Beweise vorliegen würden. Er behauptet weiterhin eine Vorreiterrolle des IOC bei der Dopingbekämpfung und schiebt die Verantwortung für die Unvollkommenheit des Kampfes den internationalen Fachverbänden zu, denn schließlich seien diese für den Alltag im Spitzensport verantwortlich (L'Equipe,11.9.2000).

Ende September 2000: Festina-Arzt Ryckaert wird in Gent (Belgien) für die Versorgung der Festinamannschaft mit Dopingmitteln in den Jahren 1995 – 1997 verurteilt (Süddeutsche Zeitung, 25.10.2000).

12.10.2000: Gegen Pantani wird in Italien Anklage wegen Sportbetrugs erhoben. Dem Vorgang liegt vor allem der weit überhöhte Hämatokritwert nach seinem Unfall 1995 zugrunde. Die UCI verlangt ihre ausschließliche Zuständigkeit für Dopingkontrollen bei den Weltmeisterschaften und will die Analysen in Köln vornehmen lassen, was im Widerspruch zur französischen Gesetzgebung steht. Zudem verlangt die UCI die Vernichtung der für EPO-Analysen eingefrorenen Urin-Proben von der Tour de France, da die französische Testmethode (die während den Olympischen Spielen in Sydney angewandt wurde) von IOC und UCI noch nicht akzeptiert sei (L'Equipe, 12.10.2000).

21.10.2000: Die italienische Radolympiasiegerin Antonella Bellutti gehört zu den 69 italienischen Spitzensportlern, die unter dem Verdacht stehen, sich mit Wachstumshormonen gedopt zu haben: „‚Ich kämpfe mein Leben lang gegen Doping. Diese Vorwürfe dienen nur der Rufschädigung' klagte Antonella Bellutti" (Frankfurter Allgemeine Zeitung, 21.10.2000).

Fazit: Mit dem Aufkommen von EPO hat sich das schon zuvor umfangreiche-Doping im Radsport ebenso gründlich verändert wie mit der Verwendung von Anabolika in der Leichtathletik (vgl. SINGLER/TREUTLEIN 2000). Ebenso wie bei den Anabolika wurde nur völlig unzureichend über Risiken und Nebenwirkungen aufgeklärt (vgl. hierzu den Bericht eines ehemaligen Schweizer Radprofis, Neue Zürcher Zeitung, 6.9.2000).

2.4 Spitzensport vor Gericht: Der Festina-Prozess in Lille

Am **23. Oktober 2000** beginnt in Lille der Prozess gegen zehn Beteiligte des Festina-Skandals. Unter der geschickten Verhandlungsführung des Präsidenten der siebten Strafkammer, Delegove, beenden Virenque und andere ihr jahrelanges Ableugnen des Dopings. Wie ein Schachspieler arbeitet sich der Präsident Delegove über die Behandlung der individuellen Devianz von Akteuren wie Virenque, Hervé, Voet oder Roussel an die dahinter liegenden Strukturen, an die strukturelle Bedingtheit des Dopings heran. Virenque:

> „Ich war wie ein Schaf in der Herde und hatte keine andere Wahl. Wenn ich es nicht getan hätte und nicht im Strom mitgeschwommen wäre, dann wäre ich sofort erledigt gewesen".

Virenque versucht sein langes Leugnen mit seinem fehlendem Schuldbewusstsein zu erklären:

> „Doping ist Betrug. Im Radsport sprechen wir deshalb nur von ‚Renn-Vorbereitung' mit medizinischer Hilfe. Solange jemand nicht positiv getestet wurde, hat er nicht gedopt" (Süddeutsche Zeitung, 25.10.2000).

Laut dem Pfleger Voet hatte Virenque nie einen höheren Hämatokritwert als 54 (1997, damals Zweiter bei der Tour de France), „während der von anderen Mannschaften 62 erreichte, 1998 sogar 64" (Frankfurter Allgemeine Zeitung, 25.10.2000). Der ehemalige Festina-Trainer Antoine Vayer wies darauf hin, dass Fahrer und Umfeld *nach* Rennen zeitweise den Dopingtrunk „pot belgique" (Heroin, Amphetamin, Kokain, Koffein, Kortikoide) sogar *zusammen mit Journalisten* so tranken, als ob sie eine Tasse Kaffee trinken würden. Virenque sah sich trotz seines Geständnisses nicht als Betrüger, denn das neue französische Anti-Doping-Gesetz sei ja erst nach der Tour de France 1998 verabschiedet worden (L'Eqipe, 25.10.2000). Um Doping handelte es sich für ihn immer noch nur dann, wenn man positiv getestet wird, trotz dem französischen Antidoping-Gesetz von 1989 und den Regeln der UCI (Libération, 25.10.2000).

Die „L'Equipe" kommentierte unter der Überschrift „Alle schuldig":

> „Er hat gestanden. Na und? Er hat nur das zugegeben, was offensichtlich war ... Richard Virenque ist kein Verbrecher, er ist nur einer allgemeinen ‚Abweichung' erlegen. Er gehört zur Generation ‚EPO' ... Er ist des Dopings schuldig, aber nicht schuldiger als all die anderen ... Er hat viel gelogen, aber in diesem Milieu gehört Lügen dazu. ... Das Geständnis des französischen Meisters wirft auch ein Licht auf die Sitten und Gebräuche dieser Welt. Nach Richard Virenque ist man nicht gedopt, wenn man nicht positiv getestet wird, man ist kein Betrüger, wenn alle betrügen; diese Sichtweise, die weitgehend von seinesgleichen geteilt wird, beleuchtet den Grad der Dekadenz der Radprofi-Gesellschaft. Wie Alex Zülle, Laurent Brochard und einige andere seiner ehemaligen Mannschaftskameraden von Festina, die vor ihm gesperrt wurden, wird er für alle anderen bezahlen, für alle, die das Gleiche wie er gemacht haben, und von denen einige ohne jegliches Schamgefühl weitermachen" (L'Equipe, 25.10.2000).

Die Medizin-Experten beim Prozess zeigten sich entsetzt über die im Radsport verwendeten Dosierungen und klärten brutal über die Nebenwirkungen auf, sie zerpflückten zudem die Argumentation eines „ärztlich kontrollierten Dopings", das Schlimmeres vermeiden soll, eine Argumentation, die zur Verteidigung der Strategie des Festina-Teams vorgebracht wurde. Im Verlauf des Prozesses wurden alle Tour-Sieger seit 1987 des Dopings beschuldigt (mit Ausnahme von Greg Lemond). Präsident Delegove leitete daraus ab, dass es sich um ein System handelt,

> „in dem alle wegsahen. Wenn sich diese Hypothese bestätigen sollte, entlastet dies die Angeklagten nicht völlig von ihrer Verantwortung, aber ihre Verantwortung ist dann anders zu beurteilen" (L'Equipe, 31.10.2000).

Im Prozess wurde die Frage offensichtlich, wie es kommen konnte, dass die umfassend gedopten Festina-Fahrer weniger erfolgreich waren als andere Fahrer und Mannschaften, die behaupten, sie hätten nie gedopt.

Roussel beschreibt das Dilemma des Sportdirektors:

> „Ich hatte drei Möglichkeiten: *Zum Doping Nein sagen*, aber da war der Druck der älteren Fahrer, die älter als ich selbst waren und die auf jeden Fall sich trotzdem gedopt hätten. *Ein zynisches Verhalten zeigen*, wie einige Sportdirektoren, die selbst ehemals Profis waren und das machen, was sie selbst als Profis erlebt hatten. Doping der Fahrer zulassen, und wenn der Fahrer erwischt wird, lassen sie ihn fallen. Ich habe den dritten Weg vorgezogen: *Das Doping unter medizinischer Überwachung zu organisieren*" (Le Monde, 25.10.2000).

Er wollte nicht an einem Morgen einen Doping-Toten im Bett vorfinden, deshalb sollte der Arzt alles überwachen und kontrollieren (L'Equipe, 31.10.2000). Der ehemalige Trainer Antoine Vayer forderte eine zeitweilige Aussetzung von Radsportwettkämpfen (Le Monde, 26.10.2000), um Zeit zum Nachdenken über einen dopingfreien Sport zu haben.

Analog zur *Spirale der abnehmenden Verantwortlichkeit (vgl. Abb.5)*, nahmen bei dem Prozess Offenheit und Aussagefreude ab. Je intensiver man am unmittelbaren Dopinggeschehen teilnimmt, desto höher wird das Kostenrisiko. Athleten zahlen im Extremfall mit ihrem Leben, Ärzte verlieren in solchen Fällen nur eine (ersetzbare) Einnahmequelle, Funktionäre dagegen können sich distanzieren. Virenque, der über die Gefährlichkeit des im Radsport praktizierten Dopings offenbar im Unklaren gelassen worden war, wurde z.B. durch die Aussagen der Experten zu Medikamenten-Nebenwirkungen wie Embolie, Diabetes, Krebs, Tumor, Hepatitis, Creutzfeldt-Jakob, Verkürzung der Lebensdauer, Knochenmark, Immunsystem, die besonders beim gleichzeitigen Gebrauch von vielen unterschiedlichen Medikamenten auftreten, geradezu erschüttert. Delegove:

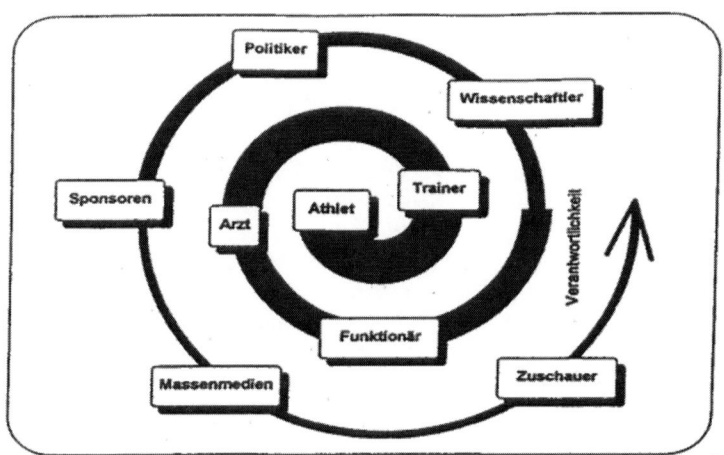

Abb. 5: Die Spirale der abnehmenden Verantwortlichkeit (Singler 1993, 31)

"Es dreht sich hier nicht darum, die Radsportler in Angst und Schrecken zu versetzen, sondern ihnen eine Botschaft rüberzubringen, sich in den nächsten Jahren ständig genau untersuchen zu lassen."

Und Virenque:

> „Wenn ich das alles gewusst hätte, hätte ich mir eine gesündere Sportart ausgesucht. Jetzt werde ich die Konsequenzen erst später sehen ... Ich habe zwei sehr schwierige Jahre durchlebt. Wenn ich nicht früher gestanden habe, dann aus dem Grund, dass ich nicht der Einzige sein wollte, der für das Doping bezahlen muss" (L'Equipe, 28.10.2000).

Der Pharmakologe Michel Audran wies darauf hin, dass führende Funktionäre das EPO-Problem bereits seit mindestens 1990 kannten. Bei den vorolympischen Spielen 1991 fand ein Expertengespräch statt, bei dem Audran erste Ergebnisse zur EPO-Forschung vortrug. Der Vertreter der Medizinischen Kommission des IOC, Prof. Dr. Donike, habe darauf hingewiesen, Audran verschwende seine Zeit, denn EPO spiele im Radsport keine Rolle. Erst 1994 habe das IOC EPO-Forschung finanziert, ausgerechnet jene des als Doper angeklagten Prof. Conconi (L'Equipe, 28.10.2000).

Trotz der Geständnisse der Festina-Profis behauptet UCI-Präsident Verbruggen immer noch, es handle sich nur um individuelle Devianz von wenigen Fahrern:

> „Es gibt eine kleine Gruppe von Betrügern; dann eine größere Gruppe von Fahrern, die meinen, es jenen nachmachen müssen, weil sie sonst die Chancengleichheit nicht gewahrt sehen; die dritte Gruppe dopt sich nicht, stopft sich aber mit erlaubten Medikamenten voll; die vierte – kleinste – Gruppe nimmt überhaupt nichts" (Libération, 1. No-

vember 2000). Und: „ Der Fahrer ist der Hauptverantwortliche, er kann wählen. Ich fühle mich in keiner Weise schuldig oder verantwortlich dafür, dass ein Fahrer sich dopt oder ein Pfleger ihn dabei unterstützt" (Le Monde, 2. November 2000).

1,8 Millionen Francs habe die UCI in fünf Jahren für die EPO-Forschung ausgegeben (bei einem Jahresetat von 250 Millionen Francs), obwohl das ja eher eine Aufgabe der Sponsoren sei: Wenn jeder Sponsor 1 % seines Sponsorings für den Kampf gegen Doping ausgeben würde, würde dies bei Festina exakt die zuvor für Dopingmittel ausgegebenen 400.000 Francs ausmachen. Unsicher wirkte Verbruggen bei der Konfrontation mit einem Brief des UCI-Verbandsarztes Léon Schattenberg an die Fahrer im August 1998, dass „der *unkontrollierte* Verbrauch von EPO schädlich für die Gesundheit sein kann" und dass „die *missbräuchliche* Verwendung von EPO ausgerottet werden muss", was den Vorsitzenden Richter Delegove zu der Bemerkung veranlasste:

> „Damit wird auf den Missbrauch von Doping abgehoben, nicht aber auf das Doping selbst" (Le Monde, 2.11.2000). „Der Sieger der Tour von 1926 wurde 87 Jahre und 114 Tage alt. Sein Rad wog 12 Kilo, die Straßen waren nicht geteert und er fuhr 100.000 Kilometer in einer Saison. Heute haben wir schöne Straßen, leichte Räder, gefahren wird zweimal weniger und trotzdem brauchen all die jungen Sportler eine durchgehende Betreuung durch Ärzte. Warum?" (L'Equipe, 3.11.2000)

Verbruggen behauptete trotzdem, den Kampf gegen Doping energisch zu führen, wurde aber von Roussel und Voet des Gegenteils bezichtigt, bei nicht konformem Verhalten habe er einmal angedroht: „Wenn ich will, kann ich bei einem Fahrer für eine positive Doping-Kontrolle sorgen" (Libération, 1.11.2000). Delegove zum behaupteten Antidoping-Engagement:

> „Von der Existenz von EPO wissen Sie seit 1990. Heute haben wir das Jahr 2000, EPO ist immer noch nicht nachweisbar. Das ist wohl eine Art Rekord. ... Seit 1995 haben Sie Geld für die Entwicklung einer Nachweismethode ausgegeben. Bis heute beläuft sich der Betrag hierfür auf 1,8 Millionen Francs. Im Vergleich zum Gesamthaushalt der UCI in diesem Zeitraum (1995 bis 2000) mit geschätzten 250 Millionen Francs ist das wenig" (Libération, 1.11.2000).

Mit dem Vorurteil, mit EPO würde Chancengleichheit erst hergestellt, wurde beim Prozess aufgeräumt, da z.B. jeder Organismus anders auf EPO oder andere Dopingmittel reagiere; insofern würden heute letztlich Mediziner und Medikamente über die Teilnahme und Platzierung bei wichtigen Wettkämpfen entscheiden (Rad-Verbandsarzt François Poyet zum Festina-Prozess, Libération 2.11.2000). Im Gegensatz zu den 50er und 60er Jahren, als Radsportler mit Stimulantien erst bei Beginn einer Profikarriere konfrontiert wurden, würden Dopingmittel heute auf allen Leistungsniveaus und auch bei Jugendlichen verwendet. Die Dopingbekämpfung müsse angesichts ihrer Unwirksamkeit in der Verantwortung der UCI an eine unabhängige Instanz – unabhängig von Erfolgs- und finanziellen Pressionen und Erwartungen – gegeben werden (Libération, 2.11.2000). Es wurde beklagt, dass selbst bei Jugendlichen schon Atteste für Dopingmittel ausgestellt werden (z.B. das Kortikoid Kenacort, angeblich wegen einer Allergie) und in Dosierungen, die so hoch sind, dass Nierenversagen und Abhängigkeit droht; Nandrolon wurde in Tablettenform gefunden, Wachstumshormone greifen um sich, seitdem die Versorgung per Internet aus den USA und Kanada leicht geworden ist. Poyet beklagte vor allem den Erwartungsdruck der Eltern und der Vereine auf die Jugendlichen, schnelle Erfolge sind gefordert in einem Milieu, in dem schon 15-Jährige ihre Schulkarriere dem Sport opfern. Da in Trainer- und Funktionärspositionen überwiegend ehemalige leistungsstarke Fahrer zu finden sind, die sich von der früheren Dopingpraxis nicht losgesagt haben, schlug Poyet vor, eine Zeit lang Radwettkämpfe auszusetzen und das gesamte Führungspersonal auszutauschen (Le Monde, 2.11.2000).

Die Urteilsverkündung zum Festina-Prozess erfolgte am 22.12.2000; die Fahrer wurden – als Doping-Konsumenten – freigesprochen, einige akteure zu hohen Geldstrafen und Gefängnisstrafen mit Bewährung verurteilt. Dass mit dem Festina-Prozess letztlich nur ein weiterer Anfang in der Bearbeitung der Dopingproblematik gemacht wurde, zeigen die Vorwürfe gegen das Team des Tour-Siegers 1999 und 2000, Lance Armstrong (US Postal), in dessen Abfallsäcken u.a. Schachteln des norwegischen Medikaments Actovegin gefunden worden sein sollen; eines Ersatzes für EPO. Es wird aus deproteinisiertem Kälberblut hergestellt (Le Canard Enchaîné, 8.11.2000) und hat den Vorteil, dass der Hämatokritwert nicht ansteigt. Und auch der Skandal um den Missbrauch von Wachstumshormonen in Italien zeigt, wie gering der Wille ist, effektiv gegen Doping vorzugehen. In einer seriösen Studie hatte die Antidoping-Kommission von CONI auf der Grundlage der Untersuchung von 538 italienischen Spitzensportlern nachgewiesen, dass die Wachstumshormonwerte von 61 Sportlern eine absolute Gesundheitsgefährdung anzeigen. (Le Monde, 21.10.2000; Ärztezeitung, 27.9.2000). Unter den 61 höchst gefährdeten Sportlern waren fünf italienische Olympiasieger der Olympischen Spiele 2000. CONI versuchte – wie auch schon bei der EPO-Studie von Donati 1994 - das Ergebnis geheimzuhalten.

Die Darstellung der Fakten und Meinungsäußerungen zur Tour de France 1998 und der Festina-Prozess zeigen die Schwierigkeit, aber auch die Gründlichkeit der Bearbeitung von sportlichem Betrug durch Polizei, Justiz und Staat. Sie arbeiten zwar langsam, aber letztlich erheblich erfolgreicher als der Sport. Die Äußerungen von Fahrern während der Tour 1998 zeigen das fehlende Unrechtsbewusstsein bei vielen am Skandal beteiligten Personen sowie deren Haltung gegenüber einem als ahnungslos angesehenen Publikum. Die Aussagen der Funktionäre lassen sich in zwei Kategorien einordnen: Die eine deutet auf Urheber, die alles wissen, decken und unterstützen oder gar teilweise gezielt einfordern. Die andere weist auf ehemalige eher mittelmäßige Leistungssportler, die für sich geltend machen, blauäugig in die Führung des Spitzensports hineingeraten zu sein und die scheuklappenartig eine umfassende Information über die Realität des Spitzensports vermeiden. Und selbst wenn sie detaillierte Informationen über Betrug erhalten, macht sie die im Spitzensport herrschende Kameraderie unfähig, effektiv gegen Machenschaften vorzugehen. Ehrliche, zum Kampf gegen Doping bereite Funktionäre werden im internationalen Spitzensport eher früher als später in ihren Positionen abgelöst. Die Funktionärsproblematik soll deshalb am Beispiel des französischen Radsportpräsidenten Baal etwas weitergehend untersucht werden.

2.5 Handlungsdilemmata von Funktionären am Beispiel des französischen Radpräsidenten Baal

Daniel Baal schildert in einem Buch (1999) seine Erfahrungen mit dem Radsport. Er stellt sich als engagierten Kämpfer gegen Doping seit seinem Amtsantritt 1996 dar und behauptet: „Wenn man nicht Teil des Systems war, wusste man nichts" (Tour 2000,2,45). Manche Äußerungen während der Tour 1998 stehen allerdings dieser Selbst-Darstellung entgegen. Spätestens seit deren Beginn befand sich Baal in einer Zwangslage zwischen den Erwartungen des Spitzensports nach Schweigen und Vertuschen (verkörpert durch den UCI-Präsidenten Verbruggen) und den entgegengesetzten Erwartungen des französischen Sportministeriums (Ministerin Buffet) auf Sicherung der Sauberkeit des Spitzensports. In Frankreich sind die Sportverbände abhängig vom Staat; zusammen mit dem durch die Medien erzeugten Druck sorgte dies wohl dafür, dass Baal vom Getriebenen bei der Dopingbekämpfung zum Antreiber wurde, zumal im Zusammenhang mit den Ermittlungen des Richters Keil eine Anklage wegen Unterstützung oder zumindest Duldung des Dopingsystems drohte. Die Belohnung für diese Anpassung dürfte die Verleihung der hohen staatlichen Auszeichnung der „Légion d'honneur" durch die Ministerin Buffet Anfang 1999 sein.

Baal schätzt seine Entwicklung folgendermaßen ein:

> „Obwohl ich an verantwortlicher Stelle tätig war, war ich offensichtlich doch ein Träumer, was meine Bewunderung für die Sportler betraf. Seit 1998 ist das anders. Aber ich hatte schon davor das Gefühl, dass im Rennsport nicht alles mit rechten Dingen zugeht. Daher habe ich in der Folge auch so heftig reagiert""(Tour 2000, 2, 45). Und gegenüber dem Kammerpräsidenten Delegove: „Gerne gestehe ich den Misserfolg der FFC ein, Herr Präsident, aber dann muss auch das Scheitern des IOC und aller Staaten unterstrichen werden" (L'Equipe, 3.11.2000).

Immerhin hatte Baal als Präsident durchgesetzt, dass Ärzte wie Ryckaert, Pfleger wie Voet, Sportdirektoren und Ärzte von Firmen-Teams nicht mehr in französischen Nationalmannschaften eingesetzt werden durften. Es bleibt aber offen, ob Baal Konvertit mit unklarer Vergangenheit oder überzeugter Dopinggegner von Anfang an war.

Die Entwicklung Baals ist ein Beleg für die These, dass vor allem durch Skandalisierung, öffentlichen und staatlichen Druck eine Intensivierung der Doping-Bekämpfung und Veränderungen der Einstellung von Akteuren im Spitzensport erreicht werden können. Da sich Baal zwischen Kameraderie und staatlichen Erwartungen für die wohl härteren staatlichen Erwartungen entschied, trafen ihn verdeckte Strafmaßnahmen des internationalen Verbands. Daran lässt sich erkennen, dass der nationale Kampf gegen Doping durch internationale staatliche Vereinbarungen und Maßnahmen unterstützt werden muss, da sonst die internationalen Verbände und das IOC nationale Bemühungen leicht negieren und konterkarieren können. Nationale Regierungen und Funktionäre können durch die Gefahr der Austrocknung populärer Wettkämpfe (wie der Tour de France) oder durch die Nichtberücksichtigung bei der Vergabe attraktiver Meisterschaften (wie z. B. Olympische Spiele) zu leicht gefügig gemacht werden.

Der Festina-Skandal zeigt, dass sich die Professionalisierung der Spitzensportler und ihres Umfelds sowie deren finanzielle und juristische Möglichkeiten viel schneller entwickeln als jene der nationalen und internationalen Sportverbände. Obwohl über die Festina-Fahrer und andere Profis viele Doping-Fakten bekannt wurden, war nach den Dopingbestimmungen des Radverbands zunächst eine Sperre nur für die drei Schweizer Festina-Fahrer möglich, da sie gegenüber der Presse ihr Doping zugegeben hatten. Die nur der Staatsanwaltschaft gegenüber geständigen französischen Festina-Fahrer konnten dagegen nach geltendem Verbandsrecht nicht gesperrt werden, da die dafür notwendigen Voraussetzungen fehlten und von der Justiz vor Ende des Verfahrens nicht geliefert werden durften. Hätte der französische Verband trotzdem eine Sperre ausgesprochen, wäre er von Schadensersatzklagen bedroht gewesen. Die beiden Doping leugnenden Festina-Fahrer Richard Virenque und Pascal Hervé führten die Hilf- und Machtlosigkeit von nationalem und internationalem Verband gegenüber hartnäckigem Leugnen regelrecht vor.

Probleme der Ehrenamtlichkeit

Funktionäre sind Generalisten, die sich zudem als Ehrenamtliche aus Zeitmangel (und oft fehlender Kompetenz) nur begrenzt in all die verschiedenen Bereiche einarbeiten können, für die sie zuständig sind. Beim Dopingproblem steigt die Überforderung mit der ständig wachsenden Komplexität des Problems. Funktionäre sind zunehmend von hochqualifizierten Spezialisten umgeben, die primär ihren Ausschnitt des Spitzensports sehen und sich vorwiegend dessen Logik verpflichtet fühlen. Generalisten kann man – sofern sie Skrupel haben – in ihrer Überforderung nur bedauern.

Daniel Baals Buch belegt beeindruckend, in welch hohem Umfang ehrenamtliche Führer des nationalen und internationalen Sports neben ihrer eigentlichen beruflichen Tätigkeit zeitlich und nervlich gefordert werden. Ehrenamtliche Präsidenten und ihre Präsidiumskollegen agieren meist wie ihre Vorgänger vor Jahrzehnten, quasi als Mädchen für alles, ohne ausreichende Ausbildung für ihre sportspezifischen Management-Aufgaben und ohne quantitativ und qualitativ genügende Zuarbeit und Unterstützung. Wegen ihrer Berufstätigkeit können sie vor allem die Hauptamtlichen nur in unzureichendem Umfang orientieren und kontrollieren.

Zusätzlich überfordert werden Ehrenamtliche, wenn durch Skandale und Prozesse ihre Kapazität in ungewohnten Bereichen wie z. B. des Rechts oder der Medizin in Anspruch genommen wird. „Amateure" stehen dann Vollprofis gegenüber, darunter auch Betrugsprofis, die auf Grund ihrer finanziellen Möglichkeiten sich noch zusätzlichen Rat weiterer Profis aus anderen relevanten Bereichen wie der Justiz, Medizin oder der Sportwissenschaft einholen können. Noch weitergehend wird ihre Aufgabe dadurch erschwert, dass das Verbandsrecht nicht schnell genug weiterentwickelt wurde; selbst bei guten Absichten müssen sie die Grenzen ihrer Möglichkeiten erkennen. Hinzu kommt die Gefahr, dass ein einziger verlorener Prozess einen Verband finanziell ans Ende bringen kann. Vor diesem Hintergrund kann nicht verwundern, dass Funktionäre wie Baal oder Legeay sich als Dopingopfer ansehen:

> „Es ist nicht der Radsport, der Doping verursacht, der Radsport ist ein Dopingopfer, alle seine Teile, die Funktionäre, verschiedenen Verbandsebenen und vor allem die sauberen Sportlerinnen und Sportler. Man macht es sich zu leicht, wenn man alle in den gleichen Sack steckt (L'Equipe, 3.11.2000)."

Sportmediziner sind die Spezialisten mit der größten Bedeutung im Spitzensport. Baal weist immer wieder auf die zentrale Rolle der Sportmedizin bei der Ausbreitung der Doping-Problematik hin:

> „... denn die beste Methode, Substanzen wie EPO oder Wachstumshormone effizient einzusetzen, ist eine ärztliche Betreuung auf der Höhe der wissenschaftlichen Erkenntnisse" (BAAL, in der „Tour", 2000, 46).

Diese Ansicht wird bestätigt durch Scherze bei der Tour, dass der Unterschied zwischen dem Gelben Trikot und dem 2. Platz von der Qualität des jeweiligen Arztes abhänge (BOURGAT 1999, 10). Da Funktionäre wohl teilweise vom Doping-Informationsfluss ausgeschlossen sind und zudem als medizinische Laien die sich entwickelnden Möglichkeiten und Probleme zu spät verstehen, sind sie überfordert. Baals Buch zeigt deutlich den hilflosen Versuch, medizinisches Spezialwissen (vor dem Hintergrund oft auseinander klaffender Expertenmeinungen) zu verstehen und in Impulse für die Dopingbekämpfung umzusetzen.

In Büchern wie jenen von VOET (1999), MENTHÉOUR (1999), DE LIGNIÈRES (1999) oder BELLOCQ/BRESSAN (1991) wird die „Machtergreifung" der Sportmedizin belegt. Da der Wille der internationalen Verbände zur schnellen Regelentwicklung nicht gerade ausgeprägt zu sein scheint und die Ausarbeitung verlässlicher Nachweisverfahren für neue Substanzen sich schwierig gestaltet, bleibt Manipulateuren stets genügend Zeit, mit Neuem zu experimentieren. Während bei den offiziellen Medizinern der Verbände und möglicherweise auch der Profiradmannschaften noch gewisse Zugriffsmöglichkeiten bestehen, ist dies bei persönlichen Medizinern von Athleten (wie z.b. Conconi oder Ferrari), bei Vereins- und inoffiziellen Medizinern (wie z.b. im Radsport) nicht der Fall.

Manchen Sportmedizinern fehlt im Umgang mit der Dopingproblematik jegliches Unrechtsbewusstsein, wie z.b. dem Schweizer Dr. Blanc:

> „Wenn ich den Hämatokritwert eines Sportlers auf 60 anhebe, bin ich nicht nur ein Betrüger, sondern ein Mörder. Wenn ich ihn von 45 bis zur erlaubten Grenze von 50 anhebe, ist das meiner Meinung nach Hilfe für den Sportler ... vorausgesetzt, das verschriebene Medikament ist nicht gefährlich" (La Liberté, Genf, 22.12.1998).

Ähnlich schätzt der ehemalige Rennstalleiter des PDM-Teams, Jan Gisbers, die Verwendung von Anabolika und Testosteron ein:

> „Spitzensportler suchten nach extrem anstrengenden Leistungen eben nach Mitteln, die dem Körper regenerieren helfen ... Darum habe er persönlich Anabolika auch nie als verbotene Substanzen betrachtet. Er würde einen Fahrer nie entlassen, der der Einnahme eines derartigen Mittels überführt würde. Dies gelte allerdings nicht für Amphetamine, denn daran gingen die Sportler kaputt" (Neue Zürcher Zeitung, 6.1.2000).

Sportmediziner treten nicht nur als Verharmloser auf, nicht wenige verschreiben auch einen Medikamentenmix, der jeglicher Regel ärztlicher Kunst widerspricht. So verordnete der Festina-Arzt Eric Rijckaert ein Dutzend Medikamente, die vor allem mit EPO kombiniert wurden: Wachstumshormone, Kortikoide, Anabolika, Beta-Blocker, Blutverdünner, Antidepressiva, Koffein, Amphetamine, Barbiturate (Le Monde, 2. November 2000).

Der italienische EPO-Forscher Conconi, gegen den am 26. Oktober 2000 durch den Richter Soprani in Ferrara Anklage wegen Medikamentenmissbrauchs und Sportbetrugs erhoben wurde, war noch Ende 2000 Chefmediziner des Internationalen Radsportverbands (UCI) und Mitglied der Medizinischen Kommission des IOC. Der Fall Conconi zeigt die nationale und internationale Verstrickung zwischen Funktionären und Sportmedizin. Seit 1980 gab es eine enge Zusammenarbeit zwischen dem italienischen Sportbund (CONI) und Conconi, der damals mit Blutdoping die italienische Leistungsfähigkeit im Ausdauerbereich zu steigern begann (vgl. SINGLER/TREUTLEIN 2000, Kap. 7.1). Bei einer Anti-Doping-Tagung des IOC in Lillehammer hielt er einen Vortrag zum Problem des Nachweises von EPO. Dazu hatte er angeblich 22 Amateursportlern EPO verabreicht; in Wirklichkeit handelte es sich aber um Spitzensportler wie die Radprofis Bugno, Fondriest und Chiapucci, die Goldmedaillengewinner im Skilanglauf bei den Olympischen Spielen 1994 Albarello, de Zsolt und Manuela di Centa, Marathonläufer und Kanuten (Süddeutsche Zeitung, 29.12.1999).

Als die staatliche Finanzierung seiner EPO-Forschung nachließ, wurde er von der Medizinischen Kommission des IOC subventioniert. Damit konnte er weitere Erkenntnisse zum optimalen Doping gewinnen, Fortschritte bei der Entwicklung eines Nachweisverfahrens gab es dagegen nicht. UIC und IOC störten sich offensichtlich nicht an der Ergebnislosigkeit seiner Forschung.

2.6 Schlussfolgerungen

Die Darstellung des Festinaskandals und des Profiradsports hat gezeigt, dass das ganze Milieu seit Jahrzehnten in die Dopingproblematik verstrickt ist. Eine Problemlösung durch bloße "Selbstreinigung" erscheint hier völlig undenkbar. Das Spitzensportsystem ist Lobbyist (für Spitzenleistungen) und Kontrolleur (in der Dopingproblematik). Eine Selbstreinigungskraft des Sports ist im internationalen Profiradsport ebenso wenig erkennbar wie in den meisten anderen Weltsportarten. Die Unkultur der Lüge und des Betrugs kann deshalb nicht ohne den Staat und ohne Skandalierung durch die Medien verändert werden, der organisierte Sport erweist sich hierfür schon beinahe zwangsläufig als unfähig. Da aber der Staat als Geldgeber selbst in die Doping-Problematik verstrickt ist, muss die Forderung gestellt werden nach

-   **unabhängigen Instanzen**: Eine Sportgerichtsbarkeit als unabhängige „dritte Gewalt" ist anzustreben. Es ist kaum sinnvoll, dass z.B. Kommissionen, die über Streitfälle zu entscheiden haben, ehemalige Verbandspräsidenten, Fachjournalisten (z. B. von „L'Equipe") oder Ausrichter einer Sportveranstaltung angehören wie im Fall der Berufungs-Kommission des französischen Radsportverbands, die über den Festina-Sportdirektor Roussel zu urteilen hatte (vgl. GUILLON/QUÉNET 2000, 66).

-   **vorbeugenden Maßnahmen**: Über Prävention kann versucht werden, eine bessere Zukunft des Sports vorzubereiten. Für die Prävention stellt sich aber das gleiche Problem der Unabhängigkeit: Wer soll die Ausbildung und wer die Ausbildung der Ausbilder übernehmen? Ehemalige Leistungssportler und unter Leistungsdruck stehende Trainer, Ärzte und Funktionäre sind dafür kaum geeignet. Wegen des Erfolgszwangs der Verbandsstrukturen müssen Aus- und Weiterbildung aus der Verbandsaufsicht herausgelöst werden; eine denkbare Möglichkeit wäre, staatliche Institutionen mit der Aufgabe zu betrauen und damit Aus- und Weiterbildung von Pressionen und Erwartungen eines manipulationsbereiten Spitzensports zu befreien.

-   **Berücksichtigung der Komplexität des Dopingproblems**: Prävention, die nur am als potentiell deviant angesehenen Individuum ansetzt, die strukturellen Zwänge aber nicht berücksichtigt, ist zur Wirkungslosigkeit verurteilt. Prävention hat nur dann eine Chance, wenn sie komplexer Natur ist und auf allen Ebenen aktiv wird.

Teil II Prävention als Aufgabe und Problem

1 Doping-Prävention – ein ungeliebtes Kind

Die Ergebnisse des ersten Bands „Doping im Spitzensport" und der vorhergehenden Kapitel haben gezeigt, in welchem Umfang Sportler seit vielen Jahren
dopinggefährdet sind und welche Faktoren eine Dopingkarriere befördern oder
verhindern. Leistungssport kann zwar wesentliche Möglichkeiten zur Förderung
von Identität, zur Erfüllung von Freizeit und für Lebensqualität bieten, je nach
Ausgestaltung aber auch zum Gegenteil führen. Die Dopingneigung wird umso
größer, je mehr Prestige, Macht, Geld und öffentliche Aufmerksamkeit im Spiel
sind. Deshalb ist es die Aufgabe von Pädagogen zu zeigen, wie Risiken vermieden und die positiven Seiten des Leistungssports wahrscheinlich gemacht werden können. Nach der Analyse besteht deshalb nun die Aufgabe darin, zum einen Grundlagen und Möglichkeiten der Doping-Prävention zu zeigen. Zum anderen soll zumindest ansatzweise aufgezeigt werden, in welcher Richtung sich
ein leib- und sozialverantwortlicher Leistungssport, der es mit den ihm zugeschriebenen Werten auch wirklich ernst meint, entwickeln sollte.

Von notwendigen Präventionsbemühungen wird zwar des Öfteren gesprochen,
bei der Umsetzung sieht es dagegen eher schlecht aus. Zuletzt hat sich sogar die
amerikanische Regierung eingeschaltet und die Gründung einer Anti-Doping-
Kommission für Nachwuchssportler veranlasst, da sie durch die Medikamenten-
missbrauchsneigung junger Sportler sehr beunruhigt ist. Z.B. hat sich seit 1999
in den USA der Verbrauch von Steroiden um 50 % erhöht (Süddeutsche Zeitung, 12./13. 8. 2000, 44), und auch der Verbrauch von Wachstumshormonen
nimmt zu, zumal sie zunehmend als das ideale Mittel gegen das Altern angesehen werden und prominente Amerikaner[1] die Verwendung öffentlich bekennen
(USA Today, 15.11.2000). Und wieder sind Wissenschaftler und Ärzte im Spiel,
die entgegen massiver Warnungen solche gefährlichen Medikamente an Gesunde verabreichen - mit altbekannten Begründungen.

> „You hear these boogeymen out there, and these naysayers saying it can cause this and
> that and cancer – it scares the heck of out people" (Ronald Klatz, head of the American
> Academy of Anti-Aging Medicine). ... „It's off-label use, it's legal, and people have the
> choice. It's only misuse if I lie to them. I say to people who are taking it. ‚It's experimen-
> tal, it may help, but I don't know for sure'" (Murray Susser, Hausarzt von Dixie Carter in
> Los Angeles, USA Today, 15.11.2000).

---

[1] Diese Entwicklung mag zum Teil auch erklären, warum Wachstumshormone auch bei Leistungssportlern zunehmend Anhänger finden.

Angesichts einer sich ständig in ähnlicher Form wiederholenden Geschichte halten nicht wenige eine effektive Dopingbekämpfung dauerhaft kaum für möglich und befürworten eine Dopingfreigabe. Der Sportpädagoge VOLKAMER lehnt beispielsweise die Durchführung von Dopingkontrollen ab, weil diese vom Prinzip des generellen Misstrauens ausgehen und jeder Sportler als potenzieller Betrüger betrachtet werde, obwohl unser Rechtssystem eigentlich die gegenteilige Annahme nahelege: Jeder hat so lange als unschuldig zu gelten, so lange seine Schuld nicht nachgewiesen ist[2]. Solche Überlegungen sind prinzipiell legitim, es bleibt jedoch zu überlegen, was für Konsequenzen eine Dopingfreigabe - die bedeutet nämlich der Verzicht auf Dopingkontrollen - nach sich ziehen würde. Im Folgenden wollen wir verschiedene Zukunftsszenarien entwerfen und skizzieren, welche Folgen diese zeitigen würden.

1.1   Zukunftszenarien

1. *Doping-Freigabe*: Doping wird freigegeben; allerdings stehen gesetzliche Bestimmungen in verschiedenen Staaten diesem Ansatz entgegen (z. B. in Frankreich oder Italien). Bei einer Freigabe wäre der Spitzensport ein Bereich, in dem der Respekt gesellschaftlich akzeptierter Werte des Sports (z.B. Gesundheit, Fairplay) nichts gilt. Der Spitzensport müsste aus dem organisierten Sport ausgegliedert werden, entsprechend der schon seit 1969 gestellten Forderung von Brigitte BERENDONK, dass die Doper ihre eigenen Verbände gründen sollten. Auch Ommo GRUPE schlug schon 1977 eine Ausgliederung vor: Wem die Anti-Doping-Charta von 1977 nicht genehm sei, „der soll die Organisationen des deutschen Sports verlassen und wer weiß wo seinen Sport treiben" (Stuttgarter Nachrichten, 15.6.1977).

2. *Doping-Kontrollen nur bei international bedeutenden Wettkämpfen*: Nach einem Vorschlag von Arnd KRÜGER (1995, 309) sollte nur noch bei wichtigen Wettkämpfen wie den Olympischen Spielen kontrolliert werden, die trainingsbegleitenden Kontrollen würden dann wegen der Einschränkung der Rechte der Athleten und der (nach Ansicht KRÜGERS) Gefährdung des humanen Leistungssports durch Trainingskontrollen aufgegeben. Nach KRÜGER sollen sich z.B. bei Olympischen Spielen alle Athleten nach antikem Vorbild die letzten zwölf Wochen vor dem Ereignis am Wettkampfort aufhalten und dort auch für Kontrollen zur Verfügung stehen. Jegliche andere Vorgehensweise wird von Krüger unter „Polizeistaatsmethoden" eingeordnet (KRÜGER 1995, 310).

3. *Begrenzte Doping-Freigabe unter ärztlicher Aufsicht:* Diese erscheint Ärzten wie BELLOCQ (1991) oder DE LIGNIÈRES (1999), aber auch einigen deutschen

---

[2] Normentheoretisch ist VOLKAMERS Annahme kaum zu halten, denn Normen bedürfen grundsätzlich des Schutzes durch Kontrollen.

Sportmedizinern (vgl. Kap. 4 im ersten Band) gerechtfertigt, weil der Spitzensport ein Bereich sei, der Athleten überfordere und sie krank mache. Aufgabe eines Sportarztes, der sich auch als Arbeitsmediziner versteht, sei es, um Kranken und Gefährdeten zu helfen, z. B. durch "hormonalen Ausgleich" nach einem Absinken des Testosteronspiegels durch hartes Training, oder um den Erhalt ihrer Leistungsfähigkeit zu unterstützen. Andere sind für Dopingfreigabe unter ärztlicher Aufsicht, weil damit größerer Schaden durch „unvernünftige" Selbstmedikation vermieden werden könne.

4. *Kombination von Abschreckung (Wettkampf- und Trainingskontrollen) und präventiven Maßnahmen (vor allem durch Erziehung der Athleten)*: Der Erhalt der Einheit des Sports erfordert die Respektierung seiner Regeln und Werte und damit die Weiterführung des Kampfs gegen Doping. Da von der Wirkung einer Positivpädagogik durch Erziehung ausgegangen wird, reichen Zufallskontrollen in Wettkampf und Training für die Abschreckung potentieller Dopingsünder aus, wobei klar ist, dass dadurch nicht *jeder* potentielle Doping-Sünder vom Missbrauch abgehalten oder auch überführt werden kann.

5. *Verschärfung der Kontrollen bis zur „Rund-um-die-Uhr-Überwachung" der Athleten*: Angesichts der Zwänge des Spitzensportsystems als Folge seiner radikalen Orientierung an seiner Logik ist Doping strukturell bedingt und nur bei strengster Überwachung und Kontrolle vermeidbar. Jeder Athlet ist des Dopings verdächtig; im Zweifelsfall muss er ständig durch einen Beobachter/Kontrolleur begleitet werden, also quasi eine Überwachung rund um die Uhr.

Jedes dieser Zukunftsszenarien beinhaltet unterschiedliche Chancen und Risiken:

- Beim *Szenario Nr. 1* würde mit dem Spitzensport jener Bereich des Sports, in dem das Doping-Problem entstand, sich selbst überlassen. Bei einer solchen Lösung würden die Sportverbände wahrscheinlich auf den Breiten- und Freizeitsport beschränkt und erlitten erhebliche Einbußen an finanziellen Ressourcen, an Macht und gesellschaftlichem Prestige. Zumindest in Staaten wie Frankreich oder Deutschland wäre eine staatliche Mitfinanzierung eines solchen ausgegliederten Spitzensports kaum mehr haltbar. Ohnehin wäre das Problem nur teilweise gelöst, da sich viele Formen des Dopings in andere Bereiche hinein ausgebreitet haben. In Anbetracht der beträchtlichen Nebenwirkungen besonders bei Jugendlichen kommt zumindest im Kinder- und Jugendsport eine Freigabe kaum in Betracht, daher würde die Kontroll-Problematik aus dem Erwachsenensport in den Nachwuchssport verlagert werden: Um den Zugang zum attraktiven Spitzensport zu schaffen, wäre die Versuchung der medikamentösen Karrierebeschleunigung groß, was wegen der grundsätzlichen Schädigungsmöglichkeit nicht akzeptabel ist. Das Argument des Rechts auf selbstbestimmten Umgang mit dem eigenen Körper, das heute in nicht wenigen beruflichen Bereichen akzeptabel erscheint, überzeugt angesichts der Abhängigkeiten und Zwänge im Spitzensport nicht, da dort Sportler zu Versuchskaninchen eines geld- und profilierungsgierigen Umfelds zu werden drohten (vgl. LAURE 2000, 550).

- *Szenario Nr. 2* klingt zunächst verlockend, denn mit einer längeren Kasernierung, verbunden mit regelmäßigen Kontrollen bei den wichtigsten Wettkämpfen, könnte Doping zumindest im Spitzensport in der Tat temporär effektiv bekämpft werden. Zum einen hat aber die Anabolikageschichte gezeigt, dass durch den Missbrauch langfristige Vorteile entstehen, die auch nach Absetzen der Steroide Vorteile bringen. Eine dreimonatige Kasernierung würde deshalb zur Herstellung von Chancengleichheit nicht ausreichen. Des Weiteren ist eine solche über mehrere Monate sich erstreckende Maßnahme rechtlich kaum vorstellbar; zudem sind die Kosten für einen so langen Aufenthalt von im Zweifelsfall vielen tausend Athleten nicht finanzierbar. Zum Dritten wurde die Zahl hochkarätiger Wettkämpfe in den vergangenen drei Jahrzehnten schon fast explosionsartig vermehrt, damit auch die Zahl der Anlässe für eine Kasernierung. Sie würde Athleten nicht nur weitergehender Verdienstmöglichkeiten, sondern auch in viel stärkerem Maße ihrer Freiheitsrechte berauben.

- *Szenario Nr. 3* schlägt im Prinzip die in der DDR praktizierte Lösung vor. Theoretisch könnte damit der Medikamentenmissbrauch auf eine „vernünftige" Dosierung beschränkt, die Risiken des Dopings weitgehend ausgeschaltet und die gewünschten Effekte gezielt und kontrolliert angesteuert werden. Aber zum einen überschätzt ein solcher Vorschlag die ärztlichen Möglichkeiten, sonst hätte es weder in der DDR noch in anderen Ländern bei Mitwirkung von Ärzten zu gravierenden Nebenwirkungen und zum Teil tödlichen Zwischenfällen kommen dürfen. Zum anderen ist nach dem „Röntgen-Urteil" eine ärztliche Beteiligung am Doping zumindest in Deutschland kaum möglich. Dieses Urteil besagt, dass Strahlen bereits in geringen Dosierungen schädlich sein können und dass bereits eine denkbare Schädigung einen strafbaren Eingriff in die körperliche Integrität darstellt. Dieses Risiko darf deshalb nur beim Vorliegen einer ärztlichen Indikation bei Kranken eingegangen werden. Das Gleiche gilt für jedes andere Medikament oder Verfahren, auch für Dopingmittel, denn jedes wirksame allopathische Medikament hat auch deutliche Nebenwirkungen, deshalb dürfen sich Ärzte nach dem „Röntgen-Urteil" am Dopen von gesunden Sportlern nicht beteiligen. Zudem wird übersehen, dass in der DDR die von Verband und Ärzten vorgeschriebenen Dosierungen sehr häufig überschritten wurden - und dies sogar hauptsächlich im Frauensport, wo anabole Steroide besonders verheerende Wirkungen entfalten. (BERENDONK 1992, SPITZER 1998).

- *Szenario Nr. 4* beschreibt den derzeitigen Zustand. Bei einer sinnvollen Mischung von Negativ- (Kontrollen) und Positivpädagogik (Erziehung) könnte – ein deutliches Interesse der internationalen und nationalen Sportverbände an einer effektiven Dopingbekämpfung vorausgesetzt - das Problem eingeschränkt und auf ein erträgliches Maß individueller Devianz, wie es sie in jedem gesellschaftlichen Teilbereich gibt, reduziert werden.

- *Szenario Nr. 5* zielt auf eine extreme Kontrollintensivierung ab. Im Extremfall müsste neben jedem Sportler ständig ein Polizist/Kontrolleur sein. Zumindest theoretisch wäre damit das Dopingproblem weitgehend gelöst, abgesehen von der Frage, wer die Kontrolleure kontrolliert. Ganz abgesehen davon, dass ein solches Szenario in einer offenen, demokratischen Gesellschaft aus rechtlichen und moralischen Gründen nicht denkbar ist, würde es eine unendliche, nicht bezahlbare Zahl von Kontrolleuren erfordern, die jedoch auch nicht alle Tricks und Manipulationen von betrügerischen Athleten und ihren Helfern entdecken könnten. Der Versuch dieses Szenarios hat selbst in der DDR mit ihren unendlichen Überwachungs- und Kontrollmöglichkeiten nicht funktioniert.

Jedes dieser Szenarien hat gravierende Nachteile. Gleichgültig, in welche Richtung die zukünftige Entwicklung des Spitzensports führen wird: Prävention ist angesichts der durch Medikamentenmissbrauch provozierten Gefahren für die gesundheitliche und ethisch-moralische Entwicklung notwendig. Jugendliche müssen lernen, Handlungsmöglichkeiten sowie Entscheidungen zu reflektieren und für das, was sie tun, Verantwortung zu übernehmen: „Nach Varela ist ein weiser Mensch jemand, der weiß, was gut ist, und es spontan tut" (HOTZ 1995, 239). Leistungssportler gehen über ihre Mitgliedschaft in Verein und Verband eine freiwillige Selbstverpflichtung ein, deren Normen und Werte als für sich verbindlich anzuerkennen. Die Einhaltung dieser Selbstverpflichtung wird umso schwieriger, je höher das Leistungsniveau und je größer der Leistungs- und Erfolgsvorteil einer Nichteinhaltung ist, vor allem wenn die Einhaltung weder eingefordert noch durch Kontrollen überprüft wird.

Der Spitzensport ist auf Nachwuchs angewiesen. Der Weg zur Spitzenleistung dauert lange und beginnt oft bereits im Kindesalter. Deshalb müssen Eltern von Talenten

> „ganz sicher sein können, daß sie ihre Kinder in die Hände von Sportorganisationen geben, die ihre Erwartungen auf zuverlässige pädagogische Betreuung voll und langfristig erfüllen" (GRUPE 1981, 73).

Ohne diese Sicherheit müssten eigentlich vernünftige Eltern – wie in der Endzeit der DDR – in Verantwortung für das Wohl ihrer Kinder diese vom organisierten Leistungssport fernhalten (vgl. hierzu SPITZER 1998, 216 und SPITZER/TEICHLER/REINARTZ 1998, 250). DIGEL fordert auch Sportmanager und

Sportfunktionäre zu einem Bekenntnis zu einem sauberen Leistungssport auf, ohne das ein pädagogisch verantwortbarer Kinder- und Jugendsport nicht gedacht werden könne. Sonst würde die Basis des Spitzensports in den Vereinen und in den Schulen bedroht (DIGEL 1997, 97). Nicht ohne Grund drohte der Präsident des Deutschen Sportlehrerverbands (DSLV), Hansjörg KOFINK, 1991 nach der Veröffentlichung des Doping-Buchs von Brigitte BERENDONK in einer Presseerklärung des DSLV an, Eltern und Sportlehrer dazu aufzufordern, Talente vom Eintritt in Sportvereine abzuhalten, wenn nicht die Gewähr für sauberen Sport geschaffen wird.

Eine rundum befriedigende Lösung des Doping-Problems zeichnet sich nicht ab, wobei eine solche Erwartung angesichts der Komplexität des Problems auch vermessen wäre. Welchen Weg Sportpolitiker und Funktionäre auch bevorzugen werden, wie effektiv ihre Präventionsversuche auch sein werden - sie werden damit leben müssen, für die Sünden der Vergangenheit und die Unvollkommenheit der Gegenwart angegriffen zu werden. Ohne effektive Prävention aber ist die Zukunft des Spitzensports wegen der Gefahr eines zunehmenden Ausbleibens von Talenten, möglicherweise aber auch von Subventionen und Sponsoring, gefährdet.

1.2   Versäumte Präventionsmöglichkeiten in der Vergangenheit

Doping im Leistungssport ist weiter verbreitet, als oft von hohen Sportfunktionären und –medizinern in der Öffentlichkeit zugegeben, und zieht erhebliche negative Folgen für Individuen, aber auch für das Sportsystem nach sich. Die in der ersten Hälfte der siebziger Jahre durch die „Neue Linke im Sport" sowie kritische Sportpädagogen geäußerte Kritik an einer zu starken Orientierung des Sports an Leistung, die letztlich die Entstehung einer Mentalität des Siegens um jeden Preis begünstige, wurde von den Vertretern des Spitzensports damals heftig zurückgewiesen. Trotzdem wurde die Frage, wie Leibeserziehung und Sport Orte einer Erziehung gegen den Drogenmissbrauch sein können, wenn zeitgleich das Dopingproblem im Sport immer virulenter wird, zunehmend wichtiger. Durch die Mentalität des "Gewinnens um jeden Preis" wird die Rechtfertigung des Sports als erzieherisches Mittel in Frage gestellt.

Präventive Maßnahmen haben sich über Jahrzehnte hinweg fast nur auf die (oft zu späte) Einführung und Weiterentwicklung von Dopingkontrollen beschränkt. Das Erkennen zunächst vor allem des Anabolika-Problems, dann nachfolgender neuer Probleme wie das Blutdoping mit EPO, und die Entwicklung sinnvoller präventiver Maßnahmen bereitet den Spitzenfunktionären des Sports bis in das neue Jahrtausend hinein Schwierigkeiten. Obwohl sich die meisten Verbände öffentlich gegen Doping aussprachen, sah es in der direkten Konfrontation von Athleten mit Trainern und Funktionären oft anders aus; öffentliches Reden und konkretes Handeln klafften oft auseinander, denn viele Trainer, Mediziner und

Funktionäre lehnten z.B. Anabolika über lange Zeit überhaupt nicht ab (SINGLER/TREUTLEIN 2000).

Skandale weisen auf eine mangelhafte Umsetzung der eigenen Regeln hin. Der autonome Sport nutzt die mit Skandalen verbundenen Chancen zur Selbstreinigung nicht gut genug. Martin Zenhäusern bescheinigte den Verantwortlichen im Sport angesichts ihres Verhaltens während und nach der Tour de France „Hilflosigkeit und das Unvermögen, aus Eklats der Vergangenheit Lehren zu ziehen" (Frankfurter Allgemeine Zeitung, 23.7.1998). Wenn so wenig von dem, was möglich wäre, passiert, bleibt als fast einzige Hoffnung die staatlich initiierte Intensivierung der Prävention (wie in Frankreich geschehen) und die Hoffnung, dass die nachfolgende Generation als Folge präventiver Maßnahmen sinnvoller mit der Dopingproblematik umgehen wird.

Doping-Prävention im Sport wurde als Aufgabe der Sportmedizin und Biochemie angesehen und bestand zunächst nur aus pharmazeutisch-medizinischer Aufklärung und Dopingkontrollen. Dass damit zum Teil gerade die falschen Personen mit der Dopingbekämpfung beauftragt wurden, zeigt die Kritik britischer Athleten: „Ten years ago track and field scientists told me ... that they blamed sport scientists for bringing unethical practices into their sport" (RADFORD 1991, 85). Bezeichnend auch die Informationen über den italienischen Sportmediziner Francesco Conconi (Mitglied der Medizinischen Kommission des IOC, Vorsitzender der Medizinischen Kommission der UCI und mit der Entwicklung einer Nachweismethode für EPO beauftragt), der in seinem Institut in Ferrara über viele Jahre italienische und ausländische Ausdauersportler mit Erythropoietin behandelt hat (vgl. hierzu Kap. 7.1 im ersten Band), ferner über Ärzte wie den Schweizer Blanc oder den Franzosen Bellocq, aber auch über einige deutsche Sportmediziner (vgl. dazu SINGLER/TREUTLEIN 2000).

Die Mehrheit der Repräsentanten des Spitzensports ist sich zumindest offiziell einig, dass Doping bekämpft werden muss. Die bisherige Bekämpfung beschränkt sich weitgehend auf „Negativpädagogik" (Kontrollen) und hat nicht den gewünschten Effekt. Im Europaratsabkommen von 1990 zielten die Unterzeichner im Artikel 6 Maßnahmen im Bereich Erziehung an:

„(1) Die Vertragsparteien verpflichten sich, gegebenenfalls in Zusammenarbeit mit den betreffenden Sportorganisationen und den Massenmedien, Erziehungsprogramme und Informationsfeldzüge auszuarbeiten und durchzuführen, in denen die Gesundheitsgefahren und die Schädigung der ethischen Werte durch Doping im Sport deutlich gemacht werden. Sie richten sich sowohl an junge Menschen in Schulen und Sportvereinen als auch an deren Eltern und an erwachsene Sportler und Sportlerinnen, an Sportverantwortliche und -betreuer sowie an Trainer. Für die im medizinischen Bereich Tätigen wird in diesen Erziehungsprogrammen die Bedeutung hervorgehoben, die der Beachtung der medizinischen Ethik zukommt.

(2) Die Vertragsparteien verpflichten sich, in Zusammenarbeit mit den betreffenden regionalen, nationalen und internationalen Sportorganisationen Forschungsarbeiten zur Aufstellung physiologischer und psychologischer Lehrprogramme auf wissenschaftlicher Grundlage anzuregen und zu fördern, welche die Unversehrtheit des menschlichen Körpers achten" (Bundestags-Drucksache 12/4327, Bundesratsdrucksache 753/92).

Praktische Konsequenzen in Form der Ausarbeitung von Strukturen und Materialien zur Unterstützung der Präventionsbemühungen in Schule und Verband waren allerdings bisher vorwiegend in Frankreich und der Schweiz zu sehen, neuerdings auch in Italien.

1.3   Verbale Akzeptanz von präventiven Maßnahmen

Im Punkt fünf der Resolution der Vollversammlung der europäischen Nationalen Olympischen Komitees in St. Petersburg am 13./14. November 1998 wird auf Erziehung und Prävention zumindest verbal große Hoffnung gesetzt und – ungeprüft – behauptet, dass die wirksamste Präventionsmaßnahme Erziehung ist:

> „Die Olympische Bewegung sollte an einem allgemeinen Erziehungsprogramm teilnehmen, das unter Beteiligung aller wesentlichen Akteure im Sport umgesetzt werden soll - den Athleten, den Trainern, den Funktionären, Experten, Sportlehrern, Medien."

Die notwendige Umsetzungsenergie ist zumindest beim organisierten Sport bisher nicht zu sehen; darüber hinaus berücksichtigen die Abkommen in keiner Weise neuere Trends der Gesundheitsbildung. Der Artikel 6 des Abkommens von 1990 geht entsprechend den Ansätzen zur Gesundheitsbildung von einem Risikofaktorenmodell mit folgender Hypothese als Grundlage aus: Wenn Doping-Prävention durch Kontrollen und Information (vor allem zu gesundheitlichen Risiken) erfolgt, wird sich das gewünschte Ergebnis schon von allein einstellen. In der Bearbeitung anderer Süchte wie Nikotin und Alkohol oder harter Drogen hat sich gezeigt, dass ein solcher Ansatz mit den Schwerpunkten Information und Abschreckung viel zu kurz greift.

Eine andere, wesentlich modernere Orientierung hat die Aktion der Bundeszentrale für gesundheitliche Aufklärung „Kinder stark machen – Gemeinsam gegen Sucht" (für den Bereich des Sports Harald SCHMID). Sie legt das Schwergewicht auf Erleben, Erfahren und Reflektieren, d.h. darauf, Kinder stark zu machen, zu stark für Drogen; Kinder sollen rechtzeitig so selbstbewusst, mündig, kritik- und entscheidungsfähig werden, dass sie auf Doping verzichten können. Rund 80 % der Kinder und Jugendlichen treiben zumindest für kurze Zeit Sport in einem Sportverein; sinnvoll betriebener Sport bringt „Selbstwertgefühl, das gesunde Vertrauen in die eigenen Möglichkeiten, verschafft Erfolge und hilft, ihr Ausbleiben zu verkraften" (HURRELMANN/UNVERZAGT 1998, 10). Dafür können verantwortungsbewusste Übungsleiter und Trainer viel tun. Sie können fördern, dass Kinder und Jugendliche sich selbst kennen lernen, sich mögen und Vertrauen in die eigenen Fähigkeiten entwickeln, „das ist der beste Schutz gegen Risiken und Verlockungen" (HURRELMANN/UNVERZAGT 1998, 11); durch sinnvolles Sporttreiben können Selbstbewusstsein und Konfliktfähigkeit als Fundamente einer gesunden Persönlichkeitsentwicklung entwickelt werden. Durch seine Fortbildungsbemühungen bei Trainern und Funktionären greift Harald Schmid bei einem wesentlichen Punkt ein, der im Europaratsabkommen nicht berücksichtigt wurde, bei den Systembedingungen. Er versucht über die Beeinflussung des Umfelds der Sportler die Systembedingungen zu verbessern. Diese von DLV, DTB und DSB unterstützte Aktion beruht auf dem Nationalen Rauschgiftbekämpfungsplan von 1990, sie blieb aber von den Landes-Sportbünden und den anderen Sportfachverbänden anfangs weitgehend unbemerkt.

Bei der Weltkonferenz des IOC zur Doping-Problematik vom 2. - 4. Februar 1999 in Lausanne stellte die Arbeitsgruppe „Prävention" die Bedeutung der Erziehung jugendlicher Leistungssportler heraus und empfahl den Kontakt zu Regierungsstellen, um die „olympische Erziehung" zum Bestandteil der Lehrpläne zu machen. Über allgemeine Wünsche kam die Arbeitsgruppe aber nicht hinaus. Die gestellte Forderung ist insofern widersprüchlich, als der Spitzensport als jener Bereich, der das Dopingproblem überhaupt erst hervorgebracht hat, die Verantwortung (und natürlich auch die Finanzierung) für die „olympische Erziehung" an den Staat delegieren will. Zugleich aber beharrt er auf der Autonomie des Sports und wehrt so externe Kontrollansprüche ab. Die Schuld an der aktuellen Situation der Dopingmentalität wird bei anderen gesucht. Auch die Kommission „Juristische und politische Aspekte des Dopings" (u.a. mit dem hochbelasteten IAAF-Präsidenten Nebiolo und dem UCI-Präsidenten Verbruggen) sah Erziehung primär als Aufgabe der Regierungen an, da Kinder in den Schulen den Erstkontakt zum Sport hätten - dabei ist aber zu berücksichtigen, dass der Schulsport soziologisch betrachtet ein ganz anderer Sport ist als der, der in den leistungssportlich orientierten Vereinen betrieben wird. Der Kampf gegen Doping solle integraler Bestandteil der allgemeinen staatsbürgerlichen und moralischen Erziehung sein. So entlastet sich der Verursacher Spitzensport von einer wichtigen Aufgabe und schiebt eigene Verantwortung bequem auf die Gesellschaft ab.

1.4   Einschätzung bisheriger Präventionsmaßnahmen

Präventionsbemühungen im Kampf gegen Doping gibt es vor allem seit den 60er Jahren. Dabei stellte sich immer wieder heraus, dass das Ansprechen von Risikofaktoren und Information für eine effektive Prävention nicht ausreichen (vgl. LAURE 2000, 342 ff.). Jugendliche kümmern sich wenig um Gesundheit und Gesundheitsrisiken. Zudem fühlen sich nicht wenige durch den Reiz des Risikos und des Experimentierens sogar eher angezogen. Der Hinweis auf die Unwirksamkeit von Dopingmitteln, wie er oft in den 70er Jahren aus Präventionsgründen versucht wurde, führte nur zum Glaubwürdigkeitsverlust von Medizinern. Weitere Präventionsvorschläge sind:

- *Gefährliche Dopingmittel wie die anabolen Steroide auf die Liste der Rauschmittel setzen und damit deren Kontrolle verschärfen und den Vertrieb erschweren*: Diese Maßnahme wurde in den USA am 27.2.1991 mit der Auflistung von mehr als 25 anabolen Steroiden ergriffen. Damit wurde der Anabolikavertrieb und -konsum kaum erschwert, vor allem weil auch eine konzertierte internationale Aktion fehlt, ihr Konsum in der Bevölkerung insgesamt wurde aber vermindert (LAURE 2000, 352).

- *Mit Jugendlichen nicht über Anabolika sprechen, um sie nicht zu ihrem Missbrauch anzuregen*: Da Untersuchungen gezeigt haben, dass Antidoping-Kampagnen durchaus zu einer Zunahme des Missbrauchs führen können, muss jegliche Maßnahme gründlich reflektiert und vorbereitet werden. Vor allem sollte nicht in zu frühem Alter damit begonnen werden (LAURE 2000, 352).

BETTE und SCHIMANK konstatieren, dass Spitzensportverbände nicht die Veränderung der tatsächlichen Doping-Praxis als die eigentliche Aufgabe ansehen, sondern die Korrektur des „schlechten Rufs", d.h.,

> „sie müssen sich vorrangig um die Erhaltung bzw. Wiederherstellung des ‚guten Rufs' des Hochleistungssports beim Publikum, in den Massenmedien und bei den wirtschaftlichen und politischen Sponsoren kümmern (BETTE/SCHIMANK 1995, 300).

Wenn die These der beiden Autoren stimmt, dass die Sportverbände deshalb die Kombination von „brauchbarer Illegalität" und symbolischer Beschwichtigung bevorzugen (BETTE/SCHIMANK 1995, 304), dann wäre auch verständlich, warum das Nachdenken über andere Handlungsmöglichkeiten bisher ziemlich unbefriedigend ausgefallen ist:

> „Unsere Analyse lässt vermuten, daß diese Strategie gute Aussichten auf dauerhaften Erfolg in dem Sinne hat, daß weder die Publikumsattraktivität des Leistungssports leidet noch dessen Ruf unwiderruflich geschädigt wird. Insofern kann also das Verbandsestablishment nach unserer Analyse ebenso aufatmen, wie es die wirtschaftlichen und politischen Förderer des Leistungssports und die Massenmedien tun können. Am Doping, sofern es nicht allzu dilettantisch passiert und so dem Publikum in einem doppelten Sinne ermöglicht wird, darüber hinwegsehen zu können, wird der Leistungssport wohl nicht zugrunde gehen" (BETTE/SCHIMANK 1995, 382).

Der Versuch einer sinnvollen Prävention kann nicht bei dieser Analyse stehen bleiben. BETTE und SCHIMANK geben mit ihrem Aufdecken der Schwachstellen bisheriger Pädagogisierung gute Anregungen (BETTE/SCHIMANK 1995, 307 – 318). Sozial erwünschtes Verhalten kann vor allem durch Überzeugung, Belohnung und Bestrafung hergestellt werden. Überzeugung wird als am wenigsten aufwendig für das Sportsystem angesehen, denn „wer überzeugt ist, daß Doping etwas Falsches ist, kontrolliert sich selbst und braucht dementsprechend nicht durch andere überwacht werden" (BETTE/SCHIMANK 1995, 308).

Moral als Ergebnis von Erziehung darf aber nichts Unerfüllbares verlangen. Dopingmentalität wird in gewisser Weise schon bei Kindern durch das Anpreisen leistungssteigernder Ernährung („fördert die Konzentrationsfähigkeit") eingeübt. Angesichts der Medikamentarisierung der Gesellschaft ist das Auferlegen eines Verzichts auf Medikamente im Leistungssport für Jugendliche schwer verständlich:

> „Eine Empörung über die Scheinheiligkeit könnte vielleicht noch überwunden und positiv gewendet werden, indem sich der Spitzensport als gesellschaftliche Sondersphäre stilisiert, in der eine Elite asketischer Leistungsträger besonders anspruchsvolle moralische Ansprüche unzeitgemäß in die Tat umsetzt. Die Idee des Olympismus ging in diese Richtung. Askese - und Dopingverzicht ist nichts anderes - muß allerdings leistbar sein und darf keine unerfüllbaren Verzichtsleistungen fordern" (BETTE/SCHIMANK 1995, 310f.).

Im modernen Spitzensport befinden sich Sportler ökonomisch betrachtet in einer Hochkostensituation, die die Ausrichtung an der Systemlogik zu erfordern scheint. Angesichts des Verzichts auf anderweitige Ausbildungs- und Berufsmöglichkeiten müssen sie „aus der zeitlich begrenzten Sportlerkarriere das Möglichste herausholen" (BETTE/SCHIMANK 1995, 312). Dabei kann eine "überkommene" oder eine nicht mehr aktuell nachvollziehbare und plausibel gemachte Sportmoral als hinderlich empfunden werden. Ein veränderter, aufgeweichter Moralbegriff wird durch leistungssportliche Vereinskarrieren anscheinend schon früh gefördert:

> „So ein vierzehnjähriger Fußballspieler: ‚Ich finde alles fair, was für mich von Vorteil ist. Unfairneß gehört zum Geschäft. Ich werde lieber unfair Meister als fair Letzter' (zitiert bei PILZ 1994, 49, nach BETTE/SCHIMANK 1995, 313 f.).

Eine weitere Möglichkeit, präventiv tätig zu werden, liegt in einer kognitiven Überzeugungsarbeit begründet und zielt auf eine

> "Rückbesinnung auf die traditionellen Möglichkeiten der Leistungsverbesserung durch Training, Ernährung, Taktik, Ausbildung oder organisatorische Verbesserungen" (BETTE/SCHIMANK 1995, 315).

Selbst wenn dies funktionieren würde, wäre die Akzeptanz fraglich, da für den Weg zur Spitze mehr Zeit erforderlich sein wird als bei einer dopingunterstützten Vorgehensweise. Dabei ist zu berücksichtigen, dass bestimmte Weltspitzenleistungen ohnehin durch kein noch so ausgeklügeltes Maßnahmensystem realisierbar erscheinen und wohl in erster Linie durch Doping ermöglicht werden.

Die radikale Analyse der beiden Autoren könnte - falsch verstanden - zu Resignation führen: Ist das Geschäft der Prävention unsinnig, da ohnehin ohne Aussicht auf Erfolg? Eine solche resignative Haltung wäre jedoch weder im Sinne des Leistungssports noch im Sinne der radikal analysierenden Soziologie:

> „'Soziologische Aufklärung' als Beratungsleistung bedeutet vor allem, eine adäquate Problemdiagnose zu geben, die die Kurzsichtigkeiten und Fehlwahrnehmungen korri-

giert, die in der Praxis verbreitet sind und oftmals die strukturell erzeugten blinden Flecken der Praktiker darstellen. ... Für den Praktiker läuft diese Erkenntnis darauf hinaus, soziologische Analysen zu benutzen, um der eigenen Betriebsblindheit gewahr zu werden. Er bekommt andere Ursache-Wirkungs-Zusammenhänge vor Augen geführt als diejenigen, die er sich aus praktischen Erfahrungen selbst zurecht gelegt hat" (BETTE/SCHIMANK 1995, 378).

BETTE und SCHIMANK behaupten nicht, dass Prävention keine Chance hätte, sie verweisen lediglich auf die Fehlerhaftigkeit bisheriger Präventionsversuche. Bei einer anhaltenden *ausschließlichen* Orientierung des Leistungssports am Sieges-Code[3] wird es zudem wohl keine Lösung für das Doping-Problem geben. Im Prinzip haben wir damit die gleiche Situation, die schon 1933 durch Prof. Dr. Otto RIESSER (Direktor des Pharmakologischen Instituts der Universität Breslau) kritisiert wurde, nämlich dass die Kontrolle der Regeleinhaltung lasch gehandhabt werde:

„Es ist höchst bedauerlich, daß diejenigen, die den Sport überwachen sollen, nicht die Energie zu haben scheinen, um gegen dieses Übel (Doping, d.Verf.) anzukämpfen, und dass sich eine lasche und verhängnisvolle Einstellung auszubreiten beginnt. Auch die Ärzte sind für diesen Zustand verantwortlich zu machen, zum Teil wegen ihrer Ignoranz und zum Teil, weil sie starke Pharmaka zum Zwecke des Dopings verschreiben, die ohne Rezept für Sportler nicht erhältlich sind" (HOBERMANN 1994, 156).

BETTE und SCHIMANK geben selbst einige Ratschläge, primär für die Strukturebene. Sie empfehlen

- eine *Kontinuität der Aufklärung und weiter raumgreifende öffentliche Skandalierung der Abweichung*: Skandale sind als wichtige Bedingungen der Möglichkeit von Lernen offensichtlich unersetzlich, provozieren sie doch eine unfreiwillige Auseinandersetzung des Leistungssports mit sich selbst. Krisen sind demnach Chancen für Veränderung und Selbstreinigung (BETTE/SCHIMANK 1995, 387 f.).
- die *strukturellen Zwänge für ein Dopinghandeln in den Vordergrund zu rücken und von der Illusion abzurücken, beim Doping handle es sich nur um deviantes Handeln von einigen wenigen fehlgeleiteten Athleten*. Zugleich müssen die Zwänge als schwierig, aber noch veränderbar dargestellt werden (BETTE/SCHIMANK 1995, 388).
- *komplexe Gegenmaßnahmen für das komplexe Problem, verbunden mit einer intelligenten Kombination einander wechselseitig flankierender Maßnahmen*. Es macht z. B. wenig Sinn, gleichzeitig eine „Fair-Play-Aktion" zu starten,

---

[3] Soziologisch gesehen liegt das Geheimnis der Dopingbekämpfung in der Regulierung des Verhältnisses von Systemlogik und dem Systemprogramm. Diese anzustrebende Balance zwischen Code (Sieg/Niederlage) und der den Möglichkeitshorizont absteckenden Programmebene (Chancengleichheit, Fairplay, Regelkonformität) kann mit jeweils spezifischen Eigenschaften als die entscheidende Existenzgrundlage jedes sozialen Systems angesehen werden.

und parallel dazu Leistungsanforderungen zu erhöhen - durch ein solches un-abgestimmtes Nebeneinander von Maßnahmen können die Widersprüche und Überforderungen nicht beseitigt werden (BETTE/SCHIMANK 1995, 388 f.).

- *eine „konzertierte Aktion" aller an der Problemerzeugung Beteiligten:* Mit einer Art von rundem Tisch soll die nationale und internationale Dimension des Problems bearbeitet werden.

Gelingt der Versuch der Prävention und einer Sozialisation im Sinne der Normen und Werte eines Systems, ist konformes Verhalten zu erwarten. Glückt sie aus welchen Gründen auch immer nicht, ist von abweichendem oder deviantem Verhalten die Rede. Werden wie im Spitzensport häufig üblich an Sportler widersprüchliche Verhaltenserwartungen herangetragen, steigt die Unwahrscheinlichkeit des Gelingens von Sozialisation. Im Spitzensport ist die Grenze zwischen abweichend und konform etikettiertem Verhalten häufig fließend, wie am Beispiel der Normenkonkurrenz-Situation beim Doping (vgl. Abb. 2) aufgezeigt werden kann. Eine „Risikokonstellation" (HURRELMANN 1998, 183) entsteht, wenn zum Erreichen der wünschenswerten Ziele (Erfolg) nicht ausreichend legitime Mittel und Wege zur Verfügung stehen: Dann ist entweder die Aufgabe der ehrgeizigen spitzensportlichen Ziele oder dieAnwendung devianter Verhaltensweisen vorprogrammiert: Dropout oder Devianz lauten die Alternativen (siehe hierzu Merton 1968). Spitzensport unter Dopingverzicht ist in diesem Spannungsfeld die schwierigste und daher unwahrscheinlichste Lösung.

2 Situationsanalyse

2.1 Anabolika- und Drogenmissbrauch - ein weit verbreitetes Phänomen unter Jugendlichen

Einsichten internationaler und nationaler Spitzensportorganisationen, dass im Kampf gegen Doping Erziehung eine wichtige Rolle spielen muss, kommen spät, möglicherweise zu spät, denn in den letzten Jahrzehnten hat sich der Medikamentenmissbrauch im Sport weit ausgebreitet, und auch weit über den Sport hinaus, wie zahlreiche Untersuchungen belegen. Wenn Doping nur eine Konsequenz der Kommerzialisierung, Medialisierung und Professionalisierung des Leistungssports wäre, dürfte es nicht in Bereichen auftauchen, wo diese kaum eine Rolle spielen, z.b. im Jugendleistungssport, in weniger publikumswirksamen Sportarten, vor allem aber in außersportlichen Bereichen. In einem Artikel „Sucht nach dem schönen Körper" wies die Süddeutsche Zeitung schon am 21.12.1988 auf eine amerikanische Untersuchung am Institut für Gesundheitserziehung der Universität von Pennsylvania hin, die bei einer Befragung von 3403 Schüler an 46 privaten und öffentlichen Schulen (Rücklaufquote ca. 50 %) ergeben hatte, dass 226 Schüler muskelaufbauende Präparate verwendeten (6,6 %); auf die USA hochgerechnet wären dies zwischen 250.000 und 500.000 Schüler. Besonders beunruhigend war, dass das Einstiegsalter in den Anabolikamissbrauch weit geringer war als erwartet: 38 % begannen im Alter von weniger als 15 Jahren, mit 16 Jahren hatten schon zwei Drittel der Konsumenten die Erfahrung der Erstanwendung hinter sich. 44 % antworteten, dass sie mehr als ein Steroid-Präparat gleichzeitig nehmen würden. 38 % injizierten sich Steroide selbst. Die meisten erhielten sie auf dem Schwarzmarkt, aber immerhin ein Fünftel von Ärzten, Tierärzten oder Apothekern - von Fachleuten (International Herald Tribune 17./18.12.1988, vgl. auch BUCKLEY et al. 1988).

Weitere Untersuchungen in den USA (JOHNSON et al. 1989, TERNEY/MCLAIN 1990) kamen zu ähnlichen Ergebnissen, nämlich dass der Missbrauch anaboler Steroide unter Jugendlichen weit verbreitet sei. Ca. 5 % der 14 – 18-jährigen Jungen und ca. 2,5 % der Mädchen hatten schon anabole Steroide verwendet (vgl. TREUTLEIN 1991). Die Verbesserung der sportlichen Leistungsfähigkeit war dabei eine Hauptantriebsfeder, aber auch der Wunsch nach einem veränderten - muskulöseren - Aussehen. Mädchen waren vom Missbrauch weniger betroffen als Jungen. In Denver (Colorado) hatten manche schon seit dem Alter von 8 Jahren Anabolikaerfahrung. In Nebraska waren es 4,5 %, die in den 30 Tage vor der Befragung Anabolika verwendet hatten. In Arkansas gaben von 1881 befragten Schülern im Alter von 14 bis 16 Jahren 6,5 % der Jungen und 1,9 % der Mädchen Anabolika-Missbrauch zu. In Massachusetts verwendeten 2,9 % der befragten 11-jährigen Kinder Hormone, vor allem Basketballspieler und Schwimmer. In Chicago injizierten sich 5 % der befragen 17- bis 18-

Jährigen Wachstumshormone, die Hälfte davon mehr als einmal im Monat; 25 % gaben an, jemanden zu kennen, der Hormone verwendet (LAURE in ROLLAND 1999, 105).

Neben den bekannten Drogenproblemen hat sich damit ein weiteres ebenso gravierendes und von Staat und Gesellschaft unterschätztes Problem entwickelt: Der davon betroffene Kreis ist durch seine Größe für Dealer interessant, beim Anabolikamissbrauch werden erhebliche Umsätze getätigt. Auf der Grundlage des US-Drogengesetzes von 1990 gab es bis 1992 schon über 300 Verurteilungen (darunter auch drei Sportmediziner) mit Gefängnisstrafen bis zu zwölf Jahren (Süddeutsche Zeitung, 7.10.1992). Es besteht ein kommerzielles Interesse bei Dealern, dass nicht nur der Drogen-, sondern auch der Anabolikamissbrauch möglichst früh beginnt und nicht nur die leistungssportlich engagierten Jugendlichen erfasst. Im Vergleich zu anderen Ländern sind die USA bei der Bekämpfung und Bestrafung des Anabolikadealens Vorreiter.

Anabolikamissbrauch durch Kinder und Jugendliche ist kein rein US-amerikanisches Problem. Nach einer kanadischen Untersuchung von 1993 ist davon auszugehen, dass im Verlauf eines Jahres ca. 83.000 junge Kanadier zwischen 11 und 18 Jahren anabole Steroide verwendeten haben (Canadian Centre for drug-free sport, Gloucester, Ontario). Auch hier waren für die Mehrheit bessere sportliche Leistungen das wichtigste Ziel, fast genauso viele nahmen sie aber aus "kosmetischen" Gründen. Zudem kam es zu dem aus dem Spitzensport bekannten Medikamenten-Mix, zusammen mit anabolen Steroiden wurden vor allem Koffein, Schmerzmittel, Alkohol, Stimulantien und Beta-Blocker verwendet. Generell ist die Anfälligkeit von Jungen für den Missbrauch von Anabolika deutlich höher als für Mädchen (vgl. LAURE 2000, 178), bei den Älteren stärker als bei den Jüngeren.

Und auch nach Europa hat das Problem längst übergegriffen. Nach einer repräsentativen Untersuchung von TURPLIN und TALAZAC in der eher ländlichen Region Midi-Pyrénées (Südfrankreich) gaben von 2425 Schülern zwischen zwölf und 20 Jahren 51 (2,2 %) an, dass sie sich schon gedopt hatten, weitere 7,7 %, dass sie schon Substanzen genommen hatten, die möglicherweise unter die Dopingregeln fallen. Betroffen sind vor allem die Sportspiele, aber auch das Tennis, wobei „Ratgeber" in der Hälfte der Fälle Freunde waren, gefolgt von Trainern, Ärzten, anderen Sportlern und Eltern. (Impact Medical Quotidien, 28.11.1994). Daran ist die Bedeutung des Umfelds zu erkennen. Eine Untersuchung in 21 Sportstudios in England, Schottland und Wales (Rücklauf 59 %, 1667 Teilnehmer) ergab, dass 9,18 % der Männer und 2,3 % der Frauen ab und zu anabole Steroide verwendet hatten, 6 % der Männer und 1,4 % der Frauen regelmäßig. Dass nicht alle Sportstudios in gleicher Weise betroffen sind, zeigt die Tatsache, dass in drei der 21 Studios die Nutzerzahl bis zu 46 % hoch war

(KORKIA/STIMSON 1997). In Falkenberg in Schweden gaben von 1383 Jugendlichen im Alter von 14 - 19 Jahren 6 % der Jungen und 1 % der Mädchen ihren Hormonkonsum zu (LAURE, in ROLLAND 1999, 105). Von 5500 1994 befragten Schweizer Schülern zwischen 12 und 16 Jahren hatten 1,7 % der Jungen in den vergangenen zwölf Monaten Anabolika verwendet, 3,2 % Schmerzmittel, 3,2 % Stimulantien und Amphetamine, 6,8 % Alkohol (GRADOUX/CLOT 1999, 37).

Patrick Laure führte eine internationale Literaturanalyse für den Zeitraum zwischen 1980 bis 1996 durch. Er kam zu dem Ergebnis, dass in den Ländern, in denen Untersuchungen durchgeführt worden waren, 3 - 5 % der Jugendlichen Anabolika verwendeten, von den Erwachsenen 5 - 15 %. Damit ist Anabolikamissbrauch zu einem Problem für die Öffentliche Gesundheit geworden. Nach Laure ist das Alter der Erstanwendung in den USA im Extremfall auf acht Jahre gesunken, in Frankreich beträgt es 12 bis 14 Jahre, der Anteil von Mädchen steigt (ROLLAND 1999, 104)[4]. Nach dem Leiter des sportmedizinischen Dienstes von Pitié Salpêtrière (Paris), Gilbert Perres, verspüren Jugendliche, mit denen er und seine Kollegen über Doping reden, Druck von ihren Eltern, älteren Geschwistern, im Verein, oder von Ärzten und Funktionären innerhalb der Leistungssportstrukturen, sich zu dopen (L'Humanité, 17.11.1998, in ROLLAND 1999, 104). Wie bedeutend die Rolle des Umfelds ist, veranschaulichen folgende Aussage eines Zeitzeugen, der als Athlet Anabolika zu sich nahm:

> „Man kommt als gerade mal 20-Jähriger in die Welt hinein, in die man immer reinwollte, und man ist in dieser Welt ja ganz neu. Man braucht ja jemand, der einem da Ratschläge gibt, und das sind doch die Trainer, zu denen man Vertrauen hat und unter Umständen erfahrene Athleten. Deren Wort zählte für mich sehr viel. Und ganz gewiss wäre es so gewesen, dass, wenn ich einen Trainer gehabt hätte, der es ganz vehement abgelehnt hätte, dann hätte ich auch nichts genommen. Das Umfeld war wirklich so, dass irgendwelche Bremser und Mahner nicht vorhanden waren. Es war nicht nötig, das durch Euphemismen zu kaschieren, weil bei mir eine Bereitschaft sicherlich vorhanden war und er mich nicht dazu bringen musste. Ich war sicherlich sehr leicht zu steuern in jüngeren Jahren, sowohl was das Training angeht, als auch die Einnahme von Medikamenten. Ich habe denen sehr vertraut, ich war nicht das, was man später dann als mündigen Athleten bezeichnet hat. Aber das wurde uns schon versichert, dass gerade wenn ihr das so nehmt, wie wir euch das sagen, in den Dosen, dann werdet ihr a) nicht erwischt und b) entsteht auch kein Risiko. Ich glaube, dass die (die Ärzte, d.Verf.) das Gefühl hatten, wir schützen den Athleten vor sich selbst."

LAURE (1997) fordert als Voraussetzung für eine sinnvolle Prävention Untersuchungen zu den Motiven dopender Sportler. Sie sollten Aufschlüsse darüber geben, wie Dopingmentalität entsteht und wie diese beschaffen ist.

---

[4] ROLLAND weist auf methodische Probleme solcher Untersuchungen hin, zum einen der kindgemäßen Sprache und der Klassifizierung der Antworten. Verstehen die Kinder überhaupt, um was es geht, und wie sind manche Antworten einzuordnen: schamlose Lügen, reiflich überlegter Wille zum Verschleiern einer tadelnswerten Praxis oder reines Nichtwissen?

Nach der Untersuchung von Boos et al. (1998, 1999) ist zu befürchten, dass sich die Situation in Deutschland jener in den USA annähert. Eine Befragung in 24 kommerziellen norddeutschen Sportstudios (255 erwachsene Teilnehmer, Fragenbogenrücklauf ca. 50 %) ergab, dass 21 % (24 % der Männer, 8 % der Frauen) Medikamentenabusus mit anabolen Steroiden betreiben. Diese werden überwiegend auf dem Schwarzmarkt besorgt. Allerdings haben 16 % die Medikamente direkt in der Apotheke gekauft. 15 % werden von Ärzten mit Rezepten versorgt. Zusätzlich werden in hohem Umfang Kokain, Marihuana, Kautabak und Zigaretten „ergänzend" zu den anabolen Steroiden verwendet. Die Autoren leiten aus ihrer Befragung ab, dass

> „hochdosierte Steroideinnahmen über längere Zeiträume keine Seltenheit sind. Wir haben es daher auch in Deutschland mit einem in seinen medizinischen Konsequenzen weitaus größeren Problem zu tun, als bisher angenommen wurde" (Boos et al. 1998, A-957).

Unter den Studiomitgliedern, die Anabolika bis dahin nie verwendet hatten, war dies bei 37 % nur deshalb der Fall, weil die Mittel zu teuer oder nur schwer erhältlich seien; allerdings wollten weitere 7 % sich diese demnächst besorgen (Frankfurter Allgemeine Zeitung, 29.7.1998; Boos et al. 1998). Wenn man diese Ergebnisse mit jenen von KORKIA/STIMSON (1997) zusammennimmt, ist an ihnen die devianzfördernde oder –bremsende Wirkung des Milieus zu erkennen, denn die Bandbreite der Anabolika missbrauchenden Nutzer bewegt sich nach den Untersuchungen in Fitnessstudios irgendwo zwischen 0 und 46 %, je nachdem welches Milieu vorgefunden wird. Allerdings suchen sich Dopingfreunde und -gegner von vornherein ein Milieu aus, das ihrer Orientierung entspricht.

Bei Schweizer repräsentativen Befragungen 1995 und 1998 sahen 46 % (1995) bzw. 56 % (1998) der Bevölkerung Doping als sehr großes Problem an. 48 % der Deutschschweizer waren für den Breitensport der gleichen Meinung. Als am meisten dopinggefährdete Sportart wurde die Leichtathletik genannt (80 %), gefolgt von Radfahren (27 %), Fußball (19 %), Body-Building und Schwimmen (jeweils 14 %). 1998 lag der Radsport an erster Stelle (75 %), gefolgt von Leichtathletik (55 %) und Fußball (17 %). Erkennbar ist an den Prozentzahlen die Wirkung der aktuellen Berichterstattung, besonders zur Tour de France (Festina-Skandal). Über 58 % der Bevölkerung sind für ein generelles Verbot von Doping; über 34 % wollen es allerdings unter ärztlicher Aufsicht erlauben. Beide Gruppen sind trotzdem der Meinung, dass weiter gegen Doping gekämpft werden müsse, 61 % davon selbst dann, wenn die Schweiz mit solchen Maßnahmen international allein dastehen würde und die Karrieren Schweizer Spitzensportler damit gefährdet würden. Über 50 % halten die Doping-Bekämpfung in der Schweiz für wenig konsequent. An präventiven Maßnahmen werden von über 90 % Fair-Play-Erziehung in Schule und Freizeit, Informations- und Präventionskampagnen bei Jugendlichen, vermehrte Kontrollen bei Wettkämpfen und im Training sowie die Bestrafung des Umfelds (z. B. Ärzte, Trainer, Masseure) befürwortet (vgl. EGLI/KAMBER 1998).

Doping-Prävention nur durch Doping-Kontrollen ist in manchen Staaten rechtlich angreifbar. Ein US-amerikanisches Berufungsgericht legte in einem Urteil gegen das Doping-Testprogramm des College-Sportverbands den Finger in die Wunde einer ausschließlichen Konzentration von Präventionsmaßnahmen auf Doping-Kontrollen. Der College-Sportverband hatte seit 1986 Tests zum Nachweis von Drogen und Steroiden durchgeführt. Das Gericht stellte Gesundheit, Sicherheit und Integrität der Persönlichkeit über die Drogen- und Dopingbekämpfung nur mit Hilfe von Dopingkontrollen. Es kritisierte das Testprogramm als zu breit und ineffektiv und warf dem Verband vor, er habe die Suche nach alternativen Kontrollen und Vorbeugungsmaßnahmen wie Anti-Drogenerziehung vernachlässigt (Leichtathletik 41, 1990, 12).

Medikamenten- und Drogenmissbrauch ist demnach schon lange kein "Privileg" des Hochleistungssports mehr, sondern hat sich von dort aus in weite Bereiche des Freizeit- und Breitensports sowie des Jugendsports ausgedehnt, aber auch in außersportliche Bereiche. Angesichts dieser Situation reicht vor allem für den Kinder- und Jugendsport Prävention in Form von *Negativpädagogik* (Kontrollen) in keiner Weise mehr aus; es ist ein wesentlicher Fehler des Leistungs- und Spitzensports in den letzten Jahrzehnten, dass für die Entwicklung einer Positivpädagogik noch weniger als in die Entwicklung von Kontrollmethoden investiert wurde; Einzelmaßnahmen wie Plakataktionen (z. B. „Keine Macht den Drogen"[5] oder „Fair geht vor") werden der Komplexität des Problems kaum gerecht. Zur Intensivierung des Kampfes gegen Doping ist eine Prävention notwendig, in der komplexe Lösungsstrategien zur Anwendung kommen. Die Negativpädagogik darf zwar nicht in den Mittelpunkt gestellt werden, auf sie kann aber auch nicht verzichtet werden. Die Dopingproblematik ist längst ein Teil der allgemeinen Suchtproblematik geworden; deshalb sollte auf den dortigen Erfahrungen aufgebaut, Präventions-Anregungen sollten dort gesucht und entsprechende Anstrengungen im Sport in Maßnahmen der allgemeinen Sucht- und Drogen-Prävention integriert werden. Weitergehend muss aber auch für den Kinder- und Jugendsport das Thema „Erziehung" deutlicher in den Mittelpunkt gerückt werden.

Der Spitzensport hat bei der Dopingmentalität Vorbild-Wirkung, wie folgendes Beispiel zeigt:

---

[5] In einer Evaluationsstudie wurde die Wirksamkeit der Aktion folgendermaßen beurteilt: „Die Aktion hat kaum Bedeutung für den einzelnen und für seinen Umgang mit psychoaktiven Substanzen. Die wichtigsten Zielgruppen werden zu wenig herausgearbeitet und mit direkten präventiven Botschaften und möglichen Beispielen für Aktivitäten angesprochen. Damit wird das nach der wissenschaftlichen Literatur mögliche Potential massenmedialer Kampagnen unzureichend ausgeschöpft" (SCHUMANN et al. 1995, 35).

„Gleich nachdem der Johnson wegen Doping in Seoul disqualifiziert wurde, sind die bei mir angerannt und haben gesagt: 'Was der genommen hat, wollen wir auch haben! Die sind scharf darauf, wie der Johnson auszusehen!' (Mitteilung des Besitzers einer Sport-studiokette in Süddeutschland an einen anonymen Spitzensportler, der der Sport-Bild-Redaktion namentlich bekannt ist", Sport-Bild, 5.10.1988, 49).

Angesichts der Tatsache, dass Doping seinen Ursprung im Spitzensport der Männer hat und sich selbst bis in die Kinder- und Jugendszene hinein ausbreiten konnte, muss der Leistungssport für präventive Maßnahmen in die Pflicht genommen werden. Er muss Verantwortung für den Schaden (vor allem den Umfang, in dem Kinder und Jugendliche heute davon betroffen sind) übernehmen, der im Verlauf der vergangenen mindestens vier Jahrzehnte entstanden ist, und an seine Verpflichtung eines Beitrags zum Gemeinwohl erinnert werden. Darüber hinaus müssen Präventionsversuche in weit höherem Umfang als bisher unternommen werden, so unvollkommen sie auch im Moment sein mögen.

IOC und Spitzenverbände sind mit ihren Präventions-Überlegungen – falls überhaupt angestellt - auf das Doping der Spitzenathleten fixiert. Dass eine Mentalität zum Doping viel früher beginnt, etwa bei der Verwendung von gezielt zur Leistungssteigerung eingenommenen Nahrungsergänzungsmittel wie Kreatin, bleibt dabei unberücksichtigt. Solche Substanzen sind zwar nicht verboten, signalisieren jedoch auch bereits Nachwuchssportlern, dass Leistungssport ohne begleitende "unterstützende Mittel" nicht möglich sei. Auch die Verwendung von meist völlig überflüssigen Mineraltrinks kann erste Bausteine für eine Substitutions- und Dopingmentalität liefern, zumal manche dieser Getränke seit einiger Zeit mit Koffein versehen sind und gezielt unter dem Aspekt der Leistungssteigerung beworben und eingenommen werden.

Dass die Bereitschaft, leistungssteigernde Mittel einzunehmen, zunehmen könnte, lässt sich auch an der allgemeinen Tendenz beim Drogenmissbrauch erkennen. Während bei Jugendlichen in den 90er Jahren der Konsum von Nikotin, Alkohol und Rauschmitteln zurückging, steigt die Bereitschaft zur Verwendung von Mitteln zur Stimulans und Leistungssteigerung (Amphetamine, Ecxstasy, Speed etc., SACKSOFSKY/MÜLLER 1998, 110 f., nach HURRELMANN/ENGEL 1993). Da es zudem zunehmend üblich wird, bei Störungen der eigenen Befindlichkeit oder zur Leistungssteigerung Medikamente zu nehmen, was bei ca. 30 % der Heranwachsenden der Fall ist (SACKSOFSKY/MÜLLER 1998, 113, nach HURRELMANN/ENGEL 1993), steht zu erwarten, dass auch die Bereitschaft zum Griff zu Dopingmitteln zunimmt, zumal das Wort „dopen" in der Werbung und im häufig bagatellisierenden Journalismus zunehmend positiv besetzt wird.

Zusammenfassend lässt sich feststellen: Die Doping-Problematik ist längst zu einem Problem der Gesellschaft insgesamt geworden. Sport kann im Sinne des Salutogenese-Modells von ANTONOVSKY eine sucht-schützende Wirkung haben, sofern er von den Verantwortlichen im Sinne einer intentionalen Vorgehensweise – das heißt unter gezieltem Anstreben der mit ihm verbindbaren Werte, Erziehungsziele, aber auch Regeln – und unter Respektierung von Grenzen vermittelt wird. Bei nur funktionaler Vorgehensweise kann Leistungs- und Spitzensport die gegenteilige Wirkung haben. Im Spitzensport werden „Sekundärtugenden" wie Fleiß, Disziplin, Anstrengungsbereitschaft und Pünktlichkeit, die sämtlich durch Dopingmittel wie Anabolika unterstützbar sind ("auf die Minute topfit"), verlangt. Diese Sekundärtugenden sind jedoch nur dann sinnvoll, „wenn sie den Schlüsselwerten wie Freiheit, Gerechtigkeit, Solidarität, Toleranz untergeordnet werden und diese mit unterstützen" (SCHIELE 2000, 8). Die Ausbreitung des Doping- und Suchtmittelmissbrauchs weist auf große Eile bei der Problemlösung hin. Hierfür ist der Sport zwingend in die Pflicht zu nehmen.

2.2 Gefährdung von Kindern und Jugendlichen im Leistungssport

Sporttreibende Kinder und Jugendliche sind - je nach verfolgtem Körper- und Sportkonzept - in unterschiedlicher Weise von Doping-Mentalität betroffen. Solche Konzepte als zentrale Steuerungs- und Orientierungsinstanzen beeinflussen Handeln und Entscheiden maßgeblich. Sie enthalten unterschiedliche Wert- und Zielorientierungen und sind das Resultat komplexer historischer und kultureller Entwicklungen. Von folgenden Konzepten kann zur Zeit ausgegangen werden:

1. Sportives Bewegungskonzept (Training, Wettkampf, verbunden mit Dynamik, Anspannung, Öffentlichkeit)
2. Fitness-Konzept (kommerzialisierte Fitness-Szene)
3. Hedonistisches Bewegungskonzept (neue Körper- und Bewegungsmoden, geprägt durch Konsumverhalten)
4. Suche nach Ich-Erfahrung durch Bewegung (Selbsterfahrung, Selbstverwirklichung, Selbstentfaltung, Körpererfahrung)
5. Suche nach Wir-Erfahrung durch Bewegung, Spiel und Sport
6. Romantik-Ansatz (Natur, Einfachheit)

Ziele wie Leistungssteigerung, Rekord oder Aussehen, bei deren Umsetzung medikamentöse Unterstützung wirksam sein kann, spielen zumindest bei den Konzepten 5 und 6 keine Rolle. Gefährdet sind vor allem die Anhänger der Konzepte 1 und 2 sowie möglicherweise auch des dritten und vierten Ansatzes (Glücksgefühle über Medikamente, Aussehen). Prävention gegen Dopingmentalität muss deshalb vor allem an Orten versucht werden, wo die Konzepte 1 und 2 im Mittelpunkt stehen, d. h. in erster Linie im Leistungs- und Wettkampfsport sowie in den Sportstudios, aber auch in der Schule.

Der Wettkampf- und Leistungssport steht im Zentrum des sportiven Bewegungskonzepts. Für die Vermittlung von Werten und Zielen wird bei diesem Konzept bis heute die funktionale Sichtweise bevorzugt, nach der Schüler, Jugendliche und Erwachsene nur ausreichend Sport treiben müssten, damit sich positive Ergebnisse wie Fairness, soziales Verhalten, Selbstvertrauen usw. von alleine einstellen würden (vgl. hierzu auch Kap. 1.7). Dieser lediglich auf Behauptungen basierende Ansatz bewirkt allerdings eher das krasse Gegenteil der offiziell angestrebten Ziele (vgl. PILZ 1994).

Not tut ein Nachdenken über Strukturen, ihre Wirkung und ihre Veränderung sowie zu einer intentionalen Umsetzung der offiziellen Ziele des Sports. Darauf verweist auch die Aussage des Wirtschaftsethikers Karl HOFMANN:

> „Keine Ethik kann vom Einzelnen verlangen, dass er durch die Befolgung von Werten dauerhaft massive Benachteiligung in Kauf nimmt" (Spiegel Special 1999/1, 50).

Die von uns in Kapitel 1.3 vorgestellte *Theorie des Dopings wider Willen* wird auch durch die folgende Feststellung HOFMANNS gestützt,

> „dass das „Risiko, zu den wenigen Zukurzgekommenen zu gehören, ... auch Ehrliche in Versuchung (bringt), sich ein Stück vom Kuchen wiederzuholen" (Spiegel Special 1999/1, 50).

Zum Spitzensport gehört für viele das Prinzip des „Siegens um jeden Preis". Die Reflexion der Ziele, Inhalte und Methoden des Leistungssports ist deshalb heute eine zentralere Aufgabe als in früheren Jahrzehnten. Für den Leistungssport sehen Bette und Schimank die wesentliche Ursache für die Entwicklung des Dopingproblems im Vorherrschen des „ethos of effectivness", der überkommenen Sportmoral (BETTE/SCHIMANK 1995, 312). Jugendliche lernen mit zunehmendem Alter und der Dauer ihrer Systemzugehörigkeit, den Willen zur Einhaltung von Regeln dem Erfolgsdenken unterzuordnen; der Verzicht beispielsweise auf ein taktisches Foul wird dann als Dummheit registriert (PILZ 1986, 32). Es ist von daher fraglich, wieviel Bremsen des „durch Umweltansprüche entfesselten Siegescodes" (BETTE/SCHIMANK 1995, 313) sich das Sportsystem leisten kann und will. Pädagogisierung und Unterstreichen von Moral und Ethik verlangen ein partielles Abrücken vom Siegescode, ohne an seine Stelle etwas ähnlich Attraktives zu setzen (BETTE/SCHIMANK 1995, 318), d.h., Athleten und Trainer werden dadurch überfordert. Der organisierte Sport hat bis heute nicht gelernt,

> „die eigenen Mitglieder vor der inneren Unendlichkeit seiner auf permanente Steigerung ausgerichteten Logik als auch vor den Zwängen und Verlockungen seiner Außenwelt zu schützen" (BETTE 1999, 215).

Deshalb ist nach PILZ (1994, 307) die häufige Betonung der sozialen Funktionen des Sports Schönfärberei. Als Fazit seiner Untersuchung von 2000 jugendlichen Fußballspielern in Niedersachsen hält PILZ fest: Viele Jugendliche beklagen, dass mit zunehmender Erfolgsorientierung der Spaß beim Fußballspielen mehr und mehr verloren geht. Schon ab der C-Jugend (12 - 14 Jahre) lernen Jugendliche systematisch, dass im Interesse des Erfolgs Regeln verletzt werden sollen. Trainer als die Sozialisationsagenten schlechthin fördern häufig den Prozess der Erziehung zur Unfairness. Gerade der Fußballverein, aber sicher nicht nur er allein, kann aus dieser Sicht als *Schule der Unfairness* interpretiert werden (vgl. PILZ 1994, 307 - 314). Dies dürfte überall dort gelten, wo der Sieges-Code nicht durch regulierende Elemente auf der Programmebene flankiert wird, wodurch sich eine den Regelverstoß fördernde Mentalität herausbilden kann.

Eine Gefahr wurde in Deutschland bisher fast völlig übersehen: dass Leistungssport krank machen kann! Nach Sportlerbefragungen und Untersuchungen von Harrison Pope (Psychiater in Belmont/Massachusets) an 41 Bodybuildern, Herbert Haupt (St. Louis) und dem Bericht des leitenden Mediziners des Nationalen Olympischen Komitees der USA, Robert Voy, neigen Sportler,

> „die über längere Zeit zu Dopingmitteln griffen, zu Depressionen, ernsten psychischen Defekten, Wahnvorstellungen – von anabolen Steroiden zum Wahnsinn getrieben" (Mainzer Allgemeine Zeitung, 14.4.1988).

Nach einer Schweizer Untersuchung (Le Temps, Genf, 24.9.1999) haben mehr als 50 % der Drogenabhängigen intensiv täglich Sport getrieben, 25 % mehrere Stunden täglich, bevor sie mit harten Drogen süchtig wurden. Das Ergebnis der Genfer Studie entspricht jener des „Centre National de la Recherche Scientifique" (CNRS) in Paris, dessen Bericht nach einhalbjähriger Untersuchung 1998 folgendermaßen ausfiel:

> „Die Ausbreitung des Dopings ... geht über den Sport hinaus. Es handelt sich um ein Gesellschaftsphänomen und ein wirkliches Problem für die öffentliche Gesundheit."

Aus dem Ergebnis leitet CNRS die Verpflichtung zur Durchführung weitergehender Untersuchungen ab, denn ein möglicher Zusammenhang zwischen intensivem Sporttreiben und Drogenabhängigkeit scheint deutlich.[6] Nach den Ergebnissen von CNRS steht die Sucht nach Sport am Anfang. Die Sucht nach Drogen folge nicht selten nach, wenn weniger Sport oder die Beendigung der Leistungssportkarriere zu einer geringeren Ausschüttung von Endorphinen führe. Dieser Mangel werde nicht selten durch den Einsatz von Heroin kompensiert.

Der Genfer Mediziner Jean-Jacques Deglon (Pionier der Methadon-Programme) neigt einer anderen Erklärung zu. Er geht von verdeckten Depressionen bei einem Teil der jugendlichen Leistungssportler aus, die mit leistungssportlichem Training (und Erfolgen) bewältigt werden, d. h. mit Hyperaktivität wie bei anderen Formen von Depression auch. Die Drogengefahr werde dann besonders groß nach Karriereende, nach dem Ende der Hyperaktivität. Drogenabhängige ehemalige Leistungssportler benötigten mehr Methadon (das eine antidepressive Wirkung hat) und rauchten mehr (Dopaminausschüttung). Kinder von Eltern mit psychischen Problemen würden mehr Sport betreiben. Auch Deglon sieht einen

---

[6] Eine Insiderinformation aus Frankreich besagt, dass in der Provinz zwischen 10 und 30 % der Patienten von Suchtzentren Personen sind, die intensiv Sport getrieben haben (bis hin zu Mitgliedern von Nationalmannschaften), in Paris ca. 50 % (vgl. dazu auch DE LIGNIÈRES/SAINT-MARTIN 1999, 51 f., LOWENSTEIN et al. 2000).

deutlichen Zusammenhang zwischen Doping, Karriereende und Drogengefähr-
dung:

> „Wenn man eine Zeit lang dopt, können Karriereende und Beendigung des Dopings zur
> Drogensucht führen. Das kommt häufig vor. Amphetamine, Kokain, alle Stimulantien
> des zentralen Nervensystems sorgen für die Produktion von Dopamin ... . Wenn man das
> Doping beendet, kommt es zu einem rasanten Rückgang der Dopaminausschüttung, man
> fühlt sich unwohl, ist traurig, hat Konzentrationsprobleme. Die Versuchung zum erneuten
> Dopen ist groß. ... Normal betriebener Sport ist für Menschen ohne Probleme sehr ge-
> sund. Exzessiver Sport kann ein Bewältigungsversuch für Probleme sein" (Le Temps,
> 24.9.1999).

2.3 Gefahren durch die Radikalisierung des Leistungssports

Im Spitzensport werden Personen vor allem dann als "professionell" angesehen,
wenn sie sich seiner spezifischen Systemlogik (Sieg-Niederlage-Codierung) anpassen. Handeln im Spitzensport ist häufig einem kurzfristig orientierten und
daher auf Dauer selbstzerstörerisch wirkenden Imperativ der "Gewinnmaximierung" unterworfen. Forderungen nach einer Orientierung an Moralnormen haben
dann wenig Chancen. Die Forderung nach ethisch geprägtem Verhalten wird in
einer solchen Situation zunehmend kritisch hinterfragt - vor allem dann, wenn
jemand, der diese Grundsätze befolgt, dadurch permanent Benachteiligungen in
Kauf zu nehmen hat. Zudem stehen pädagogische Überlegungen zum Leistungssport immer im Verdacht der Leistungssportfeindlichkeit, zumal sie keinen unmittelbaren Beitrag zur erwünschten Leistungs-"Produktion" vorweisen können.

Die Nahzielorientierung „Sieg" steht im Vordergrund, sie wird nur selten durch
das Vorhersehen und Reflektieren von langfristigen Problemen, der Möglichkeit
der Schädigung von Individuen oder des gesamten Sports flankiert. Langfristige
Schäden für Individuen (z. B. durch Doping provozierte Todesfälle), für das
Teilsystem (z. B. Nachwuchsmangel durch Ablehnung des Leistungssports aus
ethischen, gesundheitlichen oder ästhetischen Überlegungen) und darüber hinaus
für die Gesamtgesellschaft werden zugunsten kurzfristiger Erfolge hingenommen. Dies fällt umso leichter, als solche oft mit jahre- oder jahrzentelanger Verspätung auftretenden sozialen, psychischen oder medizinischen Schäden in der
Regel kaum messbar und ursächlich zuschreibbar sind.

Der Sport erweist sich im Management solcher sich langfristig manifestierenden
Krisen ähnlich schwerfällig wie etwa die Politik z. B. im Umgang mit Umwelt-
oder Nahrungsmittelskandalen – oder eben ihrerseits im Kampf gegen Doping.
Solange äußere Umstände die Politik nicht zum Handeln zwingen, beschränkt
sich das Krisenmanagement auf Verharmlosung und eine Verdammung solcher
Personen, die Problematisierungsversuche frühzeitig unternehmen und frühzeiti-
ge Lösungsversuche einfordern. So waren für den französischen Staatspräsiden-
ten Chirac zu einem frühen Zeitpunkt der Problematik des so genannten Rinder-

wahnsinns nicht die Rinder, sondern die über das Problem berichtenden Journalisten „wahnsinnig".

Die radikale Orientierung an der jeweiligen Logik eines Teilsystems bringt Probleme mit sich; im Leistungssport verstärkt die Orientierung an Subventionen, Sponsoring und öffentlicher Aufmerksamkeit den Zwang zur Ausrichtung am kurzfristigen Erfolg. Durch Zwänge und Kurzfristziele nimmt die Gemeinwohlbindung der jeweiligen Teilsysteme jedoch ab.

Die ungebremste Logik des Leistungssports legt das Menschenbild des Athleten als Objekt - im Extremfall des dressierten Roboters - und die Handlungsmaxime „der Erfolg heiligt die Mittel" nahe. Mit dem funktionierenden Athleten scheint der Erfolg am leichtesten herstellbar. Jugendliche lernen mit zunehmendem Alter und der Dauer ihrer Systemzugehörigkeit, den Willen zur Einhaltung von Regeln dem Erfolgsdenken unterzuordnen (PILZ 1986, 32). Für die Optimierung des Erfolgs wird im Zweifelsfall fast jedes Mittel eingesetzt. Doping-Devianz ist wegen der Erfolgs-Erwartungen des Umfelds vorhersehbar (BETTE 1999, 214). Deshalb darf Prävention nicht nur beim Individuum ansetzen, sondern muss auch versuchen, die Strukturen des organisierten Sports und das direkte Umfeld von Sportlern zu verändern; das den Sportler umgebende Umfeld von Trainern, Ärzten und Betreuern muss durch Vorgaben und Selektion auf die Verbandsziele und -regeln beeinflusst werden.

Hinsichtlich der Wirksamkeit von Sportregeln unterscheidet HOULIHAN (1999) drei Dopingtypen:

- Die Unwissenden: Sie verwenden Substanzen und Medikamente, ohne zu wissen, ob sie erlaubt oder verboten sind.
- Sportler, die die Regeln nicht einhalten können: Sie verwenden Dopingmittel, weil sie z. B. von ihrem Trainer, Sportarzt oder von Mannschaftskameraden dazu gezwungen werden.
- Die Unwilligen: Sie halten nichts von Dopingregeln, sind für ihre Abschaffung und verwenden z.B. nicht nachweisbare Substanzen.

HOULIHAN schätzt angesichts der zur Verfügung stehenden Präventionsmöglichkeiten (Information, Erziehung, Kampf gegen Dealer, Strafen), dass 50 % der Maßnahmen praktisch keine Effekte haben, 40 % nur mäßige und nur 10 % erfolgversprechend sind, nämlich die Erziehung der Unwissenden (vgl. LAURE 2000, 351). Zum dritten Typ gehören auch die Eltern eines jungen Radsportlers, die sich nach dem Festina-Skandal an den Festina-Masseur Willy Voet mit der Frage wandten, ob er nicht Mittel für die Leistungsverbesserung ihres Sohnes habe (L'Equipe, 31. Oktober 2000).

3   Konsequenzen für die Akteure im Leistungssport

Den Funktionsbedingungen ihres Teilsystems können sich die Akteure im Spitzensport nicht entziehen. Wer z. B. effektive Antidopingmaßnahmen durchsetzen, das Mindestalter für die Teilnahme an internationalen Wettkämpfen anheben will oder die schnelle Spritze verweigert, scheint damit Erfolge zu gefährden und läuft Gefahr, mit Positionsverlust bestraft zu werden. Im Leistungs- und Spitzensport droht – vor allem auf höherem Leistungsniveau – die Gefahr der Bevorzugung des Trainer- und Funktionärstyps, der den Blick für die Persönlichkeitsentwicklung des Athleten, für Interdependenzen mit anderen Teilsystemen und das Gemeinwohl ausblendet, nur seinen Funktionsbereich sieht und sich nur am kurzfristigen Erfolg orientiert:

> „Je ausschließlicher er (in unserem Fall Trainer, Mediziner und Funktionäre, d. V.) sich daran orientiert, desto höhere gesamtgesellschaftliche Kosten wird er allerdings verursachen. Addieren sich solche Effekte aus vielen Systemen, kann auch das politische System, das für die Kosten der Systemegoismen aufkommen muss, diese nicht mehr decken. Der Staat wird überfordert. Bei Steigerung der Einzelvorteile sinkt das Gesamtniveau" (GRIMM 1999, 55).

Als Konsequenz kann das Teilsystem Spitzensport aus den Fugen geraten. In subjektiven Kosten-Nutzen-Kalkulationen der Akteure ist abweichendes Verhalten, wenn es für leistungsfördernd gehalten wird, durchaus eine rational gebotene Strategie. Die Strukturbedingungen sind so, dass sich das System Spitzensport pädagogisches Handeln kaum erlauben kann.

3.1   Autonomie des Sports und Interdependenzen

Die Teilsysteme der Gesellschaft stehen in einem Interdependenz-Verhältnis zueinander. Deshalb müssten alle Teilsysteme ein Interesse daran haben, dass in den jeweils anderen Folgeschäden ausgeschlossen oder zumindest begrenzt werden. Das Teilsystem, das die anderen Teilsysteme im Gesamtinteresse regulieren darf, ist die Politik (GRIMM 1999, 55). Wegen der Autonomie des Sports im deutschen föderalen System verzichtet die Politik bisher weitgehend auf den Einsatz seiner Zwangsmittel, mit denen Schranken z. B. beim Einsatz legaler und vor allem auch illegaler Mittel zur Gewinnmaximierung erzwungen werden könnten.

Der Leistungssport muss zur Abwendung von Risiken so auf die eigene Selbstreinigungs-, Regulierungs- und Entwicklungskraft setzen, die aber meist versagt hat. Der deutsche Staat als größter Förderer des Spitzensports verurteilt zwar einerseits Doping offiziell, dreht aber über das Verteilungskriterium „Erfolg" an der Spirale selbst mit. Andererseits ist er zu Interventionen wie der französische oder italienische Staat offenbar nicht bereit. Der deutsche Sport dagegen nimmt die Mittel in Empfang und lehnt gleichzeitig eine soziale Kontrolle von außen ab. Viele Skandale der Vergangenheit, in die die Politik zumindest in einigen Fällen selbst mit eingebunden ist, zeigen jedoch, dass die vielgepriesene Selbstreinigungskraft des Sports nicht ausreicht, die angestrebten Verhältnisse eines "humanen Hochleistungssports" herzustellen.

Durch die Anschlussfähigkeit des Spitzensports an andere Systeminteressen wie die der Wirtschaft, Politik oder der Massenmedien (BETTE 1999, 277) hat sich der Spitzensport enorm verändert. Er ist komplexer und komplizierter geworden und deshalb darauf angewiesen, Wissen und Kompetenz von außen heranzuziehen, wenn er nicht vom gesellschaftlichen Wandel überfordert werden und zu große Risiken eingehen will (BETTE 1999, 276). Nur wenn er über ausreichendes Wissen über sich verfügt, kann er den Wandel aktiv mitgestalten.

3.2   Handlungsmöglichkeiten

Jedes Regelwerk wird stets Lücken aufweisen. Der Einzelne ist für eine sinngemäße Umsetzung verantwortlich und nicht zur „optimalen" Ausnützung der Lücken des Regelwerks verpflichtet. Trainer und Athleten sind in das Spitzensportsystem eingebunden und scheinen nur dessen Logik verpflichtet. Ausdruck der Radikalisierung des Siegescodes ist z. B. die Auswahl von Trainern primär nach dem Kriterium Erfolg. Moralische Appelle an sie, die sie zur Selbstbeschränkung und zum Verzicht auf das "Siegen um jeden Preis" auffordern, stellen angesichts der Systemzwänge weitgehend eine Überforderung dar. Dennoch gibt es innerhalb des durch den Code gesetzten Rahmens durchaus unterschiedliche Handlungsmöglichkeiten. Am Beispiel der Wirtschaft:

> „Ein Händler [kann] ‚kulant' sein, ein anderer nicht oder ein Unternehmen seinen gesamten Gewinn an die Shareholder ausschütten, ein anderes einen Teil davon abzweigen, um damit Computer für eine Schule zu stiften. ... Abstrakt gesprochen läßt sich der Code plump-vordergründig oder intelligent-perspektivisch interpretieren" (GRIMM 1999, 55).

Diesen Beispielen entsprechend können Vereine oder Verbände Trainer, die nicht die erhofften kurzfristigen großen Erfolge haben, entlassen *oder* ihnen aber Zeit für die Entwicklung von Talenten geben. Ein Arzt kann einen verletzten Athleten fit spritzen *oder* aber zugunsten des Vermeidens einer potentiellen Schädigung und des längerfristigen Erfolgs darauf verzichten. Im Interesse der Zukunft der Individuen, des Sportsystems und des Gemeinwohls müssten die Akteure im Spitzensport ihre kurzfristig vielleicht erfolgreiche, langfristig jedoch auf Selbstzerstörung ausgerichtete Orientierung an raschen Erfolgen um eine intelligente, perspektivische Langzeitorientierung ergänzen. Das Reflektieren von langfristig ausgerichteten Alternativen ist im Spitzensport und seiner Umwelt bisher wenig verbreitet, wie Reaktionen z. B. auf den Festina-Skandal bei der Tour de France 1998 (vgl. Teil I, 2. Kap.) zeigen:

> „Was hätte in diesen Tagen nicht alles passieren können: Die ARD stellt ihren Sponsoringvertrag mit Telekom in Frage und bricht ihre Fernsehberichterstattung über die Tour

de France ab. Herr Samaranch verkündet öffentlich, dass ab sofort nur noch Athleten und Athletinnen bei Olympischen Spielen teilnehmen dürfen, die den Nachweis über unangekündigte und verbandsunabhängige Trainingskontrollen erbringen. Die Standesorganisation der Ärzte, besonders der Deutsche Sportärztebund, distanziert sich öffentlich von jenen Ärzten, die schon längst nicht mehr wissen, welches Gelöbnis ihrem Berufsstand zugrunde liegt. Die Pharmaindustrie verwahrt sich gegen den Mißbrauch ihrer Medikamente. Und der Bundesjustizminister lobt seine französische Kollegin angesichts einer Gesetzeslage, die die entscheidenden Eingriffe in den Dopingsumpf ermöglichen" (Der DLV-Präsident Helmut Digel in der Frankfurter Allgemeine Zeitung, 31.7.1998).

Akteure im Leistungssport nehmen zugleich auch andere Rollen ein; deshalb stehen die Chancen einer Umorientierung nicht schlecht, sofern ein ausgeprägtes Interesse daran von Seiten der Politik und/oder der Sportführung bekundet und die Umorientierung auch nachdrücklich verlangt wird. Ein Bundestrainer ist möglicherweise gleichzeitig Vater und sieht den Einsatz leistungsfördernder Medikamente bei der eigenen Tochter aus einer anderen Perspektive. Als Fernsehzuschauer kann er negative Folgen von funktionsspezifischem Handeln beobachten, wenn z. B. Skandale, die den Spitzensport erschüttern, in den Medien präsentiert werden. Zwar können Akteure des Leistungssports den Siegescode nicht ändern, aber sie können den Werten auf der Programmebene einen höheren Stellenwert zubilligen - und den Code gerade damit richtig verstehen.

Auf durch Akteure im Teilsystem selbst ausgelöste Veränderungen allein darf man kaum hoffen. Notwendig sind Beobachter von außen, die den Funktionszwängen der Akteure im Spitzensport nicht unterworfen sind und deshalb Entscheidungen, Handlungen und Abläufe kritisch beobachten und reflektieren können. Ein solches Potential können *Reflexionseliten* wie kritische Journalisten, Sportsoziologen und Sportpädagogen zur Verfügung stellen. Sie können an die von *Funktionseliten* häufig ausgeblendeten Qualitäten der intelligentperspektivischen Langfristorientierung erinnern und sie einfordern. Solche Beobachter dürfen sich aber nicht der Illusion hingeben, sie könnten eine sofortige Verhaltensänderung bewirken. Sie können aber eine kritische Öffentlichkeit und einen Anpassungsdruck erzeugen. Sportpädagogen,

> „die Verbände und Vereine beraten wollen, können dies nur mit Erfolg tun, wenn sie sich an das ankoppeln können, was diese korporativen Akteure bereits an Informationen aus ihrer Beobachtung des Sports ableiten konnten" (BETTE 1999, 48; vgl. hierzu auch CACHAY/GAHAI 1989).

Dann haben sie eine Chance, auf *blinde Flecken* des Leistungssports hinzuweisen und gehört zu werden.

Günstig wäre, wenn das Teilsystem selbst eine interne „Beobachtungsplattform" zur ständigen Reflexion einrichten würde (vgl. hierzu den Vorschlag von BETTE 1999, 300). Solche Beobachter müssten sich aber davor hüten, vom Sport instrumentalisiert zu werden. Sie dürften die eigene Erkenntnisproduktion nicht an externen Erwartungshaltungen ausrichten (BETTE 1999, 17): Der externe Beobachter muss zu sehen versuchen,

> „was andere von sich selbst und ihrer sozialen Umwelt aufgrund ihrer Operationsbedingungen nicht zu sehen bekommen können" (BETTE 1999, 18),

und den Beobachteten diese als Reflexions-Anstoß mitteilen. Die Sportpädagogik kann zudem Standards für eine richtig verstandene Professionalisierung entwickeln. Dazu zählen Qualifikationsanforderungen in der Aus- und Weiterbildung sowie gemeinsam akzeptierte Verhaltens- und Wertstandards (Berufsethos, vgl. HEINEMANN 1998, 35).

Trainer sind subjektiv von der Bedeutung von Pädagogik und pädagogischem Geschick bei ihrer Aufgabenerfüllung überzeugt (GAHAI 1986, nach CACHAY/GAHAI 1989, 26). Da aber die Arbeit des Spitzensport-Trainers überwiegend nicht nach pädagogischen Kriterien bewertet wird, sondern fast ausschließlich nach Erfolg, bleibt die Pädagogik unter den Sportwissenschaften eine vom Leistungssport wenig nachgefragte Beratungsinstanz. Ihre Forderung nach Selbstbeschränkung könnte zu Wettbewerbsnachteilen führen, so wird befürchtet. Ob der Hochleistungssport es aber wünscht oder nicht, die Pädagogik hat trotzdem eine wichtige Funktion, die darin liegt, dass

> „die negativen Folgen der Entwicklung verringert werden und sich das System auch in Zukunft erhalten kann. ... Den Kollaps des Systems Leistungssport zu verhindern, indem sie den Rollenträgern, insbesondere den Trainern als der wesentlichsten personalen Erziehungsinstanz, die Grenzen des Machbaren vor Augen führt, muß Aufgabe der Pädagogik sein: Trainer brauchen heute Pädagogik, damit Erfolg morgen möglich ist" (CACHAY/GAHAI 1989, 30).

3.3   Aus- und Weiterbildung der Akteure des Leistungssports

Sinnvolle Prävention verlangt veränderte Strukturbedingungen und ein qualifizierteres, pädagogisch orientiertes Umfeld der Sportler. Entwicklungsrisiken für die betreuten Sportler machen eine umfassende Qualifizierung vor allem der Trainer, aber auch des weitergehenden Umfelds (Funktionäre, Ärzte etc.) erforderlich. Diese besteht in

- einer qualifizierteren Aus- und Weiterbildung, verbunden mit
- einer Ergänzung der Kurzfristorientierung um eine intelligent-perspektivische Langfristorientierung und
- einer Vergrößerung der Sozialkompetenz.

Die Zukunft der Gesellschaft und ihrer Subsysteme wird auch durch die Anzahl an Inseln geprägt, auf denen Beobachtung, Reflexion und Orientierung an langfristigen Zielen und am Gemeinwohl stattfinden. Aus- und Weiterbildung der Akteure des Leistungssports können solche Inseln für den Sport darstellen. Sie müssen von Funktionszwängen des Leistungssports und unmittelbaren Machbarkeitserwartungen allerdings freigehalten werden, und sie müssen sich soziologische und pädagogische Inhalte erlauben dürfen. Hier muss ermöglicht werden, kritisch zu diskutieren und dem Spitzensport in seinem eigenen Interesse unangenehme Wahrheiten vorzuhalten - systematisch und ohne Rücksicht auf die Ruhe- und Latenzbedürfnisse der Sportorganisationen:

> „Deswegen kommt es darauf an, die Qualifikationsanforderungen so einzurichten, daß gerade Interdependenz- und Folgenbewusstsein, Prinzipientreue und Kritikvermögen belohnt werden. Die funktionsspezifische Rationalität dagegen, die erfolgreiches Agieren in Teilsystemen ermöglicht, wird dort noch früh genug und im Übrigen effektiver und schneller erworben" (GRIMM 1999, 55).

In der Aus- und Weiterbildung sollen Pädagogen und Soziologen durch das Formulieren und Vermitteln von Orientierungswissen im Sinne einer von außen angeregten internen Optimierung eine „Selbständerung des Sports [und seiner Organisationen] durch geeignete Informationsangebote" (BETTE 1999, 285 f.) anstoßen und dazu beitragen, dass z. B. „bedenkliche Selbstverständlichkeiten der Trainings- und Wettkampfpraxis hinterfragt und Gesundheitsgefährdungen durch existierende Sportregeln thematisiert" werden (BETTE 1999, 301). Manches Wissen wurde in der Vergangenheit vom organisierten Sport erst wahrgenommen, wenn er „in seinen normalen Abläufen an Grenzen stieß und erst in seiner Ratlosigkeit auf die bislang vernachlässigten Erkenntnisse der Sozial- und Geisteswissenschaften aufmerksam wurde" (BETTE 1999, 284).

Im Leistungssport wird die Inselfunktion der Ausbildung allerdings dadurch erschwert, dass die Auszubildenden (ebenso wie die bisherigen Ausbilder) als Athleten zwar die spezifische Logik und eine kurzfristige Orientierung am Erfolg verinnerlicht haben. Die wertorientierten Programminhalte, die für den legitimierenden Unterbau überhaupt erst sorgen, sind dagegen weniger ausgeprägt. Daher wird gegen solche Ausbildungsinhalte häufig eine Abwehrhaltung aufgebaut wird, da sie nicht direkt funktional an der Leistungsförderung ausgerichtet scheinen. Umso bedeutsamer ist daher, dass sich der Sportunterricht von der im Leistungssport vermittelten Erfolgslogik absetzt - auch mit der Zielsetzung, als Ergänzung (also nicht als reine Opposition) und Korrektiv zu wirken. Dies kann vor allem durch eine Perspektivenerweiterung gerade auch der leistungssportlich engagierten Schüler geschehen (vgl. hierzu Kapitel 9).

Auf der anderen Seite müsste es eine Konsequenz einer am Menschenbild des Athleten als Subjekt und nichttriviales System ausgerichteten Trainerausbildung sein, Athleten zu Beobachtung, Reflexion und Entscheidungsfähigkeit anzuleiten. Geeignete Informationsangebote sollen dabei zum selbständigen Denken und Handeln führen, gerade auch in der Dopingfrage. Der Trainer hat dabei eine nicht zu unterschätzende Aufklärungs- und Warnfunktion. Zu den kommunikativen Fähigkeiten, über die ein Trainer verfügen und die er auch an seine Athleten vermitteln sollte, gehören:

- Empathie/Perspektivenübernahme
- Toleranz
- Erkennen systemgefährdender Bedingungen
- Fähigkeit zum Verändern bestehender Strukturen
- Techniken der Gesprächsführung
- und pädagogisch-didaktische Fähigkeiten (CACHAY/THIEL 1996, 11).

Sozial kompetent ist ein Trainer, wenn er in der Lage ist, zusammen mit dem Athleten so zu handeln, „daß beim Versuch, ein gemeinsames Ziel zu erreichen, die vorgegebenen Regeln dieses Interaktionssystems beachtet werden" (CACHAY/THIEL 1996, 8), und den Athleten auch zum selbständigen sozial kompetenten Handeln anzuleiten (CACHAY/THIEL 1996, 10). Dazu gehört nicht nur die Einhaltung der formalen Regeln, sondern auch der kompetente Umgang mit informellen Regeln und Freiräumen.

Sollte eine solchermaßen veränderte Aus- und Weiterbildung nicht durchsetzbar sein, bleibt letztlich nur eine von außen, durch Politik und Staat auferlegte Kontexterneuerung. Im Leistungssport besteht die Gefahr, dass er von falsch ausgerichteten Positionsinhabern geführt wird, die die „ohnehin vorherrschende Tendenz zu Systemeigensinn und Kurzfristorientierung verstärken, statt ihr entgegenzuwirken" (GRIMM 1999, 55) Soziale Systeme werden besonders durch Krisen, Skandale und Erwartungsenttäuschungen veränderungsfähig. Die in die Aus- und Weiterbildung integrierte

„Aufklärung des Sports durch eine wissenschaftliche Beratung [könnte] zu einem funktionalen Äquivalent für Skandal und Krisenerfahrung werden. Eine solche Aufklärung hätte für den Sport allerdings den enormen Vorteil, dass sie viel harmloser und auch anders abläuft als eine Skandalierung in der Öffentlichkeit. Der Sport könnte sich auf diese Weise neue Perspektiven aneignen, die in der Wissenschaft für alte und bislang nicht gelöste Probleme entwickelt worden sind, und sich mit Themen und Interpretationen versorgen, auf die er selbst nicht gekommen wäre" (BETTE 1999, 302 f.).

4   Prävention

Unter Prävention werden Maßnahmen zur Vorbeugung potentieller Beeinträchtigungen oder Schädigungen verstanden (vgl. SEIDMANN 1983, nach HURRELMANN 1998, 198). Nach Hurrelmann müssen die auf das Individuum zentrierten Maßnahmen

„im wesentlichen zum Ziel haben, die Kompetenzen einer Person so zu fördern, daß eine angemessene Auseinandersetzung mit den Anforderungen der sozialen Umwelt möglich ist. Die soziozentrierten Maßnahmen müssen so beschaffen sein, daß die soziale und die dinglich-materiale Umwelt eine solche Gestaltung annehmen, daß sie für eine Person mit den ihr zur Verfügung stehenden Kompetenzen auch tatsächlich bewältigbar sind" (HURRELMANN 1998, 199).

Mit präventiven Maßnahmen soll demnach versucht werden, den Umfang des Dopings durch Beeinflussung der Individuen wie der Strukturen mittel- und langfristig deutlich zu verringern. Prävention kann nicht nur Aufgabe der Sportmedizin oder der Verbandsgerichtsbarkeit sein, sondern ist auch eine interdisziplinäre Aufgabe von Pädagogik, Psychologie und Soziologie. Bei der Dopingprävention muss es sich vor allem um *primäre Prävention* handeln mit dem Ziel der Reduktion vorliegender Risikofaktoren und dem Aufbau und der Stärkung von Ressourcen für einen dopingfreien Sport; sie setzt vor dem Beginn erster Dopingversuche ein. *Sekundäre Prävention* beinhaltet die Erfassung von Doping (z.B. durch Doping-Kontrollen), die Diagnose von Ursachen und Beschäftigung mit den direkten Folgen. Aufgabe der *tertiären Prävention* ist die Beschäftigung mit Folgeschäden des Dopings (vor allem mit gesundheitlichen Langzeitfolgen) und die Wiedereingliederung von ehemals gedopten Sportlern in die Gemeinschaft der Sportler, aber auch in die Gesellschaft.

In Anlehnung an NASSERI (1979, nach BARTH/BENGEL 1999, 13) können fünf Stufen der Doping-Gefährdung unterschieden werden:

1. Leistungssportler ohne jegliche Dopingmentalität
2. Leistungssportler ohne strikte Ablehnung von Substitution und Doping, die aber bisher den Missbrauch von Dopingmitteln nicht versucht haben
3. Gelegenheitsdoper
4. Dauerdoper mit dem Risiko, dass Erfolgsorientierung und Doping zur Sucht werden
5. Dauerdoper mit hohem gesundheitlichem und sozialem Risiko.

Die Präventionsmaßnahmen des Sports, die bisher in erster Linie aus Kontrolle und Bestrafung bestehen, tun so, als ob durch Bestrafung eine problemlose Überführung aus den Stufen 2 – 5 zur Stufe 1 möglich sei. Nach Nasseri besteht aber Prävention vorwiegend aus dem Verhindern des Absinkens auf eine tiefere Stufe (BARTH/BENGEL 1999, 13). Dementsprechend müssten für jede Stufe spezifische Präventionsmaßnahmen geplant und durchgeführt werden. Das hohe Maß an Tabuisierung und Geheimhaltung beim Doping erschwert die Erfolgswahrscheinlichkeit dahingehender Prävention immens.

Maßnahmen wie „Kinder stark machen" zielen auf eine allgemeine unspezifische Verbesserung der Dopingresistenz von jungen Sportlern. Darüber hinaus sind jedoch spezifische Maßnahmen vonnöten. Diese müssen an bestimmten Risikofaktoren ansetzen. Will man z.B. die Gefährdung von Jugendlichen durch Doping vermeiden, ist eine gezielte Trainerselektion erforderlich. Gleichzeitig können Jugendliche dahingehend ermuntert werden, sich Vereinen mit überzeugender Anti-Doping-Einstellung bzw. mit einer wertegesteuerten Leistungsorientierung (im Gegensatz zum "Siegen um jeden Preis") zuzuwenden.

- Gezielte Präventionsmaßnahmen setzen entweder nur bei besonders gefährdeten Sportlern (z.B. Spitzensportler, Mitglieder von Bodybuilding-Studios - *Risikogruppenprävention*) oder bei allen an (*Populationsprävention*). Ein Beispiel für Aktivitäten auf dieser Dimension sind Aktionen wie „Keine Macht den Drogen", die durch ihre Negativ-Formulierung problematisch sind.

- Strukturelle Maßnahmen (*Verhältnisprävention*) versuchen die soziale und sportliche Umwelt von Leistungssportlern zu beeinflussen. Wenn der einzelne Leistungssportler z.B. über Information angesprochen wird, handelt es sich um *Verhaltensprävention*.

4.1 Präventionsebenen und -ziele

Für den Leistungssport lassen sich folgende Präventionsebenen ableiten:

- die Makroebene der Gesellschaft und der Sportverbände, wobei Maßnahmen auf dieser Ebene allerdings zusätzlich eine internationale Einbettung erfordern,
- die Mezzo-Ebene des den Athleten umgebenden Milieus und
- die Mikroebene des Athleten selbst.

Aus unseren Analysen und den theoretischen Überlegungen lassen sich für diese Interventionsebenen Ziele und Maßnahmen ableiten. Einige Beispiele:

1. <u>Makroebene</u> (Gesellschaft, Spitzensportverbände) – strukturelle Veränderungen zur Verringerung der strukturellen Zwänge zum Dopen

- Bekämpfung der Medikamentarisierung des ganzen Lebens, des Medikamenteneinsatzes zur Steigerung der schulischen Leistungsfähigkeit schon bei Grundschulkindern, Verringerung der Bequemlichkeitsmedizin
- eine drastische Erhöhung des Mindestalters für die Teilnahme an internationalen Wettkämpfen (damit sich Dopen von unmündigen Kindern und Jugendlichen weniger lohnt)
- eine deutliche Reduktion der Zahl bedeutender internationaler Wettkämpfe pro Jahr
- Regeländerungen zum Gesundheitsschutz (z.B. in den Sportspielen, in denen die Spieler heute wesentlich athletischer sind als früher).

2. **Vermittelnde Ebene** (Milieu) – Entwicklung eines dopingresistenten Milieus

- der Trainer als Vorbild
- Trainerselektion auch nach pädagogischer Eignung
- dopingresistentes Sportlerumfeld.

3. **Mikro-Ebene** (Athlet) – Entwicklung des Informationsniveaus, des Beobachtungs-, Reflexions- und Entscheidungsvermögens vor allem der Athleten

- Verbesserung des Informationsniveaus
- Förderung von Reflexion, Entscheidungsfähigkeit, Verantwortungsbewusstsein gegenüber dem eigenen Körper und der Gemeinschaft der Sportler
- Verbesserung der Beratung z.B. durch die Einrichtung einer kostenfreien Hotline für alle Doping-Probleme („grünes Telefon" in Frankreich)
- Vorbereitung auf Handlungsdilemmasituationen
- Einüben in den Perspektivenwechsel
- Kinder und Jugendliche stark machen

Der Bearbeitung der verschiedenen Ebenen können folgende Theorien zugrunde gelegt werden: Die Systemtheorie ermöglicht die Erklärung der Strukturen und das Aufdecken struktureller Zwänge, die zu Doping führen (können). Darüber hinaus verhalten sich jedoch verschiedene Personen in denselben Situationen durchaus unterschiedlich - nämlich für oder gegen Doping. Deshalb müssen systemtheoretische Überlegungen auf der Makroebene durch lerntheoretische oder kriminalsoziologische Ansätze auf der Mezzo- und Mikroebene ergänzt und zusammen bedacht werden.

Praktiker sind mit Recht skeptisch gegenüber den Vorschlägen von Theoretikern. Deshalb werden die nachfolgenden Ausführungen zwei wichtigen Gesichtspunkten besonders Rechnung tragen:

- Es soll auf einen "pädagogischen Zeigefinger" und das Erzeugen von Angst als Abschreckungsmöglichkeit verzichtet werden. Diese Strategien sind z.B. in der Raucherprävention gescheitert.
- Wir versuchen, Impulse für Beobachtung, Reflektion, Orientierung und Entscheidung zu geben. Daraus können Praktiker sinnvolle Handlungsmöglichkeiten auch selbst ableiten.

Wesentlich sind sowohl die Stärkung des sozialen Unterstützungspotentials (z.B. durch Traineraus- und -weiterbildung wie auch durch Trainerselektion) als auch die Stärkung der individuellen Handlungskompetenzen (z.B. durch Fallsimulation). Überlegt werden muss, an welchen Stellen der Übungsleiter- und Trainerausbildung die Doping- und Substitutionsproblematik angesprochen und eingebracht werden kann, z.B. bei der Gestaltung von Krafttrainingsprogrammen, der Ernährung, der Regeneration, der Planung der Langzeitentwicklung von Athleten, dem Führungsverhalten von Trainern u.a.m.

Prävention darf allerdings nicht dahingehend missverstanden werden, dass über Regeln und Kontrollen Sportlern jegliche eigene Entscheidungs- und Handlungsmöglichkeit genommen werden soll. Ziel aller Interventions-Maßnahmen sollte sein,

> „die Kompetenzen des Individuums für die produktive Auseinandersetzung mit Handlungssituationen freizusetzen und zu stärken und die soziale Unterstützung zu aktivieren" (HURRELMANN 1998, 204).

Stärkung der Handlungsautonomie des Individuums lautet somit das vorrangige pädagogische Ziel. Dies kann nur dann glaubwürdig vertreten werden, wenn als Ergebnis einer solchen Prävention auch die freiwillige Beschränkung des Individuums auf ein niedrigeres Leistungsniveau oder auch das freiwillige Ausscheiden aus dem Spitzensportsystem akzeptiert wird.

4.2   Konzeptionelle Ansätze

Ähnlich wie in der Gesundheitserziehung sind bei der Dopingprävention Tendenzen zu einer kognitiven und negativen Schwerpunktsetzung feststellbar:

> „Diese einseitige Akzentuierung geht zurück auf das noch immer in Lehrplänen, Unterrichtsmedien und in der didaktischen Literatur weit verbreitete traditionelle Verständnis von Gesundheit und Gesundheitserziehung" (STAECK 1990, 25).

Danach wird Prävention vorwiegend negativ, „d.h. an Krankheiten und deren Verhütung orientiert" betrieben, wobei auf „die überkommenen Modelle des Abschreckungs- und Aufklärungskonzepts" zurückgegriffen wird (STAECK 1990, 25). Ähnlich ist die Dopingprävention bisher fast ausschließlich am Negativpol „Doping" ausgerichtet und versucht das Problem durch Verbote, Kontrollen, Strafen und an Risiken ausgerichteter Aufklärung zu bewältigen. Hier liegen also die didaktischen Konzepte der Abschreckung und Aufklärung zugrunde, die alleine jedoch wenig erfolgversprechend sind und der Ablösung bzw. der Ergänzung bedürfen. Eine solche weiterreichende Konzeption müsste sich in positiver Weise am Wert der Gesundheit oder des dopingfreien Handelns orientieren. Folgende Konzepte zur Gesundheitsbildung werden diskutiert:

- Das didaktische **Konzept der Abschreckung**: Bei dieser Vorgehensweise werden negative Folgen abweichenden Verhaltens dargestellt und versucht, Furcht und Schuldgefühle einzujagen. Das Erzeugen von Angst ist aber kein Mittel für pädagogisches Handeln, diese Strategie ruft bei Jugendlichen eher Indifferenz und emotionale Blockade hervor.

- Das **Aufklärungskonzept**: Streng kognitiv ausgerichtet, will es mit Fakten über deviantes Verhalten und seine Folgen Jugendliche überzeugen.

Es handelt sich um eine Pädagogik des erhobenen Zeigefingers. Die Vermittlung von Wissen bietet keine Gewähr für die Entwicklung einer entsprechenden Einstellung.

- Das **Risikofaktorenkonzept**: Es will das Risikobewusstsein von Abweichlern und potentiellen Abweichlern schärfen. Risikofaktoren sind bei Dopern die Gefährdung der Gesundheit und der sozialen Bezüge bis hin zur sozialen Diskriminierung nach einem positiven Dopingfall. Über verschiedene Stufen soll schrittweise die Motivation für ein dopingfreies Sporttreiben erhöht werden (vgl. STAECK 1990, 27).

- **Das Ganzheitskonzept:** Bei ihm soll der Mensch mit all seinen Dimensionen einbezogen werden. Dabei sollen die Anleitung zu einem gesunden und leistungsfördernden Wettkampfsport, bei dem weder die physische Gesundheit noch die psychischen und sozialen Komponenten der Gesundheit gefährdet werden, im Vordergrund stehen (vgl. hierzu Kapitel 8). Elemente des leistungssportlichen Handelns werden thematisiert und reflektiert. Problematische Verhaltensweisen werden auf Ursachen und Handlungsmöglichkeiten hin abgeklopft, um daraus Bewältigungsstrategien entwickeln zu können (vgl. STAECK 1990, 27/28 – vgl. hierzu Kapitel 5-7).

Das Ganzheitskonzept ist für eine moderne Dopingprävention das geeignetste. Ganzheitliche Dopingprävention verlangt statt der Fixierung auf den einzelnen Leistungssportler die Berücksichtigung der Komplexität der Zusammenhänge. Der Blick muss vom individuellen Risikoverhalten weg verlagert werden hin auf die Lebensumstände der Leistungssportler in Familie, Verein und Verband. Nicht nur die inneren, sondern auch die äußeren Ressourcen müssen berücksichtigt und gestärkt werden, d.h. pathogene Bedingungen wie dopingfreundliches Umfeld müssen vermindert und salutogene Bedingungen wie Selbstvertrauen, Selbstbewusstsein und dopingfeindliches Umfeld müssen gestärkt und gesucht werden (vgl. SCHIPPERGES et al. 1988, KNÖRZER 1994, KNOLL 1997). Dabei sind Normen und Werte nicht nur festzulegen, sondern auch durchzusetzen. Sie müssen auch als notwendig für die Lebensfähigkeit des Systems empfunden werden.

Normen und Werte „beeinflussen und begrenzen die Wahlmöglichkeiten der im System agierenden und vom System betroffenen Menschen" (SCHLICHT 1998, 48). Im Sport können sie dopingresistente Verhaltensweisen fördern, vor allem durch soziale Unterstützung und die Bildung eines diese Normen und Werte befürwortenden sozialen Netzwerkes. Allerdings bleibt dabei zu berücksichtigen, dass das soziale Netzwerk Verein/Verband sowohl unterstützend für eine Antidopinghaltung (*positive Unterstützungsarbeit*) als auch verlockend für die Dopingverwendung (*negative Nachahmungseffekte*) wirken kann (vgl. hierzu die Normen-Konkurrenzsituation beim Doping in Abb. 2).

Effektiv wird Dopingprävention vor allem dann, wenn es gelingt, subjektive Theorien und Neutralisierungstechniken zum Doping (*„Spitzenleistung ist ohne Doping nicht möglich"*; *"Es dopen ja ohnehin alle")* zu widerlegen. Dies ist in einem einseitig auf Belohnung von Spitzenleistung basierenden System allerdings nicht einfach. Informationsvermittlung reicht für die Veränderung subjektiver Theorien häufig nicht aus, da regelkonformes Verhalten durch Dopingverweigerung in Hochkostensituationen leicht als Selbstschädigung empfunden werden kann. Dem *"lasst uns wieder ehrlich über Leistung reden"* von BAL-Direktor Rolf Ebeling 1995 nach dem als enttäuschend empfundenen Abschneiden deutscher Sportler bei der Leichtathletik-WM 1995 (mit der Folge einer Verdrängung der Dopingdebatte) wäre also ein *"lasst uns endlich über ehrliche Leistung reden"* entgegenzusetzen. Für ehrliche Leistungen müssen Anreize geschaffen werden, und diese müssen keineswegs immer materieller Natur sein.

Ausgangspunkt einer Problembearbeitung muss die Situation jugendlicher Leistungssportler sein. Neben ihrem grundsätzlich wünschenswerten Streben nach Leistungssteigerung und Erfolg ist die Entwicklung der Fähigkeit zur Unterscheidung zwischen legalen und illegalen, legitimen und illegitimen Mitteln zu fördern. Dabei muss bedacht werden, wie abweichendes (und auch konformes) Verhalten im Leistungssport gelernt wird (vgl. Kapitel 1.9).

Neuere, ganzheitliche Präventions-Ansätze orientieren sich mehr an einem positiv erlebten Sport als an der negativen Seite, dem Doping. So stellt die kanadische „Spirit of Sport"-Kampagne

> „nicht die negativen Folgen des Dopings in den Mittelpunkt, sondern das positive Erlebnis und die innere Bereicherung, die mit dem Sport verbunden und dem Doping entgegengesetzt sind. Es geht also darum, sich wieder auf die eigentlichen Grundwerte im Sport zu besinnen. Damit stellt die Kampagne keineswegs das Streben nach der bestmöglichen Leistung und nach Sieg in Frage; sie unterstützt vielmehr die Einsicht, dass ein durch Doping erzwungener Sieg *kein echter Sieg* ist" (Neue Zürcher Zeitung, 28./29.8.1999, 43).

Natürlich sind von einer veränderten Präventionskonzeption keine Wunderdinge in kürzester Zeit zu erwarten. Nicht unterschätzt werden sollte außerdem, dass gerade auf unteren Leistungsniveaus und vor allem im Kinder- und Schülerbereich bereits häufig intuitiv in diesem Sinne gearbeitet wird. Solche Arbeitsweisen gilt es zu unterstützen. Probleme und Einstellungveränderungen bei Athleten entstehen dann vor allem beim Aufsteigen in höhere Leistungsniveaus, beim Wechsel in leistungsorientiertere Vereine und beim nationalen und internationalen Kontakt mit dopenden Athleten.

4.3   Zur Bedeutung der Entwicklung von Schutzfaktoren[7]

Die Stärkung von Schutzfaktoren spielt für die Dopingprävention eine große Rolle. Sie senkt das Risiko des Medikamentenmissbrauchs und des Dopings. Wichtigster Schutzfaktor ist eine stabile Identität. Seelisch ausgeglichene und selbstbewusste Kinder und Jugendliche mit einer stabilen und belastbaren Identität haben bessere Chancen, Versuchungen zu widerstehen. Dafür brauchen Kinder und Jugendliche Anerkennung, Bestätigung und Freiräume zum Experimentieren, in denen sie erfahren können, was sie können und was nicht. Dabei müssen sie aber auch erfahren können, dass es Grenzen gibt und dass sie für deren Überschreiten Verantwortung tragen bzw. dies Konsequenzen nach sich zieht. Es ist anzunehmen, dass mangelndes Selbstwertgefühl, Selbstvertrauen und Selbstbewusstsein es fast unmöglich machen, dem durch die Logik des Leistungssports ausgelösten Wunsch des Einsetzens aller möglichen Mittel zu widerstehen.

Kinder brauchen Geborgenheit und Anerkennung, vor allem des Trainers. Bei der Identitätsförderung ist eine günstige Gestaltung der Beziehungsebene besonders wichtig:

> „Sie können wenig falsch machen, solange Sie bereithalten, was Ihr Kind braucht: Herzenswärme, klare Regeln und genügend Spielraum" (HURRELMANN/UNVERZAGT 1998,12).

Dies gilt auch für Übungsleiter und Trainer. Angesichts des Umfangs der gemeinsam verbrachten Zeit im Leistungssport müssen auch sie die Bedürfnisse der Kinder und Jugendlichen nach Zuwendung, Anerkennung, Sicherheit und Entfaltung erfüllen.

Im Hochleistungssport besteht die Gefahr, dass nur sportlicher Erfolg eine gute Beziehung nach sich zieht, mit Leistungsangst und geringem Selbstwertgefühl als Folge, aber auch der Gefahr einer leistungsmäßigen und emotionalen Ausbeutung. Eine intakte Trainer-Athlet-Beziehung trägt erheblich dazu bei, die physisch und psychisch hohen Belastungen durch Training und Wettkampf aushalten zu können (vgl. GRÖBEL 1995, 101). Auch im Jugendbereich gibt es Trainer, die Erfolgserwartungen in verantwortungsloser Weise weitergeben und

---

[7] Der Begriff entstammt dem Denkmodell des Medizinsoziologen Antonovsky, der sich hauptsächlich mit der Frage beschäftigte, wie es Individuen schaffen, gesund zu bleiben. Nach ihm sind Gesundheit oder Krankheit abhängig von der Art der Auseinandersetzung mit Belastungen (vgl. HURRELMANN/LAASER 1993, 14). Gesundheit kann über die Entwicklung von Schutzfaktoren („generalisierte Widerstandsquellen") gefördert werden; dazu gehören u.a. die Entwicklung der Ich-Identität, individuelle Bewältigungsmuster im Umgang mit Stressoren, soziale Unterstützungssysteme und gesellschaftliche Normen (vgl. KNOLL 1997; 30 f.). Sinnvoll gestaltetes Sporttreiben stellt ebenfalls einen Schutzfaktor dar; Verletzungen, Karriereende u.a.m., möglicherweise aber auch schon Wettkämpfe, können im Sinne dieses Modells Stressoren sein.

„massiv Druck ausüben ..., vor körperlichen Übergriffen nicht zurückschrecken, sich provozierend und ordinär gegenüber ihren Athleten verhalten" (HERMANN 1998, 421).

4.4   Ansatz und Menschenbild der Beratung

Dem ganzheitlichen Ansatz entspricht das Konzept der Beratung. Dabei werden die zu Beratenden als

> „selbstverantwortliche Personen angesehen, die zu rationalen Entscheidungen fähig und grundsätzlich bereit sind, woraus der Verzicht des Beraters auf andere Einflussnahmen als die Darbietung von rational auf Ziele, Werte und Folgen explizierten Argumenten folgt. ... Beratung unterstellt also Entscheidungsfähigkeit und Argumentationsfähigkeit der Beratenen" (HURRELMANN 1998, 205, nach MONTADA 1985, 34; auch BETTE 1999, 276 ff.).

Seine Grenzen hat der Ansatz dort, wo der Beratene sich Argumenten nicht zugänglich zeigt. Prävention nach dem Konzept der Beratung ist vor allem auch eine Vorbereitung auf reflektiertes Entscheiden und Handeln in Dilemmasituationen (z.B. Verletzungen, Leistungsrückgang, Verbesserung von Konkurrenten - vgl. Kapitel 7.2), sofern eine Vorbereitung auf eine solche paradoxe Situation - gleichzeitiges Verlangen von Leistungssteigerung und Sauberkeit - überhaupt möglich ist. Moderne Dopingprävention kombiniert Informationsangebote mit einer Beeinflussung der Kinder und Jugendlichen z.B. durch Vorbildwirkung und Gestaltung des Kontextes und bewusster Beratung mit der Zielsetzung der Entwicklung eines aktiven, selbstbestimmten, selbstverantwortlichen und reflexiven Subjekts.

Ein Versuch im Sinne des Beratungsansatzes

Ein diesem Ansatz ähnliches Vorgehen wurde bei einem Versuch von GOLDBERG et al. (1996) gewählt, der 1997/98 von Laure und Lecerf für einen Versuch in Lothringen aufgegriffen wurde (LAURE 2000, 355 f.). Daran nahmen 238 leistungssportlich engagierte Schüler (Kaderangehörige im Durchschnittsalter von 15 Jahren, 52 % Jungen, 48 % Mädchen) aus mehr als zehn Sportarten teil. Eine entsprechende Zahl von jugendlichen Leistungssportlern aus den gleichen Sportarten und Schulen bildete die Vergleichsgruppe. Sie wurden vor dem Versuch und drei Monate danach befragt, wobei Anonymität garantiert wurde. Das Interventionsprogramm basierte auf der Kenntnis der Doping auslösenden Faktoren. Die Versuchsgruppen wurden jeweils zwei Stunden lang mit folgenden Punkten konfrontiert:

- eine audiovisuelle Information zur Epidemiologie des Dopings;
- eine kritische Evaluation von Nahrungszusätzen und anderer erlaubter ergogener Mittel;
- ein Rollenspiel zu einer Situation mit Auslösecharakter für Doping: ein „Arzt" (ein Teilnehmer) versucht einen „Sportler" (einen Freiwilligen un-

ter den Teilnehmern) zum Dopen zu verleiten. Die dabei geäußerten Argumente beider Seiten werden gesammelt und analysiert, mit dem Ziel, Möglichkeiten zu erarbeiten, wie man der Versuchung widerstehen kann
- eine audiovisuelle Information und eine Diskussion zum Thema der Selbstmedikation.

Die Befragung drei Monate nach der Aktion zeigte bei der Versuchsgruppe im Gegensatz zur Vergleichsgruppe eine deutlich zurückgegangene Absicht zum Dopen und eine vergrößerte Fähigkeit, Substanzen abzulehnen. Zwar lassen sich wegen der spezifischen Bedingungen bei den Versuchen daraus noch keine Verallgemeinerungen ableiten, die Vorgehensweise könnte dennoch exemplarischen Charakter haben (LAURE 2000, 356). LAURE schlägt deshalb unter Berücksichtigung der Vorschläge von PINAULT/DAVELUY, ROCHON und HAGLUND et al. folgende Vorgehensweise vor (LAURE 2000, 356 – 358):

1. **Situationsbeschreibung**: Beschreibung der Substanzen und Medikamente (Art, Bezugsquelle, Anwendung, Schutzfaktoren, physische, psychische und finanzielle Folgen), Einschätzung der Wahrnehmung des Missbrauchs durch Beteiligte und Nichtbeteiligte, Überprüfung von bereits durchgeführten (präventiven und/oder repressiven) Aktionen und ihrer Wirkung. Die Situationsbeschreibung erfordert angesichts der Komplexität der Situation den zeitweisen Einsatz von Experten.

2. **Prioritäten für ein Aktionsprogramm festlegen**: in Abhängigkeit von Punkt 1.

3. **Ziele formulieren**: Hier soll beschrieben werden, welche Resultate im Sinne des Schutzes und der Verbesserung der Gesundheit erreicht werden sollen, unter Angabe der Dauer und des Umfangs des Aktionsprogramms: z.B. *unter den Jugendlichen seines Vereins innerhalb eines Jahres die Zahl der Kreatinnutzer um 50 % verringern.* Ziele sollen anspruchsvoll, aber nicht utopisch sein.

4. **Aktionsbestandteile festlegen**: Diese müssen vor allem für die Betroffenen akzeptabel sein; z.B. sollte nicht während einer direkten Wettkampfvorbereitung Trainingszeit für die Durchführung geopfert werden müssen. Das Aktionsprogramm sollte variabel sein, unterschiedliche Materialien verwenden wie Plakate, Faltblätter, interaktives Lernen am Computer, Fallstudien, Rollenspiel usw. Darüber hinaus sollte nicht nur die Zielgruppe, sondern auch das Umfeld wie Trainer, Eltern oder Funktionäre angesprochen und eingebunden werden.

5. **Einen Zeitplan und Umsetzungsdetails festlegen**

6. **Die Effektivität des Aktionsprogramms evaluieren und das Aktionsprogramm weiterentwickeln**

7. Sollte das Aktionsprogramm sich über einen längeren Zeitraum erstrecken, ist es wichtig, **Verlauf und Ergebnisse kontinuierlich transparent zu machen und auch die Öffentlichkeit zu informieren.** Nur so können auch andere Vereine und Institutionen von den Erfahrungen profitieren, zumal bisher kaum entsprechende Versuche durchgeführt wurden.

Dabei geht es nicht um die Bekämpfung von einzelnen Dopingmitteln, sondern um die *Verhinderung einer zwanghaften Suche nach Leistungssteigerung* unter Ausnutzung aller Mittel als einer Form von Sucht und um eine *frühe Prävention.* Kinder und Jugendliche, die seelisch gesund und zufrieden sind, sind weniger dopinggefährdet. Deshalb ist der von der „Bundeszentrale für gesundheitliche Aufklärung" geförderte Ansatz von Harald SCHMID „Kinder stark machen" so wichtig, werden mit ihm doch die Schutzfaktoren gegen Sucht und damit auch gegen Doping gestärkt. Kinder und Jugendliche brauchen Zuwendung, Anerkennung und Honorierung erbrachter Leistungen, was im Sport leicht fällt. Dadurch wird das Selbstbewusstsein gestärkt. Sie brauchen Freiräume zum Experimentieren, aber auch Grenzen, deren Überschreitung unmittelbare Folgen nach sich zieht.

Jugendliche und erwachsene Sportler sind der Dopingproblematik nicht willenlos ausgeliefert. Prinzipiell sind sie autonom und von ihrer eigenen inneren Struktur bestimmt. Sie sind als „produktive Verarbeiter der äußeren und inneren Realität und als Gestalter ihrer Beziehungen zur sozialen und dinglichen Umwelt" anzusehen (HURRELMANN 1998, 10, vgl. auch TREUTLEIN/JANALIK/ HANKE 1989 und 1996). Jede Person verfügt über eine besondere Individualität. Sozialisation muss daher nicht in jedem Fall in die gleiche Richtung verlaufen; innerhalb einer gewissen Bandbreite sind unterschiedliche Orientierungen und Handlungen möglich. Dieses Menschenbild schließt die Vorstellung einer gezielten Steuerung von außen aus. Erlaubt sind lediglich Anregungen und Impulse zur Förderung eines bestimmten Denkens und Handelns. Daraus ergibt sich die Unberechenbarkeit der inneren Reaktionen auf Lernangebote. Lernen muss deshalb in erster Linie selbstgesteuertes Lernen sein, bei dem Lernende vor allem Wissen über sich selbst (im Vergleich zu anderen) erlangen.

Darüber hinaus können und müssen Menschen entscheiden und die Folgen ihrer Entscheidungen (und Nichtentscheidungen) tragen lernen. Sie müssen in der Lage sein, Verantwortung für sich selbst und ihre Umwelt zu übernehmen. In diesem Zusammenhang erhält die Selbstbeobachtung eine große Bedeutung. Sportler sind nicht Opfer ihres Schicksals. Sie können selbstständig handeln, sie können sich ferner selbst beobachten und ihre Handlungen bewerten. Als Resultat solcher Reflexionsprozesse können sie bewusst Handeln und Alternativen erarbeiten.

Das den Sportler umgebende Milieu kann Angebote zu Doping als auch zu Dopingverzicht machen, die Wirkungen der Angebote aber nicht kontrollieren, da
sie „im psychischen System des Menschen stattfinden" (GILGENMANN 1986, 72,
nach HURRELMANN 1998, 47). Selbst bei Vorliegen einer ausgeprägten Dopingmentalität im seinem Umfeld kann sich der Sportler gegen Doping entscheiden.
Zielsetzung einer Trainerausbildung müsste daher sein, Ausbilder, Trainer *und*
Athleten zu Reflexion und Entscheidungsfähigkeit anzuleiten und den Athleten
durch geeignete Informationsangebote zu selbständigem Denken und Handeln
zu führen. Der Trainer hat gegenüber Athleten eine nicht zu unterschätzende
Aufklärungs- und Warnfunktion. Vor dem Hintergrund des geschilderten Men-
schenbilds muss Dopingprävention durch Lernimpulse für Perturbation (Erschüt-
terung bisheriger Auffassungen) und für Irritation sorgen, die Grundlage für die
Entwicklung einer neuen Ordnung und für eine selbstinitiierte Veränderung sein
können. Es geht dabei um das Anregen von Suchprozessen und darüber hinaus
um das Erschüttern bisheriger Überzeugungen und Einstellungen als Grundlage
für Anpassungsprozesse und eine neue Stabilität. Dabei werden bewusst Alternativen und neue Perspektiven im Denken und Handeln eröffnet. Damit wird
Entscheidungsfähigkeit gefördert. Mit der Vergrößerung der Wahlmöglichkeiten
werden auch Selbstbestimmung und Selbstverantwortung gefördert.

Grenzen des Ansatzes liegen dann vor, wenn Lernende so auf ihr bisheriges
Handeln fixiert sind, dass sie sich auf Perturbationen möglicherweise überhaupt
nicht einlassen. Gerade bei fanatischen Leistungssportlern liegen manchmal sehr
eingeschränkte Denkmuster und eine geringe Bereitschaft zu alternativem Denken vor. Zum anderen kann natürlich die Zubilligung von Selbstverantwortung
und eigenständigem Entscheiden dazu führen, dass sich Lernende anders entscheiden, als es vom Standpunkt der Dopingbekämpfung wünschenswert ist.
Andererseits kann die Ablehnung von Doping zu einer nicht erwünschten Ablehnung des Sports insgesamt führen.

4.5   Sondersituationen der Prävention:
Dopinganfälligkeit an Krisenpunkten der Athletenkarriere

Besonders anfällig für Doping sind Athleten an Krisenpunkten ihrer Karriere.
Am anfälligsten für die Initiierung erstmaliger Dopinganwendungen sind Sportler offenbar nach schwereren Verletzungen. Aber auch Trainerwechsel, Vereinswechsel, Arztwechsel oder Überforderung durch die Vielzahl wichtiger
Wettkämpfe können eine Rolle spielen. Prävention muss deshalb vor allem auch
auf solche Krisenpunkte vorbereiten. Ein besonderes Problem stellt die Angst
des Profis vor der "Arbeitslosigkeit" (wegen Leistungsrückgangs oder Verletzung) dar und natürlich auch jene vor dem Karriereende. Da heute viele Profis
zugunsten der Spitzensportkarriere auf eine solide Schulbildung und Qualifikation für einen anderen Beruf verzichten, stehen sie bei anhaltenden Misserfolgen

oder Verletzungen vor dem Nichts. Diese Tendenz wird gefördert durch Funktionäre, die eine solche Fixierung auf die Leistungssportkarriere zunehmend einfordern.

Permanenter Druck und ständige Überlastung bewirken eine Steigerung der Verletzungshäufigkeit vor allem in Sportspielen wie Fußball, Rugby, Handball oder Basketball. Von 226 Erstliga-Basketballspielern in Frankreich in der Saison 1995/96 verletzten sich im Lauf der Saison 116 (mit 212 Verletzungen, PRIMAULT 1999; 130). Die Spitzensportkarrieren bei Mannschaftsspielern werden entgegen anderslautender Eindrücke kürzer (bei Spitzenfußballern in Frankreich 1970 10 Jahre, 1980 7 Jahre, 1991 6 Jahre; PRIMAULT 1999, 132). Der Trend wurde verschärft durch die Ausbildungszentren in verschiedenen Sportarten und durch das Bosman-Urteil (jüngere und ausländische Spieler und Athleten sind billiger). Hinzu kommt der im Fußball deutlich sichtbare Trend, etwa die doppelte Anzahl von Spielern zu verpflichten (z.B. wegen der Champions-League), was zur Verschärfung der vereinsinternen Konkurrenz um Wettkampfanteile führt.

Angesichts dieser strukturellen Zwänge wird die Doping-Versuchung groß, vor allem wenn der Athlet durch eine Verletzung oder durch eine Häufung von Misserfolgen psychisch destabilisiert ist und dann von Vertrauenspersonen Dopingempfehlungen erhält. Da die Vertrauenspersonen meist vom Arbeitgeber, dem Verein, bezahlt werden, haben sie eher Tendenz, sich der Logik des Spitzensports zu beugen und das Wohl des Patienten hintanzustellen - zumal von dem Athleten selbst meist zusätzlicher Druck erfolgt, da er möglichst rasch wieder trainieren und an Wettkämpfen teilnehmen möchte.

Ein weiterer verschärfender Faktor besteht in der Tatsache, dass sich kaum jemand um die Situation des Sportlers nach dem Karriereende kümmert. Das Karriereende wird daher von vielen Sportlern als biografische Bedrohung empfunden und verursacht negative psychische Konsequenzen. Die steigende Bereitschaft, mit Hilfe von Dopingmitteln das Karriereende hinauszuzögern, liegt damit auf der Hand. Besonders problematisch scheint ein mit der Beendigung der Laufbahn verbundener sozialer Abstieg zu sein, wie er bei nicht wenigen Spitzensportlern in Frankreich festzustellen ist (HACKFORT/ EMRICH/ PAPATHANASSIOU 1998). Dies dürfte sicherlich auch eine Rolle in Bezug auf den besorgniserregenden Befund spielen, wonach in Frankreich Leistungssportler einen besonders großen Anteil an Patienten psychiatrischer Einrichtungen und Drogenbekämpfungsanstalten stellen.

Aus den Interviews und der Analyse der Literatur ergeben sich in Abhängigkeit von Alter und Leistungsniveau folgende Schwerpunkte einer Sucht- und Dopinggefährdung:

Heim-, Jugend-trainer, Mann-schaftssport „Amateursport"	Bundestrainer, Er-wachsenentrainer Individualsportarten	Nach Karriereende	Jugendkultur außerhalb des Sportvereins
Koffein, Alkohol Nikotin, Schmerzmittel, Stimulantien, Cannabis Jugenddrogen	Schmerzmittel Stimulantien Anabolika Andere Dopingmittel Harte Drogen	Harte Drogen (Kontrollverlust)	Koffein, Alkohol, Nikotin, (Schmerz-mittel),Stimulantien, Cannabis, Jugend-drogen, Tanz- und Designerdrogen

Tab. 1: Schwerpunkte einer Sucht- und Dopinggefährdung (SPITZER/TREUT-LEIN, Folie bei der Tagung der Bundeszentrale für gesundheitliche Aufklärung in Potsdam im März 2000 „Sport und Sucht")

Sichtbar ist jedenfalls in den letzten Jahren, dass sich die Dinge wiederholen: Der Missbrauch des nicht verbotenen Kreatin oder von Schmerzmitteln sind ein neuer Ausdruck der schleichenden Medikamentalisierung des Leistungssports. Die Verwendung von Wachstumshormonen, Interleukin, Erythropoeitin like etc. steht für die Suche nach immer neuen, zunächst nicht nachweisbaren Mitteln.

4.6   Zeitpunkt und Schwerpunkte der Prävention bei Jugendlichen

Hinsichtlich des Präventionsbeginns für Kinder und Jugendliche stellen sich grundsätzlich die gleichen Grundfragen wie bei der Raucher-Prävention:

- Soll das Problem angesprochen werden, obwohl nie alle sich dopen werden?
- Soll es angesprochen werden, bevor die Ersten anfangen sich zu dopen?
- Wie kann es angesprochen werden, in Anbetracht der Tatsache, dass es sich nicht nur um rationale, sondern auch um emotionale Handlungsweisen handelt?

Wir schlagen im Sinne einer durchgängigen Doppelstrategie - bestehend aus den Komponenten Regeleinhaltung und Gesundheitsförderung - folgende Vorgehensweise und Etappen vor:

- **Kinder bis ca. 10 Jahre)**: Sammeln von Erfahrungen im Umgang mit Regeln, und Möglichkeiten ihrer Veränderung: Ohne Regeln funktioniert Wettkampf nicht. Beeinflussung gegen die Einnahme von Medikamenten (außer bei medizinischer Begründung).
- **Jugendliche (ca. 10 - 14 Jahre)**: Begünstigung der Entstehung einer Anti-Doping-Haltung durch Vermittlung eines allgemeinen Normen- und Werteempfindens. Beeinflussung und Vorbild-Wirkung des umgebenden Milieus, auch durch Verzicht auf Nikotin und Alkohol.

- **Heranwachsende**: Rationale, dialektische Bearbeitung des Doping-Themas aus normentheoretischer *und* gesundheitspolitischer Sicht mit der Zielsetzung der Entwicklung eines eigenen Urteilsvermögens. Die Diskussion sollte dabei nicht beim Doping-Thema stehen bleiben, sondern die allgemeine sportethische Seite ebenso ins Auge fassen wie die Problematik von Sport und Sucht/Drogen.

Die Arbeitsgruppe um Patrick LAURE (2000, 284 ff.) fasst die Doping bedingenden Faktoren zu folgendem Modell zusammen, aus dem sich Präventionsschwerpunkte ableiten lassen:

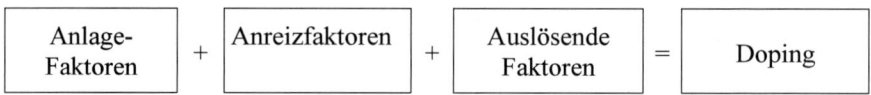

Zu den Anlage-Faktoren gehören:

- **Geschlecht:** Die überwiegende Mehrzahl der Untersuchungen zeigt, dass Jungen und Männer stärker dopinggefährdet sind als Mädchen und Frauen (zwischen vier- und fünfmal höher).
- **Alter:** Mit zunehmendem Alter nimmt die Sucht- und Dopingneigung zu und erreicht ihren Gipfel im Alter von 25 – 30 Jahren und einen zweiten im Alter von 35 – 45 Jahren (je nach Substanz verschieden). Nach LAURE (2000, 286) liegt der Gipfel des Anabolikamissbrauchs bei 20 – 29 Jahren, der Rauschmittel zwischen 30 und 34 Jahren und der Stimulantien zwischen 40 und 44 Jahren.
- **Persönlichkeit:** Im Gegensatz zur Situation beim Alkohol-, Tabak- und Rauschmittelmissbrauch ist der Zusammenhang zwischen Dopingmissbrauch und Persönlichkeit wenig erforscht. Nach YATES ET AL. haben Anabolikanutzer (20 Gewichtheber zwischen 20 und 24 Jahren) 13,2mal häufiger Persönlichkeitsstörungen (vor allem antisoziales und narzistisches Verhalten, Paranoia u.a.m.) als die Vergleichsgruppe und 5,7mal mehr als Gewichtheber, die keine Anabolika einnehmen. Nach PORCERELLI und SANDLER, die 36 männliche Gewichtheber (darunter 16 Anabolikakonsumenten) in Michigan (USA) befragten, haben Anabolikakonsumenten häufiger exhibitionistische Tendenzen und verfügen über weniger empathische Fähigkeiten. Die Autoren bezeichnen sie als narzistische Persönlichkeiten (LAURE et al. 2000, 286 ff.).

Als Anreizfaktor wirke vor allem die Erhöhung der Muskelmasse. Der körperlichen Leistungsfähigkeit und der größeren Erfolgswahrscheinlichkeit bei sportlichen Wettkämpfen wird eine hohe Bedeutung beigemessen (LAURE 2000, 295 f.). Das direkte Umfeld des Sportlers kann sowohl als Risiko-/Anreiz- als auch als Schutzfaktor wirken. Weitere Anreizfaktoren sind z.b. Erfolgsdruck, Beschleunigung der Regeneration, überlange Trainings- und Wettkampfdauer, Zunahme wichtiger Wettkämpfe, Entwicklung der pharmazeutischen Möglichkeiten (LAURE 2000, 300).

Bis heute gibt es keinerlei Studien über Faktoren, die bei der Beendigung eines erfolgten Missbrauchs eine Rolle spielen. Wie anhand eines Fallbeispiels im ersten Band dieser Untersuchung aufgezeigt werden konnte, kann eine Beendigung von üblich gewordenen Dopingmaßnahmen durch Konvention innerhalb einer bestimmten Athletengruppe erzielt werden[8] (SINGLER/TREUTLEIN 2000, 270 ff.). Darüber hinaus wären entsprechende Studien jedoch dringend notwendig. Über soziale Übereinkünfte hinaus können Karriereende, Angst vor Nebenwirkungen, Zweifel an der leistungssteigernden Wirkung bestimmter Medikamente sowie die Angst vor Entlarvung eine Rolle beim Dopingverzicht spielen (LAURE 2000, 303 f.).

5   Erste Präventionsebene: Verstehen der strukturellen Problematik

Die Funktion der nachfolgenden Kapitel besteht zum einen in einer Erklärung der jeweiligen Schwerpunkte; zum anderen können diese aber auch als Arbeitsmaterial bei ihrer Behandlung mit Schülern, Vereinsjugendlichen oder auch erwachsenen Leistungssportlern dienen. Ihre Gliederung ergibt sich aus den im vierten Kapitel dargelegten Strukturen.

5.1   Strukturierung und Erklärung von Zusammenhängen

Wesentliche Grundlage zur Strukturierung und Erklärung von Fakten und Zusammenhängen auf der Ebene der strukturellen Problematik ist die neuere Systemtheorie, wie sie in der Sportwissenschaft vor allem Bette, Schimank und Cachay vertreten. Danach ist sportlicher Erfolg ein knappes Gut. Die „strukturelle Unbarmherzigkeit" (BETTE/SCHIMANK 1995, 31) mit wenigen Siegern und vielen Verlierern ist kaum abzumildern, denn bereits „der Zweite ist der erste Verlierer" (BETTE/SCHIMANK 1995, 31). Spitzensportler stehen zudem unter starkem zeitlichen Druck, im Gegensatz zum Wissenschaftler und Künstler haben sie nur wenige Lebensjahre für sportliche Spitzenleistungen zur Verfügung. Damit entstehen Systemdruck und Systemzwänge:

> „Indem die bestmögliche Leistung nur vergleichsweise kurze Zeit erbracht werden kann, muß ein Athlet eigentlich alles tun, was seine Leistung in dieser Zeit besser macht als die der Konkurrenten" (CACHAY 1995, 29).

Ein weiteres Problem entsteht durch die Tendenz zur Individualisierung in der heutigen Gesellschaft, die mit gesellschaftlichen Entwicklungen wie Veränderung der Familienstrukturen (von der Groß- zur Kleinfamilie), Verstädterung,

---

[8] Siehe hierzu auch die Aktivitäten des Zehnkampf-Teams Anfang der 90er Jahre.

Veränderung der Arbeitswelt (von der Hand- zur Kopfarbeit), nachlassendem Einfluss von wertstiftenden Institutionen (z.B. der Kirchen) in Verbindung steht. Orientierungsverlust in einer komplexer gewordenen Umwelt und höherer Entscheidungsdruck gehen damit einher. Die Individualisierung erschwert die Identitätsentwicklung. Der Leistungssport bietet dagegen Möglichkeiten, seine Identität darzustellen und zu bestätigen, damit gute Möglichkeiten der Identitätsförderung. In Deutschland wird Leistungssport vor allem in Sportvereinen betrieben, die deshalb eine hohe Verantwortung für eine positive Identitätsentwicklung übernehmen.

Eine der Folgen der Individualisierung im Sport ist darin zu sehen, dass Regeln an Bedeutung verlieren. Zudem werden Trainer durch Fixierung auf einzelne Athleten stärker von deren Ergebnis abhängig, können Niederlagen schlechter ertragen (da der Ausgleich durch gute Ergebnisse anderer Mitglieder einer Gruppe fehlt) und werden anfälliger für die Versuchung der Manipulation. NEITHARDT sah solche Probleme der Professionalisierung und Individualisierung für den Sport bereits früh:

> „Wenn an Sieg und Niederlage materielle Existenzfolgen unmittelbar gekoppelt sind - und das ist bei Professionalisierung ex definitione der Fall - dann ist auf innere Haltungen zum 'fair play' beim einzelnen Athleten weniger Verlaß. Ein Zuwachs an äußeren Kontrollen wird deshalb zu erwarten sein, und eine weitere Verrechtlichung des Sports scheint unvermeidlich."

Er schlug als Lösungsmöglichkeit ein stärkeres Zusammenschließen der Athleten vor:

> „Wird der einzelne Athlet unter steigendem Erfolgsdruck wohl moralisch unzuverlässiger werden, so müßte die Gemeinschaft der Athleten doch ein kollektives Interesse daran haben, sich voreinander zu schützen und darüber hinaus nach außen solche Zumutungen abzuwehren, die den Sport im Endeffekt grausam machen" (NEITHARDT 1985, 78 f.).

Eine solche Lösung wurde über die Bildung des deutschen Zehnkampfteams (Leichtathletik) versucht; eine Ausdehnung dieser Initiative einer Disziplin auf andere Disziplinen und Sportarten wurde ebenso versäumt wie die Förderung von Kontinuität zum Durchhalten einer solchen Lösung.

5.2   Systemreflexion

Angesichts solcher Entwicklungen ist eine *Systemreflexion* notwendig, denn die Wertorientierung wird zunehmend zugunsten der Zweckorientierung zurückgedrängt. Das System muss ein Eigeninteresse daran haben, Wert- und Zweckorientierung nicht zu weit auseinander driften zu lassen. Eine Überbetonung der Wertorientierung (moralisierendes Verändern des Sports) gefährdet den Sport ebenso wie eine ausschließlich an Leistungsmaximierung und Erfolg orientierte Zweckrationalität, bei der der Erfolg die Mittel heiligt. Voraussetzung für die

Systemerhaltung ist eine Optimierung durch Beobachtung und Reflexion sowie daraus abgeleitete Konsequenzen.

Die zweckrationale Orientierung entspricht der ungebremsten Logik des Systems, die Wertorientierung hat die Funktion einer Bremsvorrichtung. Ein auf langfristigen Erfolg ausgerichtetes System ist an einer dauerhaften Balance zwischen Zweck- und Wertorientierung interessiert. Dazu gehört auf der praktischen Ebene auch die Entwicklung des Bewusstseins insbesondere bei jugendlichen Sportlern für mögliche Handlungsdilemmata, denen der Sportler im Lauf seiner Karriere ausgesetzt ist. Auf solche Dilemmasituationen gilt es, den Sportler gezielt vorzubereiten. Aufgabe von Präventionsmaßnahmen ist es, quasi einen ständigen Abgleich zwischen einem angestrebten moralischen und einem ergebnisorientierten praktischen Handeln herzustellen. Aufgabe des Sports ist es, konkrete Erfahrungen zu fördern, „auf die das Gedächtnis zurückgreifen kann, wann immer eine ethische Entscheidung getroffen werden muß" (REUBEN 1998, 21).

5.3   Strukturelle Zwänge

Die geschriebenen und ungeschriebenen Regeln des Sports grenzen den durch ein „Siegen um jeden Preis" nahezu unendlich erweiterten Handlungsspielraum im Spitzensport ein. Der einseitig auf Erfolg ausgerichtete Spitzensport läuft - pädagogisch nicht mehr vorzeigbar - jedoch über Ausuferungen wie Doping langfristig Gefahr, durch Nachwuchsmangel personell und durch den Rückzug von Sponsoren finanziell auszutrocknen.

Trainer und Athleten sind im Spitzensport viel stärker der Erfolgslogik des Systems unterworfen als seinen Werten. Moralische Appelle zur Selbstbeschränkung stellen angesichts der empfundenen Systemzwänge häufig eine Überforderung dar. Während wertorientiertes Handeln im Spitzensport zwar allgemein propagiert, jedoch so gut wie überhaupt nicht kontrolliert und belohnt wird, zeigt sich die wachsende Bedeutung des Siegescodes in einer unbarmherzigen Ausrichtung an messbaren Erfolgen. In diesem Klima werden Trainer primär nach dem Kriterium Erfolg eingestellt und bezahlt. CACHAY sieht Möglichkeiten der Abmilderung der strukturell angelegten Zwänge und Folgen nur bei Änderung bestimmter Bedingungen: Ausreichende Länge der Trainerverträge, Belohnung nicht nur für Erfolg, Zuschreibung des Erfolgs an alle Beteiligten (nicht nur an die Bundestrainer), Überprüfung der Rollendifferenzierung auf Sinn (z.B. in der Leichtathletik Bundestrainer, Landestrainer, Stützpunkttrainer, Vereinstrainer) und Verbesserung der Kooperation (CACHAY 1995, 36 f.). Führung in einem Sportfachverband muss deshalb bedeuten, die Rahmenbedingungen und vor allem die handelnden Personen im Hinblick auf eine „Unternehmensphilosophie gegen Doping" zu beeinflussen.

Im Spitzensport klaffen zweckrationale und wertrationale Orientierung seit langem auseinander. Problematisch ist dies, weil es sich beim Leistungssport um einen Sozialbereich handelt, der bestimmte Werte nach außen hin zwar offensiver als die meisten anderen Gesellschaftsbereiche propagiert und gerade dadurch Anschlussfähigkeit z.B. an die Wirtschaft gewinnt. In der Realität aber erfolgt hier häufig eine Orientierung an diametral entgegengesetzten Aspekten mit bisweilen kriminellem Potential; statt Zweckrationalität *und* Wertorientierung wurde hier häufig ein *oder* bevorzugt, wobei im Zweifelsfall die Entscheidung der Zweckrationalität zufiel. Der Spannungsbogen zwischen beiden Orientierungen und die damit verbundenen zum Teil widersprüchlichen Anforderungen wurden nicht ausgehalten. Diese Entwicklung berührte alle Steuerungsebenen (Trainer/Athlet, Organisation). Bei der nun feststellbaren Einseitigkeit zugunsten des zweckrationalen Handelns mit der Gefahr der Begünstigung von Doping wäre es verkehrt, bei Dopingfällen primär von einer Charakterschwäche der Akteure als Ursache auszugehen: vielmehr handelt es sich – was für den Abweichler keine Entschuldigung sein soll - angesichts der Situation um eine erwartbare Strategie aller Akteure.

5.4   Soziale Kontrolle des Leistungssports – „Zähmung" der Logik des Spitzensports

Bestimmte normative Orientierungen sind charakteristisch für den modernen Sport; die Fairnessforderung soll beispielsweise ein normatives Korrelat gegen eine exzessive, durch den Siegescode in keiner Weise limitierte Leistungsorientierung darstellen; Fairness gilt als wichtigste Tugend sportlichen Handelns. Da formale Regeln nicht alle für Chancengleichheit relevanten Faktoren und Ereignisse erfassen können, fungiert das Fairnessgebot als „Lückenbüßer" für eine unvermeidlicherweise unvollständige Normierung durch sportartspezifische Regeln (SCHIMANK 1988, 189).

In Verlautbarungen für die Öffentlichkeit wurde die Bedeutung der Wertorientierung des Leistungssports immer wieder deutlich unterstrichen, so z.B. in den Leitlinien für den Spitzensport in der Charta des deutschen Sports von 1966, in den Grundsatzerklärungen für den Spitzensport von 1977 und 1983, in der Erklärung zu „Kinder im Leistungssport" von 1983 oder den Leitlinien für den Spitzensport von 1985 oder den Magglinger Thesen zum Spitzensport von 1984. Solche Erklärungen sind im Zweifelsfall ebenso als folgenlose Absichtserklärungen einzuordnen wie z.B. jene in der DDR-Zeitschrift „Körpererziehung":

> „Die DDR ist, wie jedermann weiß, aus prinzipiellen Gründen gegen jede Art von Doping im Sport. Das Prinzip harmoniert mit unserer grundsätzlichen Auffassung, daß Körperkultur und Sport der Gesundheit und Lebensfreude, organisch gewachsener Leistungsfähigkeit und allseitiger Persönlichkeitsentwicklung dienen" (Körpererziehung 1989, 39).

Solche auch aus nicht totalitären Staaten in spezifischer Weise bekannten Erklärungen (z.B. zur "Humanität im Spitzensport" der Bundesrepublik) dürfen jedoch nicht einfach nur abgegeben werden. Sie verlangen auch nach konkreten Maßnahmen zur Umsetzung. Hierfür genügt es zudem nicht, Maßnahmen lediglich anzuschieben, sie müssen im Sinne einer langfristigen Orientierung auch permanent verfolgt werden. Die auch im aktuellen deutschen Spitzensport verfolgte Zweckrationalität mit ihrer häufig immer noch leichtfertigen Ausblendung der Wertorientierung ist dagegen nur von kurzfristiger, zumeist an einem Olympiazyklus ausgerichteter Perspektive. Langfristig wirksame Fehlentwicklungen geraten da kaum einmal in den Blick, was den Nährboden darstellt für eine Problementwicklung von nur noch schwer handhabbaren Ausmaßen. Aus dieser Perspektive ist kurzfristig verfolgte Zweckrationalität langfristig keineswegs zweckrational - häufig ist sie einfach nur irrational und selbstzerstörerisch.

Soziale Kontrolle des Leistungssports ist angesichts solcher Einseitigkeiten notwendig. Es gilt nicht nur, den Athleten auf Doping zu kontrollieren, sondern auch die handelnden Personen im Spitzensportsystem. Einseitig auf Erfolg, und dies wirklich um "jeden Preis", ausgerichtete Trainer wirken als Hauptverstärker beim Doping. Vor diesem Typus ist der Sportler durch die Sportorganisationen und den Staat, der diese Trainer häufig bezahlt, zu schützen.

Gelingt der Schutz vor allem von Kindern und jugendlichen Sportlern gegenüber überzogenen Erwartungen nicht, „wird der Hochleistungssport letztlich zu einer pädagogisch kaum vertretbaren Angelegenheit", die zu einer gesamtbiographischen Fehlspezialisierung (BETTE 1984, 96) führen kann. Wenn der Spitzensport gesellschaftlich im gleichen Maße akzeptiert werden will wie bisher, muss ihm daran gelegen sein, seinen pädagogischen Auftrag zu erfüllen.

Aufgabe der Sportpädagogik im Zusammenhang mit der geforderten sozialen Kontrolle muss es sein, die Strukturen und Prozesse des Hochleistungssports zu analysieren, zu bewerten und Vorschläge für Veränderungen einzubringen. Eine ausgewogene Balance zwischen sportlichen Leistungsinteressen und allseitiger Entwicklung des Individuums ist aus folgenden Gründen wichtig ist:

> „(a) Sportkarrieren sind nur bedingt plan- und kalkulierbar, (b) es existieren sportartspezifische Vermarktungschancen in nur wenigen publikumswirksamen Disziplinen, schulische, familiale, berufliche und auch allgemein pädagogische Belange können nicht beliebig lang vertagt werden oder völlig unberücksichtigt bleiben, will man nicht 'Sozialkrüppel' produzieren" (BETTE 1984, 104).

Der Sport selbst war bisher nicht ausreichend zur sozialen Kontrolle in der Lage, zumal er sich in einer schizophrenen Situation befindet: Er erfährt Förderung durch Staat und Wirtschaft nur für Spitzenleistung und internationalen Erfolg, gleichzeitig aber soll er selbst solche Maßnahmen ergreifen und ihre Umsetzung kontrollieren, die die ethische Vertretbarkeit eines solchen Spitzensports garantieren. Problematisiert der Sport selbst jedoch Themenkomplexe wie Doping für sich, läuft er ungerechterweise Gefahr, genau dadurch Imageverluste zu erleiden, die letztlich Ressourcen kosten können.

5.5 Spitzensport als Stress

Spitzensportler verwenden zwar selten den Begriff „Stress", ihre Situation kann aber als Stresssituation angesehen werden. Über die Höhe der Rekorde, Normen und Verdichtung des Wettkampfkalenders entsteht ein Belastungsgeflecht, das besondere physische und psychische Ansprüche stellt. Die objektiv gleiche Situation kann als „Bedrohung" oder als „Herausforderung" (vgl. EBERSPÄ-CHER/FANK 1985, 9) erlebt werden. Wie sie erlebt wird, hängt von der Beurteilung und Verarbeitungsfähigkeit (Coping) des Individuums ab. Ein als Bedrohung erlebtes Belastungsgeflecht löst eher Angst aus und überfordert körperlich und geistig, es kann sich verletzungsprovozierend und krankmachend auswirken.

Unter Stress kann „jedes Ereignis, in dem äußere oder innere Anforderungen (oder beide) die Anpassungsfähigkeit eines Individuums ... beanspruchen oder übersteigen", verstanden werden (LAZARUS/LAUNIER 1981, 226). Stress kann nicht nur auf der Reizebene (z.B. durch Verbände, Trainer, Normen) ausgelöst werden, sondern auch dadurch, wie Anforderungen vom Individuum interpretiert werden (LAZARUS/LAUNIER 1981, 228). Immer wieder verweisen Athleten auf den Zusammenhang zwischen dopingbeschleunigter Leistungsentwicklung und Qualifikations-Normen, d.h., nach ihrer Interpretation wurden die Anforderungen zu hoch. Die Widersprüchlichkeit der Erwartungen (Höchstleistung *und* sauberer Sport) wirkt stresserzeugend. Dieses Stresserleben kann über die ganze Athletenkarriere anhalten und den Eindruck des Sports als einem von Heuchelei und Doppeldeutigkeit dominiertem Lebensbereich vermitteln.

Bei gestressten Personen steigt das Erkrankungs- und Verletzungsrisiko an. Als Folge wächst die Bereitschaft des Griffs zu Medikamenten und damit die Abhängigkeit von Ärzten. Stress ist ein Anzeichen dafür, dass Sportler mit den unvermeidlichen Problemen ihres Spitzensports nicht zurechtkommen und Stress nicht abarbeiten können. Spitzensport-Erleben ist gekennzeichnet durch eine stresserzeugende Lebensweise. Diese wird geprägt von Faktoren wie hohem Prozesstempo und wachsender Komplexität durch immer unüberschaubarere Anordnungen im Rollenset des Sportlers. Daraus resultierend ergibt sich eine steigende Unsicherheit bei immer größer werdendem Konkurrenz- und Erfolgsdruck. Dabei erhöhen lukrative Anreize das Gefühl, viel zu verlieren zu haben, ständig. Stress entsteht vor allem dort, wo die Kontrolle über die Abläufe zu entgleiten droht und Karrieren auf Krisenpunkte zusteuern. Diese können durch Verletzungen, Leistungsstagnation oder -rückgang, Verlust an Sponsoren oder das Erwachsen neuer starker Konkurrenz gekennzeichnet sein.

Zentrale Bedeutung haben also die kognitiven Bewertungsvorgänge des Individuums, d.h., ob eine Situation als Herausforderung oder als Bedrohung angesehen wird. Der Athlet bewertet die ihm zur Verfügung stehenden Bewältigungsfähigkeiten und Bewältigungsmöglichkeiten. Erst bei einer Inkongruenz zwischen eingeschätzter Situation und potentiell vorhandenen Bewältigungsmöglichkeiten entsteht der im Gegensatz zum *Eustress* negativ wirkende *Distress*. Deshalb ist es für die Dopingprävention wichtig, dem Sportler aufzuzeigen, wie er sich mit seinen Zielen, Möglichkeiten, Interpretations- und Bewertungsvorgängen auseinandersetzen und wie er Überforderung vermeiden kann.

Eine besondere Stresssituation liegt bei Verletzung und Krankheit eines Athleten vor, da sie nicht selten mit „ungenügender Unterstützung und schlechter Kommunikation" (NITSCH 1981, 124) einhergehen, oft vor allem im Umgang mit dem Bundestrainer. Da die natürlichen Stressreaktionen Kampf, Flucht oder Wettbewerb nicht möglich sind, bleiben nur die erhöhte Alarmbereitschaft und die Mobilisation von Energiereserven. Bei einer zu langen Einwirkung des Stressors kommt der Athlet in die „Erschöpfungsphase", durch die die schnelle Wiederherstellung der vorgehenden Leistungsfähigkeit erst recht gefährdet wird, denn schädlich ist Stress dann, wenn der Organismus auch bei optimalem Einsatz seiner Reserven die Situation nicht mehr bewältigen kann. Verletzung und Krankheit sind für unter Zeitdruck stehende Athleten überschwellige Reize.

Die Sozialisationsforschung zeigt, dass ein „dichtes und intensives Netzwerk von sozialen Beziehungen im Familien- und Freundeskreis ein günstiger 'Puffer'" ist, um Belastungen abzufangen (HURRELMANN 1998, 286). Je stärker der Athlet in ein positives soziales Beziehungsgefüge mit wichtigen Bezugspersonen eingebunden ist, desto besser kann er mit solchen Stressoren umgehen. Bedenklich ist vor diesem Hintergrund die Tendenz mancher Trainer, ihre Sportler - und vor allem Sportlerinnen - gegenüber der Umwelt abzuschotten und zu einer exklusiven Trainer-Athlet(in)-Beziehung zu kommen, d.h. andere soziale Beziehungen zu kappen (vgl. Teil I, Kapitel 1.7).

Wenn zusammen mit einer Verletzung oder Krankheit „Liebesentzug" in Form des Ausscheidens aus einem Kader, Verlust der finanziellen und insbesondere auch der persönlichen Zuwendung erfolgen, wächst die Stress- und damit auch die Dopinggefährdung. An solchen Krisenpunkten sind Trainer oder Ärzte im Bestreben, erstmalig Dopinganwendungen bei Athleten zu realisieren, besonders erfolgreich. Im Sinne einer Stressreduktion als effektive Dopingprävention kommt deshalb der Gestaltung des Umfelds und der Vorbereitung auf solche Stresssituationen einer Sportlerkarriere eine wesentliche Bedeutung zu.

6   Zweite Präventionsebene: Das Athletenumfeld

Das Thema der Sozialkompetenz der Trainer wurde zuletzt wohl deshalb so relevant, weil sozial inkompetente Trainer viel Schaden anrichten und damit den
Spitzensport in ein schlechtes Licht bringen können. Leistungssporttreibende
Abteilungen in Vereinen verfügen über weit mehr präventionsförderliche Potentiale als tatsächlich dort entfaltet werden. Präventionsinteressierte Vereine und
Personen könnten Kindern und Jugendlichen helfen, Bewältigungsstrategien für
die Auseinandersetzung mit der Logik des Spitzensports und mit drohenden Do-
pingversuchungen zu entwickeln. Für die Reduktion der Dopingmentalität ist die
Untersuchung der Frage wesentlich, welches Verhalten des Umfelds die Neigung zum Dopen begünstigt und fördert bzw. verhindert und unterbricht. Welche Ressourcen müssen einem jugendlichen Sportler vermittelt werden, um auf
Doping verzichten zu können und wie muss ein für deren Aufbau günstiges Umfeld gestaltet sein?

Sportler sind in ein Netz von Beziehungen und Abhängigkeiten eingebunden,
die mit ihren Erwartungen Verhalten beeinflussen (Abb. 4). Dieses Umfeld kann
sich positiv, aber auch negativ auf den Sportler auswirken und Rollenstress erzeugen.

Gemäß dem Konzept der „Lebensbewältigungskompetenzen" (Life skill appro-
ach, SACKSOFSKY/MÜLLER 1998, 119) kann ein günstiges Umfeld folgende Elemente der Selbst- und Sozialkompetenz von jungen Sportlern fördern:

- *Selbstbewusstsein und Lebensfreude entwickeln*, z.B. durch Erfolge im
  Leistungssport und durch sinnvolles Verarbeiten von Niederlagen
- *Mit anderen kommunizieren*, z.B. beim Training in Gruppen, aber auch
  durch die Gestaltung von Vereinsleben, Trainingslagern, Wettkampfreisen
  und den Austausch über Trainingsziele
- *Gestaltung sowie die Befriedigung der an den Leistungssport und   den
  Verein gerichteten Erwartungen*
- *Gemeinsame Aufgaben und sinnvolle Perspektiven für sich entdecken*, in
  Form von individuellen und kollektiven Leistungszielen, aber auch in der
  Unterstützung anderer, z.B. als Übungsleiter für den jüngeren Nachwuchs
- *Konflikte konstruktiv regeln*, z.B. in Mannschaftsspielen den Gegner als
  Partner begreifen lernen und den Sinn von Regeln als Basis für ein sinn-
  volles Zusammenleben erkennen
- *Normen reflektieren und mit Risiken bewusst umgehen, Widerstandsfähig-
  keit gegenüber unangemessenem Gruppendruck*

Abb. 6: Beziehungsnetz von Sportlern (vgl. den Rollen-Set nach MERTON 1967)

Die vermeintlich zusätzliche Arbeit – auf den ersten Blick zulasten des „eigentlich Wichtigen", der leistungssportlichen Ergebnisse – bringt auf längere Sicht auch im Sinne der Leistungsentwicklung positive Ergebnisse. So kann die Bindung an den Verein intensiviert, eine höhere Identifikation mit den gemeinsamen Zielen angestrebt oder Nachwuchs im ehrenamtlichen Bereich dauerhaft integriert werden. Vor allem aber kann durch solche Maßnahmen eine stabilere Identität der jungen Sportler erzielt werden, die eine wesentliche Voraussetzung auch für dopingfrei betriebenen Leistungssport darstellt. Um den Alltag des Sporttreibens nicht zu überfrachten, können manche Themen gesondert bearbeitet werden, z.B. während eines Trainingslagers. Dopingprävention als Teil von Suchtprävention und weitergehend von Gesundheitsbildung sollte als Prinzip in alle Aktivitäten in Training und Wettkampf einfließen. Kontraproduktiv in diesem Zusammenhang sind folgende beispielhaft aufgeführte Aussagen:

- Hier geht es um Leistung, die Zeit für Diskussionen fehlt.
- Dafür sind andere zuständig, die Schule, die Ärzte ...
- Als Trainer haben wir wichtigere Dinge zu tun.
- Dafür bin ich nicht ausgebildet.
- In unserem Verein gibt es kein Doping.

6.1   Trainer und Umfeld als Sozialisationsagenten und Modelle

Wie sich ein soziales Umfeld negativ auswirken kann, wird im Kapitel 4 des ersten Bands und im Teil I, Kapitel 1 in diesem Band umfassend dargestellt. Zur weiteren Konkretisierung ein Fall aus jüngster Zeit:

Im April 2000 wurden vier Radamateure aus den Départements Aude und Pyrénées Orientales (Südfrankreich) wegen des Dealens von Dopingmitteln festgenommen und fünf Tage in Untersuchungshaft festgehalten. Die Fahrer waren zwischen 25 und 39 Jahre alt.

Der Älteste, der von den beiden Jüngeren als „Trainer" bezeichnet wurde, soll der Ver-
bindungsmann zum Arzt sein. Alle vier hatten regelmäßig Kortikoide, EPO und Amphetamine benutzt. Der „Trainer" soll der Doping-Anstifter der beiden Narbonner Fahrer
sein; diese beiden waren wiederum Trainer von Kindern und Jugendlichen in ihrem Verein[9], einer ist zudem Sohn des Sportwarts des Vereins. Die Medikamente und Substanzen
wurden via Andorra aus Spanien besorgt (Midi Libre, 5.4.2000, 29). Festgenommen
wurde auch der Ex-Profi Thierry Laurent (zuletzt Fahrer bei Festina und Lotto), der gerade einen Vertrag als Chauffeur im Begleit-Tross der Tour-de-France 2000 abgeschlossen hatte. Laurent wurde beim Giro d'Italia wegen eines zu hohen Hämatokritwerts ausgeschlossen, zudem hatte er schon 1996 eine positive Dopingkontrolle. Nun steht er im
Verdacht, Lieferant von Doping-Mitteln für Amateure zu sein (unter anderem des „pot
belgique"). Bei Hausdurchsuchungen fanden die Polizisten große Mengen an Doping-
Mitteln, u.a. Amphetamine, aber auch Kokain und Heroin (Midi Libre, 6.4.2000, 33).

Das Milieu, in das ein junger Sportler hineingerät, besitzt eine entscheidende
Bedeutung für seine Karrieregestaltung. Dopingmentalität im Radsport wird, wie
das Beispiel verdeutlicht, von Fahrergeneration zu Fahrergeneration weitergegeben. Dabei beeinflussen nicht mehr nur Trainer und Vereinsmitglieder die nachfolgende Generation, sondern längst auch das weitere Milieu, beispielsweise bei
Wettkämpfen. Wo Dopingmentalität verhindert werden soll, müssen Verein, Abteilung und direktes Umfeld des jungen Sportlers eine klare – dopingablehnende
– Haltung einnehmen. Dabei ist der Trainer der wichtigste Positionsinhaber des
Athletenumfelds. Da soziales Lernen vor allem in überschaubaren Gruppen stattfindet, enthält die Trainer- und Übungsleiterrolle ein besonderes Potential, zumal
Leistungssport treibende Kinder und Jugendliche zumeist mehr Zeit mit dem
Sport verbringen als mit irgendeiner anderen Tätigkeit. Der Trainer als wesentlicher Sozialisationsagent vermittelt den Athleten seine bestimmte selektive
Wahrnehmung der Realität (vgl. HURRELMANN 1998, 101). Aus seinem beträchtlichen Einfluss erwächst ein hohes Maß an Verantwortung, der gerecht zu werden, soziale Komptenz voraussetzt.

Obwohl Trainer und Athleten viel Zeit miteinander verbringen, ist das Thema
„Der Trainer als Vorbild" in der Sportwissenschaft und der Trainerausbildung
kein vorrangiges Thema. Im Leistungssport werden Modelle in Form von erfolgreichen Trainern, Medaillengewinnern, Rekordinhabern etc. deutlicher herausgestellt als in anderen gesellschaftlichen Bereichen. Trainer wirken ständig als
Vorbild, im Sinne von *Lernen am Modell*. Modelllernen ist eine einfache Form
des Lernens, da der Lernende nach diesem Ansatz in der Interaktion mit anderen
Personen Wertvorstellungen und Einstellungen übernimmt und Verfahren zur
Konfliktbewältigung einübt. Modelllernen als wesentliche Lernform des sozialen Lernens ist notwendig, denn es wäre verhängnisvoll, z. B. das Autofahren

---

[9] Beide sind in ihrem Verein als Jugendtrainer im Rahmen eines Arbeitslosenhilfsprojekts der
französischen Regierung für junge Menschen (contrats emploi-jeunes) angestellt.

durch *Versuch und Irrtum* oder zu langwierig, das Radfahren durch *einsichtiges Lernen* zu vermitteln.

Nachahmungsverhalten wird besonders stabil, wenn es durch positive Konsequenzen belohnt wird. Durch das Lernen am Modell und das *Lernen durch Beobachtung* übernimmt der Lernende nicht nur das erwünschte Verhalten, sondern auch die ihm zugrunde liegenden Überzeugungen, Einstellungen und Denkmuster. Modellverhalten wird nachgeahmt, da sich damit attraktive Ziele erreichen lassen. Die antizipierten Belohnungen und Zuwendungen können das erwünschte Verhalten weiter verstärken und zu überdauernden Personeneigenschaften führen. Belohnungen (z. B. Lob) sind die besten positiven Verstärker beim Erlernen sozialen Verhaltens. Häufig reicht es aber bereits aus, wenn beobachtet werden kann, dass andere Sportler mit einem bestimmten Verhalten erfolgreich sind. Besonders bei Kindern und Jugendlichen findet soziales Lernen im Wesentlichen „am Modell" statt. Das Erlernen der Ablehnung von unnötigen Medikamenten, Nikotin, Alkohol oder einer Antidopingeinstellung kann somit über Modell-Lernen erfolgen.

Ob ein Modell nachgeahmt wird, hängt von seiner Macht, seinem Status, seinem Prestige ab und ob es attraktiv und sympathisch ist. Spitzenathleten haben dabei eine besondere Wirkung und eine Verantwortung, die Sébastien Deleigne (Weltmeister im Modernen Fünfkampf) erkannt hat:

> „Ich möchte, dass man nach dem Ende meiner Karriere sagen kann: ‚Sébastien, das war einer, der im Mittelpunkt stand, ohne dass er Probleme bereitet oder Doping-Verdacht provoziert hätte'" (EPS N° 275- Janvier-Février 1999, 42).

Zur Bedeutung des Trainers als Modell äußerte eine Spitzensportlerin im Zeitzeugeninterview:

> „Man verbessert sich, dann hat man Vorbilder ... die schnellsten Schwimmerinnen in der Mannschaft, da war eine Brustschwimmerin ... und das war mein absolutes Vorbild, das war für mich, da will ich hin. Der Trainer ... hatte letztlich sicher auch einen größeren Einfluss als meine Eltern auf mich, was meine Eltern auch bemängelt haben."

Neben dem Trainer kommt dem betreuenden Sportarzt eine besondere Rolle zu. Problematisch kann der Wechsel des Umfelds und des Trainers durch einen Vereinswechsel werden:

> „Seit 1975 habe ich Leistungssport getrieben. Da war von dem Umfeld, das mich umgeben hat, Doping nie ein Thema. .... Dann bin ich nach ... gegangen, ... es wurde mir in ... suggeriert: Wenn du das einnimmst, - und es nehmen alle was ein – dann machst du mindestens 200 bis 300 Punkte mehr" (vgl. SINGLER/TREUTLEIN 2000, 242).

Die Einstellung des Trainers zum Sport, vor allem zur Logik des Spitzensports, die Art und Weise, wie er Sport vermittelt und verkörpert, entscheidet über die Richtung des Modelllernens. Eine Person wirkt vor allem dann als Modell, wenn sie als emotional warme, einem nahe stehende bzw. ähnliche Person wahrgenommen wird. Zusätzlich spielen Faktoren wie Sachkompetenz, Machtposition und die Angst des Lernenden vor Liebensentzug durch das Modell eine Rolle. Der Trainer ist immer auch Modellperson. Deshalb sollte er permanent überdenken, ob seine Zielsetzungen und sein Verhalten mit den übergreifenden Zielen des humanen Leistungssports oder des mündigen Athleten vereinbar sind[10]. Da Leistungssportler sich an erfolgreichen Trainern und Spitzensportlern orientieren, um ihre Leistungsziele umsetzen zu können, liegen die Vorstellungen und Erwartungen beider Seiten nahe beieinander. Orientierungswünsche und Orientierungsangebote entsprechen sich, der Lernende erhofft sich dadurch den Zugang zum für Leistungssteigerung entscheidenden Wissen.

Was VOLKAMER/ZIMMER für den Lehrer als Vorbild formulierten, gilt genauso für den Trainer:

> „Was Schüler *von* ihrem Lehrer lernen, ist wichtig, was sie *an* ihm lernen, kann manchmal noch wichtiger sein. Wenn ein Lehrer also - ob er will oder nicht - ... ein Lernmodell darstellt, ergibt sich daraus die Folgerung, dass er sich aus pädagogischen Gründen auch dieses Modellcharakters bewusst sein sollte, um sein Verhalten entsprechend einzurichten" (VOLKAMER/ZIMMER 1982, 23)

Trainer wirken meist mehr als Sportlehrer als Vorbild, da sie keine Probleme damit haben, ihre Überzeugung von der Sache zu vermitteln und Freude und Spaß, die manchmal im Sportunterricht fehlen, sich im Leistungssport fast zwangsläufig über Erfolge ein. Da Athleten freiwillig zu ihm kommen, fällt es dem Trainer ohnehin leichter, Begeisterung zu wecken. Zu beachten ist besonders der Hemmungs- und Enthemmungseffekt beim Modelllernen: Beim Lernenden bereits vorhandene Verhaltensorientierungen werden verstärkt oder gehemmt. Dopingmentalität kann so gefördert wie auch abgebaut werden. Je intensiver und zeitlich umfangreicher das Training wird, desto größer wird die Beeinflussungsmöglichkeit: Trainer geraten teilweise in die Rolle von Ersatzeltern, vor allem auch bei Mädchen und Frauen.

Wenn der mündige, entscheidungsfähige Athlet als Zielvorstellung gewünscht wird, sollte das Lernen am Modell zunehmend durch andere Lernformen ersetzt werden. Da der mündige Athlet sich aber auch für einen Trainer- bzw. Vereinswechsel oder sogar für den Ausstieg aus dem Leistungssport entscheiden kann, wird diese Zielsetzung von manchen Trainern eher gefürchtet. Das Lernen am Modell sollte zunehmend durch das *Lernen durch Einsicht* ergänzt und abgelöst werden. Hier wird versucht, Probleme auf eine eigene Art und Weise zu lösen. In Anbetracht der Komplexität der Dopingproblematik werden auf der Grundlage einer vorläufigen Strukturierung der Situation Hypothesen entwickelt, in welcher Richtung die Lösung zu suchen ist. Jede Hypothese stellt sozusagen eine

---

[10] Vgl. Kap. 1.4.2: Gerade dopende Trainer argumentieren paradoxerweise mit den pädagogischen Zielen Mündigkeit und Selbständigkeit - ein Versuch moralischer Selbstentlastung.

kleine Einsicht dar. Solche Einsichten können durch die Bearbeitung von verschrifteten oder verfilmten Problemsituationen (vgl. Kapitel 7.2), Diskussion der Situationsauffassung, Erörterung von Handlungszielen, Handlungsmöglichkeiten und Handlungs-Folge-Erwartungen gefördert werden. Geschieht diese Simulation bzw. Bearbeitung der handlungsleitenden Kognitionen in einer entspannten Atmosphäre, sind sinn- bzw. einsichtsvolle Lösungen wahrscheinlicher als bei nicht vorbereitetem Handeln unter Druck – wenn etwa ein Sportler zum ersten Mal in der Realität mit Dopingmitteln konkret konfrontiert wird.

Die Wahrscheinlichkeit ethisch orientierter Entscheidungen ist dann besonders groß, wenn das Umfeld dazu entsprechende positive Verstärkung leistet - wenn beispielsweise regelkonformes Verhalten im Wettkampf durch den Trainer oder Übungsleiter nicht als „Dummheit" etikettiert wird. Aufgabe des Trainers ist es, moralische Entscheidungssituationen positiv unterstützend zu begleiten und für solches Verhalten Vorbild, also Modell zu sein. Bei der Vergabe von Zuwendung wird nicht der Erfolg das alleine entscheidende Kriterium darstellen, sondern das Ziel der Stärkung des Selbstwertgefühls seiner Schützlinge. In der Realität allerdings hinkt die Fairness- und Werteerziehung deutlich hinter der Verbesserung von Technik, Taktik und Kondition her – was die *Notwendigkeit einer Ausbildung der Ausbilder* einmal mehr verdeutlicht. Auch ethische Herausforderungen sind in den Trainingsprozess einzuplanen. Auf sie wird in der Praxis jedoch meist spontan und ungeplant reagiert. Fairplay gerät damit zum Zufallsprodukt.

Nachwuchsathleten können auf zwei entgegengesetzte Trainerphilosophien stoßen, wobei Mischformen möglich sind:

1. der Trainer, der die völlige Konzentration auf den Spitzensport und den Einsatz aller Mittel verlangt, einschließlich der Substitution und im Zweifelsfall auch des Dopings
2. der Trainer, der in einer ganzheitlichen Sicht sich neben der sportlichen Entwicklung auch für die Entfaltung menschlicher und beruflicher Qualitäten und für psychische Stabilität verantwortlich fühlt, d.h. der den Sportler darauf vorbereitet, dass Krisen wie Niederlagen oder Verletzungen ebenso zur Sportlerkariere gehören wie das Karriereende.

Nur die zweite Trainerphilosophie rechtfertigt den Einsatz öffentlicher Mittel für den Spitzensport. Sowohl beim ersten wie auch beim zweiten Trainertyp stellt sich die Frage, wie sehr sich ein Athlet auf den Spitzensport konzentrieren soll. Manche Spitzensportler werden so weit zur Vollprofessionalisierung getrieben (oder treiben auch selbst), dass sie auf jegliche Berufsausbildung verzichten und damit in extremem Maße von ihren Erfolgen abhängig werden. Nicht nur, dass sie damit für die Dopingversuchung vor allem auch in Krisensituationen anfälliger werden. Es bleibt auch fraglich, ob eine solche Konzentration sich bei allen

Athleten leistungsfördernd auswirkt. Wer ein zweites Standbein in Form einer Ausbildung oder eines Berufs hat, ist in der Regel auch psychisch stabiler und wird von sportlichen Krisen weniger erschüttert als der Vollprofi.

Die Ausgestaltung der Trainerrolle wird erschwert durch rollenimmanente Widersprüche. Der Trainer soll

- Höchstleistungen vorbereiten und ermöglichen, andererseits aber auch ethische Prinzipien vorleben
- spezialisieren, aber auch eine ganzheitliche Entwicklung fördern
- ein zielgerichtetes Training anbieten, aber dabei spielerische Aspekte berücksichtigen
- Spitzenleistungen vorbereiten, aber einseitige Belastungen vermeiden (vgl. EMRICH et al. 1997, 106)
- Erfolg ermöglichen, aber ohne die schulische und berufliche Qualifikation zu vernachlässigen, da sonst nach Karriereende sozialer Abstieg droht.

Ohne entsprechende Aus- und kontinuierliche Weiterbildung zu pädagogischen, psychologischen und soziologischen Fragestellungen sind Trainer mit den widersprüchlichen Anforderungen schnell überfordert.

Trotz der zentralen Rolle des Trainers sollte auch die Ausbildung des weiteren Umfelds nicht vergessen werden, die Qualifizierung von Funktionären, Ärzten, Masseuren und Managern. Wie wichtig dies ist, zeigt ein Interview mit einem jungen französischen Radrennfahrer in der „Equipe" (16.1.1997), der bereits im Alter von 21 Jahren seine Karriere beendete, da er sich nicht dopen wollte:

> „Mit 18 Jahren ... wurde ich erstmals mit der Dopingproblematik konfrontiert. Das hatte ich auf diesem Leistungsniveau nicht für möglich gehalten. Ein Jahr später in der ersten Kategorie war Doping Gesprächsthema bei allen Rennen und im Training ... ein Thema, das lächerlich gemacht wurde. Meine Kumpel boten mir Dopingmittel an, vielleicht um sich weniger eines Betrugs schuldig zu fühlen. Ich sah, wie sie besser wurden, manchmal wäre ich fast schwach geworden. Zum Glück bewegte ich mich in einem Umfeld, das mich in meiner Antidopinghaltung unterstützte. Meinem Eindruck nach war ich der Einzige, der sich so verhielt, im Fahrerfeld hielt man mich für einen Idioten. Damals habe ich mich gefragt, ob es möglich sei, Profi zu werden, ohne irgendwelche Dopingmittel zu verwenden. Die Antwort war stets negativ. Sie haben meinen Traum zerstört, aber ich bin gesund im Körper und sauber im Kopf. Ich will lange leben, eine Familie haben, etwas Konkretes in meinem Leben machen. Als ich im vergangenen Herbst mein letztes Rennen bestritt, verspürte ich Haß gegen die anderen Fahrer. Dann habe ich mir aber gesagt: Das ist ihre Entscheidung. Ich jedenfalls werde Radrennen nie mehr in gleicher Weise sehen können wie zuvor."

Was lernte dieser Radrennfahrer im Umgang mit seinem Umfeld?

- Konkurrenz-, Leistungs- und Dominanzstreben sind vorrangig!
- Setze anstelle deiner eigenen Maßstäbe die deines Umfelds!
- Wer nicht dopt, wird Außenseiter!

- Außenseiter verunsichern die „normalen" Sportler, Außenseiter haben im Leistungssport nichts zu suchen (vgl. auch das Mobbing während der Tour-de-France 1999 gegen den offensichtlich sauberen Fahrer Christophe Bassons)!
- Nicht nur eigene Stärke, sondern auch Doping und das Versagen von Konkurrenten ermöglichen den eigenen Erfolg!

Eine wesentliche Aufgabe einer sinnvollen Doping-Prävention muss die Befähigung zu kritischer Betrachtung des sozialen Umfelds und vor allem der Trainer-Rolle sein. Mit dem Betrachten und Beurteilen eines Videobands mit sechs fiktiven Interviews zum Thema „Was ist ein guter Trainer" kann die Reflexion der Trainerrollengestaltung angestoßen werden[11] (vgl. Kap. 8). So kann überlegt werden, ob der Schwerpunkt eines Trainers mehr bei der Sache (Sportart, Erfolg), beim Athleten (umfassende sportliche und persönliche Weiterentwicklung) oder bei sich selbst (Anhebung des eigenen Ansehens und Erlangung von öffentlicher Anerkennung) liegt.

Ferner wird eine Positionierung im *didaktischen Dreieck* Trainer - Athlet - Sache vorgenommen. Hierbei geht es auch um die Frage, mit welchem Trainertyp man als Athlet gut oder schlecht zurecht kommen würde. Daraus sollte sich eine Diskussion zur persönlichen Vorstellung von einem guten Trainer entwickeln. Darüber hinaus sollte dann noch zu jedem Trainertyp diskutiert werden, welcher Typ für Doping anfälliger und welcher eher immun dagegen ist.

Nach HOTZ (1996, 6) haben Trainer eine Doppelaufgabe, eine mehr leistungsbezogene einerseits und eine auf die Persönlichkeitsentwicklung der Athleten abzielende andererseits. Bei den meisten Trainern steht der erste Teil im Mittelpunkt, die Leistungsoptimierung. Bei einer solchen Zentrierung ist die Anfälligkeit zur Dopingorientierung größer, als wenn der Trainer seine Aufgabe ganzheitlicher sieht. Nicht selten dürfte die Frage zumindest insgeheim gestellt werden: „Können wir uns soziale Kompetenz leisten?" (MEUTGENS 1996). Wer offizielle Verbandsziele zum „humanen Leistungssport" und zum „mündigen Athleten" umsetzen will, muss Sozialkompetenz und sozialpädagogische Verantwortung von Trainern verlangen und darf sich nicht mit einer ausschließlichen Erfolgsorientierung zufrieden geben.

---

[11] Der Film kann beim Audiovisuellen Zentrum der Pädagogischen Hochschule Heidelberg bestellt werden Adresse: Im Neuenheimer Feld 586, 69120 Heidelberg, Titel: „Der gute Trainer", Produzenten: Prof. Dr. Fritz Dannenmann, AOR Heinz Janalik. Dieser Film ist Teil eines größeren Filmprojekts zum Thema „Lehrer- und Trainerverhalten", das insgesamt folgende Teile enthält: 1. Kritische Vorfälle im Sportunterricht. 2. Handlungsmöglichkeiten zu einem kritischen Vorfall. 3. Sportlehrertypen. 4. Trainertypen. 5. Anfangssituationen zum Leichtathletikunterricht. Darüber hinaus existieren noch Filme zu „Kritischen Vorfällen im Basketballtraining, im Volleyballtraining und im Schwimmtrainang".

Schwierig wird es, wenn sich Trainer und Athlet in einer Negativ-Orientierung einig sind. Formelle Regeln werden dann großzügig ausglegt oder überschritten. Foul ist dann, was der Schiedsrichter pfeift, nicht aber, was tatsächlich begangen wird. Werte wie Fairness und Chancengleichheit spielen dann kaum mehr eine Rolle, allenfalls erfahren sie bizarre individuelle Sonderdefinitionen. Vom sozial kompetenten Trainer ist deshalb nicht nur Modellwirkung, sondern auch die Anleitung von Athleten zu sozial kompetentem Handeln zu verlangen (CACHAY/THIEL 1996, 10). Dazu gehört die Fähigkeit zum Vertreten einer eindeutigen Position oder, anders ausgedrückt, zu einem kompetenten Umgang mit Systemzwängen.

Trainer sind subjektiv von der Bedeutung von Pädagogik und pädagogischem Geschick bei ihrer Aufgabenerfüllung überzeugt (GAHAI 1986, nach CACHAY/GAHAI 1989, 26), aber durch die Rollenambivalenz der Trainerrolle belastet:

> „Stellen Funktionäre die Forderung auf, dass Trainer ein emotional-warmes Verhältnis zu ihren Athleten pflegen sollen, belohnen sie aber gleichzeitig nur diejenigen Leistungen, die durch die Totalisierung der Athletenrolle zustande kommen können, so wird Rollenambivalenz festgeschrieben" (BETTE 1984, 62).

Da die Arbeit des Trainers nach seinem Erfolg beurteilt wird, verstehen sich die meisten Trainer auf Grund ihrer Alltagserfahrung als kompetent, halten aber wenig von der Pädagogik als Wissenschaft. Die Pädagogen verlangen in erster Linie eine Selbstbeschränkung des Leistungssports, was zu vermehrten Niederlagen führen könnte und damit der Systemlogik des Gewinnens widersprechen würde:

> „Den Kollaps des Systems Leistungssport zu verhindern, indem sie den Rollenträgern, insbesondere den Trainern als der wesentlichsten personalen Erziehungsinstanz, die Grenzen des Machbaren vor Augen führt, muß Aufgabe der Pädagogik sein: Trainer brauchen heute Pädagogik, damit Erfolg morgen möglich ist" (CACHAY/GAHAI 1989, 30).

Wenn einerseits guter Wille vorhanden ist, die Umsetzung aber dennoch nicht gelingt, muss überprüft werden, ob die Strukturbedingungen pädagogisch überhaupt noch verantwortungsvolles Handeln zulassen. Solange pädagogische Steuerungsprozesse vom Trainer vordergründig zwar erwartet werden, diese aber keine Belohnung erfahren, werden sie im Zweifelsfall für verzichtbar angesehen.

Nur selten stellen sich Trainer und Umfeld von Spitzensportlern als deutliche Dopinggegner dar. Genau dies aber wäre für ihre Vorbildwirkung ausgesprochen wichtig; solche Beispiele sind eher selten. Bei einer Untersuchung von LOUVEAU et al. gaben sich nur wenige Trainer deutlich als Dopinggegner zu erkennen, die Mehrheit bezog lieber keine Position. 80,3 % von ihnen glaubten,

überhaupt nicht oder nicht ausreichend für eine Antidoping-Prävention ausgebildet zu sein (LOUVEAU et al. 1995, 71). Bei einer Befragung in Lothringen hatten sich nur 10,4 % der Trainer in den vorausgegangenen 12 Monaten für Doping-Prävention eingesetzt. Dabei hatten sie vor allem auf Gesundheitsrisiken
bei der Verwendung von Dopingmitteln und auf die Ethik des Sports hingewiesen (LAURE 2000, 267). Ermutigend und abermals unsere Theorie eines Dopings
wider Willen stützend, sind die von 96,5 % geforderten effektiveren Dopingbe-
kämpfungsmaßnahmen. 98,1 % der befragten Trainer äußerten die Ansicht, dass
die Trainer bei der Dopingbekämpfung eine wichtige Rolle spielen sollten
(LAURE 2000, 267).

In den Rahmenrichtlinien für die Übungsleiter- und Trainerausbildung sowie die
Trainerweiterbildung sind Pädagogik, Psychologie, Sozialpsychologie und Soziologie nur unzureichend berücksichtigt. Als Voraussetzung für Veränderungen
müssen Strukturen aufgebrochen werden

- in der Traineraus- und -fortbildung,
- in der Ausrichtung des Kinder- und Jugendbereichs,
- in der Selektion und Belohnung der Trainer und Übungsleiter auch nach
  pädagogischer Eignung.

Verbessert werden muss aber auch die Qualität der Aus- und Fortbilder.

Junge Leute sind noch auf der Suche nach ihrem Weg. Vorbilder und Identifika-
tionsfiguren können dabei hilfreich sein. Wenn sie sich einen Sportstar aussu-
chen, demonstrieren sie damit auch eine gewisse Haltung nach außen. Der Sport
nimmt auf eine solche Idol-Suche Einfluss, indem er bestimmte Sportler besonders herausstellt, ihnen besondere Preise (z. B. Fair-Play-Preise), Pokale (z.B.
Rudolf-Harbig-Gedächtnispreis) oder Ehrennadeln verleiht und sie für Kampagnen wie „Keine Macht den Drogen" oder „Fair geht vor" instrumentalisiert. Dabei besteht jedoch immer die Gefahr, dass die falschen Vorbilder herausgestellt
werden, solche also, die selbst in die Dopingproblematik involviert sind. Einiges
spricht dafür, dass Sportler durch die offenbar gewordene Verbreitung des Dopings im Spitzensport Vertrauen bei Jugendlichen eingebüßt haben.

6.2 Zur Gestaltung der Sozialisation im Sport

Identität entwickelt sich nach dem Modell des symbolischen Interaktionismus
vor allem dann, wenn Ich-bezogene oder Selbstentfaltungswerte (z.B. Selbstwertgefühl, Selbstbewusstsein, im Englischen durch das Wort „I" ausgedrückt)
und Wir-bezogene Pflicht-Werte (Solidarität, kooperatives Verhalten, Gruppen-
fähigkeit, reflektierte Anpassung, im Englischen steht dafür das Wort „Me") in
Einklang gebracht werden. „I" steht also für die individuelle Seite der Persönlichkeit, „Me" für die soziale. Je nachdem, welche Ziele, Methoden und Organisationsformen im Sport gewählt werden, kann Leistungssport für die Identitäts-

entwicklung förderlich oder eher hinderlich sein. Das nachfolgende Waage-Modell kann bei der Orientierung helfen.

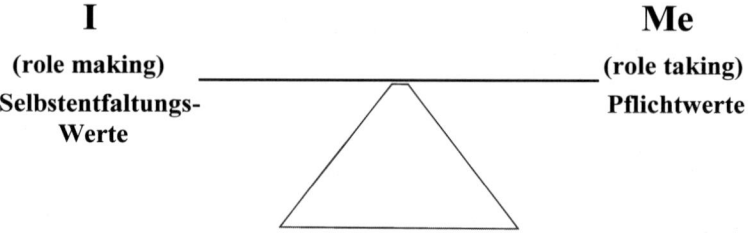

Abb. 7: Balance zwischen I und Me als Grundlage für die Identitätsent-wicklung

Sowohl bei den Selbstentfaltungs- wie bei den Pflichtwerten sind Positiv- wie Negativausprägungen möglich; die Aufgabe des Erziehers ist es, für eine große Wahrscheinlichkeit des Eintreffens von Positivausprägungen zu sorgen:

	Selbstentfaltungs-Werte (role making)	Pflichtwerte (role taking)
+	z. B. Selbstbewusstsein, Selbstsicherheit	z.B. Solidarität, kooperatives Verhalten
−	z. B. Egoismus, Egozentrismus	z.B. Konformismus bedingungslose Anpassung

Wenn in der Zusammenarbeit zwischen Trainer und Athlet der Schwerpunkt nur auf Selbstentfaltungswerte **oder** Pflichtwerte gesetzt wird, kann dies ebenso negative Folgen für die Identitätsentwicklung haben, wie wenn Erziehungsziele überhaupt nicht bewusst angestrebt werden. Wer auf eine intentionale Umsetzung verzichtet, kann ziemlich sicher sein, dass sich funktional Effekte bei den Negativausprägungen einstellen. Verstärkt werden können solche negativen Effekte durch Einseitigkeiten bei der Wahl der Methoden (z.B. Vormachen – Nachmachen oder Vorgeben – Nachvollziehen) und der Organisationsformen (z.B. nur Einzeltraining). Qualitäten wie Verantwortungsbereitschaft oder Rücksichtnahme kommen dann zu kurz. Wenn der Sport einen angemessenen Beitrag zur Identitätsentwicklung (eine letztlich auch leistungsfördernde Maßnahme) leisten will, besteht seine Aufgabe in einer intentionalen Umsetzung einer ausgewogenen Mischung der Positivausprägungen in diesem Modell.

Pflicht- und Akzeptanz-Werte (z.B. Disziplin, Gehorsam, Leistung, Unterord-
nung, Selbstbeherrschung, Anpassungsbereitschaft) sowie Selbstentfaltungs-
Werte (z.B. Emanzipation, Autonomie, Genuss, Abenteuer, Kreativität, Selbstverwirklichung) sind gleichermaßen für die Identitätsentwicklung wichtig. Leistungssport ohne Pflicht- und Akzeptanzwerte ist nicht möglich; ihre Überbetonung macht für Doping anfälliger. Der häufig konstatierte Wertewandel besteht
in einer Verschiebung von den Pflicht- und Akzeptanz-Werten hin zu den
Selbstentfaltungs-Werten (vgl. MÜLLER 1998, 30 ff.), der Leistungssport könnte
eigentlich eine sinnvolle Bremse für einen zu starken Wertewandel darstellen.
Kinder und Jugendliche fangen den Leistungssport normalerweise aus Freude an
der Tätigkeit, Spaß, Bewegung, Kameradschaft und Selbstverwirklichung an.
Erst später kommen Aspekte wie Erfolg, Leistung und Prestige hinzu, die vor allem die Akzeptanz von Pflichtwerten voraussetzen. Mit der Leistungs- und Al-
tersentwicklung und unter dem Einfluss des Umfelds kommt es zu einer Verschiebung der Sinnperspektiven hin zu einer größeren Bedeutung materieller
Aspekte und des Erfolgs. Parallel dazu kann es zu einer einseitigen Fixierung
auf die Pflichtwerte und zu einer Veränderung der Regelauffassung kommen:
vom Fairplay zum fairen Foul, von der Unkenntnis über Substitution und Doping zu ihrer Anwendung. Dabei ist unstrittig, dass

> „der Trainer einen sehr großen Einfluss auf das Fairplayverhalten zu haben scheint bzw.
> hat. ... Die Aussagen der Jugendspieler machen deutlich, dass der Trainer (sofern er Spie-
> ler ist) eine Vorbildfunktion hinsichtlich des Verhaltens von Fairplay hat" (OTTERBECK
> 2000, 53 f.).

Eine bewusste negative Beeinflussung ist beim Einstieg in den Leistungssport
wenig wahrscheinlich. Gerade im Schülerbereich – mit ehrenamtlichen Übungsleitern, oft Eltern von teilnehmenden Kindern - wird meist großer Wert auf die
positiven Seiten des Sports gelegt; solchen Übungsleitern und Nachwuchstrai-
nern ist der eigene Spaß und der Spaß der Kinder an der Sportart oft wichtiger
als Bezahlung oder größerer Erfolg. Sportliche Betätigung und Gesundheitsförderung stehen dabei im Vordergrund. Dabei entsteht ein normativer Überbau,
der die „Sieg-Niederlage"-Logik des Leistungssports kontrollieren und bremsen
könnte. Die Aufforderung zu Regelverstoß und Unfairness kommt erst in späte-
rem Alter und in höheren Leistungsklassen hinzu: „Der Einfluss des Trainers
wird immer größer, je höher man kommt" (ein Handballspieler, OTTERBECK
2000, 54). Als bedeutsam wird bei der Einstellungsentwicklung eine fehlende
konsequente und einheitliche Ahndung von Regelverstößen angesehen (OT-
TERBECK 2000, 56). Nach Otterbeck haben Fairplay-Aktionen keinerlei Einfluss
auf das Fairplay-Verhalten der Spieler, sie werden eher als „leere Phrase" oder
„scheinheiliges Getue" eingeordnet (OTTERBECK 2000, 57).

Jugendliche und Aktive geraten so in eine Dilemmasituation zwischen **Wertorientierung** und **Zweckrationalismus** (TREUTLEIN 1994), zwischen Beachtung

der formalen und informellen Regeln des Sports einerseits und der absoluten Orientierung an der Sieg-Niederlage-Logik andererseits. Die wegen Regelverstößen forcierte Ausdifferenzierung der Regeln schwächt zugleich die Wertorientierung der Athleten. Verantwortlich für die Regeleinhaltung werden zunehmend Schieds- und Kampfrichter, im Zweifelsfall der Verband und seine Gremien, die aber mit der Komplexität der Probleme überfordert werden. Der Verlust von eigener moralischer Sensibilität und Wertorientierung sind die Folgen. Verantwortlich sind stets andere, nicht mehr der Athlet selbst. Diese Entwicklung im Erwachsenensport wirkt über Vorbildwirkung in den Kinder- und Jugendleistungssport hinein.

Die moralische Entwicklung der Kinder und Jugendlichen hängt jedenfalls stark von der moralischen Atmosphäre von Gruppen und/oder Institutionen ab (vgl. COLBY/KOHLBERG 1986,158, nach MÜLLER 1998, 113), in unserem Falle der Trainingsgruppe, der Abteilung, des Vereins oder des Verbands. Ziel bei der Förderung von dopingresistenten, starken Kindern und Jugendlichen muss die ausgewogene Kombination von Pflicht- und Akzeptanzwerten sein sowie die Entwicklung einer moralischen inneren Haltung und Einstellung. Dies kann durch die Förderung von Beobachtungs- und Reflexionsfähigkeit sowie der Fähigkeit zu reflektiertem Entscheiden z.B. in Problemsituationen zu Fairness oder Doping erfolgen.

Die Gestaltung der sportlichen Sozialisation muss folgende Bedürfnisse von Kindern berücksichtigen:

- Das Bedürfnis nach Liebe und Geborgenheit: Das Kind braucht Zuneigung und soziale Beziehungen, in der Familie, aber auch zu Gleichaltrigen (was überwiegendes Einzeltraining ausschließen sollte)
- Das Bedürfnis nach neuen Erfahrungen: Das Kind braucht Anregungen, die seinen Horizont erweitern (Spiel, Lernsituationen)
- Das Bedürfnis nach Lob und Anerkennung: Das Kind soll den Anforderungen genügen können, damit sich Erfolgserlebnisse einstellen können und Selbstbewusstsein aufgebaut werden kann
- Das Bedürfnis nach Verantwortung: Das Kind soll schrittweise und ohne Bevormundung das eigene Leben in die Hand nehmen können.

Pädagogisch durchgeführter Kinder- und Jugendsport kann diese Bedürfnisse befriedigen (vgl. KURZ 1988, 91). Ausschließlich erfolgsorientierter Sport vernachlässigt sie. Grupes Frage, ob sportliche Höchstleistungen für die Entwicklung des Kindes so wichtig seien, dass sie aus pädagogischen Gründen auch angestrebt werden sollten, muss mitberücksichtigt werden (GRUPE 1998, 46).

Gelingende und misslingende Sozialisation

Wie sollte das Idealbild eines Spitzensportlers und seines Umfelds in einer demokratischen Gesellschaft aussehen? Dies sollten in erster Linie Menschen sein, die quasi über einen moralischen Kompass verfügen, sich selber beobachten können und zur Selbstreflektion befähigt sind und die ferner auch den schädlichen Zwängen des Spitzensports widerstehen können. Das Spitzensportsystem hat in der Vergangenheit demonstriert, in welchem Maß Menschen durch die Aussicht auf Spitzenleistung verführbar sind, wenn der eigene Kompass nicht funktioniert. Es sollten deshalb Menschen sein, die unbequeme Tatsachen erkennen und akzeptieren können, z.b. auch die Notwendigkeit einer längeren Trainings- und Wettkampfpause oder des Abbruchs der Leistungssportkarriere. Auf jeden Fall Menschen, die die allgemeinen Orientierungen einer demokratischen Gesellschaft wie Toleranz, soziale Verpflichtung und Mündigkeit akzeptieren und versuchen, sie zu leben. Dazu gehört auch die Stabilisierung des eigenen Lebenslaufs durch eine schulische und berufliche Bildung, verbunden mit der Chance, nicht vollkommen von den Zufälligkeiten einer spitzensportlichen Karriere abhängig zu werden.

Das Gelingen oder Misslingen der Sozialisation im Handlungsfeld Leistungssport hängt von den jeweiligen Werten, Normen und Rollenerwartungen ab, die dort gelernt werden. Der Annahme einer „Sozialisation durch den Sport" ist dabei kritisch zu begegnen. Die im funktionalen Ansatz enthaltene Behauptung, Sport fördere automatisch dadurch, dass er betrieben werde, die erwünschte soziale Kompetenz, muss gänzlich verworfen werden. Wünschenswerte Ziele im Sport sind nur mit Hilfe intentionaler Vorgehensweisen zu verwirklichen. Welche Auswirkungen eine sportliche Aktivität hat, hängt wesentlich von ihrer Gestaltung ab, z.B. von Art und Umfang positiver und negativer Sanktionen. Ein Schwerpunkt beim Erwerb sozialer Kompetenz im Sport ist das Regellernen:

> „Die Regeln des Sports konstituieren den Sport, sie regulieren das sportliche Handeln von Menschen, sie setzen fest, was unterlassen werden muß bzw. was ausgeführt werden darf. Dabei erheben sie den Anspruch auf soziale Verbindlichkeit. Nur dadurch können sie das sportliche Handeln ermöglichen, koordinieren und lenken" (DIGEL 1982, 44).

Ziel einer gelingenden Sozialisation ist die reflektierte Regeleinhaltung und der „mündige Athlet" in einem „humanen Leistungssport", wobei der Athlet innerhalb eines „demokratischen Trainings" zumindest in Individualsportarten zunehmend Mitspracherecht bei Trainingsplanung und Wettkampfvorbereitung erhält. Selbstverantwortung und Solidarität werden gefördert; Fremdsteuerung wird durch Selbststeuerung und Selbstdisziplin ersetzt. Je früher eine leistungssportliche Sozialisation einsetzt und je stärker die Erfolgsorientierung wird, desto schwerer wird es, die Voraussetzungen für einen selbständigen und selbstbewussten Athleten zu schaffen (vgl. KEMPER 1982, 179). Da Mündigkeit vor allem auch durch Lebenserfahrung entsteht, sollte die leistungssportliche Karriere von Kindern nicht zu früh beginnen (vgl. SCHERLER 1994, 5).

In verbandsoffiziellen Aussagen (im „offiziellen Lehrplan") zum Leistungssport befindet sich nicht alles, was gelernt wird. Der „heimliche Lehrplan" bezeichnet die ganze Bandbreite sozialer, emotionaler und organisatorischer Erfahrungen, die jugendliche Leistungssportler in Verein und Verband und durch sie machen. Der Umgang mit anderen Sportlern, Trainern, Funktionären, Ärzten und Physiotherapeuten, die Interaktion während Training und Wettkampf und das Erfahren der Erwartungen der anderen bewirkt oft eine Einstellungs- und Verhaltensänderung bzw. -anpassung. Die Verhaltensanpassung steht im Leistungssport im Vordergrund, individuelle Entwicklungen und Ausprägungen werden nicht selten bereits als abweichendes Verhalten eingestuft. Verhaltensanpassung schließt nicht aus, dass sie zeitweise begründet ist. Darüber werden aber leicht die negativen Auswirkungen einer unreflektierten Verhaltensanpassung, die im Leistungssport zur Dopingmentalität führen können, vergessen.

Zum vorzeitigen Karriereende kann es schon in frühen Jahren kommen, vor allem in Individualsportarten, wenn es an Trainingspartnern fehlt oder wenn der Trainer ein nicht altersgemäßes Einzeltraining bevorzugt. Es kann Ursachen haben wie:

- die Ansprüche der Sportler waren zu hoch gesetzt und sie konnten nicht angemessen mit ihnen umgehen
- sie waren andauernd unzufrieden mit sich selbst, oder
- sie hatten zu häufig harte Wettkämpfe, harte Konkurrenten oder zu ehrgeizige Trainer oder Eltern (vgl. OERTER 1998, 76).

Das Gefühl der Überforderung, das die Fortführung der leistungssportlichen Karriere gefährdet, wird begünstigt durch

- demotivierende Erlebnisse im Leistungssport, z.B. die Begünstigung von Doping durch Umfeld oder Verband
- negative Folgen (z.B. Verletzungen oder Verschlechterung der Karrierechancen in Schule und Studium) und
- typische Erfahrungen, die im Jugendalter gemacht werden (z.B. Pubertät, Ende der Schule, der erste Freund oder die erste Freundin).

Sozialisation in Verein und Verband

Dass Wertevermittlung als Aufgabe der Schule angesehen wird, ist angesichts des Erziehungsauftrags selbstverständlich. Ob sie auch eine Aufgabe für Vereine und Verbände sein soll, bleibt umstritten, zumal es auch kritische Stimmen gegen eine solche Aufgabe selbst für die Schule gibt (vgl. SANDER 1999, 184 – 186). Diese legen auch für den Leistungssport einen zurückhaltenden Umgang mit diesem Thema nahe. Wenn die Diskrepanz zwischen Anspruch und Wirk-

lichkeit der Dopingbekämpfung verringert werden soll, wird man aber um Bemühungen in diesem Bereich nicht herumkommen. Kinder und Jugendliche machen oft über lange Jahre prägende soziale Erfahrungen im Leistungssport, deshalb haben diese zwangsläufig Wirkungen auf deren moralische Weltsicht. Pro-
grammatische Sonntagsreden können über die Orientierung von Vereinen und
Verbänden Auskunft geben; interessanter für die tatsächliche Orientierung der
im Leistungssport Handelnden ist die „gelebte Alltagskultur" (SANDER 1999,
189).

Sportverband und Vereine sind Institutionen, die Abläufe, die sich im Verbands-
leben ständig wiederholen, normieren und über bestimmte Regeln Grenzen setzen und Orientierung ermöglichen. Die Institution kann von ihren Mitgliedern
Regeleinhaltung einfordern, bei Verstößen drohen Strafen und möglicherweise
Ausschluss. Schwierig wird es, wenn offiziell etwas anderes gefordert wird als
inoffiziell oder zumindest der Eindruck entsteht, dass formelle und informelle
Normen einander diametral entgegenstehen. Problematisch ist auch, wenn ein
Thema einerseits völlig stigmatisiert und tabuisiert wird, andererseits aber nicht
wirklich bekämpft. Dadurch lässt der Sport die Gelegenheit verstreichen, Ju-
gendliche für Diskussionen um Doping zu befähigen.

Die Sozialisationsrelevanz eines Teilsystems hängt in erster Linie von der Intensität und Dauer ab, mit welcher Menschen in Organisationen eingebunden werden (HURRELMANN 1998, 95); damit lässt sich vom Leistungssport eine hohe
Sozialisationsrelevanz erwarten. Über die Teilnahme an den für den Spitzensport
spezifischen Formen des Zusammenlebens und der Zusammenarbeit wird eine
starke Beeinflussung von Einstellungen, Erwartungen und Handlungen bewirkt,
je nach Gestaltung in positiver oder negativer Richtung.

Interaktion verlangt nach Balance zwischen Erwartungen und Interessen verschiedener Parteien. Aus Sicht der Dopingbekämpfung ist eine solche Interaktion kaum denkbar, wenn an Sportler offen oder verdeckt abweichende Verhaltensweisen herangetragen werden oder von ihnen eine biografische Fixierung
auf die Sportlerlaufbahn vom System ausdrücklich verlangt wird. Sind Erwartungen von jungen Athleten, ihren Eltern und Trainern ausschließlich gegen-
wartsorientiert auf den Spitzensport gerichtet und existieren darüber hinaus keine weitergehenden Erwartungen in Bezug auf die Zeit nach dem Ende der spitzensportlichen Karriere, ist die Entwicklung einer Dopingmentalität wahrscheinlich.

Bei negativer Sozialisation in Verein und Verband lernen Leistungssportler oft
wenig Wünschenswertes, z.B.:

-   dass der Trainer sich vor allem denjenigen widmet, die die Besten sind,
    die also seine Hilfe eigentlich am wenigsten brauchen; sie lernen, dass
    schwache Leistungen zum Verlust an Zuwendung führen können

- dass man eigene Schwächen möglichst nicht zugibt und sie geschickt kaschiert
- auf schwache Leistungen anderer mit Ironie und Überheblichkeit zu reagieren.

Meist lernen sie dann nicht,

- dass man ganz selbstverständlich und spontan Sport treiben kann, ohne
  nach dem „Warum" oder „Was nützt es" zu fragen, mit dem Ergebnis psychischer Stärke, die sich auch im Wettkampf auszahlt
- dass man ohne Angst vor Blamage Neues und Ungewohntes ausprobieren
  kann - Fosbury oder O'Brien hätten ohne diese Möglichkeit wohl kaum
  ihre Innovationen versucht
- dass technische und taktische „Fehler" im Sinne des Differenzlernens
  auch wichtige Aufgabenstellungen sein können
- dass die persönliche Zuwendung des Trainers oder anderer Personen des
  Umfelds nicht vom Erfolg und der Leistungsfähigkeit abhängen müssen.

Sportlehrer mit pädagogischem Bewusstsein können Entwicklungen in Verein
und Verband beeinflussen, sofern sie zu Engagement im Leistungssport bereit
sind, z.B. als Trainer im Verein. Darüber hinaus muss der Sportunterricht einen
Beitrag zur Entwicklung von Reflexions- und Entscheidungsfähigkeit der Schüler im Umgang mit Leistungsport leisten. Schulsport und Sportunterricht müssen
einen Eindruck vermitteln, wie auf die ganze Lebensspanne bezogenes, für die
positive Entwicklung der eigenen Körperlichkeit verantwortliches Sporttreiben
und humaner Leistungssport aussehen können. Fairnesserziehung (bzw. soziales
Lernen im Sport), verbunden mit dem Aufbau von Wertbewusstsein und moralischer Kompetenz, sollte eine zentrale Aufgabe des Sportunterrichts werden.

Solche Erziehungsziele sind pädagogisch vermittelbar. Nicht immer muss ein
Spiel durch Schiedsrichter „von oben" geregelt werden. Einsicht in die Notwendigkeit von Regeln im Sport für das Gelingen von Wettkampf kann etwa gerade
durch den planmäßigen Verzicht auf einen Schiedsrichter nahe gebracht werden.
Rasch wird den Wettkampfteilnehmern dann nämlich klar, dass gemeinsames
Sporttreiben nur gelingen kann, wenn verbindliche Regeln existieren – und eingehalten werden. Auch die Fähigkeit, über Absprachen Regeln gemeinsam zu
verändern, stellt ein wichtiges Erziehungsziel dar. Auch über eine eindeutige
Haltung des Lehrers gegen Medikamentenmissbrauch, Alkohol, Nikotin und andere Drogen sowie gegen Missachtung von Regeln können Schüler im Sinne der
Dopingresistenz beeinflusst werden. Zu berücksichtigen ist jedoch, dass Drogenkonsum und Betrug durch Doping verschiedene, nur bedingt zusammenhän-
gende Problembereiche sind.

7   Dritte Präventionsebene: Die personale Ebene

Im Folgenden sollen beispielartig Impulse für eine Dopingprävention genannt werden. Diese sollen einen Fingerzeig darstellen, in welche Richtung sich Vorbeugung zu bewegen hat. Eine darüber hinausgehende umfassendere Arbeit bleibt jedoch noch zu leisten. Die Vorschläge sind

- zum Teil übergreifend konzipiert, da die Dopingproblematik Teil der Suchtproblematik ist und Prävention über das Dopingproblem hinausreicht.
- sport- und akteursspezifisch, sie gehen von den spezifischen Dilemma- und Entscheidungssituationen der Akteure, ihren Fragen und Problemen aus.
- Angebote, die wie Bausteine verwendet werden können, in situations- und sportspezifischen Kombinationen. Günstig wäre eine Ergänzung um eigene Ideen der Trainer/Übungsleiter/Sportlehrer und Sportler/Schüler.
- projektorientiert. Sie sind besonders günstig zu verwenden bei Trainingslagern und Schullandheimaufenthalten. Dort können größere Handlungszusammenhänge und eine größere Betroffenheit hergestellt werden.

Zur Klärung der eigenen Position zur Dopingproblematik ist eine Diskussion gegensätzlicher Positionen günstig, z.B. in Anlehnung an die folgenden gegensätzlichen Positionen (nach LOUVEAU et al. 1995, 68 ff.):

Doping ist	
Medikamentöse Unterstützung ohne Betrugsabsicht	Betrug, Manipulation
Regelverletzende, aber akzeptierte Praxis	ein Verstoß gegen Werte
Ein moralisches, ethisches, ideologisches Problem	ein Gesundheitsproblem
Notwendig zur Erhaltung der Arbeitsfähigkeit der Athleten	ein Schritt zum medizinisch „gemachten" Athleten
Gedopte Athleten sind	
Unschuldige Opfer des Sportsystems *(strukturelle Zwänge)*	Betrüger *(individuelle Devianz)*
Opfer (Gesundheit, Gewissen, Schuldgefühle)	die erfolgreichen Athleten, sie sind immer Gewinner

Ist Doping wirksam?	
Um zu gewinnen, muss man an sich selbst glauben, nicht an Doping.	Doping ist Voraussetzung für Erfolg.
Doping ist wirksam, deshalb wird es Doping geben, solange es Spitzensport gibt.	Spitzensport ist auch ohne Doping möglich.
In allen Sportarten sind Athleten stets auf der Suche nach neuen Substanzen.	Es gibt Sportarten, in denen man ohne Doping zur Weltspitze gehören kann.
Für die Wirksamkeit der meisten Dopingmittel gibt es keine Beweise durch wissenschaftliche Untersuchungen.	Spitzensportler wissen besser als alle anderen, was wirkt. Wenn mit einer Substanz die Effektivität erhöht werden kann, wird sie auch angewendet.

Vorschläge?	
Die Strafen sind zu hart, sie müssen reduziert werden.	Doping muss verboten bleiben.
Es wird immer wieder neue Substanzen und Medikamente geben, die bei Kontrollen nicht nachweisbar sind, deshalb: Gebt Doping frei!	Die Kontrollen müssen intensiviert und es muss mehr Transparenz zur Realität des alltäglichen Dopings im Spitzensport hergestellt werden.
Dopen ist nicht kriminell; am besten ist ein ärztlich kontrolliertes Doping.	Athleten dopen stets intensiver als empfohlen oder vorgeschrieben, deswegen: harte Kontrollen.
Der Staat ist Profiteur des Spitzensports (z.B. seine Außendarstellung als erfolgreicher Staat), er muss ihn deshalb auch finanzieren und Doping akzeptieren.	Auf den Spitzensport muss durch eine Reduzierung der staatlichen Subventionen Druck für eine intensive Dopingbekämpfung ausgeübt werden.
Jeder Doper ist – sofern er selbst entscheidet – für sich selbst verantwortlich („Mein Körper gehört mir").	Selbst Amateure dopen sich, deshalb müssen Prävention und Kontrollen früh einsetzen.

Handlungsdilemma	
Doping muss man als Arzt/Athlet/Trainer innerhalb des Systems bekämpfen, denn nur dort sieht man, was wirklich abläuft. Nur als Mitglied des Systems habe ich Einfluss, ein besseres Bild vom Leistungssport zu vermitteln.	Gedopter Sport widert mich an, ich muss deshalb aus dem Spitzensport rausgehen. Wenn ich eine eindeutige Position gegen Doping vertrete, bleibt mir gar nichts anderes als ein Ausscheiden übrig.

Tab. 2: Unterschiedliche Positionen zur Doping-Problematik

Zur Schaffung eines weitergehenden Problembewusstseins können Impulsfilme (siehe Kap. 7.1.1) eingesetzt werden. Erst mit Problembewusstsein wird die Bereitschaft zur Bearbeitung des Doping-Problems entstehen. Dabei geht es dann um folgende Ziele:

- Reflexion über Ziele im Leistungssport
- Vorteile und Risiken der Zugehörigkeit zu einer Gruppe
- Dopingmittel - Wirkungsbereich, Risiken
- Problemsituationen in Sportlerkarrieren (Trainerwechsel, Vereinswechsel, Zugang zu nationalen Kadermaßnahmen, nationale und internationale Wettkämpfe, Verletzungen, Niederlagen, Karriereende)
- Erkennen der Diskrepanz zwischen offiziellen Zielen/Werten und Alltagshandeln
- Auseinandersetzung mit Dopingkarrieren

In einem Konzept der Beratung stehen auf der Mikro-Ebene Information und Wissen, Beobachten und Reflektieren sowie Entscheiden und Handeln des Individuums im Mittelpunkt.

7.1 Information, Wissensvermittlung und Wissensverarbeitung

7.1.1 Filme

Information/Vermittlung von Wissen und Anstoßen von Problembewusstsein kann über unterschiedliche Typen von Filmen angestoßen werden, z.B.

1. Spiel-Film (Problem-Film)

Der Film „Zielgerade" (franz. Titel: Dernier Stade)[12] ist ein Problem-Film, der ethische Herausforderungen und Entscheidungsprobleme im Zusammenhang mit der Dopingproblematik zeigt. Mit Hilfe des Films können soziologische Theo-

---

[12] Regisseur des Films ist Christian Zerbib, Hauptdarstellerin Anne Richard. Vertrieb durch: Markus Gieppner Film Produktion, Königsbergstr.11, 25980 Westerland.

rien erarbeitet (z.B. Pfadabhängigkeit der Karriere, biografische Falle), die Bedeutung kritischer Punkte einer Sportkarriere (z.B. eine Verletzung kurz vor dem erhofften großen Erfolg) mit ihren Entscheidungsmöglichkeiten und ebenso jene des sozialen Umfelds, vor allem des Trainers, für Dopingresistenz oder Dopingneigung erarbeitet werden.

Ein weiterer geeigneter Film ist „Doping – ein gefährliches Spiel. Von Betrügern und Betrogenen". Hier handelt es sich um eine 30-Minuten-Sendung des Rundfunks Berlin-Brandenburg, der über www.wissen.swr.de/sf/index.php oder unter www.rbb-online.de bestellt werden kann (Mediennr. 4285316).

2. „Entscheide selbst" (Film zum Auslösen von Problembewusstsein, D. Knebel)

Ein Jugendlicher merkt in seinem neuen Verein, dass etwas „läuft", bekommt aber nicht heraus, was - bis sein Trainer ihm eines Tages Doping anbietet. Die Betrachter können nun zwischen drei Möglichkeiten der Handlungsfortführung entscheiden: Doping wird akzeptiert, wird toleriert, wird verurteilt. Zum Film können Handlungsmöglichkeiten des Jungen, Handlungs-Folge-Erwartungen, Handlungsziele und Möglichkeiten der reflektierten Entscheidung diskutiert werden (vgl. hierzu Arndt/Singler/Treutlein, Kap. 4). (Bezug: becker@dsj.de)

3. Zur Standortbestimmung: Trainertypen (Lernen durch Erkennen von Differenzen, Fritz Dannenmann/Heinz Janalik)

Für die Entstehung ebenso wie für die Vermeidung von Dopingmentalität spielt das Umfeld des Sportlers/der Sportlerin eine große Rolle. Im Film wird ein fiktives Interview mit sechs verschiedenen Trainertypen gezeigt. Durch Vergleichen und Analysieren können Anstöße zur Reflexion des eigenen Verhaltens und zur Einschätzung von verschiedenen Trainern gegeben werden. Das bewusste Auseinandersetzen mit der Realität (Istwert) ist zunächst wichtiger als die Beschäftigung mit Idealvorstellungen (Sollwerten). Bei den verschiedenen Typen dürfte eine unterschiedliche Neigung zur Dopingförderung zu erwarten sein. (Bezugsquelle: becker@dsj.de)

4. Interaktiver Comic „Windschatten" (Entwicklung einer Sportlerkarriere im Längsschnitt, Rudelbach/Riemann/Kreuschmer/Hillringhaus)

Im Lauf einer Sportlerkarriere treten immer wieder Entscheidungs- und Versuchungssituationen auf. Der Film möchte solche Situationen bewusst machen und auf mögliche Gefährdungen vorbereiten. Der Spaß am Sport und nicht das Streben nach eventuell unnatürlichem Leistungszuwachs sollte im Vordergrund stehen. (Bezugsquelle: becker@dsj.de)

7.1.2 Schriftliche Materialien

Informationen können besonders durch schriftliche Materialien und durch Unterricht transportiert werden. Hierzu im Folgenden einige Beispiele:

Schweizer Materialien

Die früher durch die Eidgenössische Sportschule Magglingen (ESSM) vertriebenen Materialien werden nicht mehr angeboten. Die neuen Schweizer Materialien nun auf www.antidoping.ch eingesehen werden (z.B. http://www.antidoping.ch/html). Wichtige Elemente sind das interaktive E-Learning-Programm „Real Winner" oder die „Hör-Bar". Besonders ist auf die Medikamentendatenbank hinzuweisen, auf der online ein in der Schweiz zugelassenes Arzneimittel darauf überprüft werden kann, ob es Dopingmittel enthält oder nicht.

Französische Materialien

In Frankreich wurden Materialien zur Verbreitung von Informationen und Wissen entwickelt, nach dem derzeitigen französischen Antidoping-Beauftragten Gallien als Bestandteil einer Gesamtkonzeption zur Doping-Bekämpfung in Frankreich. Den französischen Antidoping-Maßnahmen liegt nicht primär die Zielsetzung der Kontrolle und Bestrafung, sondern der Unterstützung eines sauberen Leistungssports zugrunde. Unter dem Aspekt der Prävention enthalten sie vor allem folgende Elemente:

- sportmedizinische Längsschnittuntersuchungen (für jeden Athleten sollen längerfristig seine medizinischen Normalwerte und Gesundheitsbedrohungen festgestellt werden)
- Erziehung
- Zusammenarbeit aller Verantwortlichen
- soziale und psychische Unterstützung für Spitzensportler
- Hilfen bei der Eingliederung in die Arbeitswelt nach Karriereende.

Der französische Sportbund (CNOSF) stellt für die Doping-Prävention ein „Antidopingpaket" (Prévention Sportive et Lutte contre le Dopage: Le Sport pour la Santé. Mallette d'Information)zur Verfügung, das folgende Bestandteile enthält:

- Informationen (Sport und Gesellschaft, Wirkung von Sport, Doping, Risikofaktoren, Umfeld, sinnvoller Spitzensport, Ernährung)
- Folienvorlagen
- Ein Fächer mit Fragen und Antworten
- Ein Kartenspiel (französisch und englisch: psychologisches Gleichgewicht, Training, Regeneration, Leistung, Doping-Kontrolle, Ernährung, Richtungswechsel)

- DVD (Doping und Dopingmentalität, Leistung, Wirkmechanismen von Doping-Substanzen)

Dieses Paket wurde an Sportverbände, im Spitzensport tätige Hauptamtliche des Ministeriums für Jugend und Sport, die Regionalgliederungen der Sportverbände und die Regional- und Departementalleitungen verteilt. Weitere Exemplare wurden Kooperationspartnern im Kampf gegen Doping, an nationale und regionale Leistungssportzentren sowie an alle mit dem Leistungssport verantwortlich befassten Personen gegeben.

Der französische Antidoping-Beauftragte Claude-Louis Gallien verfasste eine Broschüre („le dopage en questions" - Doping in Fragen und Antworten, die Informationsbroschüre des Nationalen Olympischen Komitees von Frankreich, November 1998), die eine ausführliche, problemorientierte Information zur Doping-Problematik enthält, in der auch unterschiedliche Positionen dargestellt werden. Sie ist nicht mehr erhältlich, diente aber als Vorlage für die Präventionsbroschüre der dsj „Sport ohne Doping! Argumente und Entscheidungshilfen für junge Sportlerinnen und Sportler sowie Verantwortliche in derem Umfeld" (Autoren: Arndt/Singler/Treutlein).

Deutsche Materialien

Materialien wurden im Lauf der Zeit durch unterschiedliche Stellen produziert. Als besonders wichtig für konkrete Präventionsmaßnahmen haben sich im Lauf der letzten Jahre die Materialien der Deutschen Sportjugend (www.dsj.de) und der Nationalen Anti-Doping-Agentur (www.nada-bonn.de) herausgestellt.

Deutsche Sportjugend (DSJ)

Die Deutsche Sport Jugend fühlt sich für alle Sport treibenden Jugendlichen verantwortlich, vor allem aber für ihre Mitgliedsorganisationen, d.s. die Jugendorganisationen in den Landessportbünden und den Bundes- und Landesfachverbänden, damit im Prinzip für alle Jugendlichen innerhalb und außerhalb des Wettkampfsports. Wenn eine flächendeckende Beeinflussung zur Verhinderung der Entstehung und Weiterentwicklung einer Dopingmentalität erzielt werden soll, dann ist dies vor allem über die dsj und ihre Mitgliedorganisationen (vor allem die Landessportjugenden) möglich. Über sie kann entsprechendes Gedankengut in die Mitgliederversammlungen, in die Übungsleiter- und Trainerausbildung und bis in die Vereine hinein getragen werden. Wie die vielfältigen Broschüren und Aktionen der dsj erkennen lassen, fühlt sich die dsj einem sauberen, fairen Sport verpflichtet, in dem es besonders um die Persönlichkeitsentwicklung von Jugendlichen, Gesundheit durch Sport, Integration von Außenseitern und die Vermittlung der Werte des Sports geht. Damit ist das Thema der Prävention von Medikamentenmissbrauch und Doping für die dsj äußerst wichtig und hat sich in der kostenlosen Abgabe von vielen Materialien niedergeschlagen.

Für die dsj lieferte das Heidelberger Zentrum für Dopingprävention zwischen 2003 und 2009 unterschiedliche Materialien, die in einer Arbeitsmedienmappe „Sport ohne Doping. Arbeitsmedienmappe zur Dopingprävention" (Schwarz /Treutlein/Knörzer) zusammengefasst sind. Die Idee dieser Mappe ist: Engagierte Praktiker, die Dopingprävention aktiv betreiben wollen, haben selten die Zeit, die notwendige Materialbasis selbst herzustellen. Deshalb sollen mit der Arbeitsmedienmappe hilfreiche Materialien für eine solche Arbeit zur Verfügung gestellt werden. Sie enthält folgende Bestandteile:

- **Flyer „Sport mit oder oder Doping?"** (Schwarz/Hillringhaus/Treutlein)

- **Broschüre „Sport ohne Doping"** (Arndt/Singler/Treutlein), mit folgenden Kapiteln:

  ➢ Einleitung, Grundfragen

  ➢ Diskutieren lernen: Wie verhalte ich mich im „Wettkampf der Argumente?"

  ➢ Sich entscheiden lernen: Wie kann ich selbst über mich bestimmen?

  ➢ Medizinische, rechtliche, allgemeine Fragen

Die Broschüre ist wie ein Nachschlagewerk angelegt und muss nicht von der ersten bis zur letzten Seite kontinuierlich gelesen werden. Adressaten sind ältere Jugendliche (ab ca. 16 Jahren) und ihr Umfeld.

Neu und besonders wertvoll sind die Kapitel drei und vier. Wenn das Ziel der Mündigkeit von jungen Sportlerinnen und Sportlern ernst genommen wird, dann reicht es nicht aus, sie über Regeln und den Ablauf von Kontrollen zu informieren. Grundlage von Mündigkeit sind Information, Reflexions- und Argumentationsfähigkeit sowie die Befähigung zu verantwortlichem Entscheiden. Hierauf muss in der Dopingprävention vorbereitet werden. In den Kapiteln drei und vier werden Anstöße dafür gegeben, wie das Problem sowohl Erwachsenen wie auch Jugendlichen nahe gebracht werden kann.

- **Arbeitsmaterialien-CD „Sport ohne Doping"** (Schwarz/Treutlein u.a.)

Die CD ist in 12 Kapitel gegliedert:

➢ Navigation	➢ Arbeitsblätter
➢ Vorwort/Informationen	➢ Aus- und Fortbildung
➢ Dsj-Präventionsbroschüre	➢ Flyer
➢ Rollenspiel	➢ Links
➢ Powerpoint-Präsentationen	➢ Evaluation
➢ Begleittexte (u.a. zu den Prä-sentationen)	➢ Kontakte

Auf der DVD sind die bereits erwähnten Filme zu finden (vgl. S. 228 f.): „Entscheide selbst", „Der gute Trainer", „Windschatten".

- Das neuste Produkt (2009) sind die „Informationen zu Anti-Dopingregeln" (Treutlein/Magaloff), mit denen Handlungssicherheit nicht nur für junge Sportlerinnen und Sportler sondern auch für Medizinerinnen und Mediziner, Apothekerinnen und Apotheker hergestellt werden soll. Die Broschüre befindet sich in einer Plastikhülle; dort hinein sollen Kopien von Rezepten und Ausnahmegenehmigungen gesteckt werden, damit bei einem Arztbesuch oder einer Dopingkontrolle alle notwendigen /DokumenteInformationen sofort vorgezeigt werden können.

Nationale Anti Doping Agentur (NADA)

Die Nationale Anti Doping Agentur ist eine Stiftung. Nach der Stiftungsurkunde ist die NADA vor allem für die erwachsenen und jugendlichen Spitzensportler zuständig. Die NADA hat seit 2007 ebenfalls Materialien entwickelt, die von der Homepage heruntergeladen (www.nada-bonn.de – downloads) oder als Papierversion angefordert werden können.

- **Basisbroschüre „Highfive:** Gemeinsam gegen Doping. Ein Ratgeber für junge Sportlerinnen und Sportler" In diesem Ratgeber werden werden die Regeln und das Kontrollsystem erklärt, Probleme angeschnitten („Gewinnen um jeden Preis?", „Doping hat Folgen", „Wann ist ein Sieg kein Sieg?") und Basisinformationen zu Substanzen (Wirkungen, Nebenwirkungen) gegeben. Darüber hinaus wird auf Informationmöglichkeiten im Internet wie z.B. die Trainer-Plattform der NADA hingewiesen. Ergänzt wird diese Broschüre durch ein Quiz, mit dem Jugendliche überprüfen können, ob sie über korrektes Wissen verfügen.

- **Broschüre** „Ich werde kontrolliert": In der Broschüre wird erklärt, wie Kontrollen ablaufen, welche Rechte und Pflichten Sportlerinnen und Sportler haben und worauf sie bei einer Kontrolle aufpassen müssen.
- **Elternbroschüre** „Gemeinsam gegen Doping. Ein Ratgeber für Eltern von jungen Sportlerinnen und Sportlern": Das Sportlerinnen- und Sportlerumfeld spielt bei der Entwicklung von Dopingmentalität eine besondere Rolle. Steht das Umfeld überzeugend für einen sauberen Sport und gegen Doping, dann ist die Wahrscheinlichkeit recht groß, dass die Jugendlichen in Versuchssituationen „nein" sagen können. Da die Eltern im Umfeld über lange Zeit der kindlichen und jugendlichen Entwicklung die wichtigste Rolle spielen, ist Elternarbeit und –information eine wichtige präventive Maßnahme.

In der Broschüre werden Grundinformationen geliefert, medizinische Behandlungen problematisiert und auf die Folgen von Doping und die problematische Entwicklung von Dopingmentalität hingewiesen. Eltern erhalten Ratschläge, wie sie bestimmte Themen thematisieren und Doping vorbeugen können. Es folgen Hinweise auf Broschüren der NADA, Downloadangebote, Links, Möglichkeiten der Beratung und Unterstützung sowie wichtige Adressen.

7.1.3 Gebührenfreie Hotline (téléphone vert)

Beim französischen gebührenfreien Doping-Telefon[13] (Telefon-Nummer: 0033800.15.2000), das von neun Sportpsychologen in Montpellier unter der Leitung von Jean Bilard/Dorian Martinez betreut wird, können Informationen jeglicher Art eingeholt und alle dopingbezogenen Fragen diskutiert werden. Die Anrufe sind anonym[14]; täglich kann 10 Stunden lang angerufen werden.[15]

Die Betreiber des Telefons verfolgen folgende Ziele:

- Gesprächspartner, Informationen, Hilfen, Orientierungen anbieten.
- Das Schweigen brechen, das die Verwendung von Dopingmitteln im Sport umgibt.
- Die Isolierung derjenigen vermeiden, die mit dem Problem konfrontiert sind.
- Verhaltensänderungen anregen.
- Die Kontaktaufnahme zu unterstützenden Personen oder Institutionen erleichtern.

---

[13] Das Projekt steht unter der Leitung des Sportministeriums sowie von Jean Bilard und José Moragues von der Fakultät für Sportwissenschaften der Universität Montpellier.

[14] Die Personalkosten werden vom Sportministerium getragen (200.000 Euro im Jahr), die Telefonkosten von France Télécom. Hinzu kommen Mittel von Sponsoren.

[15] Neuerdings besteht auch die Möglichkeit, per E-Mail eine schriftliche Auskunft einzuholen.

- Die Informationssituation zu Dopingmitteln und Drogen, die für Sporttreibende gefährlich sein können, verbessern.

Da Anonymität gewährleistet ist, bieten die Gespräche den großen Vorteil, die
Entwicklung von Risikoverhalten im Zusammenhang mit sportlichen Aktivitäten
beobachten und erfragen zu können. Wenn die Sportpsychologen mit Fragen
oder Problemen außerhalb ihres Kompetenzbereichs konfrontiert werden, können sie sich an Kooperationspartner wenden, z.b. im Bereich der Drogenbera-
tung oder an Antidopingspezialisten in den Verbänden.

Die Anrufer berichteten von starkem Druck in ihren Sportvereinen und Fitnessstudios zur Dopingverwendung, wobei von den potentiellen Verführern selten
detaillierte Informationen zu den Substanzen und Medikamenten gegeben werden, erst recht nicht zu Nebenwirkungen. Zunehmend waren unter den Anrufern
Spitzensportler, die keine Ansprechpartner zur Diskussion ihrer Nöte und Probleme hatten. Die gefährlichsten Dopingmittel werden im Radsport und in Fit-
nesscentern verwendet; Kreatin wird vor allem im Rugby bevorzugt, wegen des
Hinweises „nicht verboten und ohne Nebenwirkungen". Viele Anrufe belegen
die Sorge von Familien um ihre Kinder und die Absicht, ihren Kindern Leistungssport zu verbieten, falls er zu Doping erfordern sollte. Die Hotline entspricht offensichtlich einem großen Bedürfnis. Ein Beispiel einer Anfrage:

> „Der Anrufer ist 18 Jahre alt und betreibt Leistungssport in einem Sportspiel, er ist Mit-
> glied der Juniorennationalmannschaft. Ein guter Spieler. Seit einiger Zeit hat er den Ein-
> druck, nicht weiterzukommen, nachdem er zuvor immer zu den Besten gehörte. Er hatte
> schon die A-Nationalmannschaft in Reichweite, jetzt ziehen plötzlich Spieler an ihm vor-
> bei, die immer schlechter als er waren, die aber plötzlich eine enorme physische Entwick-
> lung machen, jedenfalls wesentlich stärker als er selbst. Einige haben vor allem einen
> wesentlichen Muskelzuwachs. Er gab an, mit einem Arzt seines sportlichen Umfelds ge-
> redet zu haben; dieser habe ihm eine „Clenbuterol-Kur" verordnet. Nach dessen Aussage
> kämen die fraglichen anderen Spieler regelmäßig zu ihm - was diese bestätigten - es läge
> nur an ihm, deren Vorsprung zu egalisieren. Er hatte beim „Grünen Telefon" angerufen,
> weil er noch zögerte. Er war in Sorge um seine Gesundheit, zugleich aber auch um seine
> sportliche Zukunft. Entweder würde er sich dopen und auf höherem Niveau mithalten
> können, oder er würde sich nicht dopen, dann müsste er wohl seine sportlichen Ziele im
> Vergleich zu den bisherigen Zukunftsaussichten deutlich tiefer hängen" (L'Equipe,
> 19.3.1999).

Oft sind die Psychologen die Ersten und Einzigen, mit denen die Anrufer über
ihre Probleme sprechen. Ärzte werden kaum angesprochen, da sie entweder als
Dopingfreunde oder als Dopinggegner („Kontrolleure") eingeordnet werden.
Häufig haben Anrufer psychische Probleme und Schuldgefühle. Oft ist der Aus-
löser die erste schwerere Verletzung, durch die die Vorstellung vom natürlichen,
perfekten Körper erschüttert wird.

Ein Anruf kam beispielsweise von einem Jugendlichen (Kapitän einer Junioren-
nationalmannschaft):

„Er berichtete, dass ihnen allen in seinem Verein zwei Spritzen verabreicht würden, ohne sie zu informieren, welche Substanzen verwendet werden. Mit einigen Freunden durchsuchte er die Abfalleimer und sie fanden EPO-Ampullen. Sie stellten den Vereins-Arzt zur Rede; er antwortete, das sei so üblich und ungefährlich; wenn sie sich der Behandlung verweigern würden, müssten sie eben in der zweiten Mannschaft spielen. Für den Fall von Antidopingkontrollen gab er ihnen ein Mittel zur Blutverdünnung, das mit viel Wasser getrunken werden sollte. Seine Eltern wollten ihm die Geschichte nicht glauben. ... Als er verweigern wollte, wies der Arzt auf die Gefahr des Abspringens des Sponsors hin, auch, falls einer von ihnen nicht dicht halten würde."

Laut Auskunft der Psychologen handelt es sich hierbei um keinen Einzelfall. In dem Bericht wird die Bedeutung der Rolle der Trainer (Überwachung des Medikamentenkonsums - von Hausärzten werden selbst härteste Dopingmittel verschrieben) und der Eltern (Beobachtung veränderten psychischen Verhaltens und Finanzbedarfs) unterstrichen. Hinweise wie jener, dass 25 g Kreatin etwa fünf Kilo Fleisch entsprechen, provozieren schon ausreichendes Nachdenken und veränderte Entscheidungen.

Die Psychologen können den Anrufern zwar zum Teil Adressen geben, wo diese weitere Hilfe erfragen können. Nach Gesprächen fühlen sie sich aber oft hilflos, weil sie keine weitergehenden Hilfestellungen leisten konnten. Die Antwort der Psychologen auf die Frage nach Lösungen für das Dopingproblem:

„Es wird Ihnen irreal und unmöglich vorkommen, aber ich glaube, dass wir damit anfangen müssten, die Sportärzte aus dem Milieu des Sports auszuschließen ... Im System drin kippen selbst die integersten unter ihnen zu leicht von der Rolle des Arztes hin zur Rolle des leistungsproduzierenden Arztes. Aus Frustration oder Leidenschaft werden sie oft Akteure in einem Spiel, das sie nichts angeht." (L'Equipe 19.3.1999).

Die zugesicherte Anonymität bei der Benutzung der Hotline wirkt sich positiv aus, vor allem für die Doping-Gegner unter ihnen, haben sie doch selten jemanden, an den sie sich wenden und mit dem sie über ihre Probleme sprechen können. In Verein und Verband konnten sie selten sicher sein, welche wirkliche Einstellung ihr Gegenüber hat.

In den letzten Jahren hat die Zahl junger Männer, die zur Körpermanipulation anabole Steroide einsetzen, explosionsartig zugenommen, Meist handelt es sich dabei nicht um Leistungssportler; die Ziele des „Waschbrettbauchs" und der das Umfeld beeindruckenden Muskeln stehen im Vordergrund

Schwerpunkte für Diskussionen

Im Folgenden werden einige mögliche Diskussionsthemen genannt, wobei in Klammern Hinweise auf Bearbeitungsschwerpunkte gegeben werden.

Probleme und Problembewusstsein:

- Wer ist im Vorteil: Dopingankläger oder Dopingfreunde (zu erarbeiten am Beispiel der Argumentation zu den Leistungen der chinesischen Läuferinnen in den 90er Jahren, ein hierzu ist unter www.cycling4fans.de zu finden)?

-   Welche Strategien verwenden Doping-Akteure zur Verheimlichung und Täuschung (am Beispiel des Radfahrens, vgl. Teil I, Kap. 2, S.107 ff.)?
-   Anabolikamissbrauch von Jugendlichen (vgl. Teil II, Kap. 2.1, S.170 ff.))
-   Negative und positive Wirkung des Umfelds von jungen Sportlern (vgl. Teil II, Kap.6, S. 208 ff.)
-   Wirkungen und Nebenwirkungen von Dopingmitteln (vgl. Teil II, Kap.7.1.5, S. 238 ff.)

Voraussetzungen für eine effektivere Dopingbekämpfung

-   Wie können von Einstellung und Verhalten angenähert werden?
-   Lehrer und Trainer als Vorbild – welche Konsequenzen müssen sich daraus für die Ausbildung und die Selektion von Trainern ergeben? (vgl. Teil II, Kap. 6.2, S. 218 ff.)
-   Welche Ansprüche müssen an ein dopingablehnendes Umfeld gestellt werden?
-   Eine Sportführung, die von Dopingbekämpfung nicht nur spricht, sondern auch entsprechend handelt.

7.1.4 Weitere Möglichkeiten der Information und Wissensvermittlung in Schule, Verein und Verband

Im Sinne der Förderung einer Dopingsresistenz erscheint die Bearbeitung folgender Schwerpunkte in Schule und Verein lohnend[16]:

Bearbeitung im Verein:

-   Erwerben von Regelbewusstsein und Wertorientierung: Hierfür gibt es viele geeignete praktische Vorschläge in der Broschüre „Kinder stark machen" (Bundeszentrale für gesundheitliche Aufklärung mit Harald Schmid)[17] sowie in R. Naul/R. Geßmann/U. Wick: Olympische Erziehung in Schule und Verein. Grundlagen und Materialien. Schorndorf 2008.

Bearbeitung in der Schule:

a) Fächerübergreifend z.B.zusammen mit
-   Biologie: Dopingsubstanzen und ihre Wirkung.

---

[16] Die Ausarbeitung der nachfolgenden Punkte wäre eine lohnende Aufgabe für entsprechende Kommissionen der Kultusministerien sowie von DSB und Fachverbänden.

[17] Die Broschüre der Bundeszentrale für gesundheitliche Aufklärung „Gemeinsam gegen Sucht. Kinder stark machen. Möglichkeiten und Chancen der Kinder- und Jugendarbeit im Sportverein. Ein Handbuch für die Betreuerpraxis" kann kostenfrei bestellt werden bei: Bundeszentrale für gesundheitliche Aufklärung, 51109 Köln. Tel.: 0221/89920, Fax: 8992300.

- Deutsch/Ethik/Religion: Werte – Werterziehung – Wertehierarchie - Erziehung zur Selbstbeschränkung - Übernahme von Verantwortung für sich selbst und andere.

b) Sportunterricht/Schulsport/Landschulheimaufenthalte:
- Befragung von jugendlichen Sportstudiobesuchern
- Zeitzeugenbefragung (z.b. im Leistungskurs)
- „Doping geht weiter" – Texte zu Vergangenheit und Gegenwart (z.b. neueste Zeitungsmeldungen)
- Bedeutung von Regeln und ihrer Einhaltung
- Konsequenzen aus der Diskussion um Medikamentenmissbrauch und Doping für unser Sporttreiben in Schule, Verein, Sportstudio

c) Informationsmöglichkeiten:
- www.dsj.de Deutsche Sportjugend. Unter „Publikationen" können sowohl die Broschüre „Sport ohne Doping" (Autoren: Arndt/Singler/Treutlein) als auch die Infobroschüre zu den Dopingregeln (Stand 2009) „Sport ohne Doping! Informationen zu Anti-Dopingregeln für Leistungssportlerinnen und Leistungssportler" heruntergeladen werden.
- www.nada-bonn.de Nationale Anti Doping Agentur, www.nadamed.de Medikamentendatenbank der NADA, www.nada.trainer-plattform.de Basiswissen und Hintergrundinformationen für Trainer.
- www.dopinginfo.de Institut für Biochemie der DSH Köln (Dopinglabor der DSH): 0221/4971313 (vorwiegend für Spitzenathleten). Hier können Präsentationen runtergeladen werden.
- www.contra-doping.de Zentrum für Dopingprävention der Pädagogischen Hochschule Heidelberg
- www.antidoping.ch Schweizer Antidoping-Agentur (zuständig für die Schweizer Materialien)
- www.//aerztezeitung.de/htm/net/doping (aktuelle Zeitungsberichte zum Thema Doping)
- www.cycling4fans Exzellent gemachte Website mit vielen Unterthemen und Dokumenten zum Doping, nicht nur im Radsport.
- www.wada-ama.org (Welt-Anti-Doping Agentur WADA)
- http://europa.eu.int/comm/sport/index.html (Website der Sportkommission der Europäischen Union)
- www.drugcom.de Online-Angebot der Bundeszentrale für gesundheitliche Aufklärung
- www.dge.de Ernährungsempfehlungen der Deutschen Gesellschaft für Ernährung
- www.dohev.de Dopingopfer-Hilfeverein in Weinheim

- www.dopingprevention.sp.tum.de Internetauftritt der TU München (Informationen zu Wirkungen und Nebenwirkungen von Substanzen und Methoden u.a.m)

7.1.5 Übersichten zur Wirkung und Anwendung von Dopingmitteln

Die nachfolgenden Übersichten sollen eine Materialbasis für eine Bearbeitung der Dopingproblematik bieten. Der Praktiker dürfte überfordert sein, wenn er solches Informations- und Diskussionsmaterial selbst zusammenstellen soll. Mit Hilfe der Tabellen können Probleme bearbeitet werden wie die Zeit zwischen der Erfindung einer Substanz und ihrer ersten Anwendung im Sport, ihrem Verbot und der Entwicklung von Nachweismöglichkeiten.

Mittel	Entdeckung	Anwendung im Sport	Umfang der Anwendung	Hauptsächlich betroffene Sportarten	Höhepunkt	Gegenwärtiger Umfang
Amphetamine	20er Jahre	Ca. 1940	Besonders zwischen der Mitte der 50er und den 70er J.	Rad, American Football	ca. 1970 - 1980	Eher gering, leichte Nachweisbarkeit
Ephedrin, verw. Stimulantien	ca. 1940	70er Jahre	Umfangreich seit Mitte der 70er J. bis heute	Viele Olympische Sportarten, Mannschaftssportarten	Erreicht	Umfangreich
Koffein	Vor dem 19. Jahrhundert	frühes 19. Jahrhund.	Umfangreich (19. Jh.), erneut (70er J.) zus. mit Ephedrin	Viele Sportarten, die meisten Mannschaftssportarten	19. Jh., Mitte des 20.Jh.	Umfangreich (in Komb. mit a. Mitteln
Blutdoping	70er Jahre	70er Jahre	Gering	Ausdauersportarten	80er Jahre	Gering
EPO	Mitte der 80er Jahre	Ende der 80er Jahre	Gering in den 80er J., sehr umfangreich seit 1994	Ausdauersportarten	Seit 1994 bis heute	steigender Umfang
Barbiturate	frühes 20. Jh.	70er Jahre	Gering	Schießen (Mod. Fünfkampf)	70er Jahre	Gering
Beta-Blocker	60er Jahre	70er Jahre	Gering in wenigen Sportarten	Schießen, Bogenschießen	Ende der 80er J.	Gering
Anabole Substanzen	30er Jahre	50er Jahre	Sehr umfangreich seit ca.1960	Viele Sportarten, die meisten Mannschaftssportarten	Mitte der 80er Jahre	Umfangreich
Kokain	Vor dem 17.Jh.	Spätes 19.Jh.	Umfangreich seit den 60er J.	American Football	80er Jahre	gering
Wachstumshormone	Mitte der 80er Jahre	Ende der 80er Jahre	Gering	Body Building, siehe anabole Steroide	Noch nicht erreicht	zunehmend
Diuretika	Synthet. D. in den 60er J.	In den 70er Jahren ?	Gering bis umfangreich in den frühen 70er Jahren.	Kraftsportarten, Vertuschungsmittel für Anabolika	Mitte der 70er J.	Gering, leichte Nachweisbarkeit

Tab . 3: Wirkung und Geschichte wesentlicher Dopingmittel (zum Teil nach HOULIHAN 1999, 34).

Tab. 4: Doping mit anabolen Steroiden

Zeit	Länder	Betroffene Sportarten	Leistungsniveau	Verbot/Kontrollen
1955	UdSSR, USA	Gewichtheben	Spitze	-
60er Jahre	führende Länder im Westen und Osten	Kraftsportarten (u.a. Gewichth., Würfe, Rad, Schnellkraftdisziplinen)	Spitzensport der Männer gegen Ende der 60er Jahre Beginn im Spitzensport der Frauen	-
70er Jahre	viele Länder	alle Sportarten (auch im Ausdauersport)	Spitzensport, Breitensport, Jugendleistungssport, Männer und Frauen	1970 durch die IAAF, 1974 durch das IOC, seit 1974 Wettkampfkontrollen
80er Jahre	fast alle Länder	alle Sportarten, vor allem auch Body-Building	alle Leistungsniveaus, Verbreitung in Bereiche außerhalb des Leistungssports	1983 Verbot von Testosteron
90er Jahre	fast alle Länder	alle Sportarten, vor allem auch Body-Building	Begünstigung des Dopings durch das Aufauchen von neuen, nur kurzfristig nachweisbaren Steroiden wie Andriol	Beginn von unangekündigten Trainingskontrollen seit Anfang der 90er Jahre

Substanz	1986	1987	1988	1989	1990	1991	1992	1993	1994	1995	1996
Anab. Substanzen	439	521	791	611	579	652	717	995	891	986	1131
Stimulantien	177	301	420	508	340	221	277	339	347	310	281
Narkotika	23	55	58	76	62	72	102	48	42	34	37
Betablocker	31	33	8	6	8	10	12	13	15	14	6
Diuretika	2	9	57	45	37	47	70	66	63	59	54
Verschleierungsm.	*	24	19	10	6	1	22	23	8	3	0
Peptid-Hormone	*	*	*	*	1	1	4	4	3	9	4
Gesamt	672	943	1353	1256	1033	1004	1204	1488	1369	1415	1513

Tab. 5: Von IOC-Labors 1986 - 1996 nachgewiesene Substanzen (nach HOULIHAN 1999, 133).

Mittel	Verwendung in der Medizin	Wirkung
Stimulantien (Amphetamine, Ephedrin, Koffein)	**Amphetamine**: Milde Formen von Depression, Appetitzügler, Impotenz, Psychiatrie. **Ephedrin**: Erkältungskrankheiten, Asthma, Heuschnupfen, Bronchitis, Allergien, Hypotonie. **Koffein**: Migräne	stark stimulierend, Verbess. der Ausdauer, vertreibt die Müdigkeit, Anregung des Nervensystems, Steigerung der Willenskraft, steigert Körperfettabbau, erhöht die Konzentrationsfähigkeit, Muskeldurchblutung, Aggressivität
Narkotika (Codein, Morphin, Heroin, Kokain)	Schmerzunterdrückung	keine größere leistungssteigernde Wirkung, Gefühl des Wohlbefindens, von Kraft, Beeinflussung der Reflexe
Cannabis		Stressabbauend, euphorisierend, enthemmend, Erhöhung der Aggressivität
Anabole Steroide und verwandte Substanzen	Anämie, Wachstumsprobleme, Nierenversagen, Unterernährung	gemäßigt bis stark, Muskelwachstum, Regenerationsfähigkeit, Erhöhung des Selbstbewusstseins, der Aggressivität
Wachstumshormone (HCG, HGH, IGF 1)	Testosteron-Defizit, Wachstumsstörungen, Osteoporose, Dickleibigkeit, Verbrennungen, Unterernährung	beschleunigt und verstärkt Muskelwachstum (zusammen mit oder anstatt Anabolika), Größenwachstum
ACTH	entzündungshemmendes Mittel	Gering
Blutdoping	keine	stark, Ausdauersteiger., stärkere Bildung roter Blutkörperchen, Verbesserung der Ausdauer, verbesserter Sauerstofftransport,
EPO (Erythropoietin)	Erhöhung der Anzahl der roten Blutkörperchen, Anämie, Dialyse, Krebs	Verbesserung der Wettkampffähigkeit in der Höhe
Alkohol	Keine	Gering
Beta-Blocker	Angina, Migräne, Tremor, Bluthochdruck, Behandl. nach Infarkt	mäßig - stark, Verbess. der Konzentration, Verlangsamung der Herzfrequenz
Diuretika	Bluthochdruck, Flüssigkeitsretention; Nierenoedeme, Herzinsuffizienz, arterieller Bluthochdruck	als Mittel zur Gewichtsreduktion (in kürzester Zeit) und zur Verschleierung anderer Mittel
Kortikoide	Entzündungszustände, Allergien, Hautprobleme, Asthma, Leukämie	Stimulierung des Willens, euphorisierende Wirkung, müdigkeitshemmend, stressvorbeugend

Tab. 6: Wirkungen und Nebenwirkungen von Dopingmitteln im Sport (im Wesentlichen nach HOULIHAN 1999, 82 und nach BENOIT BROWAEYS 1999, 36).

Dopingmittel	Wirkung	Gesundheitsrisiko	Nachweis	Sportarten	Spektakuläre Fälle
Stimulantien Amphetamine, Ephedrin, Koffein	Erweit. der Bronchien, Erhöh. von Herzkraft/ Schlagfrequenz, Müdigkeit wird verdrängt	Halluzinationen, Abhängigkeit, Überhitzung, Herzinfarkt	sicherer Nachweis über Urin-Testverfahren	Radsport, Spielsportarten	Tom Simpson
Anabolika (anabole Steroide): Dianabol, Stanozol, Oral-Turinabol, Testosteron, Clenbuterol u.a.m.	Stoffwechsel-Optimierung, Muskelzuwachs, prozentuale Abnahme des Körperfetts	Veränderung des Geschlechtstriebs, Potenzstörungen, Leberschäden, Aggressivität	sichere Tests (Urin), hohe Aufklärungsquote, aber auch neue, nur kurz nachweisbare Anabolika	Leichtathletik, Schwimmen, Radsport, schnelle Kraftsportarten, Tennis	Ben Johnson Petr Korda Katrin Krabbe
EPO (Erythropoeitin)	Zunahme der roten Blutkörperchen, verbess. Sauerstoffaufnahme/Sauerstofftransp.	Blutdruck-Erhöhung, Infarkt- und Schlaganfall-Risiko	indirektes (Blut) und direktes Nachweisverfahren (Urin)	alle Ausdauerdisziplinen, angeblich auch im Fußball und anderen Sportarten eingesetzt	Marco Pantani (1995), Erwan Manthéour, Festina-Skandal 1998, (Tour de France)
Wachstumshormone Human Growth Hormone (HGH), Growth-Factor 1 (IGF 1)	Beschleunigt und verstärkt Muskelwachstum	Aufgehen der Wachstumsfugen, Vergröß. d. Extremitäten, Krebsgefähr, Leberschäden	im klinischen Test möglich, aber noch kein anerkanntes Standardverfahren	Sprint, Marathon, Ski, Rad, alle Kraftsportarten	Juan Juan Uta Pippig
Narkotika (Codein, Morphin, Heroin, Methadon, Kokain)	Schmerzunterdrückung	Atemlähmung, Kreislaufschock, Suchtsymptome	sicherer Urin-Test	alle Sportarten	Diego Maradona
Kortikoide	Schmerzhemmung, Entzündungshemmung	Störung des Hormonhaushalts	schwer nachweisbar	vor allem Ausdauersportarten	Markus Ryffel

Tab. 7: Gesundheitsrisiken, Nachweismöglichkeiten und spektakuläre Fälle

Jahr-zehnt	Doping-Regeln	Art der Antidoping-Politik	Technologische Entwicklung	Entwicklung und Implementation der Infrastruktur
50er J.	Allgemeine Formulierungen	Spezialistendiskussion in spezifischen Sportarten	Geringe Testentwicklung für Dopingkontrollen	Fast keine
60er J.	Erste, noch unscharfe Definitionen werden formuliert	„Kooperation" zwischen Spitzensport und Regierungen (z. B. DDR, UdSSR), zur Dopingförderung. Nur wenige Sportverbände entwickeln Ansätze einer Antidoping-Aktivität	Verfeinerte Tests für Amphetamine	Begrenzte Anzahl von Wettkampfkontrollen, nur wenige internationale Verbände entwickeln Doping-Regeln, wenige Länder haben Antidoping-Gesetze. Medizin. Kommission des IOC
70er J.	In erster Linie Amateure, kaum Profis. Beginn der Anabolika-Bekämpfung	Die meisten Regierungen sind sehr zurückhaltend in ihrer Unterstützung der Doping-Bekämpfung, andere zweideutig in ihrer Haltung. Bei den Sportverbänden gibt es sehr unterschiedliche Einstellungen.	Tests für Narkotika, Analgetika, Stimulantien. Seit 1976 Testung von Anabol. mit Radioimmunoassay	Zunahme der Tests (kaum positive-Kontrollen). Einrichtung eines Mediz. Kommittees des IOC 1972. IAAF- und IOC-akkred. Doping-Labors (Mitte der 70er J.). Viele Schwachstellen
80er J.	Übergang von alleiniger Abschreckung/Kontrolle/ Bestrafung zu Abschreckung und Erziehung	Eine Serie von Skandalen sorgt für eine Verschärfung der Dopingbekämpfung durch Regierungen und Verbände.	Koffein, Beta-Blocker, Blutdoping 1985, Diuretika 1987. GC/MS-T. für an. Stero. 80er J.	Gegen Ende der 80er Jahre Zunahme der Gesetzgebung gegen Dopingmittel-Dealing. Seit Ende der 80er Jahre Beginn von Trainingskontrollen
90er J.	Doping als wesentliches Problem der Sportethik. Beim Kampf gegen Doping stärkere Beachtung des Umfelds. Athleten Opfer oder Täter? Harmonisierung der Antidoping-Politik.	Intensiv. der Diskussionen in den Verbänden/IOC, ebenso in Regierungsorganisationen/Europarat. Zunehmende Bewusstheit für die Komplexität der Problemlösung, Aktivität bei einem Teil der Politiker, größere Unsicherheit und nachlassende Problemlösungsaktivitäten bei anderen	Tests für EPO im Jahr 2001? Für Wachstumshormone evtl. im Jahr 2002 (Test des Münchners Straßburger wird für die Ol. Spiele 2000 nicht berücksichtigt)	Einrichtung einer Antidoping-Agentur (IOC), zusätzliche internationale Foren mit Diskussion von Antidoping-Maßnahmen (z.B. ständige Doping-Weltkonferenz, Nordische Gruppe, Europäische Gemeinschaft und Europa-Rat), Zunahme regierungsunterst. Forschung

Tab. 8: Entwicklung der Antidoping-Politik (nach HOULIHAN 1999, 150)

Dopingmittel	Anwendung im Sport	Dauer bis zum ersten offiziellen Dopingfall
Amphetamine	1936	32 Jahre
Anabolika	1954	22 Jahre
Kortikoide	1960?	Nachweisbar seit ca. 1980, aber lange nicht systematisch gesucht
Diuretika	1968	18 Jahre
Betablocker	1978	7 Jahre
Wachstumshormone	1980?	Bis 2001 nicht nachweisbar
Epo	1987?	Bis 2000 nicht nachweisbar
Immunstimulantien (z.B. Bromantan)	1994	3 Jahre

Tab. 9: Zeitlicher Abstand zwischen dem ersten Gebrauch eines Dopingmittels im Spitzensport und dem ersten offiziellen (biochemisch und juristisch abgesicherten) Nachweis eines Verstoßes (nach RIVIER 2000, 4).

7.1.6 Ursachen von Dopingmentalität und Interventionsebenen

Individuum	Trainer, Milieu	Leistungssportsystem	Gesellschaft
Geringe Wertorientierung, starke psychische Abhängigkeit von sportlichem Erfolg, starke Abhängigkeit von externer Verstärkung	Geringe Regelorientierung, Siegen um jeden Preis, Trainer und andere Athleten als negative Modelle, Abhängigkeit des Milieus vom Erfolg, Ärzte als Verharmloser	Erzeugen von strukturellen Zwängen wie Wettkampfhäufigkeit, Vorgaben für Trainingsintensität und – umfang, starke Hauptamtlichkeit und deren Abhängigkeit vom Erfolg, riskante Finanzierung des Verbands	Übertriebene Leistungsorientierung, Selektionsdruck, Medikamentarisierung der Gesellschaft, Verschwinden traditioneller Werte und Strukturen, Möglichkeit der Identitätsförderung durch gestylten Körper

Tab. 10: Dopingmentalität begünstigende Faktoren

Interventions-ebene	Ziele	Maßnahmen	Theorie-Grundlagen
Athlet	Reflexions- und Entscheidungsfähigkeit, mündiger Athlet	Perspektivenwechsel, Simulation von Entscheidungssituationen, Reflexion des Handlungsrepertoires, Vermittlung von Werten	Lern-Theorien (vor allem Modell-Lernen, kognitive Theorien, Handlungstheorie)
Trainer, Milieu	Verantwortungsbewusstsein für die ganzheitliche Entwicklung der Athleten (mündiger Athlet), Einsicht in die Wirkung des Trainers (und Milieus) als Modell	Simulation von Entscheidungssituationen, Erarbeitung eines adäquaten Handlungsrepertoires, Verringerung der Erfolgsabhängigkeit der Bezahlung, Erlernen des Perspektivenwechsels	Lern-Theorien (vor allem interaktionistische Rollentheorie, sozial-kognitive Lerntheorie, Theorie des Sozialen Lernens)
Leistungssport-system	Verantwortlicher Umgang mit der Logik des Spitzensports (Humaner Leistungssport)	Regeln und Regeleinhaltung (national und international), Abgleichung zwischen Verbandszielen und konkreten Maßnahmen	Systemtheorie
Gesellschaftssys-tem	z.B. Verringerung der Medikamentarisierung der Gesellschaft, Reduktion der „Bequemlichkeitsmedizin"	Gesetzgebung, Erziehung	Systemtheorie

Tab. 11: Interventionsebenen bei der Dopingbekämpfung

7.2   Stärken von Entscheidungs- und Handlungsfähigkeit

7.2.1 Beobachten und Reflektieren

Beobachten und Reflektieren müssen nicht nur die Sportler. Unter der Zielsetzung „Erziehung der Erzieher/Impulsgeber" muss vor allem das Umfeld (primär die Trainer) beobachten und reflektieren lernen. Ein ideales Material sowohl zum Bewusstmachen des Verhaltens anderer Trainer als auch des eigenen ist der Film „Der ideale Trainer" (DANNENMANN/JANALIK). Er zeigt ein fiktives Interview zur Frage „Was ist ein guter Trainer?", wobei mit sechs verschiedenen Trainertypen die ganze Bandbreite von Trainertypen zwischen den Polen „Erfolgstrainer" und „Pädagoge" dargestellt wird. Mit seiner Bearbeitung können

- subjektive Theorien zur Trainerrolle und zur Trainer-Athlet-Beziehung bzw. die eigene normative Position zur Trainer-Athlet-Beziehung bewusst gemacht werden
- die Fähigkeit zum Erkennen unterschiedlicher Trainertypen und ihrer Zielsetzung erhöht sowie das Problem der möglichen Überforderung im Konflikt zwischen Erfolgs- und Erziehungszielen diskutiert werden
- Gemeinsamkeiten und Unterschiede der (selektiven) Wahrnehmung der Trainertypen durch unterschiedliche Akteure (Trainer, Spieler, Funktionäre usw.) herausgearbeitet werden
- funktionale (Erziehungsziele wie Fairness stellen sich beim Sporttreiben automatisch ein) und intentionale Vorgehensweise (Erziehungsziele müssen bewusst angestrebt werden) bei der Umsetzung von sportspezifischen Erziehungszielen bewusst gemacht werden
- auch Athleten über die Trainerrolle und die Trainer-Athlet-Interaktion reflektieren lernen.

Eine wesentliche Grundlage der Vorgehensweise ist die Erkenntnis, dass Lernen und Reflexion das Beobachten und Erkennen von Unterschieden voraussetzen. Die bewusste Auseinandersetzung mit Realität (Istwert) ist der Beschäftigung mit Sollwerten vorzuziehen (vgl. TREUTLEIN/JANALIK/HANKE 1989, 1996[4]). Bei der Arbeit mit dem Film und mit dieser Vorgehensweise wird die Selbstaufmerksamkeit erhöht. Personen, die hierzu in der Lage sind, sind eher fähig zu reflektieren und ihrer Einstellung gemäß zu handeln. Selbstaufmerksamkeit ist die Grundlage für die Erarbeitung eines erweiterten Spektrums von Handlungsmöglichkeiten, sie verbessert die Möglichkeit einer bewussten Umsetzung und Realisierung von vorgenommenen Zielen. Der Vergleich zwischen Selbst- und Fremdbild ist u.a. eine klassische Methode des interkulturellen Austauschs und hier gut anwendbar, da die gezeigten Trainertypen unterschiedlich macht- und beziehungsorientiert, am Sieges-Code ausgerichtet und für Doping anfällig sind. In der Folge soll gezeigt werden, wie mit dem Film gearbeitet werden kann:

1. Die Teilnehmer erhalten die Aufgabe, die Trainertypen zu beobachten und herauszufinden, mit welchem Trainertyp bzw. mit welchen Merkmalen der einzelnen Typen sie sich identifizieren können und mit welchen nicht. Nach der Betrachtung eines Typs notieren die Teilnehmer in Einzelarbeit Stichworte zum jeweiligen Typ[18].

2. Im zweiten Teil werden Kleingruppen gebildet, die Gemeinsamkeiten und Unterschiede in der Wahrnehmung der verschiedenen Trainertypen herausarbeiten.

   • Wo legt der jeweilige Typ im Didaktischen Dreieck (Trainer-Sache-Sport) seinen Schwerpunkt?

   • Was bedeutet es für die beiden anderen Pole, wenn der Schwerpunkt einseitig bei einem Pol fixiert wird?

   • Welcher Trainertyp ist am anfälligsten für Leistungsmanipulation?

3. Im dritten Teil werden in der Gesamtgruppe die Ergebnisse zusammengetragen und erste Verallgemeinerungen abgeleitet sowie Vermutungen zur Dopinganfälligkeit des jeweiligen Typs formuliert.

Aufgabe: Betrachten Sie die Trainertypen auf dem Videoband und notieren Sie einige positive (+) und negative (-) Eigenschaften.

	Positive Eigenschaften	Negative Eigenschaften	Identifikation	Schwerpunkt	Bezeichnung des Typs
Typ1			-1 0 +1		
Typ2			-1 0 +1		
Typ 3			-1 0 +1		
Typ 4			-1 0 +1		
Typ 5			-1 0 +1		
Typ 6			-1 0 +1		

Beurteilen Sie jeden Typ, wie sehr Sie sich mit ihm identifizieren können (völlig = +1, überhaupt nicht = -1). Schätzen Sie danach ein, bei welchem Punkt des Didaktischen Dreiecks der jeweilige Typ wohl seinen Schwerpunkt setzt.

---

[18] Da von diesem Band eine deutsche, französische und englische Fassung vorliegt, eignet sich das Material hervorragend für interkulturelle Vergleiche.

Aufgabe: Ordnen Sie nun jeden Trainertyp in das Didaktische Dreieck ein:

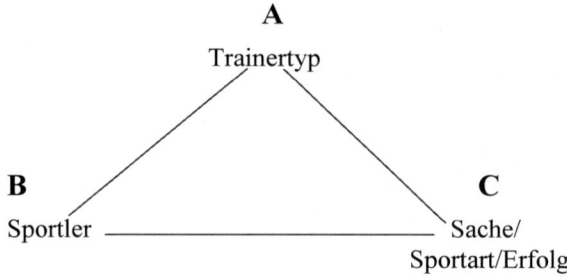

Teilnehmern fällt es leicht, unterschiedliche Typen zu erkennen und mit Typenbezeichnungen zu belegen. Von Teilnehmern bei Tagungen wurden folgende Typen herausgearbeitet[19]:

	Typbezeichnung	Positive Seiten	Negative Seiten
1.	Der Schwafler, der General, der Diktator	Energisch, zielgerichtet/klare Linie, Persönlichkeit, Vorbild	Zu streng, zu distanziert, rechthaberisch, egozentrisch
2.	Der suchende Zweifler, der Perfektionist, der Tüftler	Selbstkritisch, will sich ständig verbessern, lernfähig, fleißig, engagiert, sachkundig	Strahlt nicht ausreichend Sicherheit aus, zweifelt an sich selbst
3.	Der Sportwissenschaftler, der Theoretiker	Versucht Systematik ins Training zu bringen	Viel zu theoretisch, nicht durchsetzungsfähig
4.	Der Therapeut, der Guru, der Softie, der Missionar, der Pfarrer	Sorgt für Vertrauen, Zufriedenheit und Wohlbefinden, ganzheitlich orientiert, einfühlsam	Zu wenig erfolgsorientiert, verliert das Wesentliche aus den Augen, zielt nur auf die Persönlichkeitsförderung
5.	Der Dompteur, der Stratege, der Lügner	Erfolgsorientiert, kennt seine Athleten, kann beobachten	Siegen um jeden Preis, bevorzugt die Peitsche, Sklaventreiber und Ausbeuter, autoritär
6.	Der Pragmatiker, der Praktiker	Hat den richtigen „Riecher", verfügt über viel Erfahrung, guter Beobachter, Vorbild	Borniert, nur instinktorientiert erfahrungsorientiert, unreflektiert und unsystematisch

Bei den Typen 1 - 3 ergibt sich meist eine völlige Übereinstimmung. Bei den Typen 4 - 6 treten dagegen einige Unterschiede auf, die etwas über die Einstellung der jeweiligen Teilnehmer aussagen. Wichtig ist dabei, dass die Teilnehmer lernen, zwischen verschiedenen Typen zu unterscheiden und sich selbst in Be-

---

[19] Die Widersprüche (z.B. beim ersten Typ Bezeichnung „Schwafler" und positive Seite „zielgerichtet/klare Linie") werden in der Gruppendiskussion angesprochen.

ziehung zu diesen Typen zu setzen bzw. sich zu vergleichen. Weniger von Bedeutung ist, welche Bezeichnungen und Seiten im Einzelnen gefunden werden. Unschärfen und Widersprüche sind gute Diskussionsanlässe.

Bei Typ 1 steht eher der Trainer, bei Typ 2 die Sache, bei Typ 3 die Sache/Theorie, bei Typ 4 die Beziehung (Freizeitsport), bei Typ 5 eine Mischung von Trainer/Sache/Erfolg und bei Typ 6 der Erfolg im Mittelpunkt. Je nach Grundeinstellung werden die Typen positiver oder negativer eingeschätzt. Keiner der verfilmten Typen wird als durchgehend positiv oder negativ bewertet. Nach Meinung der TeilnehmerInnen müsste der ideale Trainer ein Mischtyp sein, der die positiven Eigenschaften der verschiedenen Trainer besitzt, also ein Trainertyp Nr. 7. Die 6 gezeigten Trainertypen werden im didaktischen Dreieck Trainer – Athlet – Sache/Sportart/Erfolg vorwiegend folgendermaßen verortet:

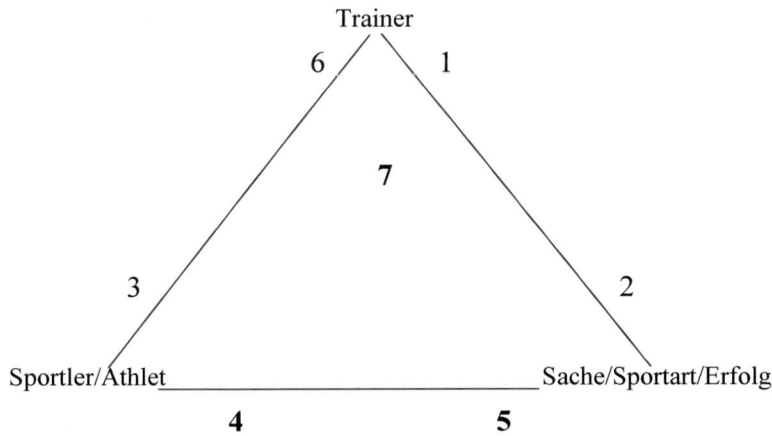

Der ideale Trainer sollte nach Meinung der Teilnehmer:

- Pädagoge sein, aber auch die Erfolgsorientierung nicht vergessen
- über Autorität, Persönlichkeit, Charisma, Ausstrahlung, Idealismus und Engagement verfügen
- Vorbild für junge Sportler und Respektsperson sein
- für die positiven Werte des Sports stehen
- über kommunikative und Sozialkompetenz verfügen (z.B. zuhören und analysieren können) und für sein Handeln zeitweise Begründungen geben, eine Begründung jeder Handlung stellt eine Überforderung dar
- eine Atmosphäre des Vertrauens und Wohlbefindens herstellen
- sachkompetent sein

- Lenker eines gemeinsamen Vorhabens sein, das mit den Athleten abgesprochen wurde
- Konsequenz zeigen und stimmig sein
- immer für neue Entwicklungen offen und über sie informiert sein
- Kontakt und Austausch mit anderen Trainern pflegen
- die Umsetzung des gemeinsamen Vorhabens und die Erfüllung von Zielen überprüfen/evaluieren
- Lebenskompetenzen durch intentionalen pädagogischen Umgang mit Individuen und Gruppen vermitteln
- kritische Vorfälle und Handlungsdilemmasituationen antizipieren und und damit umgehen können
- mit Fachstellen für Suchtprävention zusammenarbeiten können.

Trainer, die über diese Fähigkeiten verfügen, dürften kaum Athleten zum Doping anhalten. Solche Fähigkeiten sind eher die Garantie dafür, Jugendliche und Aktive vom Doping abzuhalten, Niederlagen und Misserfolge auszuhalten und sich auf natürlich erreichbare Ziele zu beschränken.

Auch junge Sportler sind sehr wohl zu einer differenzierten Betrachtungsweise der Trainertypen in der Lage; verständlicherweise finden sich in den Kommentaren und Bewertungen die bisherigen Erfahrungen im Umgang mit Trainern wieder. Bei einem Lehrgang der deutschen und französischen Juniorinnennationalmannschaft im Volleyball (1. – 6.12.1997) wurden folgende Trainereigenschaften positiv oder negativ bewertet:

positiv: Autorität und gute Gestaltung der Beziehungsebene sind notwendig, gute Balance zwischen Nähe und Distanz, dosierte Erfolgsorientierung, strahlt Engagement, Ruhe und Kompetenz aus, offen für Neues, angemessene Berücksichtigung von Theorie

negativ: autoritär, erfolgssüchtig (nur der Sieg, nicht aber Spielerinnen als Subjekte interessieren ihn), respektlos unpersönlich, zuviel Psychologie und zuwenig Technik, zu theorieorientiert, fehlende Nähe bzw. Distanz, interessiert sich zu sehr für das Privatleben der Spielerinnen, Beichtvater, ein guter Spieler ist nicht automatisch ein guter Trainer

Die Spielerinnen erkannten richtig, dass keiner der Trainertypen des Videobands dem Bild eines idealen Trainers entspricht; sie konnten gut positive und negative Aspekte herausarbeiten. Trotz einer etwas andersgearteten Bewertung und Kommentierung wünschten sich die französischen Spielerinnen tendenziell eher einen strengeren, rigideren Trainer, die deutschen eher einen etwas liberaleren.

Zusätzlich können jugendlichen und erwachsenen Leistungssportlern folgende Aufgaben gestellt werden:

1. Liste fünf Eigenschaften auf, die den Erziehungsstil deines Heimtrainers/ deines Bundestrainers charakterisieren!

2. Nenne drei typische Beispiele für den Umgang deines Trainers mit dir (z.b. bei Siegen, bei Niederlagen)!

3. Wenn du den Erziehungsstil deines Trainers ändern könntest, was würdest du ändern?

4. In welchen Punkten willst du später als Trainer nie so sein wie dein Trainer?

5. Versuche dich an die drei positivsten Erlebnisse und Eigenschaften im Umgang von Trainern mit dir erinnern! Welche Eigenschaften deiner Trainer machten diese Erfahrung schön und unvergesslich?

Leistungssportler, die reflektieren können, sich bewusst mit etwas identifizieren (mit ihrem Leistungssport, mit ihrem Trainer etc.) und entscheidungs- und handlungsfähig werden, sind engagierter und berechenbarer bei der Sache.

7.2.2 Entscheidungs- und Handlungsfähigkeit fördern

Situationen im Umgang mit der Doping-Problematik enthalten eine bipolare Konfliktstruktur; die Entscheidung muss fallen zwischen Werten des Sports (verbunden mit einem möglichen Verzicht auf optimalen Erfolg und Leistungssteigerung) und dem Erfolg - im Zweifelsfall um jeden Preis (verbunden mit einer wahrscheinlichen Negierung der Werte). Durch die Beobachtung und Diskussion alternativer Möglichkeiten kann vermittelt werden, dass wir in Problemsituationen fast immer mehrere Möglichkeiten haben, zwischen denen wir uns entscheiden können. Reflexion von Konfliktsituationen, die vor allem auch moralische Dilemmata beinhalten, eröffnet einen Weg zu rationaler Entscheidung, zum Nachvollziehen der Dilemma-Situation anderer Rollenträger und bereitet Handeln unter Druck vor, wenn entsprechende Situationen auftreten. Mit der Bearbeitung konkreter Fälle können praktische Erfahrungen im Umgang mit Handlungsdilemmata gesammelt werden. Wenn durch das Reflektieren, Hinterfragen und Problematisieren eine möglicherweise bereits erreichte Orientierungssicherheit nicht verloren gehen soll, ist es notwendig, dass der jeweilige Übungsleiter, Trainer oder Lehrer seine eigene, hoffentlich deutlich dopingablehnende Position klar zu erkennen gibt. Zudem bleibt zu bedenken, dass das Problem in vielen moralischen Anforderungssituationen nicht in einer kognitiven Überforderung, sondern in der fehlenden Willensstärke liegt, „dem moralisch Gebotenen zu folgen (Uhl 1996, S. 108 f.)" (DETJEN 1999, 326).

Durch die Bearbeitung von Fallbeispielen werden Problemlösungen vorbereitet, indem Handlungsmöglichkeiten gesucht und diese vor dem Hintergrund von

Handlungszielen und Handlungsfolge-Erwartungen, aber auch der Perspektive anderer Rolleninhaber bewertet werden. Perspektivenwechsel ermöglichen Einsicht in Entscheidungsprozesse und –probleme anderer Akteure. Bei der Bearbeitung von Fällen geht es um verantwortliches Abwägen des Für und Wider von Entscheidungen und Handlungen unter Berücksichtigung von Zielen und Handlungs-Folgen. Begleitend sind auch grundlegende Fragestellungen wie die folgenden zu behandeln:

- Ist das Dopingverbot nicht eine unangemessene Einschränkung individueller Entfaltungsmöglichkeiten in einer offenen Gesellschaft?
- Wird Chancengleichheit im Sport nur durch Doping eingeschränkt?
- Wie entstehen Regeln im Leistungssport und wer ist verantwortlich für ihre Einhaltung?

Die Lernenden werden bei der Fallsimulation und -diskussion zum Berücksichtigen bestimmter Kognitionen (Handlungsziele, Handlungsmöglichkeiten, Handlungs-Folge-Erwartungen) angeregt, die bei Entscheidungsprozessen eine reflektierte, argumentativ begründbare Handlungswahl ermöglichen, beim Handeln unter Druck aber selten mitgedacht werden. Die Lernenden erhalten damit Reflexions-Impulse, wobei ihnen die Entscheidung aber nicht abgenommen wird. Perspektivenaustausch und Perspektivenwechsel ermöglichen eine Perspektivenveränderung.

Noch besser als die nachfolgenden geschilderten Fälle eignen sich selbsterlebte oder beobachtete Fälle für eine Bearbeitung. Falls einem selbst keine Handlungsdilemma-Situationen einfallen, dann fällt die Suche nach geeigneten Fallbeispielen leicht, wenn man über einen längeren Zeitraum große Tageszeitungen oder Nachrichtenmagazine im Hinblick auf die Dopingproblematik liest. Sie enthalten oft Berichte, die geradezu dazu einladen, sich in die beteiligten Personen hineinzuversetzen.

Vor Beginn der Fallbearbeitung ist es sinnvoll, einen Moment darüber nachzudenken,

- welche Ziele Sie (als Sportler, als Trainer, als Arzt, als Funktionär etc.) kurz-, mittel- und langfristig mit dem Sporttreiben verfolgen! Wie soll die Zukunft für Leistungssportler nach Beendigung ihrer Leistungssportkarriere aussehen?
- welche Zukunft Sie für das Sport- und Leistungssportsystem voraussehen? Wenn Sie dessen Entwicklung aktiv beeinflussen könnten, in welche Richtung sollte es sich entwickeln?
- welche Ziele Ihres Sportvereins und -verbands für den Leistungssport Sie kennen?

- Bei der Bearbeitung der nachfolgend aufgeführten Fälle sollten Sie die hier von Ihnen reflektierten langfristigen Ziele berücksichtigen! Bei der Handlungswahl müssen neben den Zielen die Handlungsmöglichkeiten und die Handlungsfolgen mitgedacht werden.

Bei der Suche nach Handlungsmöglichkeiten und bei der Abgleichung dieser mit Zielen und Handlungs-Folge-Erwartungen sollten vor allem folgende Gestaltungsprinzipien beachtet werden:

- Kooperation in relativ homogenen Altersgruppen

- Bearbeitung von Fällen in einer angstreduzierten Gruppenatmosphäre

- Vorschläge und Diskussionsbeiträge dürfen nicht abgewertet werden

Aufgabenstellung bei der Bearbeitung der nachfolgenden verschrifteten Fälle (vgl. hierzu auch TREUTLEIN/JANALIK/HANKE 1996, 208 f.):

1. Identifizieren Sie sich bei jedem Fall mit der jeweiligen Rolle, Sie sind der jeweilige Athlet, Trainer, Funktionär usw.! Wie würden Sie angesichts einer der folgenden Situationen reagieren?

2. Lesen Sie die Situationsschilderung!

3. Überlegen Sie, welche Ziele Sie verfolgen!

4. Welche Handlungsmöglichkeiten stehen Ihnen zur Verfügung? Geben Sie sich mit den vorgeschlagenen Handlungsmöglichkeiten nicht zufrieden und suchen Sie weitere Alternativen! Im Sinne von Brainstorming sollte zunächst jegliche Bewertung von Handlungsmöglichkeiten unterbleiben! Alle in der Gruppe sollen Möglichkeiten vorschlagen! Bemühen Sie sich dabei, Handlungen zu finden, die Mündigkeit und Selbständigkeit fördern! Überlegen Sie, welche Handlungsmöglichkeit voraussichtlich welche Handlungs-Folgen bewirkt.

5. Welche der zuvor diskutierten Ziele wollen Sie in einer solchen Situation anstreben? Welche davon sind eher kurzfristiger Natur („die Situation möglichst schnell bereinigen"), welche langfristig?

6. Reflektieren und entscheiden Sie vor dem Hintergrund Ihrer Ziele und Handlungs-Folge-Erwartungen, welche Handlungsmöglichkeit Sie für die sinnvollste halten! Bei der Handlungswahl ist auch eine Kombination von Handlungsalternativen möglich.

Athletenrolle

1. Du bist Nachwuchsathlet und zum ersten Mal bei einem Kaderlehrgang dabei. Der Bundestrainer sagt dir zwischen Tür und Angel unter vier Augen, dass du zu schwach gebaut bist und deshalb deine Ernährung verändern musst. Ohne Veränderung der Ernährung hättest du keine Chance, auch weiterhin zu Lehrgängen eingeladen zu werden und bis in die absolute Spitze vorzustoßen. Von deinem Heimtrainer weißt du, dass mit „Ernährung verändern" Doping gemeint ist.

a) Du fragst den Bundestrainer, was du am besten nehmen kannst bzw. was am effektivsten wirkt.

b) Du weist den Bundestrainer darauf hin, dass seine Aufforderung gegen die Regeln des Sports verstößt.

c) Du informierst deinen Heimtrainer und Vereinsvorsitzenden vom Anliegen des Bundestrainers.

d) Du sprichst mit den anderen Teilnehmern des Kaderlehrgangs und versuchst zu erreichen, dass alle nicht mehr an Kaderlehrgängen mit diesem Bundestrainer teilnehmen.

Um Ihnen ein Beispiel für die Behandlung der nachfolgenden Fälle zu geben, möchten wir den ersten Fall an dieser Stelle exemplarisch behandeln.

Mögliche Ziele im Zusammenhang mit dem ersten Fall:

1. auch am Ende der Leistungssportkarriere noch gesund sein und auch danach noch Sport treiben können

2. selbständig seinen Leistungssport gestalten können

3. leistungsfähig im Rahmen meiner Möglichkeiten sein

4. den Bundestrainer nicht vor den Kopf stoßen

5. meine Sportkameraden nicht mit Hilfe von Doping betrügen

Weitere Handlungsmöglichkeiten:

1. Dem Trainer erklären, dass meine Eltern mich ausgewogen und umfangreich ernähren

2. Den Trainer fragen, wieso er den Eindruck hat, dass meine Ernährung nicht ausreichend sei

3. Dem Trainer erzählen, was der Heimtrainer zum Thema „Ernährung verändern" geäußert hat

4. Den Trainer fragen, wie er sich als Leistungssportler ernährt hat.

Diskussion von Zielen, Handlungsmöglichkeiten und Handlungs-Folge-Erwartungen:

Im Prinzip sind alle Ziele für die Situation relevant, wobei das Ziel Nr. 4 eher kurzfristiger, die Ziele 3 und 5 eher mittelfristiger und die Ziele 1 und 2 langfristiger Natur sind. Vor allem langfristige Ziele sind pädagogische Ziele; kurzfristige Ziele dienen dazu, die Situation zunächst einmal zu bewältigen. Deshalb könnte die Entscheidung so ausfallen, dass Ziel Nr. 4 im Vordergrund steht, bei der Handlungswahl die anderen Ziele aber mitberücksichtigt werden.

Die Handlungsmöglichkeiten (HM) sind unter dem Aspekt der Handlungs-Folgen zu diskutieren. Bei HM a wird der Trainer wohl verstimmt reagieren, wenn er merkt, dass du seinen Rat einholst, ihn aber nicht befolgen wirst. Da du nicht hundertprozentig weißt, ob der Trainer mit „Ernährung verändern" wirklich Doping meint, würde er bei HM b möglicherweise sauer reagieren. Ebenso laufen HM c und d schon fast auf eine Verleumdung hinaus – mit möglicherweise unangenehmen Folgen für dich – solange du nicht sicher nachweisen kannst, dass der Trainer zu Doping anregen will. Mit HM 1 – 4 kannst du den Trainer testen, was er wirklich damit meint; an seiner Antwort wirst du voraussichtlich erkennen können, wie er einzuschätzen ist.

Reflektierte Handlungswahl:

Vor dem Hintergrund der vorhergehenden Überlegungen zu Zielen, Handlungsmöglichkeiten und Handlungs-Folge-Erwartungen bietet sich eine Vorgehensweise an, die aus einer Mischung von verschiedenen Handlungsmöglichkeiten besteht. Du erzählst dem Trainer, wie die Ernährung zu Hause aussieht, und fragst, wieso er den Eindruck hat, dass du deine Ernährung verändern musst. Zwischenrein kannst du Bemerkungen zu gesundem und sauberem Sport einfließen lassen. An den Reaktionen des Trainers wirst du erkennen können, ob seine Bemerkung zur Ernährung richtig war oder er damit nur deine Dopingneigung testen wollte. Im zweiten Fall wird er angesichts deiner Reaktionen sein Ziel nicht weiter verfolgen. Im ersten Fall kannst du dir in Ruhe seine Vorschläge anhören und danach selbst entscheiden.

Bearbeiten Sie nun die weiteren Fälle entsprechend der Vorgehensweise beim 1. Fall!

2. Ein Athlet deiner Trainingsgruppe ist bei einer Dopingkontrolle positiv getestet worden. Er behauptet, er habe sich nie gedopt, entweder müsse ein Fehler bei der Analyse vorliegen oder jemand müsse ihm etwas in sein Essen oder in ein Getränk gemixt haben.

a) Du glaubst Deinem Trainingskameraden und organisierst eine öffentliche Kampagne gegen die Kontrollprozedur und gegen das Analyseergebnis.

b) Dich interessieren das Ergebnis und das Schicksal Deines Kameraden nicht, Du unternimmst nichts.

c) Du dringst auf eine trainingsgruppeninterne Diskussion des Falls und verlangst eine Rechtfertigung des „Dopers".

d) Du erklärst der Gruppe, wenn ein Athlet positiv getestet würde, habe die ganze Gruppe versagt und müsse deshalb solidarisch die gleiche Sperre auf sich nehmen.

3. Du bist Nachwuchsfahrer im Radrennsport. Von Deinen Trainingskameraden wirst Du immer wieder darauf angesprochen, dass Du ohne Doping keine Chance haben wirst, bis zur absoluten Spitze vorzudringen. Ähnliches passiert Dir auch bei Unterhaltungen während verschiedener Rennen. Du erhältst ganz konkrete Tips, welche Medikamente Du nehmen sollst und von welchem Arzt Du Dich dabei betreuen lassen kannst.

a) Du hörst weg und machst weiter wie bisher, andere - bisher Dir unterlegene Fahrer - platzieren sich bei Wettkämpfen zunehmend vor dir.

b) Du lässt dir die Namen der Medikamente und die Adresse des Arztes geben.

c) Du legst Protest bei den Verbandsoberen ein.

d) Du informierst einen Dir bekannten Journalisten über das Ansinnen Deiner Sportkameraden.

4. Du bist Nachwuchsfahrer im Radrennsport. Von Deinen Trainingskameraden wirst Du immer wieder darauf angesprochen, dass Du ohne „Aufbaumittel" keine Chance hast, bis in die absolute Spitze vorzudringen. Nach einigen Monaten lässt Du Dich darauf ein, deine Leistungsfähigkeit steigt in der Tat deutlich an. Bei einem der nächsten Wettkämpfe musst Du zur Dopingprobe. Entgegen den Voraussagen Deiner Kameraden, bei rechtzeitigem Absetzen könne gar nichts passieren, fällt Deine Probe positiv aus.

a) Du erklärst das Untersuchungsverfahren für fehlerhaft und das Ergebnis für falsch. Du schaltest einen Rechtsanwalt ein.

b) Du erklärst, du hättest im Badezimmer des Hotels aus Versehen eine Medikamentenschachtel Deines Trainers erwischt, der gerade einen Selbstversuch machte.

c) Du beendest Deine Spitzensportkarriere.

d) Du behauptest, Du hättest dich schon immer am aktivsten im Kampf gegen Doping engagiert, deshalb seist du Opfer eines Anschlags geworden.

5. Du bist ein Athlet der Spitzenklasse. Das Dopingkontrollsystem sieht vor, dass alle Kader-Athleten nicht nur im Wettkampf, sondern auch während des Trainings unangekündigt kontrolliert werden. Da solche Kontrollen ausgelost werden, will es der Zufall, dass bei Dir in den letzten 12 Monaten nur Wettkampfkontrollen durchgeführt wurden, aber keine Trainingskontrollen.

a) Jede Kontrolle birgt ja irgendwo auch das Risiko eines falschen Ergebnisses, deswegen freust Du Dich darüber, dass es Dich nicht „erwischt" hat.

b) Dass Du nicht im Training kontrolliert wurdest, führst Du darauf zurück, dass der Kontrolleur Dich nicht gefunden hat.

c) Du ärgerst Dich über die Nichtberücksichtigung bei den Trainingskontrollen, denn immerhin kannst Du ja über solche Kontrollen deine Sauberkeit nachweisen.

d) Du beschwerst Dich bei den Kontrollorganisatoren über Deine Nichtberücksichtigung bei Trainingskontrollen.

6. Dir wird ein Dopingmittel angeboten, mit dem Du mit hoher Wahrscheinlichkeit deine Leistungsfähigkeit erheblich steigern kannst. Du kannst mit Sicherheit davon ausgehen, dass es nicht nachweisbar ist und Du den nächsten – für dich sehr wichtigen – Wettkampf gewinnen wirst.

a) Du weist das Angebot empört zurück.

b) Im Spitzensport geht es um Leistung, Erfolg und Sieg. Deshalb gehst Du sofort auf das Angebot ein.

c) Du besprichst das Angebot mit Deinem Trainer oder mit Deinem Arzt.

d) Du empfiehlst es Deinem Trainingspartner.

7. Dir wird ein Dopingmittel angeboten, mit dem Du mit hoher Wahrscheinlichkeit deine Leistungsfähigkeit erheblich steigern kannst. Du kannst mit Sicherheit davon ausgehen, dass es nicht nachweisbar ist und dass Du damit Olympiasieger werden wirst. Allerdings besteht eine gewisse Wahrscheinlichkeit, dass etwa 50 % der Anwender im Verlauf der nächsten 12 Monate an den Nebenwirkungen sterben werden.[20]

a) Für einen Olympiasieg gehe ich jedes Risiko ein.

b) Warum soll es ausgerechnet mich erwischen? Vielleicht probiere ich zunächst einmal eine niedrigere Dosierung aus.

c) So wichtig können Erfolge im Sport nicht sein, dass ich dafür mein Leben riskiere.

d) Du verklagst den Vertreiber dieses Medikaments.

---

[20] Hier handelt es sich um eine Fallbeschreibung, die seit 1986 verschiedentlich in mehreren Ländern Athleten vorgelegt wurde. Meist erklärten bei den anonymen Befragungen ca. 50 % der Athleten, sie seien zu einer Einnahme bereit.

8. Du gehst zum Sport- und Fremdsprachenstudium in ein anderes Land. Dort stellst Du fest, dass es nicht nur keine Dopingkontrollen gibt, sondern dass Doping zumindest an Deiner Universität alltäglich ist und sich niemand daran stört. Da Deine Kraftentwicklung bisher etwas zu wünschen übrig ließ, empfiehlt Dir der Trainer der Universität die Trainingsbegleitung durch Dopingmittel.

a) Du bist informiert, dass es sich um einen sehr kompetenten Trainer mit vielen internationalen Erfolgen handelt und vertraust ihm voll und ganz.

b) Du trennst sich sofort von diesem Trainer und trainierst alleine.

c) Du versuchst eine Zusammenarbeit mit diesem Trainer unter Verzicht auf Dopingmittel.

d) Du informierst sowohl den eigenen nationalen als auch den Verband des Gastgeberlandes über die illegalen Praktiken an dieser Universität.

9. Eine Woche vor den Olympischen Spielen fängst Du Dir beim Training eine Zerrung ein. Bei normaler Behandlung und normalem Heilungsverlauf hast Du kaum eine Chance, an den Start zu gehen, und dies, nachdem Du nun monatelang nur auf diesen Moment hin gelebt hast. Da erfährst Du, dass bei Einsatz eines auf der Dopingliste stehenden Mittels der Heilungsverlauf beschleunigt werden kann.

a) Du erkundigst Dich, wie Du das Problem der Nachweisbarkeit bei Dopingkontrollen lösen kannst.

b) Du lässt Dich eine Woche lang im Krankenhaus des Arztes, der Dir die schnellere Heilungsmöglichkeit eröffnet hat, stationär aufnehmen und siehst die Verwendung des Mittels als therapeutisch indiziert und erlaubt an.

c) Du verzichtest auf das Medikament, setzt alle erlaubten Mittel ein und hoffst auf einen ausreichend schnellen Heilungserfolg.

d) Du beendest frustriert deine Spitzensportkarriere.

10. Du sitzt mit anderen Sportlern zusammen. Da sagt ein Kamerad: „Da gibt es ein neues Mittel, das garantiert nicht nachgewiesen werden kann. Es wirkt auf jeden Fall leistungssteigernd, die Leistung wird deutlich besser. Ich weiß noch nicht einmal, ob es auf der Doping-Liste steht. Du solltest es auch einmal probieren.“

a) Du hörst gar nicht hin, denn eine medikamentenunterstützte Leistung interessiert Dich nicht.

b) Du rufst beim Dopingbeauftragten an und erkundigst Dich, ob das Mittel auf der Liste steht.

c) Du probierst das Mittel aus.

d) Du meldest den Vorfall deinem Abteilungsleiter.

11. Ein Arzt erzählt Dir etwas von einem neuen Medikament, das auf jeden Fall Deine Leistung steigern wird. Es wird gerade in einem Medikamentenversuch für andere Zwecke ausprobiert. Der Arzt bietet Dir an, an dem Medikamentenversuch teilzunehmen.

a) Du stimmst sofort zu, denn eine Leistungssteigerung würde dir den Zugang zu weiterführenden Möglichkeiten (Nationalmannschaft, Förderung etc.) eröffnen.

b) Du erkundigst Dich zunächst einmal nach möglichen Nebenwirkungen und machst Deine Entscheidung von dieser Information abhängig.

c) Du rufst den Antidopingbeauftragten Deines Verbands an und erkundigst dich nach dessen Meinung.

d) Du lehnst die Beteiligung ab.

Bundestrainer-Rolle

12. Sie sind verantwortlich für die Spitzenathletinnen in ... (bestimmte Sportart). Athletin A hat in den vergangenen Jahren mit ihren Leistungen dafür gesorgt, dass sie in Deutschland immer unter den besten vier war und auch mal zu internationalen Meisterschaften nominiert wurde. In diesem Jahr konnte sie wegen ihres Examens erst später mit intensivem Training und Wettkämpfen beginnen. Beim ersten Wettkampf erzielt sie eine für sie schon fast indiskutable Leistung. Eine andere Athletin, die älter ist als sie und bisher immer deutlich schwächer war, liegt ganz knapp vor Athletin A. Es stellt sich die Frage, wer von beiden zu einem bedeutenden internationalen Wettkampf nominiert werden soll.

a) Sie nominieren Athletin A, weil sie in der Vergangenheit die deutlich besseren Resultate erzielt hat.

b) Sie nominieren Athletin B, damit diese auch einmal bei einem internationalen Wettkampf teilnehmen kann, obwohl sie keine weitergehende Perspektive hat.

c) Sie wissen, dass Athletin A nicht zu Substitution und Doping bereit ist und deshalb ihre bisherige - sehr gute - Leistung kaum weiter steigern kann. Deshalb nominieren Sie Athletin B.

d) Sie fordern beide Athletinnen zu einem weiteren Wettkampf auf, obwohl dieser möglicherweise das Resultat beim internationalen Wettkampf beeinträchtigen wird.

13. Als ehemaliger Spitzenathlet in der von Ihnen betreuten Disziplin wissen Sie, dass praktisch alle von Ihnen betreuten Athleten sich dopen, obwohl Sie sie davon abzuhalten versuchen. Wenn Sie strikt vorgehen, verursachen Sie einen Leistungsrückgang. Wenn Sie die Augen zumachen, steigen die internationalen Erfolgschancen und auch Ihr Renommé. Da verlangt der Deutsche Olympische Sportbund, dass Sie einen Trainervertrag unterschreiben, der von Ihnen einen aktiven Kampf gegen Doping verlangt und Ihr Gehalt vom Erfolg abhängig macht.

a) Sie unterschreiben den Vertrag, machen die Augen zu und hoffen darauf, dass niemand erwischt wird.

b) Sie unterschreiben und besprechen mit den Athleten, wie am besten positive Kontrollergebnisse vermieden werden können.

c) Sie unterschreiben und versuchen noch intensiver, die Athleten vom Doping abzuhalten, wissen dabei aber zugleich, dass bei einem Leistungsrückgang Ihre Anstellung als Bundestrainer annulliert werden wird.

d) Sie unterschreiben nicht.

Heimtrainerrolle

14. Sie sind ein energischer Gegner des Dopings. Bei einer Mannschaftsmeisterschaft wird einer Ihrer Athleten zur Dopingkontrolle ausgewählt. Dieser kommt zu Ihnen und erklärt, er könne nicht zur Dopingkontrolle, weil er sich gedopt habe.

a) Sie wenden sich empört vom Athleten ab und lassen ihn allein.

b) Sie überlegen mit dem Athleten gemeinsam, wie man am besten um die Kontrolle herumkommen kann.

c) Sie schicken den Athleten zur Kontrolle, kümmern sich aber ansonsten nicht darum.

d) Sie zwingen den Athleten zur Teilnahme an der Kontrolle und leiten anschließend seinen Vereinsausschluss ein.

15. Einer Ihrer Athleten hat jahrelang intensiv trainiert und sich von Jahr zu Jahr verbessert. Nun steht er am Rande zur absoluten Spitze; der Weg dorthin scheint kaum realisierbar, da sich die Konkurrenz offensichtlich dopt. Wenn Ihr Athlet auf diese „unterstützenden Mittel" verzichtet, war möglicherweise die jahrelange Investition sowohl vonseiten des Athleten, aber auch von Ihnen, umsonst.

a) Sie diskutieren die Situation mit dem Athleten und überlassen ihm die Entscheidung.

b) Sie schicken den Athleten zu einem befreundeten Arzt zur Beratung.

c) Sie wenden sich an den Bundestrainer und bitten um Entscheidungshilfe.

d) Sie klären den Athleten über mögliche Folgen auf und raten ihm ab, sich auf Doping einzulassen.

16. Ein befreundeter Arzt informiert Sie, dass er gerne mit Ihren Athleten einen Medikamentenversuch durchführen würde. Die Sportler würden damit nicht nur leistungsfähiger werden, sondern für die Teilnahme sogar noch finanziell entschädigt werden. Mit Dopingkontrollen würde es keine Probleme geben, da es sich um eine wissenschaftliche Untersuchung unter Verwendung noch nicht nachweisbarer Medikamente handle.

a) Da Ihr Gehalt von Erfolg abhängig ist, stimmen Sie zu.

b) Sie stellen den Athleten die Teilnahme frei, äußern dazu aber keine eigene Meinung.

c) Sie lehnen die Teilnahme ab.

d) Sie informieren den Abteilungsleiter, Vereinsvorsitzenden und den Dopingbeauftragten des Verbands.

Elternrolle

17. Sie wohnen in einem kleinen Ort, weitab von einer Großstadt. Ihre Tochter ist eine talentierte Turnerin. Trotz ihrer erst elf Jahre ist erkennbar, dass sie eine große Karriere vor sich hat. Bisher hat Ihre Tochter pro Woche zwei Mal trainiert und daneben auch in der Schule hervorragende Leistungen erzielt. Nebenbei spielt sie auch mit zunehmendem Interesse Klavier. Da informiert die Trainerin Ihrer Tochter, sie solle in Zukunft fünf Mal statt bisher nur zwei Mal trainieren. Wenn sie hierzu nicht bereit sei, müsse sie aus der Trainingsgruppe ausscheiden.

a) Sie stimmen im Hinblick auf die zukünftige Karriere dem fünfmaligen Training pro Woche zu.

b) Sie diskutieren mit der Trainerin und versuchen, einen Kompromiss zu erreichen, etwa ein drei- oder viermaliges Training pro Woche.

c) Sie schicken Ihre Tochter in eine Eliteschule des Sports mit Internat.

d) Sie nehmen Ihre Tochter aus dem Turnverein heraus und lassen sie andere Sportarten betreiben.

18. Ihre Tochter ist 15 Jahre alt und Spitzenschwimmerin. Bei der Teilnahme an Weltmeisterschaften hat sie sich im Endlauf ganz vorne platziert. Der Erfolg hat dafür gesorgt, dass Ihre Familie sehr bekannt wurde, die Leute in Ihrem kleinen Heimatort reißen sich darum, mit Ihnen Kontakt zu bekommen. Eines Tags erzählt Ihnen Ihre Tochter, dass der Trainer ihr ebenso wie den anderen

Schwimmerinnen nach dem Training mit der Bemerkung Pillen gibt, dies seien Vitaminpillen und zur Stabilisierung der Gesundheit absolut notwendig.

a) Das Vertrauensverhältnis zum Trainer ist so gut, dass Sie keinen Grund zum Handeln sehen.

b) Sie rufen den Trainer an und fragen ihn, um was für Pillen es sich handelt.

c) Sie beschließen mit den Eltern der anderen Schwimmerinnen zusammen, für die Ablösung des Trainers zu sorgen.

d) Sie fordern ihre Tochter auf, die Pillen nicht zu schlucken und sie heimlich mit nach Hause zu nehmen, damit Sie sie einem Apotheker zur Analyse geben können.

Sportarztrolle

19. Ein Athlet kommt zu Ihnen und hat genaue Vorstellungen, wie er behandelt werden will. Er lässt sich von Ihnen über Vor- und Nachteile des Dopings informieren und möchte dann eine entsprechende, zu seiner Sportdisziplin passende - vom Sportrecht her verbotene, bei Nichtsportlern erlaubte - Behandlung, von der er sich eine deutliche Leistungssteigerung verspricht.

a) Sie verschreiben ihm die gewünschten Medikamente und stellen die Behandlung der Krankenkasse in Rechnung.

b) Sie sind selbst zu dieser Behandlung nicht bereit, nennen aber dem Athleten die Adresse eines anderen, „doping-erfahrenen" und -bereiten Sportarztes.

c) Sie erklären dem Athleten, dass Doping in seinem Fall überhaupt nichts bringt und versuchen ihn davon abzuhalten.

d) Sie informieren den Verein und Verband des Athleten von dessen regelwidrigem Ansinnen.

20. Ein Athlet kommt bei einem Nachwuchsländerkampf zu Ihnen und bittet Sie um ein Attest, das ihn von der Wettkampfteilnahme befreit. Er erklärt Ihnen, der Bundestrainer habe ihn zu Ihnen geschickt. Er sagt, er habe nicht gewusst, dass bei diesem Wettkampf Dopingkontrollen durchgeführt werden; da er durchgedopt habe, könne er keine Kontrolle riskieren.

a) Sie stellen dem Athleten das gewünschte Attest aus.

b) Sie geben dem Athleten ein Mittel, das das Dopingmittel kaschiert.

c) Sie ziehen den Bundestrainer zur Beratung der Entscheidung hinzu.

d) Sie lehnen das Ansinnen ab und verweigern jeglichen weiteren Kontakt mit dem Athleten.

21. Ein Bundestrainer, der zugleich Heimtrainer einer Athletin ist, kommt mit dieser zu Ihnen und bittet Sie darum, ihr Testosteroninjektionen zu geben. Die notwendigen Ampullen bringt er gleich selbst mit.

a) Sie stellen den Trainer zur Rede und weisen ihn darauf hin, dass seine Forderung nicht akzeptabel ist.

b) Sie verweigern die Injektion und informieren den Fachverband.

c) Sie verweigern die Injektion und informieren die Ärztekammer und die Staatsanwaltschaft.

d) Sie geben die Injektionen und freuen sich darüber, dass sie eine Dauerkundin mehr bekommen haben.

22. Ein gesunder Athlet sucht Sie auf. Er hat von anderen Athleten gehört, dass bestimmte Tabletten seine Leistungsfähigkeit erheblich steigern würden. Allerdings würden sie möglicherweise bald verboten werden. Da er nichts Genaues zu den Möglichkeiten und Nebenwirkungen weiß, wendet er sich an Sie.

a) Da Nebenwirkungen wissenschaftlich bisher nicht nachgewiesen wurden, unterstützen Sie den Athleten in der Absicht einer Einnahme.

b) Da langfristige Nebenwirkungen zumindest nicht auszuschließen sind, raten Sie dem Athleten von der Verwendung ab.

c) Sie übergeben dem Athleten Literatur, um ihm die Möglichkeit zu geben, sich selbst zu informieren, und überlassen ihm die Entscheidung.

d) Sie möchten sich mit der Problematik nicht beschäftigen und verweisen den Athleten an einen anderen Arzt.

Funktionärsrolle

23. Als Präsident eines Fachverbands werden Sie damit konfrontiert, dass in Ihrer Sportart umfangreich gedopt wird. Sie äußern dazu vor der Presse:

a) „Meines Wissens werden anabole Steroide in meiner Sportart nicht verwendet. Es müssen erst einmal Beweise vorgelegt werden."

b) „Ich wende mich entschieden gegen solche Behauptungen. Ich habe hier die Statistiken des Dopinglabors. Jedes Jahr werden zunehmend mehr Athleten kontrolliert, zuletzt waren nur 0,8 % positiv. Dies ist der Beweis dafür, dass meine Sportart dopingfrei ist."

c) Sie kündigen eine Klage gegen den Verbreiter des Gerüchts wegen Verleumdung an.

d) Sie nehmen die Informationen ernst, kündigen eine Überprüfung der Qualität der Dopingkontrollen und darüber hinaus weitere präventive Maßnahmen an.

24. Eine bekannte Athletin in der Sportart, der Sie als Präsident vorstehen, stirbt an den Folgen einer medizinischen Behandlung. Da bekannt wird, dass sie sich massiv gedopt hat, ist nicht klar, ob ihr Tod nur durch die unangemessene Gabe von Schmerzmitteln oder aber auch durch Doping verursacht war.

a) Sie übergeben den Fall an ihre Verbandsärzte und kümmern sich nicht mehr weiter darum.

b) Sie wissen, dass ein Zusammenhang des Tods mit Doping ein sehr negatives Bild ihrer Sportart bewirken und die Bezuschussung durch Sponsoren gefährden würde. Sie verneinen in der Öffentlichkeit jeglichen Zusammenhang des Tods mit Doping.

c) Sie schalten die Staatsanwaltschaft ein und lassen die Todesursache klären.

d) Sie aktivieren den bisher eher lax geführten Kampf gegen Doping in Ihrem Verband.

25. Eine bekannte Athletin ihres Vereins, dessen Vorsitzender Sie sind und der einen sehr guten internationalen Ruf hat, stirbt an den Folgen einer medizinischen Behandlung. Da bekannt wird, dass sie sich massiv gedopt hat, ist nicht klar, ob ihr Tod nur durch die unangemessene Gabe von Schmerzmitteln oder aber auch durch das Doping verursacht war. Der Verbandspräsident will energisch gegen Doping vorgehen. Damit werden der Ruf Ihres Vereins und auch Ihr Ruf gefährdet.

a) Sie unterstützen den Präsidenten bei seinem Ansinnen, auch auf die Gefahr hin, dass der wesentliche Sponsor ihres Vereins abspringen wird.

b) Sie warten erst einmal ab, wie sich die Situation weiter entwickeln wird.

c) Sie versuchen in einem Gespräch mit dem Präsidenten, diesen von einem energischen Vorgehen abzubringen.

d) Sie schließen sich mit Funktionären anderer Vereine kurz und sorgen dafür, dass der Präsident zurücktritt oder abgewählt wird.

26. Sie leiten die Antidoping-Kommission eines Verbands. Sie sind dabei, die Doping-Regeln ihres Verbands zu überarbeiten. Deshalb ist es wichtig, dass auch Athleten und Ärzte in dieser Kommission vertreten sind. Mit einem Athletenvertreter und seinem Arzt verstehen Sie sich besonders gut. Zum einen leisten sie wertvolle Beiträge bei der Sacharbeit; zum anderen entwickelt sich auf der persönlichen Ebene ein freundschaftliches Verhältnis. Sie spielen zusammen Tennis und gestalten bei einem Trainingslager auch die Abende gemeinsam. Da erfahren sie, dass der Athlet positiv getestet wurde. Als Leiter der Kommission sind sie dafür zuständig, das Verfahren zur Bestrafung des Sportlers in Gang zu setzen.

a) Unter Sportlern gilt eine eiserne Regel: Wir sind Kameraden, unter Kameraden hilft man sich und greift sich nicht an. Deswegen versuchen Sie, die Affäre unter der Hand zu regeln.

b) Sie lassen das Ergebnis der Kontrolle zunächst einmal liegen und hoffen, dass es vergessen wird.

c) Sie erklären sich für befangen und bitten den Verband, einen anderen mit dem weiteren Verlauf des Falls zu befassen.

d) Sie leiten das Bestrafungsverfahren ein und sorgen für eine konsequente Einhaltung der Regeln.

Apothekerrolle

27. Ein junger Mann kommt in Ihre Apotheke und präsentiert ihnen das Rezept eines ortsansässigen, angesehenen Allgemeinmediziners. Er hat dem Kunden, der einen gesunden, kräftigen Eindruck macht, Anabolika verschrieben.

a) Sie bedienen ihn, wie jeden anderen Kunden auch, sehr höflich.

b) Sie fragen den Kunden, warum er Anabolika braucht.

c) Sie rufen den Arzt an und erfragen die medizinische Indikation der Verordnung, da ihnen die angegebene Indikation „Zeugungsschwierigkeiten" unwahrscheinlich vorkommt.

d) Sie informieren die Ärztekammer.

Zuschauerrolle

28. Sie erfahren von einem Journalisten vertraulich, wie das Doping des führenden Radteams Ihres Landes bei der Tour de France funktioniert. Der Journalist hat seine Information seinerseits aus dem Umfeld der Spitzenfahrer. Die Mannschaft verhält sich „cleverer" als andere Mannschaften, bisher wurde noch kein Fahrer bei einer Dopingkontrolle positiv getestet.

a) Sie als Fan des Teams und vor allem des Spitzenfahrers freuen sich, dass sich das Team so „clever" verhält und unternehmen nichts.

b) Sie empören sich über die Unfairness und beschließen, sich keine Fernsehübertragung von Radrennen mehr anzusehen.

c) Sie wenden sich an Verantwortliche des Radverbandes und verlangen, dass das Doping dieses Teams genauso unterbunden wird wie bei anderen Teams.

d) Sie setzen sich mit der französischen Polizei in Verbindung, die für ihre Effektivität bei der Verfolgung von Doping bekannt ist.

Bei der Änderung von Einstellungen ist eine Gruppensituation gegenüber einer Situation, wo solche Fälle allein bearbeitet werden, wirksamer, sofern der Einzelne den Eindruck gewinnt, dass die Mehrheit der Gruppe einer gemeinsam erarbeiteten Alternative zustimmt. Dies ist besonders wirksam, wenn Personen an der Diskussion von Alternativen teilnehmen, denen besonders viel Prestige zugemessen wird (z.B. ein Erfolgstrainer), wie das Beispiel der ehemaligen Diskusweltrekordlerin Liesel Westermann zeigt: „Diese klare Aussage (des Arztes Baron)[21] ... bewahrte mich damals vor dem Überschreiten des Rubikons ins Niemandsland der Chemie" (WESTERMANN 1977, 136 f.). Wenn zudem Doping ablehnende Alternativen auch öffentlich vertreten werden, so ist ein späterer Wechsel zur Gegenposition wenig wahrscheinlich. Wird diese Antidoping-Einstellung zusätzlich belohnt, ist die Wahrscheinlichkeit von Stabilität größer. Wichtig dabei ist, dass es nicht bei einer einmaligen Behandlung des Themas bleibt.

Der Vorteil des Arbeitens an Fällen besteht daran, dass Perturbationen gesetzt, eigenes Denken und Suchen nach Alternativen sowie Entscheiden angeregt und das Einberechnen von Folgen geübt wird. Dabei werden selbst Argumente für bestimmte Handlungsweisen bzw. –Alternativen gefunden und gleichzeitig Argumente der Gegenseite berücksichtigt. Über die Bearbeitung von Situationen, die der Bearbeiter möglicherweise auch schon selbst erlebt oder von anderen Sportlern mitbekommen hat, wird dafür gesorgt, dass sich der Lernende persönlich angesprochen fühlt.

Eine beliebte Strategie bei Dopinganhängern, manchmal aber auch bei Dopinggegnern, ist die Perspektivenabschottung, d.h. das Beharren auf der eigenen Sichtweise auf einen Sachverhalt, ohne selbst stichhaltige Einwände gelten zu lassen (KEIM 1996, 197). Im Spitzensport entsteht eine solche Abschottung durch fest verankerte Gruppenschemata, biographische Erfahrungen und die spitzensportliche/berufliche Rolle. Wesentlich sind dabei Umdeuten und Ausblenden von Aspekten auf einen Sachverhalt. Dadurch entstehen tendenziöse und stereotype Deutungen von Handlungen und Sachverhalten (z. B.: Dopinggegner sind schuld daran, dass Doping sich ausbreitet und immer gefährlicher wird), stereotype Behauptungen ohne empirischen Beleg und eine stereotype Selbst- und Fremddarstellung (z. B. Sportmediziner: Wir helfen, um Schlimmeres zu verhindern - bei gleichzeitiger Unterstellung der Unsachlichkeit bei kritisierenden Dopinggegnern). Daraus lässt sich als Aufgabe das Erkennen und Aufbrechen von perspektivischen Abschottungen ableiten. Dies kann erfolgreich mit der Bearbeitung der obigen oder ähnlicher Fälle geleistet werden, sofern

-   alle Beteiligten aufgefordert werden, sich in alle Rollenträger hineinzuversetzen und alle Fälle zu bearbeiten

---

[21] „Lass' die Finger davon, Mädchen!"

- genügend unterschiedliche Rolleninhaber am Bearbeitungsprozess beteiligt sind, damit unterschiedliche Perspektiven in den Diskussionsprozess eingebracht werden können.

Ergebnis einer solchen Auseinandersetzung mit dem Doping-Thema kann eine Argumente-Sammlung pro und contra Doping sein (vgl. Kap. 7):

Argumente „pro" und „contra" Freigabe des Dopings	
Argumente „pro" Freigabe	*Argumente „contra" Freigabe*
Doping hat es schon immer gegeben.	Wenn es etwas schon lange gibt, ist dies kein Argument für die Fortsetzung dieser Praxis, besonders wenn sie potentiell gefährlich ist.
Jeder Mensch kann frei über seine Gesundheit verfügen, solange er nicht andere Personen tangiert.	Die Beeinträchtigung der Gesundheit einer Person kann verschiedene Auswirkungen auf jene anderer haben (soziale etc.).
Es dopen sich so viele Menschen, dass die Freigabe den Umfang des Dopings nicht verändern würde.	Das Ausmaß von Doping kann nicht das Kriterium für eine Doping-Freigabe sein; der Schutz von Gesundheit, Regeln und Chancengleichheit müssen berücksichtigt werden.
Doping ist längst nicht so gefährlich wie behauptet. Wenn es gefährlich wäre, gäbe es mehr Tote.	Die medizinische Fachpresse berichtet zahlreiche Beobachtungen von schwersten Komplikationen bei der Verwendung von Dopingmitteln. Es gibt keinen Grund, vor dem Beginn einer wirksamen Prävention erst auf eine Vielzahl von Todesfällen zu warten.
Die meisten Dopingmittel sind Medikamente, eine Selbstbehandlung muss möglich sein.	Es gibt genügend alternative therapeutische Möglichkeiten für die Behandlung der meisten gesundheitlichen Probleme.
Bei einer Freigabe des Dopings würde man besser wissen, was verwendet wird und könnte deshalb die Nutzer besser schützen.	Die Möglichkeit der ärztlichen Begleitung von Dopern ist nicht mit der ärztlichen Ethik und mit bestehenden Gesetzen zu vereinbaren.
Mit einer Dopingfreigabe könnte man den Schwarzmarkt und damit den Umlauf von nachgemachten Substanzen „entschärfen", damit das Risiko für Nutzer verringern.	Der Schwarzmarkt bringt so viel Profit, dass seine Kontrolle schwierig ist. Ein Beleg dafür ist die Existenz nachgemachter bzw. gefälschter Medikamente.

Die Bekämpfung von Doping ist unwirksam: Über eine Freigabe könnte der Verbrauch von Dopingmitteln besser kontrolliert werden.	Der Kampf gegen Doping und die Präventionsbemühungen wurde bis in die letzten Jahre hinein nicht mit dem nötigen Nachdruck und den notwendigen Methoden geführt und war deshalb wenig wirksam.
Doping ist weit verbreitet, ohne Doping ist Chancengleichheit im Spitzensport nicht mehr gegeben.	Dopen verstößt gegen sportliche Regeln und staatliche Regeln; Doping ist kein Kavaliersdelikt, sondern kriminell.

Tab. 12: Argumente „pro" und „contra" Dopingfreigabe (vorwiegend nach LAURE 2000, 550).

Nach Sybille REINHARDT wird die Werte-Diskussion über eine solche Vorgehensweise „brisanter und rationaler" (REINHARDT 1984, 192, nach MÜLLER 1998, 220). Entscheidende Denkprozesse können damit angestoßen werden, wobei die Vorgehensweise eher für ältere Jugendliche und Erwachsene geeignet erscheint. Sie provoziert bewusste Entscheidungen von Jugendlichen, ob sie in Anbetracht der Doping-Problematik aus belasteten Sportarten rechtzeitig ausscheiden oder ob sie unter Dopingverzicht im System des Leistungssports bleiben wollen, mit der Wahrscheinlichkeit, dass sie in nicht wenigen Sportarten auf ein I-Tüpfelchen an Erfolg verzichten müssen; die Leistungsdifferenz zwischen einer Goldmedaille und einem neunten Platz bei Olympischen Spielen kann gering sein, die Folgen der unterschiedlichen Platzierung aber enorm.

7.2.3 Diskussionsanlässe

Diskussion und Auseinandersetzung mit anderen als der eigenen Position entsprechen den Forderungen des Satzes „Lernen erfolgt vor allem auf der Basis des Erkennens von Unterschieden". Mit der Auseinandersetzung mit den zuvor bearbeiteten Trainertypen und Handlungsdilemmasituationen wird bereits ein wesentlicher Schritt in diese Richtung geleistet. In der Folge wollen wir noch einige weitere Anregungen dazu geben.

Einstellung zu Regeln

Beim Sozialen Lernen ist die Einstellung zu Regeln ein wichtiges Element, sie hat sich im Leistungssport in den vergangenen Jahrzehnten gravierend verändert:

> „Roth (der deutsche Schiedsrichter-Chef) registrierte 'hinterhältiges Reißen und Halten am Trikot, versteckte kurze Schläge mit der Hand oder dem Ellenbogen, was nur in der Zeitlupe erkannt wird, Beschimpfungen des Gegners, Vortäuschen von Verletzungen, um im nächsten Augenblick munter und fidel weiterzuspielen, nachdem der Gegner die gelbe oder rote Karte gesehen hat' - regelrechtes Mobbing also, vorsätzlich und berechnend. Solche Unsitten unterscheiden den Fußballer der Jahrtausendwende von dem der fünfziger Jahre, der zwar auch foulte und den Schiedsrichter beleidigte, aber sich höchst selten

durch Täuschung einen Vorteil verschaffen wollte ... Das ist der Unterschied: Vor einigen paar Jahrzehnten konnte der Schiedsrichter, in der Regel wenigstens, mit der Fairness der Spieler und Zuschauer rechnen. Hatte er's nicht genau gesehen, so konnte er aus ihren Reaktionen schließen, wer beispielsweise den Ball einwerfen darf. Heute muss er sich auf seine eigene Beobachtung verlassen - und ist damit leicht überfordert" (Spiegel Special 1999/1, S. 96).

Aufgabe: Diskutieren Sie die beschriebene Entwicklung! Ist sie zwangsläufig oder könnte sie nicht auch anders ausfallen?

Chancengleichheit

A.H.Payne (Autorität im Gewichtheben an der Universität Birmingham):

> „Fast alle Athleten, mit denen ich gesprochen habe, wären voll und ganz mit Dopingkontrollen einverstanden, wenn sie sicher sein könnten, dass kein Medikament unentdeckt bliebe" (de MONDENARD 1999, 148).

Leider - und die Festina-Affäre bei der Tour-de-France 1998 hat dies sehr wohl mit negativen Dopingkontrollen und positiven Gepäckdurchsuchungen gezeigt (vgl. Teil I, Kap. 2) - wird sich diese von den Sportlern und Trainern geforderte Sicherheit in der nächsten Zukunft kaum einstellen.

Aufgabe: Wie wollen Sie in Zukunft mit dieser – zugegebenermaßen unbefriedigenden – Situation umgehen?

Im Dilemma zwischen Ich- und Wir-Werten

Bei der Entwicklung von Ich- und Wir-Werten, zwischen Selbstentfaltungs- und Pflichtwerten (vgl. Kap.6.4), lässt sich im Leistungssport heute nicht selten eine Tendenz zu Negativausprägungen wie Egoismus, Egozentrismus, Konformität und bedingungsloser Anpassung erkennen. Im folgenden - zugegebenermaßen extremen - Beispiel geht es um die Auseinandersetzung zwischen Positiv- und Negativausprägungen.

> Versetzen Sie sich in die Situation von Bergsteigern[22], die den Traum haben, einmal in ihrem Leben den Mount Everest zu besteigen. Sie sind diese Bergsteiger. Sie haben Monate für die Vorbereitung und 65.000 Dollar für Teilnahme an der Gipfel-Expedition investiert. Sie brechen vom letzten Lager unterhalb des Gipfels mitten in der Nacht auf; wenn Sie den Gipfelsturm heute nicht schaffen, bleibt Ihr Traum möglicherweise für immer unerfüllt. Am Tag zuvor hat ein anderes Team den Gipfelangriff versucht. Auf 8600 m Höhe liegt ein Bergsteiger des anderen Teams offensichtlich im Sterben, der andere kauert im Schnee. Selbst wenn Sie sich um die fremden Bergsteiger bekümmern, ist nicht sicher, dass sie überleben werden. Ihre Chance, den Gipfel zu erreichen ist dann aber auf jeden Fall vergeben.

---

[22] Der nachfolgende Fall ist dem Buch von John KRAKAUER: In eisigen Höhen. München 1998, 305, entnommen.

1. Aufgabe: Wie würden Sie sich entscheiden? Welche Ziele verfolgen Sie dabei?

2. Aufgabe: Beurteilen Sie die Reaktionen der beiden Bergsteiger, die wortlos weitergingen und kein Wasser, kein Essen und auch keinen Sauerstoff abgaben:

> 1. Bergsteiger: „Wir kannten sie nicht. Nein, wir haben ihnen kein Wasser gegeben. Wir haben kein Wort mit ihnen geredet. Sie waren schwer angeschlagen von der Höhenkrankheit. Sie haben gefährlich ausgesehen."

> 2. Bergsteiger: „Wir waren zu erschöpft, um ihnen zu helfen. Oberhalb von 8000 m ist nicht der Ort, wo Leute sich so etwas wie Moral leisten können."[23]

In welchen Punkten sehen Sie Parallelen zum Spitzensport?

Sportmoral des Athletenumfelds

> „Ob der Athlet, der dopt, überhaupt ein Unrechtsbewußtsein hat oder nur die Sorge, sich nicht erwischen zu lassen, hängt weniger von der Moral ab, die die Sportorganisationen ihm verkünden, als von der Sondermoral seines engeren sozialen Umfelds" (KURZ 1997, 60).

Aufgaben:

1. Wie lautet die offizielle Moral deines Sportverbands?

2. Inwieweit stimmt die Moral deines sozialen Umfelds (Trainer, Arzt, Masseur, Funktionäre, Eltern, Freunde) mit der offiziellen Moral des Sportverbands überein?

Nach PILZ und WEWER (1987, 11) beinhaltet Fairplay 1. Gleichheit der Wettkampfbedingungen und Chancengleichheit, 2. Achtung des Gegners als Mensch und Partner sowie 3. strikte Einhaltung der Regeln, unbedingte Achtung der Wettkampfbestimmungen und getroffenen Regeln.

Aufgabe: Beurteile vor diesem Hintergrund die inoffizielle Sportmoral in den folgenden Beispielen:?

> Ivan Lendl, damalige Nummer 1 des internationalen Tennis: „Meine Taktik lautet: Wenn Du den Gegner am Boden hast, dann tritt ihm aufs Gesicht und drehe den Fuß herum! Gib ihm nie die Idee, dass er noch einmal auf die Beine kommen kann!" (PILZ/WEVER 1987,40)

> Der Fußball-Weltmeister von 1974, Paul Breitner: „Ich behaupte, wir müssen die Jugendlichen lehren, foul zu spielen. Das klingt vielleicht brutal, aber was hilft es, ständig um den heißen Brei herumzureden. Denn eines ist klar, und das gilt für Schüler genauso wie für Bundesligaprofis, bevor ich dem Gegner erlaube, ein Tor zu schießen, muss ich ihn mit allen Mitteln daran hindern. Und wenn ich das nicht mit fairen Mitteln tun kann, dann muss ich es eben mit einem Foul tun. Wer das nicht offen zugibt, lügt sich was vor oder ist kein Fußballer" (PILZ/WEVER 1987, 73).

---

[23] Bei ihrer Rückkehr vom Gipfel lebte einer der beiden noch. Beide erfolgreichen Gipfelstürmer waren aber zu erschöpft, um sich noch um ihn bekümmern zu können.

Teamchef Franz Beckenbauer zur Leistung des Nationalspielers Pierre Littbarski: „Nicht nur, weil er gut gespielt hat, er hat auch gekämpft, er hat sich die Bälle geholt, ist ein paar Mal reingegrätscht. Ich meine, er hat sogar ein paar Mal Foul gespielt, und das gehört einfach dazu. Das Foulspiel gehört zum Fußball dazu, das ist halt mal so" (PILZ/WEVER 1987, 100).

Die Leistungssportkarriere als biographische Falle

Nach BETTE und SCHIMANK wird unter gewissen Umständen die Athletenkarriere zur „biographischen Falle". Wer in diese Falle gerät, sieht für seine Lebensgestaltung außerhalb des Spitzensports keine Erfolg versprechenden Alternativen mehr.

„Für Athleten, die in diese Falle geraten, ist die Optimierung ihrer Erfolge im Sport fast jedes Mittel wert. In ihren subjektiven Kosten-Nutzen-Kalkulationen kann die Einnahme verbotener Substanzen, die sie für leistungsfördernd halten, durchaus eine rational gebotene Strategie sein. ... er hat so viel in den Sport investiert, dass sich das jetzt auch durch Erfolge rentieren muss - zunächst durch Erfolge im Sport, später hoffentlich durch eine gesicherte Existenz auf der Grundlage dieser Erfolge" (KURZ 1997, 59 f.).

Aufgaben:

1. Wieviel Athleten kennen Sie, die von ihren Einnahmen durch den Sport leben können?

2. Wie viele davon werden auch nach Ende ihrer Karriere ihren erreichten Lebensstandard ohne zusätzliche Einnahmen weiter halten können?

3. Wie groß sind die Chancen für solche Athleten, ohne eine Berufsausbildung einen guten Job zu erhalten?

Im Spitzensport wird des Öfteren gefordert, die Sportler müssten sich voll und ganz auf ihre Karriere konzentrieren und dafür Aus- und Weiterbildungsbedürfnisse in Schule, Hochschule und Beruf zurückstellen. In Frankreich, wo diese Forderung bereits weitergehend erfüllt ist als in Deutschland, hat dies zu einem sozialen Abstieg nicht weniger Spitzensportler im Vergleich zu ihren Eltern geführt.

These: „Die Karriere im Sport muss zu jedem Zeitpunkt abgebrochen werden können, und dann müssen immer noch anspruchsvolle Bildungswege offen stehen, die dem Talent des Ex-Athleten entsprechen, und aussichtsreiche Berufsbilder auch außerhalb des Sports" (KURZ 1997, 64)

Aufgabe: Diskutieren Sie diese These und reflektieren Sie, inwieweit Ihnen Wege außerhalb des Sports offen stehen!

Der Leistungssport als Risiko- und Schutzfaktor:

Erfolge im Wettbewerbssystem des Sports

> „betreffen das Selbstwertgefühl. Sie sind sogar so gewichtig, daß junge Menschen, die ihr Selbstwertgefühl auf Erfolge im Sport stützen können, sich in den anderen Wettbewerben zurückhalten können. Das hat im Verbund mit anderen Merkmalen des Sports zunächst eine pädagogisch erfreuliche Folge: Für Jugendliche, die regelmäßig mit einigem Erfolg Sport treiben ... bildet dies einen wirksamen Schutzfaktor gegen einige der verbreitetesten Formen der Devianz im Jugendalter" (KURZ 1997, 62).

Aufgabe: Diskutieren Sie, inwieweit dieser Schutzfaktor durch die Versuchung zur Optimierung des Sporterfolgs durch Substitution und Doping gefährdet wird?

Auf den verschiedenen Leistungsniveaus des Leistungssports stehen unterschiedliche Werte im Mittelpunkt:

Hochleistungssport	Freizeit-, Breitensport	Fitnesssport
z. B. Leistung, Erfolg, Disziplin, Askese	z. B. Kameradschaft, Freude, Gesundheit	z. B. individuelles Wohlbefinden

Aufgabe: Diskutieren Sie, welche Vor- und Nachteile sich ergeben, wenn bestimmte Werte in einem bestimmten Bereich (wie z.B. individuelles Wohlbefinden im Hochleistungssport) völlig vernachlässigt werden?

8 Vierte Präventionsebene: Leibverantwortlicher und auf die ganze Lebensspanne Rücksicht nehmender Leistungssport[24]

Zu einer effektiven Dopingprävention zählt auch die Entwicklung einer Vorstellung von sinnvollem Sporttreiben. Sie muss deshalb auch solche Formen des Sporttreibens im Blick haben, die persönliche, physische und psychische Ressourcen stärken sowie Wohlbefinden, Lebensfreude und Erfolgserlebnisse ermöglichen. Zu fördern ist ein kreativer, nicht nur ein konsumierender Umgang mit Sport.

Der Spitzensport birgt sicherlich beachtliche Chancen. Falsch verstanden und praktiziert beinhaltet er jedoch auch beträchtliche Risiken (Übertraining, ungenügende Sensibilität für den eigenen Körper usw.). Der Athlet droht mehr und mehr zu einem desensibilisierten „Roboter" zu werden, der wissenschaftlich erarbeitete Trainingsprogramme absolviert, störungsfrei funktioniert und seine Leistung zum gewünschten Zeitpunkt abliefert. Darum, dass der Sportler dabei menschlich und sozial zu degenerieren droht, kümmert sich die Produktionsmaschinerie Spitzensport jedoch nicht.

Extreme und einseitige Entwicklungen bringen auch Gegenbewegungen mit sich. Das sich ständig erhöhende Prozesstempo und der ständig wachsende Druck unserer Zeit rufen eine Wiederentdeckung der „Langsamkeit" und ein Bedürnis nach Entspannung und ruhigerem Lebensstil hervor. Die Schwierigkeit der Menschen in modernen Gesellschaften besteht darin, die Mitte zwischen zwei Extremen zu finden. Unter diesem Aspekt sind auch die nachfolgenden Ausführungen zu betrachten.

8.1 Abkehr von der einseitigen Produkt- und Außenorientierung

Ein Autor, der eine deutliche Alternative zur einseitigen Fixierung auf den messbaren Wert bzw. das objektive Ergebnis der Leistung als alleiniges Prinzip des Sports vorstellte, war der Psychologe und Philosoph Karlfried Graf Dürckheim. Er versuchte eine Synthese aus westlichem (mehr außenorientiertem) und östlichem (mehr innenorientiertem) Weg und forderte eine Revision des Verhältnisses von Mensch und Leistung. Nach DÜRCKHEIM ist der an seiner eigenen Vervollkommnung arbeitende Mensch „nicht nur äußerlich kräftig, sondern von innen heraus stark, strahlend und schön". Er ist ein Mensch,

> „der nicht nur in der Lage ist, sich durchzusetzen und zu funktionieren, sondern fähig, in Freiheit und Mitverantwortung, schöpferisch zu leben, zu lieben und seine Welt zu gestalten" (DÜRCKHEIM 1986, 10 f.).

---

[24] Sehr sinnvolle praktische Beispiele finden sich im Übrigen in den von Kultusministerium und AOK Nordrhein-Westfalen herausgegebenen Bänden zum Thema „ Gesundheitserziehung in der Schule durch Sport" (1988, 1990, 1993).

Leistung ist dann nicht entfremdet, wenn der Sportler sich einer Sache hingibt und sich mit ihr identifiziert. Dabei steht die Freude an der Sache im Vordergrund. Die Vorbereitung von Leistungen ist eine Möglichkeit zur Entwicklung menschlicher Reife. Deshalb müssen Leistungsorientierung und menschliche Reife in Einklang gebracht werden. In der westlichen Welt hat die Leistungsorientierung einen zu hohen Stellenwert zu Lasten der menschlichen Reife erhalten, „die Gefahr der Völker des Fernen Ostens ist dagegen die Verachtung der Welt zugunsten der inneren Welt" (DÜRCKHEIM 1986, 18).

Trotz seiner Kritik stellt Dürckheim das Leistungsprinzip in keiner Weise in Frage, da es aus seiner Sicht Bedeutung „für Erziehung, Ertüchtigung und Bildung des Menschen" hat. Es dürfe aber zumindest vor Beginn der Hochleistungskarriere und nach ihrem Ende nicht das einzige Leitbild des Lebens sein, sonst kann es krankmachend und zerstörerisch wirken:

> „Nicht das Leistungsprinzip verdirbt den Menschen, sondern der Mensch verdirbt das Leistungsprinzip ... Für die für das Reifen so wesentlichen Augenblicke eines leistungsfernen Bastelns und versonnenen Spielens fehlt oft das Verständnis" (DÜRCKHEIM 1986, 19 f.)

Sportler sollten mehr darstellen, als ihre Leistungen dies zum Ausdruck bringen können. Leisten im Sport kann sehr positiv sein, fordert es doch den Sportler, die Grenzen seiner Leistungsfähigkeit auszuloten, „sich im Wettkampf zu messen und in der Gruppe Kameradschaft und Fairness zu beweisen" (DÜRCKHEIM 1986, 28). Dazu ist aber das Vermeiden von Einseitigkeiten notwendig,

- nicht nur Spannung, sondern auch Entspannung – im natürlichen Wechsel, nicht nur bewusstes Handeln, sondern auch Hingabe wie bei Flow-Erlebnissen (siehe hierzu CSIKSZENTMIHALYI/JACKSON 2000)
- weniger Fixierung auf das Ziel und mehr Konzentration auf den Prozess, auf die gute, rhythmische, fließende Bewegung
- mehr Verantwortung für den Körper unter Berücksichtigung der ganzen Lebensspanne und keine Ausbeutung zugunsten eines einmaligen Ziels
- mehr gelöste Sammlung und souveräne Gelassenheit statt verbissenem Ehrgeiz, mehr Leistung aus Freude am Tun und weniger wegen der gewünschten Erfüllung der Erwartungen anderer.

Dazu gehört das Üben im Sinne eines freudvollen Ausprobierens, wie es bei Kindern der Fall ist, die stundenlang mit dem Ball spielen oder am Wasser mit Sand und Wellen, dabei die Zeit vergessen und auch beim Spielen allein ohne Freunde ihre Freude am „Üben" haben. Ein Üben, bei dem sich Kraft, Schnelligkeit und Ausdauer quasi nebenbei entwickeln, ohne dass hierfür eine drillartige „Konditionsbolzerei" notwendig wäre.

Leistungssport und Wettkämpfe bestehen aus Vergleich und Begegnung (vgl. KUHLMANN (1998, 173). In der öffentlichen Darstellung, aber auch im Alltag des Leistungssports nimmt der Aspekt des Vergleichs zu, jener der Begegnung aber fatalerweise ab. Gerade die Individualsportarten leben jedoch auch von dem Gruppen- und Mannschaftserlebnis sowie der Begegnung zwischen „Gegnern" im Wettkampf (vgl. TREUTLEIN 1994). Eine echte Begegnung kommt ohne Transparenz und Einhaltung der jeweiligen Regeln, d.h. ohne eine Ergänzung der zweckrationalen um eine wertrationale Orientierung, nicht aus.

8.2 Sinn-voller Leistungssport – der Ansatz der Körpererfahrung

Leistungssport kann man zum einen vorwiegend am Trainingskonzept orientiert betreiben, mit folgenden Schwerpunkten:

- gezielte Trainingsmaßnahmen
- festgegelegte Belastungen, an überindividuellen Normen ausgerichtet
- vielseitiges und abwechslungsreiches Training
- richtige Techniken sind jene der Weltbesten

Man kann das Trainingskonzept aber auch mit dem Körpererfahrungskonzept mischen und dabei Wohlbefinden und individuelle Möglichkeiten stärker berücksichtigen. Dann sind folgende Ergänzungen notwendig:

- ab und zu eine Ergänzung um Selbsterfahrungsprozesse
- Gestaltung des Trainings meist in Anlehnung an individuelle Möglichkeiten (Subjektivierung des Trainings)
- Sensibilisierung für den eigenen Körper
- Ab und zu bewusste Wahrnehmung des eigenen Körpers
- zeitweise Erlebnis vor Ergebnis

Zusätzlich entscheidend ist, ob Trainer und Athletenumfeld ihre Vorbildrolle positiv wahrnehmen und wie sie die Beziehung zur Athleten/zum Athleten gestalten. Wenn die Entwicklung von Mündigkeit, die sukzessive Verringerung von Abhängigkeit, das Zugestehen von „Fehlern" (als Lernchancen) und die Übernahme von verantwortung im Mittelpunkt stehen, dann ist die Wahrscheinlichkeit groß, dass Sportlerinnen und Sportler sinnvoll mit versuchungssituationen umgehen werden.

In den letzten Jahrzehnten ist es parallel zur Körperverdrängung in westlichen Gesellschaften Mode geworden, viel für den Körper – oder besser: für seine Funktionstüchtigkeit und sein Aussehen - zu tun und im Zweifelsfall auch die natürlich vorgegebenen Grenzen durch Medizin und Pharmazeutik unterstützt zu überschreiten. Dabei werden Körpergefühl und Körpergewissen – die bremsend wirken könnten – vernachlässigt oder gar vergessen (vgl. ERNST 1993, 7). Der Spitzensport begünstigt den Maschinenmythos, der der Körperweisheit und – bewusstheit keinen Raum lässt:

„Wenn eine verkopfte, zutiefst körperfeindliche Kultur den Körper ‚wiederentdeckt‘, wenn sie ihm seine Geheimnisse nur abgewinnt, um ihn noch effizienter bewirtschaften zu können, dann zeigt sich darin die technokratische Arroganz, die wir uns im Umgang mit der Natur – auch unserer eigenen – angewöhnt haben" (ERNST 1993, 9).

Da einfaches Benutzen (Instrumentalisieren) des Körpers schädliche Folgen hat und die zuständigen Experten mit den Folgen meist nicht zu Recht kommen, müssen wir die Weisheit des Körpers auch im Spitzensport fördern. Er soll sensibler für Positiverlebnisse werden und damit in die Lage versetzt werden, über die dabei gemachten Erfahrungen eine bessere Steuerungsfähigkeit zu erlangen. Verzicht auf Sensibilität, Ungeduld und Machbarkeitswahn gegenüber dem Körper sind Ausdruck einer körperfeindlichen Haltung, die auf der Unkenntnis der körpereigenen Gesetze und Geschwindigkeit basiert (vgl. ERNST 1993, 189).

Sinnvoller Leistungssport verlangt aus systemischer Sicht, die Kräfte und Ressourcen der Athletinnen und Athleten zu fördern, die sie zu dopingfreiem Spitzensport befähigen. Ein wesentlicher Ansatz, um die krankmachende Paradoxie von Körperverdrängung/Körpervergessenheit und Körperaufwertung/Körperbesessenheit aufzuheben, ist der Körpererfahrungsansatz. Seine Anwendung gibt der Weisheit des Körpers Raum und entwickelt sie,er stellt die Aufwertung des subjektiven Empfindens und der Erfahrungen ins Zentrum. Dies bedeutet nicht, dass dadurch hohe Leistungen verhindert werden. Ausgeschlossen werden sollen nur krankmachende Vorgehensweisen und Leistungen. Ein wesentliches Ziel eines so orientierten Leistungssports muss die Entwicklung und Förderung von Körperwahrnehmung und Körpererfahrung sein (vgl. TREUTLEIN/FUNKE/SPERLE 1992, SCHIMMEL/ TREUTLEIN 1992, TREUTLEIN 1994). Wenn so der Weisheit des Körpers eine Chance gegeben wird, dann verfügt der Sportler über drei wichtige Fähigkeiten:

1. Die Fähigkeit zur Selbstdiagnose
2. Die Fähigkeit zur Selbstheilung
3. Die Fähigkeit zur Regeneration (vgl. ERNST 1993, 158)

Dabei reicht es aus, die Achtsamkeit zeitweise auf Wahrnehmungen und Erfahrungen zu zentrieren. Die Sportler würden überfordert, wenn sie in jedem Augenblick ganz bewusst auf sich und ihre Bewegungsabläufe zu achten hätten. Entwickeln wir die nötige Sensibilität, dann verfügt unser Körper über ein System von sich selbst steuernden, gesundheitsförderlichen Rhythmen und Zyklen:

„Wir können durch Erfahrung und Einsicht, durch Selbstbeobachtung und Introspektion herausfinden, wie sehr diese Rhythmik uns hilft, gesund und leistungsfähig zu bleiben" (ERNST 1993, 92).

So gesehen hat das didaktische Konzept der Körpererfahrung auch zentrale Bedeutung für die Entwicklung eines dopingfreien Sporttreibens. Neben die Handlungsorientierungen Leistung und Konkurrenz werden andere - ergänzende Orientierungen - gesetzt. Ziel ist eine individuelle und sensible Gestaltung des eigenen Leistungssporttreibens. Im Mittelpunkt steht der Erwerb von Kompetenzen, die zur Fähigkeit führen, selbstständig und verantwortungsbewusst sportlich zu handeln und Training und Wettkampfgestaltung so zu verändern, dass sie sowohl der Erhaltung und Steigerung der eigenen Leistungsfähigkeit, aber auch dem eigenen Wohlbefinden dienen. Dies sind ‚offene Geheimnisse', die lange Zeit jedoch wenig Beachtung fanden.

> „In jedem menschlichen Körper sind diese gesundheitsbewahrenden und gesundmachenden Programme angelegt. Wir können diese biologischen Programme lange Zeit ignorieren, sie verkümmern lassen und ihren Wert bezweifeln. Für diese Ignoranz müssen wir aber über kurz oder lang teuer bezahlen" (ERNST 1993, 189).

Gegen diese Erkenntnisse verstößt ein Leistungssport, der Regeneration und sinnvolle Wettkampfrhythmen durch medikamentöse Manipulation zu ersetzen versucht.

8.3 Der Körper als sensibles Wahrnehmungsorgan am Beispiel des langsamen, langen Laufens (vgl. TREUTLEIN 1994)

Ein Beispiel dafür, wie aus einem einsinnigen Leistungssport, bei dem der Körper nur instrumentalisiert wird, ein mehrperspektivisches, alle Sinne ansprechendes sinnliches Vergnügen werden kann, soll in der Folge gezeigt werden, am Beispiel des langsamen Laufens. Dabei sollen über individuelle Sensibilisierung Wohlbefinden erzeugt und damit dem Einzelnen neue Erfahrungsmöglichkeiten aufzeigt werden – der Körper als sensibles Wahrnehmungsorgan, das uns relevante Informationen liefert und unsere Fähigkeit zu Selbstregulation und Selbststeuerung anregt. Erfahren ist bei leistungsorientiertem Laufen eine vernachlässigte Kategorie. Potentiale, die im Sporttreiben liegen, wie z.B. das Erleben von Rhythmus, des Wechsels von starker Spannung und Spannungslösung oder der wohligen Müdigkeit nach einer intensiven Anstrengung, werden selten genutzt. Im Sinne einer Naturbeherrschung am eigenen Körper wird dieser auch beim Laufen vorwiegend als „kontrollierbares und beherrschbares Instrument" (LUTZ 1989, 183) begriffen. Bei der traditionellen Laufvermittlung (z.B. bei Lauftreffs oder beim Lauftraining in Vereinen) erfolgt eine mehrfache Reduktion gegenüber den theoretisch gegebenen Möglichkeiten:

1. Quantitative Aspekte werden zu Lasten von qualitativen bevorzugt (z.B. etwa 10-mal eine Minute laufen und dazwischen jeweils eine Minute gehen).
2. Die Außensicht der Laufbewegung erscheint wichtiger als die Innensicht; damit verbunden wird Sollwerten (der „richtigen" Lauftechnik) mehr Beachtung geschenkt als Istwerten („wie fühle ich mich beim Laufen?").
3. Statt der Vielfalt des Laufens, wie sie z. B. bei Kindern zu finden ist, wird vorwiegend das eingeschränkte Spektrum des leistungs- und trainingsorientierten (eher monotonen) Laufens angeboten.

Körpererfahrungsorientiertes Sporttreiben versucht dagegen, solche Reduktionen aufzulösen; es stellt das unmittelbare Erfassen von physisch Gegebenem in den Mittelpunkt, die subjektive Erfahrung wird zum eigentlichen Lehrer. Dabei soll jeder selbst herausfinden, was ihm gut tut und zu Wohlbefinden und Leistungssteigerung beiträgt. Hohe Bewusstheit über Wahrnehmungszentrierung und Erfahrungsbildung soll aber nur ein – notwendiges – Durchgangsstadium sein. Folgende Vorgehensweise hat sich bewährt:

Funktionsfähige Sinne sind eine wesentliche Voraussetzung für sinn-volles Sportreiben. Funktionsfähig bleiben sie nur, wenn sie Möglichkeiten zum Funktionieren erhalten. Laufstrecken können z.b. darauf überprüft werden, ob sie für die Sinne vielseitig anregend sind und sich positiv oder negativ auf die Befindlichkeit auswirken. Dabei soll auf das geachtet werden, was während des Laufens gehört, gerochen, gesehen oder gefühlt werden kann. Die Zentrierung der Sinne fällt leichter, wenn wir uns jeweils nur auf einen Sinn konzentrieren und erst danach einen ganzheitlichen Eindruck suchen.

Eine reizvolle Umgebung stimuliert und wirkt energieaufbauend. Ausschließliches Laufen auf der Kunststoffbahn wirkt monoton und eher lähmend, was über folgende Schwerpunktsetzungen herausgefunden werden kann:

- Welche Laufstrecken (z.B. im Wald, in der Halle, auf der Kunststoffbahn, auf der Straße) fördern das Wohlbefinden, welche schmälern den Genuss?
- Was kann ich mit meinen Sinnen beim Laufen wahrnehmen, fühlen, erleben und erfahren?
- Wie laufe ich und wie muss ich laufen, damit für mich gelöstes, rhythmisches, Wohlbefinden erzeugendes langes Laufen möglich wird?

Körpererfahrungsorientierte Vorgehensweise erfordert eine andere als die gewohnte Vorgehensweise. Sie erfordert den weitgehenden Verzicht auf Vormachen und Nachmachen, Erklären und Anweisen. Dafür aber bietet sie die Möglichkeit, dass Läufer im Sinne einer problemorientierten Vorgehensweise selbst suchen und Erfahrungen sammeln können.

Beispiele für Aufgaben:

1. Wahrnehmungsdifferenzierung und –zentrierung: Was gibt es beim Laufen zu sehen, zu hören, zu riechen und zu fühlen, wo wird der Gleichgewichtssinn angesprochen? Welche Art von Sinnesansprache wird eher als positiv, welche eher als negativ empfunden?
2. Wohlbefinden erzeugendes, langsames, langes Laufen (lockeres, gelöstes rhythmisches Laufen mit mittlerer Spannung):
   - Wie setzt ihr beim Laufen die Füße auf? Führt die verschiedenen Möglichkeiten ganz bewusst herbei! Wie fühlt ihr euch bei den verschiedenen Möglichkeiten *(Lernen durch Gegensatzerfahrungen)*?

- Wie hängt die Art des Aufsetzens der Füße mit dem Spannungsgrad der Oberschenkelmuskulatur zusammen?
- Warum schlägt bei längerem zu schnellem Laufen Wohlbefinden (erzeugt durch hohe Spannung) in Unwohlsein um?
- Wie sieht gelöstes, lockeres Laufen für mich persönlich aus?
3. Laufstrecken: Sucht herauszufinden, wo ihr euch beim langsamen langen Laufen besonders wohl fühlt und wo nicht (Kunststoffbahn, Rasen, Wanderwege, Straße usw., im Freien oder in der Halle, auf geraden Straßen oder gewundenen Wegen, in einförmigem oder in differenziertem Gelände, an einem Bach oder Fluss entlang usw.).

Als Ergebnis der verschiedenen Aufgaben lassen sich verschiedene Prinzipien ableiten:

- Suche reiz-volle Laufstrecken (Sportmöglichkeiten)!
- Vermeide beim Training Konkurrenzverhalten und lasse dich nicht durch Laufpartner oder die Uhr unter Druck setzen!
- Laufe (treibe Sport) locker und gelöst und, falls dies nicht möglich ist, höre auf deine Körpersignale und ändere etwas!
- Sei wach nach innen und außen!

Diese Prinzipien sollten nicht nur für Gelegenheitsjogger gelten, sondern auch für Spitzenläufer zumindest zeitweise, wenn als Ergänzung zu Training mit hohem und hoher Intensität ein solches mit mehr regenerativem Charakter durchgeführt wird.

Sensibel wahrnehmen und sich von der Weisheit der Körpers leiten lassen ist für sinn-volles Sporttreiben zumindest zeitweise wichtiger als Denken. Wer z.B. ständig daran denkt, wie die jeweils richtige Technik[25] in seiner Sportart aussieht, d.h. sich ständig vergleicht, ist nicht ausreichend zu sensiblem Wahrnehmen in der Lage. Deshalb kann der Rat nur lauten: Übe dich im Nichtdenken, lasse Wahrnehmungen zu und spüre, wie sie auf dich einwirken; gib dich ganz der Bewegung hin.

---

[25] Die Technik enthält die Norm, d.h. eine Außensteuerung, der Stil dagegen das Persönliche, eine subjektive Ausformung, d.h. eine Innensteuerung, die eine erhebliche Abweichung von der Idealtechnik haben kann. Athleten sollten sich nicht von einer „Idealtechnik" terrorisieren lassen, die möglicherweise von der Technik gedopter Spitzensportler abgeleitet ist.

8.4   Dopingfreier Spitzensport und Lebensstil

Dopingfreier Spitzensport ist vor allem dann möglich, wenn er Teil eines vernünftigen Lebensstils ist. Hierzu gehören u.a. die Gestaltung der Ernährung, eine
rhythmische Gestaltung des Alltags (z.b. durch frühzeitiges Schlafen-Gehen und
ausreichenden Schlaf), ein sinnvoller Wechsel zwischen physischer (z.b. durch
intensives Training) und psychischer Belastung (z.b. durch Schule oder Beruf)
einerseits und Entspannung andererseits, die Pflege des Körpers und ebenso die
Pflege des Gefühlslebens (vgl. TREUTLEIN 1994, 129, nach SCHIPPERGES et al.
1988), Förderung der Selbstheilungskräfte und Verwendung von vorwiegend
pflanzlichen und homöopathischen Medikamenten sowie Bevorzugung der Na-
turheilkunde. Wichtig ist aber auch die Einbettung in ein günstiges soziales Umfeld (z.b. durch Förderung von Geselligkeit und Kommunikation) und der vernünftige Umgang mit Ressourcen, vor allem der Umwelt. Ein solcher sinnvoller
Lebensstil kann vor allem bei Trainingslagern und Schullandheimaufenthalten
bewusst erarbeitet und gelebt werden.

Zum Abschluss die Meinung des französischen Spitzen-Leichtathletiktrainers
Jacques PIASENTA:

> „Die Ernährung des Durchschnitts der Franzosen, ohne Exzesse und ohne Entbehrungen,
> reicht auch ohne irgendwelche Zusatzstoffe (nicht einmal von Vitaminen) völlig aus, um
> dem Organismus all das zukommen zu lassen, was er braucht, sofern das Training ausrei-
> chend individualisiert und richtig dosiert ist. **Doping ist das Eingeständnis der Schwä-
> che des Athleten, aber auch der Inkompetenz des Trainers, da er kein Vertrauen in
> seine Fähigkeiten hat, den Sportler ohne Doping weiterzubringen"** (Revue Educati-
> on Physique et Sport 49, 1999, 42).

Schlussbemerkungen

Mit diesen abschließenden Bemerkungen geht eine mehr als fünf Jahre andauernde Untersuchung zum Thema „Doping im Spitzensport" – so auch der Titel des ersten Bandes - zu Ende. Darin wurde einerseits versucht, die immense Bedeutung von Doping bei der Entwicklung nationaler und internationaler Spitzenleistungen deutlich zu machen sowie Aufarbeitungsdefizite in Bezug auf die westdeutsche Dopinggeschichte zu reduzieren (Band 1). Zum anderen wurde – in dem hiermit vorliegenden zweiten Band - versucht, typische Tatbestände des Dopings im Spitzensport zu identifizieren und mit Hilfe dieser analytischen Arbeiten pädagogische Konzepte als Beiträge zur Problemlösung anzubieten. Zwar können beide Bände auch unabhängig voneinander gelesen werden, dennoch gehören sie zusammen. Beide Bände und die darin enthaltenen vier Untersuchungsschritte werden durch eine klare Untersuchungslogik zusammengeschlossen. Statistische, historische, soziologische und pädagogische Aspekte wurden in einen Gesamtzusammenhang gebettet. Perspektivische Vielfalt führte so zu tieferen Erkenntnissen zum Themenkomplex des Dopings im Spitzensport.

Wer über das Doping von morgen oder von heute spricht, tut sich um einiges leichter, wenn er/sie über das Doping von gestern Bescheid weiß. Dieses Wissen mit Hilfe einer komplexen, sich unterschiedlichster Methoden und Theorieansätze bedienender Forschung zu vergrößern und damit einen Beitrag zur Problemanalyse und –bekämpfung in Gegenwart und Zukunft zu leisten, war Ziel dieser Arbeit. Speziell die Dopingvergangenheit der Bundesrepublik Deutschland vor 1990 vermag wertvolle Aufschlüsse über – national und international - aktuelles oder künftiges Doping und die damit in Verbindung stehenden Gefahren zu geben, da die Bundesrepublik im Gegensatz zur DDR als Gesellschaftssystem in hohem Maße repräsentativ für die Erscheinungsformen des Dopings in unserer Zeit in vielen Ländern sein dürfte. Wie wir im ersten Band aufzeigen konnten, erzeugte die ungenügende Beschäftigung mit Vergangenem unweigerlich die Wiederkehr alter, überwunden geglaubter Probleme. Beteuerungen, bestimmten Dopingpraktiken abschwören zu wollen, war immer dann kein Erfolg beschieden, wenn damit nicht auch eine schonungslose Aufklärung und Analyse der Vergangenheit einherging. Verhaltens- und Rechtfertigungsmuster wirkten nämlich immer viel länger nach, als dies durch Normsetzung und entsprechende Verlautbarungen den Anschein hatte. So wirkten auch nach dem endgültigen Verbot der Anabolika für den gesamten bundesdeutschen Sport die zuvor erprobten Rechtfertigungen ihrer Einnahme und Verabreichung weit über das

Verbot hinaus fort. Dies zeigt, dass nicht nur Regeln zu setzen und zu verändern sind, sondern auch tradierte Überzeugungen und Einstellungen widerlegt und verändert werden müssen. Gegenwartsgestaltung und Zukunftsvorbereitung stehen also stets in unmittelbarem Zusammenhang mit Vergangenheitsbewältigung.

Komplexe Probleme bedürfen komplexer Analysen und Lösungsstrategien. Daher haben wir versucht, Methoden- und Disziplinvielfalt walten zu lassen. Es fehlt beim Versuch, Doping sportwissenschaftlich zu analysieren, mittlerweile nicht mehr an guten und bisweilen sogar brillanten Versuchen. Woran es bei der wissenschaftlichen Beschäftigung mit dem Dopingproblem jedoch immer noch mangelt, ist die interdisziplinäre Ausrichtung solcher Analyseversuche. Historiker nehmen häufig wenig Kenntnis von den Betrachtungsweisen der Soziologen. Diese wiederum neigen zu einer manchmal überheblichen Geringschätzung angesichts der - zu wenig theoriegeleiteten - Bemühungen von Historikern oder den Bemühungen von Pädagogen um praxisnahe Problemlösung. All diese Disziplinen werden andererseits durch Naturwissenschaftler häufig ausgegrenzt, die die Kompetenz zu diesem schwierigen Thema gerne ausschließlich bei sich versammelt sehen möchten.

Über diese von mancherlei Eitelkeiten geprägte Eigenbrötlerei der verschiedensten sportwissenschaftlichen Disziplinen drohen eine an der Komplexität des Problems ausgerichtete Analyse und eine ihr qualitativ entsprechende Problemlösung auf der Strecke zu bleiben. Dieser Gefahr durch eine in hohem Maße durch den Geist der Interdisziplinarität geprägten Bearbeitung zu begegnen und einen Beitrag zum Zusammenwirken verschiedener Teilwissenschaften und Forschungsmethoden zu leisten, war ein weiteres Hauptziel unserer Arbeit. Dabei spielte der Gedanke eine entscheidende Rolle, dass die durch Analyse gewonnenen Erkenntnisse auch in konkrete Maßnahmen zu überführen und in eine für die Praxis verständliche Sprache zu transformieren seien. So wichtig eine exakte Analyse auch ist, wenn sie nicht verstanden wird und nicht in praktische Bemühungen umgesetzt werden kann, bleibt sie für die Praxis letztlich nutzlos.

Die in diesem Band präsentierte soziologische und pädagogische Forschung hat deutliche Impulse für das Geschäft der sportwissenschaftlichen Dopinganalyse gebracht. Aus soziologischer Sicht wurden wertvolle Fortschritte durch die Einführung von spezifischen Theorien geleistet. Die *Theorie des dopingbedingten Dropouts im Spitzensport* macht deutlich, dass ein Hochleistungssport unter der Prämisse „Siegen um jeden Preis" langfristig, möglicherweise aber auch schon mittelfristig auf Selbstzerstörung ausgerichtet ist. Dopingbekämpfung wird also zu Unrecht der Leistungssport-Feindlichkeit gezogen. Wer Doping radikal bekämpft, meint es gut mit dem Leistungssport. Die des Weiteren vorgestellte *Theorie des Dopings wider Willen* dagegen macht deutlich, dass die bis heute immer wieder ins Gespräch gebrachte Forderung nach Freigabe von Doping (unter einer so genannten und in der Realität überhaupt nicht zu leistenden ärztlichen Kontrolle) unsinnig ist: Auch aus Sicht der meisten dopenden Athleten selbst scheint ein Interesse an effektiver Dopingbekämpfung zu bestehen; sie wünschen sich Verhältnisse, in denen eigenes abweichendes Verhalten nicht mehr „notwendig" wäre. Dies sind theoretische Erkenntnisse, die einer mit vielen Rückschlägen konfrontierten Dopingbekämpfung Mut machen dürften und die daher von hoher Praxisrelevanz sind. Eine weitere wichtige Arbeit bestand in der Präsentation und auch in der Widerlegung spezifischer *Techniken der Neutralisierung*, die verschiedene Rollenträger im Sport oder in der Sportbeobachtung zur Anwendung bringen. Es wurde gezeigt, wie Kommunikation über Doping stattfindet und wie abweichendes Verhalten gelernt wird. Und es wurden Spezifiken eines Dopings im Frauensport aufgezeigt. Auch in dieser Hinsicht nämlich stellt der Sport immer wieder Thesen in den Raum, die keiner genaueren Überprüfung standhalten. Der Leistungssport erzieht seine weiblichen Mitglieder nämlich keineswegs, wie gerne behauptet wird, automatisch zu gesellschaftlich wünschenswerten Eigenschaften wie Selbständigkeit und Mündigkeit. Vielmehr erweist sich gerade der Leistungssport als Bremse auf diesem Weg, haben Doping und „Erziehung" zur Unmündigkeit, Fremdbestimmung und Abhängigkeit sehr viel miteinander zu tun. Es geht daher eben nicht an, wie Wildor Hollmann aus einer kühlen und unsensiblen naturwissenschaftlichen Sicht 1977 Politikern Glauben machen wollte, dass man auch Frauen eine „nach wissenschaftlichen Gesichtspunkten verabfolgte anabole Steroid-Komponente" zumuten könne. Dem Sport obliegt für seine häufig immer noch zu Abhängigkeit und Fremdbestimmung erzogenen Teilnehmerinnen nicht nur aus medizinischer, sondern vor allem auch aus sozialer und psychologischer Sicht ein sehr viel höheres Maß an Verantwortung, als diese bis heute eingelöst werden konnte.

Darüber, wie ein verantwortlicher Leistungssport aussehen kann, hat der Sport heute mehr denn je nachzudenken. Mit dem Zusammenbruch des Ostblocks und dem Fall der deutschen Mauer ist auch ein wesentlicher – gleichwohl zweifelhafter – Rechtfertigungsgrund weggefallen. Doping ist mit dem Wegfall politischer Großkonflikte jedoch keineswegs verschwunden, was zeigt, dass der Verweis auf die Politik als Problemverursacher immer schon vorgeschützt war. Der Leistungssport produziert das Dopingproblem unabhängig von politischen Verhältnissen und Systemen. Nur in Bezug auf die spezifische Ausformung des Dopingproblems wirkt sich die Politik aus, nicht aber in Bezug auf die Existenz des Problems insgesamt. Der Leistungssport hat sich also selbst in die Verantwortung zu nehmen, er hat selbst Konzepte zu entwickeln, wie Doping einzuschränken ist. Aus pädagogischer Sicht haben wir für eine Strategie der häufig propagierten, bislang aber zumindest in Deutschland noch nicht geleisteten Prävention Bausteine geliefert.[1] Hierbei ging es vornehmlich darum, die Struktur solcher

---

[1] Das Ergebnis der weiteren Arbeit der Autoren an dem Thema „Dopingprävention" findet sich in den Materialien der Deutschen Sportjugend „Sport ohne Doping".

Maßnahmen zu skizzieren. Zudem sollten aber auch konkrete Materialien für eine pädagogische Bearbeitung des Problems vorgestellt werden. Dass eine Prävention sich nicht nur am Athleten zu orientieren hat, zählt zu den wesentlichen Feststellungen in diesem Kontext. Prävention hat die gesamte Problematik in ihrer vollen Komplexität zu erfassen. Sie hat somit am Sportler und an seinem betreuenden Umfeld anzusetzen, am System und der Organisation des Spitzensports und nicht zuletzt an der Systemlogik des Spitzensports. Zu orientieren hat sich eine Vorbeugung gegen Doping ferner an zwei wesentlichen Komponenten: Zum einen ist Doping aus normentheoretischer Sicht zu diskutieren. Es gilt, die Bedeutung von Normen für die Lebensfähigkeit eines sozialen Systems zu verdeutlichen. Zum anderen hat sich Dopingprävention an der Drogen- und Suchtproblematik zu orientieren.

Vorbeugung gegen abweichendes Verhalten beinhaltet zunächst die schonungslose Beschreibung und Analyse der Realitäten des modernen Spitzensports, und sie beinhaltet auch die Bereitstellung von alternativen, zukunftsweisenden und an einem humanistischen Menschenbild orientierten Visionen. Es geht in der Diskussion um Doping und Dopingbekämpfung auch darum, für den Sport ein Menschenbild zu verhandeln, das unserer Gesellschaft mit ihren humanistischen Grundwerten angemessen ist. Würde der Sport konsequent ein derart wünschenswertes Menschenbild vertreten, wäre das Problem des Dopings im Sport ein sehr viel geringeres. Wer Leistung verlangt, muss auch klar definieren, wie diese zu erbringen ist - und wie eben nicht.

Kritiker des Dopings werden gerne als Feinde des Leistungssports angesehen. Kampf gegen Doping und Vorbeugung gegen derartige abweichende Verhaltensweisen richten sich jedoch nicht gegen den Leistungssport. Dopingbekämpfung und Dopingprävention sind vielmehr als Dienst am Leistungssport zu begreifen. Leistungsgesellschaft und Leistungssport passen nur so lange zusammen, wie gesellschaftlich verbindliche Werte durch den Sport auch gewährleistet werden – nur so lange bleibt der Leistungssport auch förderungswürdig. Wer einen Leistungssport unter Missachtung solcher Werte protegiert, gefährdet ihn und trägt langfristig zu seiner Zerstörung bei. Dies zu verhindern, ist auch Aufgabe des Staates: Wer den Leistungssport nach gesellschaftlich wünschenswerten Grundsätzen betrieben sehen möchte, der muss ihn aufmerksam kontrollieren und der hat energisch und konsequent einzufordern, dass der Sport die von ihm selbst gestellten Aufgaben für die Gesellschaft auch tatsächlich in deren Sinne leistet. Mangelnde Kontrolle, dies hat die Vergangenheit gezeigt, wird vom Sport umgehend als stillschweigende Zustimmung zu Manipulationspraktiken interpretiert. Dies erschien umso plausibler, als die Bundesregierung sowohl 1976 als auch in den 80er Jahren bei den bundesdeutschen Testosteronversuchen gezielt und bewusst Manipulation und Doping gefördert hat. Nicht nur der Sport, auch die Politik hat ihre Rolle im Doping-„Spiel" aufzuarbeiten. Auch die

Sportpädagogik hat sich künftig verstärkt mit dem Thema Doping auseinander zu setzen. Sie hat sich in der Vergangenheit, als es galt, Analysen zu erstellen und Strategien zur Problemlösung zu entwerfen, nicht mit Ruhm bedeckt. Im Gegenteil, die Sportpädagogik hat sich vom Leistungssport und seinen Problemen weitgehend abgewandt. Wer jedoch auf seine Möglichkeiten der Einmischung und Einflussnahme verzichtet, trägt seinen Teil zur Problementwicklung und zur Stabilisierung der unerwünschten Verhältnisse mit bei.

Wie gut auch immer die Dopingbekämpfung in Zukunft ausfallen wird: Das Doping wird nicht „ein für alle Mal" ausgemerzt werden können. Doping wird den Spitzensport auch weiterhin begleiten, aber diese Feststellung soll nicht entmutigen - sie ist eine normentheoretische Selbstverständlichkeit. Dabei besteht das Hauptproblem nicht in abweichenden Verhaltensweisen individueller Akteure. Entscheidend ist, ob das System genügend Anstrengungen unternimmt, seine eigenen Regeln zu schützen, oder ob es nicht selbst gar Teil des Problems wird. Fatalismus angesichts eines nicht "auszurottenden" Phänomens jedenfalls ist keine geeignete Lösung. Die immer wiederkehrende Forderung nach Dopingfreigabe nämlich ist ein gesamtgesellschaftliches Kuriosum. Nirgendwo sonst in der Gesellschaft wird derart unintelligent über den Umgang mit Normen, Regeln oder Gesetzen diskutiert wie im Sport bzw. in der Betrachtung des Sports. Eine Gesellschaft, die sämtliche Gesetze abschaffen wollte, die nicht hundertprozentig eingehalten werden, wäre nicht überlebensfähig. Ebenso wäre ein Sport, der seine verbindlichen Regeln nicht zu schützen bereit ist, nicht zukunftskompetent. Welche selbstzerstörerische Wirkung Doping für den Spitzensport entfalten kann, wurde von uns im ersten Band zu dieser Untersuchung („Doping im Spitzensport") anhand der Darstellung des bundesrepublikanischen Dopings und des dadurch bedingten Ausscheidens vieler wertvoller Kräfte aufgezeigt.

Wer die Vergangenheit aufmerksam beobachtet, wird leicht erkennen können, dass Doping und Dopingbekämpfung in immer wiederkehrenden Wellen stattfinden und ihre jeweiligen Konjunkturen erleben. Die verwendeten leistungssteigernden Mittel mögen sich verändern, die Struktur des Dopings jedoch bleibt die gleiche. Dass immer neue Mittel zur Anwendung kommen und künftig neben den hormonal aufgerüsteten Sportlern von genmanipulierten Athleten ausgegangen werden muss, macht die Sache naturwissenschaftlich komplizierter. Die soziologisch relevanten Aspekte jedoch bleiben weitgehend die gleichen. Der internationale Spitzensport wurde in der Vorbereitung auf die Olympischen Spiele in Sydney, Athen und Peking wieder einmal von einer dieser periodisch wiederkehrenden Dopingwellen erfasst, in deren Zuge sich die Problematik nach einer Phase der Entspannung und "Abrüstung" wieder verschärfte. An solchen Punkten lohnt es sich, einen Blick auf vergleichbare Krisenpunkte der Sportentwicklung zu werfen. Auch der deutsche Sport könnte dabei feststellen, dass er sich an einem bereits mehrfach passierten Punkt befindet. Die nun gängige und selbst zur informellen Norm gewordene Verwendung des gezielt zur Leistungssteigerung eingenommenen Kreatins verweist auf eine wieder immens breit gewordene Manipulationsbereitschaft unter dem Siegel des gerade noch Erlaubten. Es gibt ferner auch keinen Grund, anzunehmen, dass die Verwendung von schwer oder überhaupt nicht nachzuweisenden Dopingmitteln wie EPO oder Wachstumshormon lediglich ein Problem anderer Sportnationen wie USA, Italien, Spanien, Griechenland, Niederlande, Australien usw. darstellen würde.

Doping wird den Spitzensport - aber auch den Sport insgesamt - weiter beschäftigen. Mit welcher Intensität dies geschehen wird, hat der Sport selbst in der Hand. Mit dieser Untersuchung wurden Erkenntnisse und Konzepte vorgestellt, die es künftig zu nutzen und zu erweitern gilt. Der Spitzensport selbst muss die Problemlösung jedoch aktiv vorantreiben. Nur so hat er aus pädagogischer Sicht auch künftig eine gesellschaftliche Aufgabe und eine Daseinsberechtigung.

Nachwort zur 2. Auflage

Seit der ersten Auflage sind fast neun Jahre vergangen. An der in diesem Schlusswort gegebenen Problembeschreibung hat sich kaum etwas geändert, genauso wenig an der Notwendigkeit der nicht nur im Kapitel 8 erhobenen Forderungen nach einer Umgestaltung des Spitzensports. Die Bereitschaft zu Veränderungen ist zwar durch den Druck einiger Medien und durch eine nachwachsende Generation größer geworden. Dadurch dass die Förderung des Spitzensports und die Bezahlung der in ihm tätigen Hauptamtlichen nach wie vor von den Ergebnissen bei internationalen Meisterschaften abhängen, sind die notwendigen Veränderungen vor allem im Bereich der Verhältnisprävention kaum erfolgt, besonders nicht der Personalaustausch von aus der Vergangenheit her belasteten Personen. So besteht die Gefahr, dass die über Jahrzehnte gewachsene Mentalität zum Einsatz aller Mittel (erlaubter Medikamentenmissbrauch, aber auch der verbotenen und nicht nachweisbaren Substanzen und Methoden) von Generation zu Generation weitervermittelt wird. Die Suchhaltung „Was geht denn noch" ist immer noch weit verbreitet und behindert die Prävention von Medikamentenmissbrauch und Doping, aber auch die .Entwicklung mental starker und in Versuchungssituationen entscheidungsfähiger Sportlerinnen und Sportler.

Mainz/Heidelberg, im Dezember 2009

Andreas Singler   Gerhard Treutlein

Literatur

ANDERS, G./HARTMANN, W. (1998): Führung und Verantwortung im Sport. Zur Sozialkompetenz von Führungskräften. 2. unver. Auflage, Köln.

ARNOLD, E. (2000): Lernen durch Vorbilder. Was sagen psychologische Theorien? In: Pädagogik 7/8, 53 – 55.

BAAL, D. (1999): Droit dans le mur. Le cyclisme mis en examen. Editions Glénat, Grenoble.

BARTH, J./BENGEL, J. (1999): Prävention durch Angst? Stand der Appellforschung. Bundeszentrale für gesundheitliche Aufklärung, Köln.

BECKER, P. (1987): Steigerung und Knappheit. Zur Kontingenzformel des Sportsystems und ihren Folgen. In: Becker, B. (Hrsg.): Sport und Höchstleistung. Reinbek, 17 – 37.

BELLOCQ, F./BRESSAN, S. (1991): Sport et dopage. La grande hypocrisie. Editions du Félin Paris.

BERENDONK, B. (1992): Doping. Von der Forschung zum Betrug. Aktualisierte und erweiterte Neuauflage. Rowohlt Hamburg.

BERGMANN, J. (1999): Geheimhaltung und Verrat in der Klatschkommunikation. In: A. SPITZNAGEL: Geheimnis und Geheimhaltung. Göttingen, 139 - 148.

BETTE, K.-H. (1984): Die Trainerrolle im Hochleistungssport. St. Augustin.

BETTE, K.-H. (1989): Körperspuren. Zur Semantik und Paradoxie moderner Körperlichkeit. Berlin/New York.

BETTE, K.-H. (1991): Wissenschaftliche Sportberatung - Probleme der Anwendung und Anwendung als Problem. In: M. BÜHRLE/M. SCHURR (Hrsg.): Leistungssport: Herausforderung für die Sportwissenschaft, Schorndorf, 67 - 82.

BETTE, K.-H. (Hrsg.) (1994): Doping im Leistungssport - sozialwissenschaftlich beobachtet. Stuttgart.

BETTE, K.-H. (1999): Systemtheorie und Sport. Frankfurt am Main.

BETTE, K.H./SCHIMANK, U. (1995): Doping im Hochleistungssport.Frankfurt/M.

BEUREN, A./JAESCHKE-BEHRENDT, E. (1997): Anabolika. Unterrichtsmodell für die Sekundarstufe I. In: Unterricht Biologie (UB) 11, 21 – 25.

BIGO, A. (1996): Les chemins de la dope. Plus rien n'arrête la dope. In: L'Equipe Magazine 731, 23.3.1996, 54 - 58, 85.

BILARD, J. (1999): Ecoute dopage. No vert 0 800 15 2000. Informer. Prévenir. Aider. Orienter. Gratuit, anonyme, confidentiel. Unveröff. Papier, Montpellier.

BOOS, C./WULFF, P./KUJATH. P./BRUCH, H.P. (1998): Medikamentenmißbrauch beim Freizeitsportler im Fitneßbereich. In: Deutsches Ärzteblatt 95, 16, A-953 - 957.

BOOS, C./WULFF, P./KUJATH. P./BRUCH, H.P. (1999): Der Medikamentenmissbrauch beim Freizeitsportler im Fitnessbereich. In: Müller-Platz, C. (Red.): Leistungsmanipulation. Eine Gefahr für unsere Sportler, 13 - 26.

BOSCO, J.S. (1977): Winning at all cost, costs. In: Physical Education Indianapolis 34, 1, 35 -37.

BOURG, J.-F. (1999): Plus vite, plus haut, plus fort. Jusqu'à quand? In: Science et Vie (Trimestriel): Le dossier du dopage, 296, 10 - 18.

BOURGAT, M. (1999): Tout savoir sur le dopage. Lausanne.

BRECHT, B. (1985): Leben des Galilei. In: E. HAUPTMANN/B. SLUPIANEK (Textauswahl): Brecht. Ein Lesebuch für unsere Zeit. Berlin/Weimar, 206 – 306.

BREIT, G./SCHIELE, S. (Hrsg.) (2000): Werte in der politischen Bildung. Schwalbach/Ts.

BROWAEYS, D.B. (1999): Ces molécules qui dopent. In: Science&Vie (Trimestriel): Le dossier du dopage, 296, 30 - 39.

BUCKLEY, W.E. et al. (1988): Estimated prevalence of anabolic steroid use among male high schoolseniors. In: J.American Medical Association 260, 22, 3441 - 3445.

CACHAY, K./GAHAI, E. (1989): Brauchen Trainer Pädagogik? In: Leistungssport 19, 5, 26 - 30.

CACHAY, K. (1995): Gesellschaft - Sport - Trainer. Systemtheoretische Überlegungen zu Perspektiven der Trainerrolle. In: DEUTSCHER SPORTBUND, BEREICH LEISTUNGSSPORT (Hrsg.): Sportkultur und Berufsbild des Trainers. Wertevorstellungen - Ziele - Öffentlichkeitsarbeit. Informationen zum Leistungssport Band 13. DSB Frankfurt, 27 - 38.

CACHAY, K./THIEL, A. (1996): Sozialkompetenz für Trainerinnen und Trainer im Hochleistungssport. In: Trainerakademie Köln 2, 8 - 15.

CHOQUET, M. ET AL. (1999): Jeunes, sports et conduites à risques. Paris, ministère de la Jeunesse et des Sports, rapport de synthèse.

COAKLEY, J.J. (1990): Sport in society. Issues and controversies. St.Louis-Toronto-Boston-Los Altos.

COHEN, A.K. (1970): Abweichung und Kontrolle. München.

COMITE INTERNATIONALE OLYMPIQUE (1999): Dopage. Le livre blanc du C.I.O. Lausanne Janvier.

CSIKSZENTMIHALYI, M./JACKSON, S.A. (2000): Flow im Sport. Der Schlüssel zur optimalen Erfahrung und Leistung. München – Wien – Zürich.

DETJEN, J. (1999): Werteerziehung im Politikunterricht mit Lawrence Kohlberg? Skeptische Anmerkungen zum Einsatz eines Klassikers der Moralpsychologie in der Politischen Bildung. In: G. BREIT/S. SCHIELE (Hrsg.) (2000): Werte in der politischen Bildung. Schwalbach/Ts., 303 – 334.

DEUTSCHER BUNDESTAG (1991): Antwort der Bundesregierung auf die kleine Anfrage der Abgeordneten Dr. Wilfried Penner, Wilhelm Schmidt u.a. zur Beteiligung und Finanzierung des Bundes an Forschungsprojekten, in denen Testosteron-Versuche mit Sportlern vorgenommen wurden. Drucksache 12/1781 vom 11.12.1991, 1 – 11. Bonn.

DIGEL, H. (1982): Sport verstehen und gestalten. Hamburg.

DIGEL, H. (1997a): Citius, altius, fortius - wohin treibt der olympische Spitzensport? In: O. GRUPE (Hrsg.): Olympischer Sport. Rückblick und Perspektiven. Schorndorf, 85 - 98.

DIGEL, H. (1997b): Kampf gegen Doping. In: H. DIGEL. (Hrsg.): Probleme und Perspektiven der Sportentwicklung. Aachen, 285 – 322.

DIGEL, H./NICKEL, R. (1993): Konstruktive Hilfen zur Lösung des Dopingproblems sind erwünscht. In: Leistungssport 23, 3, 51 - 53.

DIRIX, A./STURBOIS, X. (1999[3]): The first thirty years of the International Olympic Committee Medical Commission 1967 - 1997. History and facts. Lausanne.

DONATI, A. (2000): Campagna di sensibilizzazione e informazione sul problema del Doping. Manuale informativo. Roma.

DÜRCKHEIM, K. Graf (1986[4]): Sportliche Leistung – Menschliche Reife. Aachen 1986.

EBERSPÄCHER, H./FANK, M. (1985): Stressausgleich und Entspannung durch Bewegungstraining. Oberhaching.

EBBINGHAUSEN, R./NECKEL, S. (1989): Anatomie des politischen Skandals. Frankfurt/M.

EGLI, B. (1999): Doping als moralischer Verstoß? In: mobile 4/99, 34 – 35.

EGLI, B./KAMBER, M. (o.J.): Doping und Erfolg im Spitzensport. Repräsentative schweizerische Umfrage 1995 und 1998. Unveröff. Papier der Eidgenössischen Sportschule Magglingen (ESSM).

EHNI, H. (1989): Den Leistungssport wenigstens zum pädagogischen Thema machen. In: K. DIETRICH/J. LANGE (RED.): Mitmachen oder Widerstehen? Statements zum Forum III auf dem 9. Sportwiss. Hochschultag der DVS.

EIDGENÖSSISCHE SPORTSCHULE MAGGLINGEN (ESSM) (Hrsg.) (1997): Doping Info. Gladiatoren unserer Zeit. Lehrunterlagen. Version 1/97.

EMRICH, E./PAPATHANSSIOU, V./PITSCH, W./ALTMEYER, L. (1992): Abseits der Regeln: erfolgreiche Außenseiter. Überlegungen zum Doping und anderen Formen abweichenden Verhaltens im Sport aus soziologischer Sicht. In: Leistungssport 22, 6, 55 - 58.

EMRICH, E. (1997): Aspekte zur Hinführung von Kindern und Jugendlichen zum Leistungssport. In: E. EMRICH et al. (Hrsg.): Wie kommen Kinder zum Leistungssport? Niedernhausen, 14.

EMRICH, E. (1998): Erwartungen an die Sozialkompetenz von Führungskräften im Sport. In: G. ANDERS/W. HARTMANN (1998): Führung und Verantwortung im Sport. Zur Sozialkompetenz von Führungskräften. 2. unver. Auflage, Köln, 53 -67.

ERNST, H. (1992[2]): Gesund ist, was Spaß macht. Stuttgart.

ERNST, H. (1993): Die Weisheit des Körpers. Kräfte der Selbstheilung. München.

FINKENAUER, C./RIMÉ, B. (1999): Emotionelle Geheimnisse: Determinanten und Konsequenzen. In: SPITZNAGEL A. (Hrsg.): Geheimnis und Geheimhaltung. Göttingen, 180 - 196.

FLEISCHER, T. (1990): Zur Verbesserung der sozialen Kompetenz von Lehrern und Schulleitern. Hohengehren.

FRANKE, E. (Hrsg.) (1988): Ethische Aspekte des Leistungssports. Clausthal-Zellerfeld.

GEBAUER, G. (1989): Das Spiel mit dem Sündenbock. Profisport - die unterhaltsamste Art, Regeln zu verletzen. In: Sportpädagogik 13, 3, 2 - 4.

GEBAUER, G. (Hrsg.) (1996): Olympische Spiele - die andere Utopie der Moderne. Olympia zwischen Kult und Droge. Frankfurt/M..

GEBAUER, G. (1997): Ethik und Moral als Legitimationsquellen im Kampf gegen Doping? In: D. KURZ./J. MESTER (Red.): Doping im Sport. Köln, 67 -75.

GEBAUER, G./BRAUN, S./SUAUD, C./FAURE, J.M. (1999): Die soziale Umwelt von Spitzensportlern. Ein Vergleich des Spitzensports in Deutschland und Frankreich. Schorndorf.

GEBHARD, U. (1995²): Die gesellschaftliche Bedeutung des Sports.
In: P. RÖTHIG/ST. GRÖßING (Hrsg.): Sport und Gesellschaft. Kursbuch für die
Sporttheorie in der Schule. Wiesbaden, 1 - 27.

GEIGER, T. (1964): Vorstudien zu einer Soziologie des Rechts. Neuwied.

GESER, H. (1986): Elemente zu einer soziologischen Theorie des Unterlassens. In: Kölner
Zeitschrift für Soziologie und Sozialpsychologie, 38, 643 - 669.

GOLDBERG, I. ET AL. (1996): Effects of a Multidimensional Anabolic Steroid Prevention
Intervention (ATLAS). In: JAMA, 19, 1555 - 1562.

GOODE, W.L. (1967): Die Theorie des Rollen-Stress. In: HARTMANN, H. (Hg.):
Moderne Amerikanische Soziologie. Stuttgart, 269 – 286.

GOWAN, G. (1991): Drug Education Programs for Coaches of Elite Athletes. In:
The Norwegian Confederation of Sports: Report. 3rd Permanent World Conference
on Anti-Doping in Sport. September 23ʳᵈ - 26ᵗʰ, 1991, Bergen, Norway, 101 - 117.

GRADOUX, F./CLOT, P. (1999): Comment vos enfants se dopent.
In: L'Illustre, 10.2.1999, 35 – 39.

GRIMM, D. (1999): Vergiss die Besten nicht. Das Denken in Zusammenhängen und die
Bereitschaft, langfristig die Folgen zu beachten, sind Merkmale einer modernen Elite.
In: Frankfurter Allgemeine Zeitung, 1.12.1999, 54.

GRÖBEL, H. (1995): Arbeitsplatz Leistungssport aus der Sicht eines Trainers.
In: KOZEL, J. (Hrsg.): Trainerakademie Köln e.V., Köln, 100 – 101.

GRUPE, O. (1981): Der Athlet soll im Mittelpunkt stehen. Das Problem medikamentöser
Leistungsbeeinflussung im Sport aus sportlicher Sicht. In: Bundesinstitut für
Sportwissenschaft Köln (Hrsg.): Olympische Leistung. Ideal, Bedingungen, Grenzen.
Begegnungen zwischen Sport und Wissenschaft. Eine Dokumentation, Köln, 68 - 77.

GRUPE, O. (1995): Das Dopingproblem. In: C. KRÖGER (Hrsg.): Zeitzeichen des Sports.
Festschrift für Prof. Dr. Rolf Andresen, Schorndorf, 89 – 111.

GRUPE, O. (1998): Kinderhochleistungssport: Eine Analyse unter pädagogischen
Gesichtspunkten. In: Sportwissenschaft 28, 1, 45 – 48.

GUILLON, N./QUENET, J.-F. (2000): Le dopage. Oui, cela continue! Paris.

GUILLON, N./QUENET, J.-F. (1999): Un Cyclone nommé dopage. Les secrets du
„dossier Festina". Ed. Solar, Paris.

HACKFORT, D./EMRICH, E./PAPATHANASSIOU, V. (1998): Projektbericht zum
Forschungsprojekt „Trinationale Forschung über die nachsportliche
Karriere von Spitzensportlern. (Manuskript).

HÄGELE, W. (1995²): Bedingungen und Wirkungen sportlichen Handelns. In: P. Röthig/
St. Größing (Hrsg.): Sport und Gesellschaft. Kursbuch 4. Wiesbaden, 53 – 76.

HAGEDORN, G. (1992): Vielseitigkeit in Training und Wettkampf. Zur Verwirklichung eines
Postulats. In: Leistungssport 22, 6, 50 - 54.

HAGEMANN, M./ROTTMANN, C. (1999): Selbstsupervision für Lehrende.
Weinheim und München.

HAHN, A. (1991): Rede- und Schweigeverbote. In: Kölner Zeitschrift für Soziologie
und Sozialpsychologie, 43, 86 - 105.

HANSEN, H. (1991): Ende der Sorgfalt. Journalisten unter Druck.
In: Sportjournalist Remagen 41, 12, 8 - 12.

HAYNES, S. (1991): Approaches to Drug Education and Information. In: The Norwegian Confederation of Sports: Report. 3rd Permanent World Conference on Anti-Doping in Sport. September 23rd - 26th, 1991, Bergen, Norway, 63 - 74.

HEINEMANN, K. (1998[8]): Einführung in die Soziologie des Sports. Schorndorf.

HERMANN, H.-D.: Zur Bedeutung der Trainer- und Elternrolle im Kinder- und Jugendleistungssport. In: R. DAUGS et al. (Hrsg.): Kinder und Jugendliche im Leistungssport. Schorndorf 1998, 421 – 422.

HOBERMAN, J. (1994): Sterbliche Maschinen. Doping und die Unmenschlichkeit des Hochleistungssports. Aachen.

HOLZ, P. (1986): Der Einfluß des Trainers auf das soziale Umfeld von Nachwuchsathleten. In: Magglingen 43, 7, 10.

HOLZ, P. (RED.) (1988): Spitzensportlerinnen und Spitzensportler der Bundesrepublik Deutschland 1986/87: ihre soziale Situation, Probleme, Motive und Einstellungen. Manuskript.

HOMANS, G.C. (1968): Elementare Formen sozialen Verhaltens. Köln.

HOTZ, A. (Hrsg.) (1995): Handeln in ethischer Verantwortung. Magglingen.

HOTZ, A. (1996): Warum der Trainer auch ein Spezialist im zwischenmenschlichen Bereich sein muß. In: Trainerakademie Köln aktuell 4, 6 - 7.

HOULIHAN, B. (1999): Dying to win. Doping in sport and the development of anti-doping policy. Council of Europe Publishing, Strasbourg.

HURRELMANN, K. (1998):Einführung in die Sozialisationstheorie. Über den Zusammenhang von Sozialstruktur und Persönlichkeit. 6., neu ausgestattete Auflage, Weinheim und Basel.

HURRELMANN, K./LAASER, U. (1993) (Hrsg.): Gesundheitswissenschaften. Handbuch für Lehre, Forschung und Praxis. Weinheim.

HURRELMANN, K./UNVERZAGT, G. (1998[4]): Kinder stark machen für das Leben. Freiburg.

JANKE, K. (1997): Stars, Idole, Vorbilder. In: CH. BIERMANN ET AL. (Hrsg.): Schüler, Stars, Idole, Vorbilder. Jahresheft Friedrich-Verlag Seelze, 18 - 20.

JOHNSON, M.D. et al. (1989): Anabolic use by male adolescents. In: Pediatrics 83, 6, 921 -924.

JONAS, H. (1984): Das Prinzip Verantwortung. Frankfurt a.M..

KAMBER, M. (1990): Dopingbekämpfung: Internationale und nationale Bestrebungen am Beispiel der Konvention des Europarats und des Dopingstatuts des Schweizerischen Landesverbands für Sport. In: Schweizerische Zeitschrift für Sportmedizin, Bern, 38, 2, 101 - 106.

KEIM, I. (1996): Verfahren der Perspektivenabschottung und ihre Auswirkung auf die Dynamik des Argumentierens. In: W. KALLMEYER (Hrsg.): Gesprächsrhetorik. Zur Analyse von rhetorischen Verfahren in Gesprächsprozessen. Tübingen, 187 - 198.

KEMPER, F.J. (1982): Aspekte frühkindlicher Sozialisation und leistungssportliche Entwicklung. In: H. JOHWALD/E. HAHN (Hrsg.): Kinder im Leistungssport. Basel, 179 – 180.

KEUL, J./KINDERMANN, W. (1976): Leistungsfähigkeit und Schädigungsmöglichkeit bei Einnahme von Anabolika. In: Leistungssport 6, 3, 108 - 112.

KIMMAGE, P. (1998[2]): Rough Ride. Behind the wheel with a pro cyclist. London.

294

KISTNER, T./WEINREICH, J. (1996): Muskelspiele. Ein Abgesang auf Olympia. Berlin.

KLÜMPER, A. (1977): Anabolika: „Für und Wider". Unveröff. Vortragsmanuskript.

KNEBEL, K.P. (Hrsg.) (1972): Biomedizin und Training. Bericht über den Internationalen Kongreß für Wissenschaftlicher und Trainer am Staatl. Hochschulinstitut für Leibeserziehung in Mainz vom 26. bis 28. November 1971. Beiträge zur sportlichen Leistungsförderung, Bd. 9, Berlin/München/Frankfurt.

KNÖRZER, W. (Hrsg.) (1994): Ganzheitliche Gesundheitsbildung in Theorie und Praxis. Heidelberg.

KNÖRZER, W. (1994): Ganzheitliche Gesundheitsbildung – eine Standortbestimmung. In: W. KNÖRZER (Hrsg.): Ganzheitliche Gesundheitsbildung in Theorie und Praxis. Heidelberg, 13 – 28. (1994 a)

KNÖRZER, W. (1994): Ein systemisches Modell der Gesundheitsbildung. In: W. KNÖRZER (Hrsg.): Ganzheitliche Gesundheitsbildung in Theorie und Praxis. Heidelberg, 49 – 70. (1994 b)

KNOLL, M. (1997): Sporttreiben und Gesundheit. Eine kritische Analyse vorliegender Befunde. Schorndorf.

KÖPPE, G./KUHLMANN, D. (Hrsg.) (1997): Als Vorbild im Sport unterrichten. Hamburg.

KORKIA, P./STIMSON, G.V. (1997): Indications of prevalence, practice and effects of anabolic steroid use in Great Britain. International Journal of Sports Medecine, Stuttgart 18, 7, 557 - 562.

KRÜGER, A. (1995): Postmoderne Anmerkungen zur Ethik im Spitzensport. In: A. HOTZ. (Hrsg.): Handeln in ethischer Verantwortung. Magglingen, 292 - 317.

KUHLMANN, D. (1998): Wettkampfsport: Domäne in der Defensive? Theoretische Ansätze und empirische Befunde. Schorndorf.

KULTUSMINISTERIUM/AOK NORDRHEIN-WESTFALEN (Hrsg.) (1988): Gesundheitserziehung in der Schule durch Sport. Handreichung für die Primarstufe. Bonn.

KULTUSMINISTERIUM/AOK NORDRHEIN- WESTFALEN (Hrsg.) (1990): Gesundheitserziehung in der Schule durch Sport. Handreichung für die Sekundarstufe I. Bonn.

KULTUSMINISTERIUM/AOK NORDRHEIN- WESTFALEN (Hrsg.) (1993): Gesundheitserziehung in der Schule durch Sport. Handreichung für die Sekundarstufe II. Remagen.

KURZ, D. (1994): Die Gegenwart leben, die Zukunft nicht opfern! Prinzipien für einen pädagogisch verantwortungsvollen Leistungssport. In: Leistungssport 24, 4, 33 - 35.

KURZ, D. (1997): Sporterziehung und Drogenaufklärung in der Jugend als Maßnahmen einer frühen Anti-Doping-Edukation. In: D. KURZ/J. MESTER (Red.): Doping im Sport. Köln, 57 - 66.

LABBE, C./RECASENS, O./MONNIER, E. (1999): Amateurs: en souffrance de gloire. In: Science&Vie (Trimestriel): Le dossier du dopage, 296, 94 - 101.

LAMNEK, S. (1990): Theorien abweichenden Verhaltens. München.

LAURE, P. (1999): Une vieille histoire. In: Science&Vie (Trimestriel): Le dossier du dopage, 296, 4 - 9

LAURE, P./LECERF, T. (1999): Prévention du dopage sportif chez les adolescents: à propos d'une action évaluée d'éducation pour la santé. Arch. Péd. 6, 849 – 854.

LAURE, P. (coordination) (2000): Dopage et société. Paris Ellipses.

LAZARUS, R.S./LAUNIER, R. (1981): Streßbezogene Transaktionen zwischen Person und Umwelt. In: J. R. NITSCH. (Hrsg.): Stress. Theorien, Untersuchungen, Maßnahmen. Bern(Stuttgart/Wien, 213 - 260.

LENK, H. (1992): Zwischen Wissenschaft und Ethik. Frankfurt.

LENK, H. (1992): Fairneß in der Hochleistungsgesellschaft - eine Utopie. In: Olympisches Feuer 5, 9 - 17.

LENK, H. (1996): Gegen die Doppelmoral. Fünfzehn Thesen für eine neue Fairnesskultur. In: H. SARKOWITZ (Hrsg.): Schneller. Höher. Weiter. Eine Geschichte des Sports. Frankfurt/M. - Leipzig, 432 - 445.

LEFORT, R./HARVEY, J. (1999): Ni enfer ni paradis. In: Le courrier de l'Unesco, Avril, Sport passion, 18 - 19.

LIGNIERES, B. de/SAINT-MARTIN, E. (1999): Vive le dopage? Enquête sur un alibi. Flammarion Paris.

LÖLLGEN, H. (1998): Doping und Medikamentenmißbrauch im Sport. Eine Geschichte ohne Ende? In: Deutsches Ärzteblatt 95, 16, A-950, 952.

LOUVEAU, C./AUGUSTINI, M./DURET, P./IRLINGER,P./MARCELLINI, A. (1995): Dopage et performance sportive. Analyse d'une pratique prohibée. INSEP-Publications Paris.

LOWENSTEIN, E. (2000): Heroïnomanes de haut niveau. IN: F. SIRI (HRSG.) (2000): La fièvre du dopage. Du corps du sportif à l'âme du sport. Editions Autrement – collections Mutations no. 197. Paris, 159 - 169.

LÜSCHEN, G.: Betrug im Sport: Formen, Ursachen und soziale Kontrolle. In: T. KUTSCH/ G. WISWEDE (Hrsg.): Sport und Gesellschaft. Königstein 1981, 200 – 211.

LUHMANN, N. (1996[6]): Soziale Systeme. Grundriß einer allgemeinen Theorie. Frankfurt am Main.

LUTHER, D./HOTZ, A. (1998): Erziehung zu mehr Fairplay. Bern.

MARKOVITS, A.S./SILVERSTEIN, M. (1989): Macht und Verfahren. Die Geburt des politischen Skandals aus der Widersprüchlichkeit liberaler Demokratie. In: R. EBBINGHAUSEN/ S. NECKEL (Hrsg.): Anatomie des politischen Skandals. Frankfurt/M., 151 – 170.

MASHAAL, M. (1999): Produits interdits: comment est établie la liste. In: Science et Vie (Trimestriel): Le dossier du dopage, 296, 64 - 65.

MAYER, R. (1995): Karrierebeendigung im Hochleistungssport. Bonn.

MEINBERG, E. (1984): Kinderhochleistungssport: Fremdbestimmung oder Selbstentfaltung? Köln.

MEINBERG, E. (1991): Die Moral im Sport. Bausteine einer modernen Sportethik. Aachen.

MELIA, P./PIPE, A./GREENBERG, L. (1996): The use of anabolic-androgenic steroids by canadian students. In: Clinical Journal of Sport Medecine. New York 6, 1, 9 - 14.

MELCHINGER, H. (1997): Lernziel: Sport ohne Leistungsmanipulation. Ansatzpunkte für die Anti-Doping-Kampagnen. In: Sportunterricht 46, 7, 284 - 291.

MENTHÉOUR, E. (1999): Secret défonce. Ma vérité sur le dopage. JC Lattès, Saint-Amand-Montrond.

MERTON, R.K. (1967): Der Rollen-Set: Probleme der soziologischen Theorie. In: HARTMANN, H. (HG.): Moderne Amerikanische Soziologie. Stuttgart, 255 – 267.

MERTON, R.K. (1968): Sozialstruktur und Anomie. In: Sack, F./König, R. (Hrsg.):
Kriminalsoziologie. Frankfurt, 283 – 313.

MEUTGENS, R. (1996): Können wir uns soziale Kompetenz leisten? Bundestrainerseminar
verdeutlicht die Problematik des „humanen" Leistungssports.
In: Trainerakademie Köln aktuell 2, 13 - 14.

MIELKE, R. (1993): Wertvorstellungen männlicher und weiblicher jugendlicher Sportler.
In: Sportwissenschaft 23, 4, 371 – 383.

MILLER, D.M. (1980): Ethics in sport. Pradoxes, perplexities, and a proposal.
In: Quest 32, 1, 3 - 7.

MONDENARD, J.P. de (1987): Drogues et Dopages. Série quel Corps. Chiron Paris.

MONDENARD, J.P. de (1991): Dictionnaire des substances et procédés dopants en pratique
sportive. Ed. Masson Paris.

MONDENARD, J.P. de (1999): Le Tour de France est-il trop dur? In: Science&Vie
(Trimestriel): Le dossier du dopage, 296, 144 - 148.

MOYON DE BAECQUE, C. (1997): La médaille et son Revers. Paris: Albin Michel.

MÜLLER, J. (1998): Moralentwicklung und politische Bildung. Rezeption und Relevanz der
moral-kognitiven Entwicklungspsychologie in der politischen Bildung. Idstein.

NECKEL, S. (1989): Das Stellhölzchen der Macht. Zur Soziologie des politischen Skandals.
In: R. EBBINGHAUSEN/S. NECKEL (Hrsg.): Anatomie des politischen Skandals.
Frankfurt/M., 55 – 80.

NEITHARDT, F. (1985): Professionalisierung im Sport - Tendenzen, Probleme,
Lösungsmuster. In: G. ANDERS/G. SCHILLING (Hrsg.):
Hat der Spitzensport (noch) Zukunft? Magglingen, 71 - 81.

NITSCH, J.R. (Hrsg.) (1981): Stress. Theorien, Untersuchungen, Maßnahmen.
Bern/ Stuttgart/Wien.

NOELLE-NEUMANN, E. (1977): Die Schweigespirale. IN: E. NOELLE-NEUMANN (Hrsg.):
Öffentlichkeit als Bedrohung. Beiträge zur empirischen Kommunikationsforschung.
Freiburg i. Brsg./München, 169 – 203.

OCZKO, M. (2000): Dopingprävention durch Entwicklung und Intensivierung von Problem-
bewußtsein und Entscheidungsfähigkeit. Wissenschaftliche Hausarbeit, Heidelberg
(Manuskript, einschließlich des Videofilms „Jein", Impulsfilm zum Entwickeln von
Problembewußtsein zur Dopingproblematik).

OERTER, R. (1998): Kinder und Hochleistungssport aus entwicklungspsychologischer Sicht.
In: R. DAUGS et al. (Hrsg.): Kinder und Jugendliche im Leistungssport.
Schorndorf, 70 – 76, 81 – 83.

OTTERBECK, H. (2000): „Erst siegen, dann die Moral?!" – Überlegungen zur Diskrepanz
zwischen sportethischen Ansprüchen und Alltagshandeln im Sport am Beispiel der
Fair-Play-Problematik im Handball. Wiss. Hausarbeit, unveröff., Heidelberg.

PERRY, P.J./ Andersen, K./Yates, W.R. (1990): Illicit anabolic steroid use in athletes.
A case series analysis. In: American Journal of Sports Medecine,
Baltimore (Maryland) 18, 4, 422 - 428.

PETERS, H.P. (1994): Wissenschaftliche Experten in der öffentlichen Kommunikation über
Technik, Umwelt und Risiken. In: F. NEITHARDT (Hrsg.): Öffentlichkeit, öffentliche
Meinung, soziale Bewegungen. KZfSS, Sonderheft 34, 162 – 190.

PETITBOIS, C. (1998): Les responsables du sport face au dopage. Les cas du cyclisme, du rugby, de la natation et du surf. L'Harmattan Paris.

PFETSCH, F./BEUTEL, P./STORK, H.M./TREUTLEIN, G. (1975): Leistungssport und Gesellschaftssystem. Sozio-politische Faktoren im Leistungssport. Die Bundesrepublik Deutschland im internationalen Vergleich. Schorndorf.

PILZ, G. (1994): Gewalt im, um und durch den Sport. In: W. WÖLFING (Hrsg.): Was ist nur mit unserer Jugend los? Heranwachsen unter Widersprüchen in der BRD. Weinheim, 307 - 314

PILZ, G.A./WEWER, W. (1987): Sport als Spiegel der Gesellschaft. Erfolg oder Fair play? München.

PINAULT, R./DAVELUY, C. (1995): La planification de la santé. Concepts, méthodes, stratégies. Montréal.

POCIELLO, C. (1999): Sports et sciences sociales. Paris Vigot.

PRIMAULT, D. (1999): Les duretés de la carrière sportive. In: Sciences et Vie (hors série) 206, 128 - 134.

PROKOP, L. (1962): Doping im Sport. In: H. Groh: Sportmedizin. Stuttgart, 248 – 252.

RAPHAEL, A.M. (1997): Du dopant à la drogue dure. In: Sciences et Avenir, April, 68/69.

RADFORD, P. (1991): Drug education programmes for Elite Athletes. In: The Norwegian Confederation of Sports, Report: 3rd Permanent World Conference on Anti-Doping in Sport, September 23rd- 26th 1991, Bergen Norway 83 - 89.

REUBEN, S.C. (1998): Charakterstarke Kinder kommen weiter. Freiburg.

RIVIER, L./MANGIN, P. (1999): Principal doping substances and their side effects. A compilation prepared for the International Cycling Union. Manuskript.

RIVIER, L. (2000): Les produits dopants de demain. Manuskript.

ROLLAND, A. (1999): Dures sorties d'enfance. In: Science&Vie (Trimestriel): Le dossier du dopage, 296, 102 - 105.

RÖTHIG, P./GRÖBEN, B. (1995²): Bedingungen der sportlichen Leistung. In: P. RÖTHIG/St. GRÖßING (Hrsg.): Sport und Gesellschaft. Kursbuch für die Sporttheorie in der Schule. Wiesbaden, 77 - 91.

SACKSOFSKY, S./MÜLLER, F. (1998): Starke Schüler, vergnügte Lehrer. Prävention und Gesundheitsförderung für eine lebendige Schule. Lichtenau: AOL-Verlag.

SAINZ, B. (2000): Les stupéfiantes révélations du Dr.Mabuse. JC Lattès.

SALICE-STEPHAN, K./SCHMID, H. (1999): Kinder stark machen – Gemeinsam gegen Sucht. Möglichkeiten und Chancen der Kinder- und Jugendarbeit im Sportverein. Ein Handbuch für die Betreuerpraxis. Bundeszentrale für gesundheitliche Aufklärung (BzgA) Köln.

SANDER, W. (1999): „...erkennen als jemand, der einmalig ist auf der Welt!" – Werteerziehung als Aufgabe der Schule. In: G. BREIT/S. SCHIELE (Hrsg.): Werte in der politischen Bildung. Schwalbach/Ts., 184 – 201.

SCARPINO, V. ET AL. (1990): Evaluation of prevalence of „doping" among Italian athletes. In: Lancet London 336, 8722, 1048 - 1050.

SCHERLER, K.H. (1994): Kinderhochleistungssport und sportpolitische Konsequenzen. In: Leistungssport 24, 4, 5.

SCHIELE, S. (2000): Möglichkeiten und Grenzen der politischen Bildung bei der Vermittlung von Werten. In: G. BREIT/S. SCHIELE (Hrsg.) (2000): Werte in der politischen Bildung. Schwalbach/Ts., 1 – 15.

SCHIMANK, U. (1988): Die Entwicklung des Sports zum gesellschaftlichen Teilsystem, in: R. MAYNTZ, B. ROSEWITZ, U. SCHIMANK, R. STICHWEH (Hrsg.), Differenzierung und Verselbständigung. Zur Entwicklung gesellschaftlicher Teilsysteme, Frankfurt/ New York, 181 - 232.

SCHIMMEL, J./TREUTLEIN, G. (1992): Körpererfahrung, Sport, Spiel und Gesundheit – Gesundheit bewahren und fördern, Gesunde belehren und sensibilisieren. In: G. TREUTLEIN/J. FUNKE/N. SPERLE (Hrsg.): Körpererfahrung im Sport. Aachen, 29 - 56.

SCHIPPERGES, H./VESCOVI, G./GEUE, B./SCHLEMMER, J. (1988): Die Regelkreise der Lebensführung. Gesundheitsbildung in Theorie und Praxis. Köln.

SCHLICHT, W. (1998): Sportliche Aktivität und Gesundheitsförderung. In: K. BÖS/W. BREHM (Hrsg.): Gesundheitssport. Ein Handbuch. Schorndorf, 44 – 51.

SCHUMANN, J./SCHERER, K./BÜHRINGER, G./KRÖGER, C. (1995): Evaluation der Kampagne „Keine Macht den Drogen". Bundeszentrale für gesundheitliche Aufklärung. Köln.

SELYE, H. 1988: Stress. Bewältigung und Lebensgewinn. München.

SINGLER, A. (1993): Doping als spezifische Form abweichenden Verhaltens im Sport: Erklärungs- und Problemlösungsstrategien auf der Basis soziologischer Theorien. Unveröff. Diplom-Arbeit. Johannes-Gutenberg-Universität Mainz.

SINGLER, A./TREUTLEIN, G. (1998): Verantwortung als Prinzip und Problem: Zum Phänomen des Dopings aus ethischer und pädagogischer Sicht. In: Th. LORENZ/A. ABELE. (Hrsg.): Pädagogik als Verantwortung. Zur Aktualität eines unmodernen Begriffs. Horst Hörner zum 65. Geburtstag. Weinheim, 90 – 104.

SINGLER, A./TREUTLEIN, G. (2000): Doping im Spitzensport. Sportwissenschaftliche Analysen zur nationalen und internationalen Leistungsentwicklung. Aachen.

SIRI, F. (HRSG.) (2000): La fièvre du dopage. Du corps du sportif à l'âme du sport. Editions Autrement – collections Mutations no. 197. Paris.

SMOLTCZYK, A. (1999): Skandal! Die nackte Wahrheit. In: Spiegel reporter 1, 12, 16 - 29.

SPITZER, G. (1998): Doping in der DDR. Ein historischer Überblick zu einer konspirativen Praxis. Köln.

SPITZER, G./TEICHLER, H.J./REINARTZ, K. (Hrsg.) (1998): Schlüsseldokumente zum DDR-Sport. Ein sporthistorischer Überblick in Originalquellen. Aachen.

SPITZNAGEL A. (1999): Geheimnis und Geheimhaltung. Göttingen.

STAECK, L. (1990): Gesundheitserziehung heute: Überwindung traditioneller Konzepte. In:Gesundheit – Wohlbefinden, Zusammen leben, Handeln. Friedrich Jahresheft VIII, Seelze 1990, 25 – 29,

STEINBACH, M. (1968): Über den Einfluß anaboler Wirkstoffe auf Körpergewicht, Muskelkraft und Muskeltraining. In: Sportarzt und Sportmedizin 11, 485-492.

SUTER, M. (1995): La lutte anti-doping. Quelles solutions? Interviews de cinq personnalités (Analyses et conclusions). Unveröff. Diplomarbeit Lausanne.

SUTHERLAND, E.H. (1968): Die Theorie der differentiellen Kontakte. In: F. SACK/R. KÖNIG (Hrsg.): Kriminalsoziologie. Frankfurt, 395 – 399.

SYKES, G.M./MATZA, D. (1968): Techniken der Neutralisierung: Eine Theorie der Delinquenz. In: F. SACK/R. KÖNIG (Hrsg.): Kriminalsoziologie. Frankfurt, 360 – 371.

TAYLOR, W.N./BLACK, A.B. (1987): Pervasive anabolic steroid use among health club athletes. In: Ann. Of Sports Med., North Holleywood (Cal.) 3, 3, 155 - 159.

TERNEY, R./MCLAIN, L.G. (1990): The use of anabolic steroids in high school students. In: American Journal of diseased children 144, 99 - 103.

THE NORWEGIAN CONFEDERATION OF SPORTS (1991): Report. 3rd Permanent World Conference on Anti-Doping in Sport. September 23rd - 26th, 1991, Bergen, Norway.

THOMAS, A. (2000): Hormone im Ausdauersport. EPO, Steroide, Wachstumshormone. Applied Sports Science Verlag.

THÖNNEßEN, A. (1999): Doping in der Schule? Leistungsstimuliernde Substanzen als thematische Gegenstände der Gesundheitserziehung im Sportunterricht. Diss. Hamburg.

TREUTLEIN, G. (1985): Zum Problem von Abhängigkeit und Fremdbestimmung in der Frauenleichtathletik. In: N. MÜLLER/D. AUGUSTIN/B. HUNGER (Hrsg.): Frauenleichtathletik. Kongressbericht. Niedernhausen, 404 – 409.

TREUTLEIN, G. (1991): No dope, no hope. Ist das Thema Doping für Sportpädagogen überhaupt relevant? In: Sportpädagogik 15, 2, 3 - 5.

TREUTLEIN, G. (1991): Doping bci Mindcrjährigen. In: Sportpädagogik 15, 6, - 14.

TREUTLEIN, G. (1992): Mitmachen, sich einmischen und widerstehen! Doping, die unendliche Geschichte – eine Herausforderung für Sportpädagogen. In: dvs-Informationen 1/1992, 16 – 20.

TREUTLEIN, G. (1994): Zur Bedeutung von Körpererfahrungen für die Gesundheit. In: W. KNÖRZER (Hrsg.): Ganzheitliche Gesundheitsbildung in Theorie und Praxis. Heidelberg, 123 – 136.

TREUTLEIN, G. (1994): Beim Laufen der Weisheit des Körpers eine Chance geben! In: W. KNÖRZER (Hrsg.): Ganzheitliche Gesundheitsbildung in Theorie und Praxis. Heidelberg, 159 - 170.

TREUTLEIN, G. (1994): Zwischen Wertorientierung und Zweckrationalität: Handlungsdilemmata im Leistungssport. In: K.H. BETTE. (Hrsg.): Doping im Leistungssport – sozialwissenschaftlich betrachtet. Stuttgart, 153 – 166.

TREUTLEIN, G. (1994): Zum Reiz der Leichtathletik. In: U. BECKER (Hrsg.): Leichtathletik im Lebenslauf. Aachen, 205 – 209.

TREUTLEIN, G. (1999): Zur Auseinandersetzung mit der Dopingproblematik in Frankreich – eine Literaturübersicht. In: Sozial- und Zeitgeschichte des Sports 13, 3, 41 – 49.

TREUTLEIN, G./JANALIK, H./HANKE, U. (1989): Wie Trainer wahrnehmen, fühlen, denken und handeln. Köln.

TREUTLEIN, G./FUNKE, J./SPERLE, N. (1992[2]): Körpererfahrung im Sport. Wahrnehmen – Lernen – Gesundheit fördern. Aachen.

TREUTLEIN, G./JANALIK, H./HANKE, U. (1996[4]): Wie Sportlehrer wahrnehmen, fühlen, denken und handeln. Köln.

TURBLIN, P. ET AL. (1995): Enqête épidemiologique sur le dopage en milieu scolaire dans la région Midi-Pyrénées. In: Sciences et sports. Paris, ESME, 10, 87 – 94.

VOET, W. (1999): Massacre à la chaîne. Révélations sur 30 ans de tricheries. Calman Lévy, Paris.

VOLKAMER, M./ZIMMER, R. (1982): Vom Mut, trotzdem Lehrer zu sein. Schorndorf.

VOY, R.O. (1987): Education as a means against doping.
In: Bull. of the Fed. Intern. d'Educ. Phys. Cheltenham 57, 3, 7 - 13.

WADLER, G.-I. /HAINLINE B. (1993): L'athlète et le dopage. Vigot Paris.

WAGMAN, D.F./CURRY, L.A./COOK, D.L. (1995): An investigation into anabolic androgenic steroid use by elite US weightlifters. In: Journal of strength and conditioning research. Champaign Ill. 9 (3) Aug., 149 - 154.

WESTERBARKEY, J. (1999): Ignoranz - Dimensionen und Funktionen rezeptiver „Aussperrung". In: A. SPITZNAGEL (Hrsg.): Geheimnis und Geheimhaltung. Göttingen, 149 - 156.

WISCHMANN, B. (1988): Sportkritik. Positives und Negatives aus der Welt des Sports. Berlin.

WUKETITS, F.M. (1999): Warum uns das Böse fasziniert. Stuttgart.

Band 22
Hans-Peter Brandl-Bredenbeck &
Wolf-Dietrich Brettschneider (Hrsg.)
**KINDER HEUTE: Bewegungsmuffel, Fastfoodjunkies,
Medienfreaks? Eine Lebensstilanalyse**

Die Annahmen komplexer Wirkungszusammenhänge bei
der Bildung von Lebensstilen im Heranwachsendenalter
werden analysiert.

180 Seiten,
Paperback, 14,8 x 21 cm
ISBN 978-3-89899-550-4
€ [D] 18,95 / SFr 32,90*

Band 21
Eckart Balz & Detlef Kuhlmann (Hrsg.)
SPORTENTWICKLUNG
Grundlagen und Facetten

Sportentwicklung betrifft sämtliche Veränderungen der
Bewegungskultur im Zeitverlauf. Die Sportwissenschaft ist
aufgefordert, sich an der Reflexion und Gestaltung von
Sportentwicklung aktiv zu beteiligen.

238 Seiten, 17 Abb., 9 Tab.
Broschur, 14,8 x 21 cm
ISBN 978-3-89899-348-7
€ [D] 18,95 / SFr 32,90*

Band 16
Michael Nagel
SOZIALE UNGLEICHHEITEN IM SPORT

Vor dem Hintergrund der aktuellen soziologischen Debatte über soziale Ungleichheit wird in diesem Band der
Frage nachgegangen, ob soziale Ungleichheiten im
Sport nach wie vor existieren und alte Sozialstrukturkatego-
rien heute noch Gültigkeit haben.

272 Seiten, 18 Abb., 50 Tab.
Broschur, 14,8 x 21 cm
ISBN 978-3-89124-973-4
€ [D] 18,90 / SFR 32,90*

Preisänderungen vorbehalten und Preisangaben ohne Gewähr!
* Preise in SFr unverbindliche Preisempfehlung

**Weitere Titel der Reihe *Sportentwicklungen in Deutschland* finden
Sie auf www.wissenschaftundsport.de**

**MEYER
& MEYER
VERLAG**

Band 15
Giselher Spitzer
FUSSBALL UND TRIATHLON
Sportentwicklung in der DDR

Dieses Buch beschäftigt sich mit der Entwicklung der Sportlandschaft in der ehemaligen DDR und geht dabei speziell auf die dortige Behandlung des Breiten- und Leistungssports im Fußball, der Leichtathletik und im Triathlon ein.

208 Seiten, 1 Foto, 42 Abb.
Broschur, 14,8 x 21 cm
ISBN 978-3-89124-863-8
€ [D] 18,90 / SFr 32,90*

Band 12
Andreas Singler & Gerhard Treutlein
DOPING IM SPITZENSPORT
Sportwissenschaftliche Analysen zur nationalen und internationalen Leistungsentwicklung (Teil 1)

40 Zeitzeugenbefragungen liefern einen Beitrag zu einer exakten und differenzierten Dokumentation der westdeutschen Dopinggeschichte.

5. Auflage

394 Seiten, 4 Fotos, 26 Abb., 25 Tab.
Broschur, 14,8 x 21 cm
ISBN 978-3-89899-192-6
€ [D] 18,95 / SFr 32,90*

Band 7
Jürgen Baur & Jochen Beck
VEREINSORGANISIERTER FRAUENSPORT

Dieser Band resümiert die aktuellen empirischen Befunde unter verschiedenen Perspektiven: Die soziale Ungleichheit und unterschiedliche Sportinteressen zwischen Mann und Frau werden ebenso beleuchtet wie die Sportvereine selbst.

276 Seiten, 20 Abb., 75 Tab.
Broschur, 14,8 x 21 cm
ISBN 978-3-89124-542-2
€ [D] 18,90 / SFr 32,90*

Preisänderungen vorbehalten und Preisangaben ohne Gewähr!
* Preise in SFr unverbindliche Preisempfehlung

MEYER & MEYER VERLAG
Von-Coels-Str. 390
52080 Aachen

MEYER & MEYER VERLAG

Tel.: 02 41 - 9 58 10 - 13
Fax: 02 41 - 9 58 10 - 10
E-mail: vertrieb@m-m-sports.com